z 59869

Paris
1868

Schiller, Friedrich von

Oeuvres complètes

Poésies

Tome 4

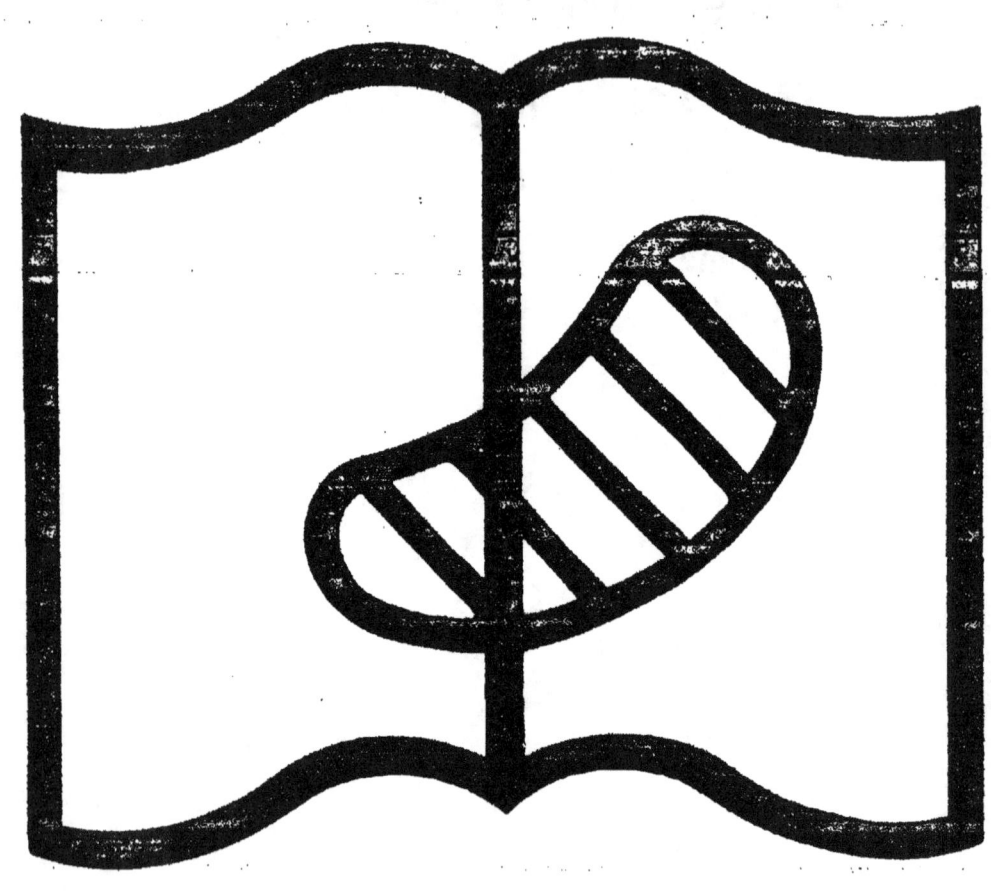

Symbole applicable
pour tout, ou partie
des documents microfilmés

Original illisible

NF Z 43-120-10

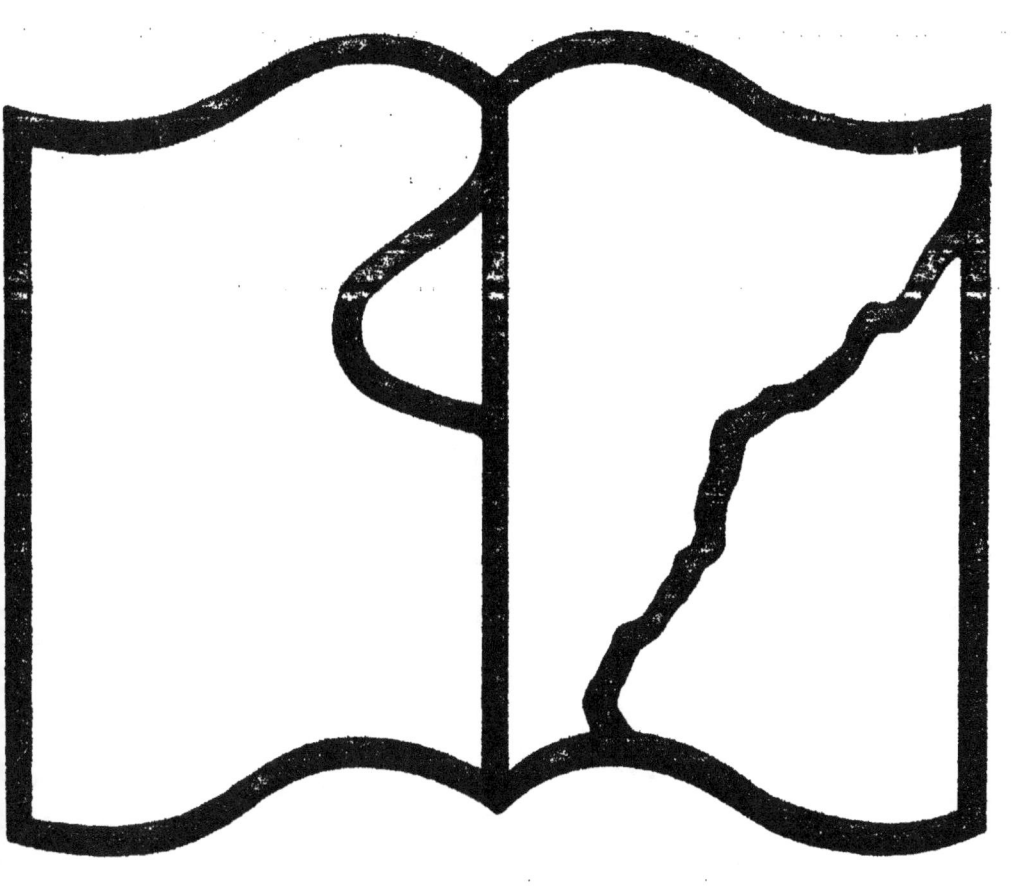

Symbole applicable
pour tout, ou partie
des documents microfilmés

Texte détérioré — reliure défectueuse

NF Z 43-120-11

59869

ŒUVRES
DE SCHILLER
IV

IMPRIMERIE GÉNÉRALE DE CH. LAHURE
Rue de Fleurus, 9, à Paris

THÉATRE
DE SCHILLER

TRADUCTION NOUVELLE

PAR AD. REGNIER
MEMBRE DE L'INSTITUT

TOME TROISIÈME

PARIS
LIBRAIRIE DE L. HACHETTE ET Cie
BOULEVARD SAINT-GERMAIN, N° 77

1869

MARIE STUART

TRAGÉDIE

PERSONNAGES.

ÉLISABETH, reine d'Angleterre.
MARIE STUART, reine d'Écosse, prisonnière en Angleterre.
ROBERT DUDLEY, comte de Leicester.
GEORGE TALBOT, comte de Shrewsbury.
WILLIAM CECIL, baron de Burleigh, grand trésorier.
LE COMTE DE KENT.
WILLIAM DAVISON, secrétaire d'État.
AMIAS PAULET, chevalier, gardien de Marie.
MORTIMER, son neveu.
LE COMTE DE L'AUBESPINE, ambassadeur de France.
LE COMTE DE BELLIÈVRE, envoyé extraordinaire de France.
OKELLY, ami de Mortimer.
DRUGEON DRURY, second gardien de Marie.
MELVIL, son intendant.
HANNA KENNEDY, sa nourrice.
MARGUERITE KURL, sa femme de chambre.
LE SHÉRIF du comté.
UN OFFICIER des gardes du corps.
SEIGNEURS FRANÇAIS et ANGLAIS.
GARDES.
SERVITEURS et OFFICIERS de la cour de la reine d'Angleterre
SERVITEURS et FEMMES de la reine d'Écosse.

MARIE STUART.

ACTE PREMIER.

Dans le château de Fotheringhay. — Une chambre.

SCÈNE I.

HANNA KENNEDY, *nourrice de la reine d'Écosse, en vive contestation avec* PAULET, *qui travaille à ouvrir une armoire;* DRUGEON DRURY, *son auxiliaire, avec des instruments d'effraction.*

KENNEDY.

Que faites-vous, sir? Quelle nouvelle audace? Retirez-vous de cette armoire!

PAULET.

D'où est venue cette parure? Elle a été jetée de l'étage supérieur. On avait l'intention de séduire le jardinier avec cette parure.... Maudite soit la ruse des femmes! Malgré ma surveillance, mes sévères recherches, encore des objets de prix, encore des trésors cachés! (*Se mettant à fouiller l'armoire.*) Où ceci était caché, il doit encore se trouver autre chose.

KENNEDY.

Arrière, audacieux! Là sont renfermés les secrets de milady.

PAULET.
C'est précisément là ce que je cherche. (*Il tire des écrits.*)
KENNEDY.
Des papiers insignifiants, de simples exercices de plume, pour abréger les tristes loisirs de la prison.
PAULET.
C'est dans les heures oisives que travaille le malin esprit.
KENNEDY.
Ce sont des écrits français.
PAULET.
Tant pis! C'est la langue que parle l'ennemi de l'Angleterre.
KENNEDY.
Des minutes de lettres à la reine d'Angleterre.
PAULET.
Je les livrerai.... Vois! qu'est-ce qui brille ici? (*Il a ouvert un ressort secret et tire des bijoux d'un tiroir caché.*) Un bandeau royal, enrichi de pierreries, semé des lis de France! (*Il le donne à son compagnon.*) Serrez-le, Drury; mettez-le avec le reste. (*Drury sort.*)
KENNEDY.
Oh! violence outrageante qu'il nous faut subir!
PAULET.
Tant qu'elle a quelque chose, elle peut nuire; car tout devient une arme dans ses mains.
KENNEDY.
Soyez bon, sir! n'enlevez pas la dernière parure de notre vie! La vue de son ancienne magnificence réjouit l'infortunée; car vous nous avez arraché tout le reste.
PAULET.
C'est en bonnes mains. Ce sera consciencieusement restitué en son temps.
KENNEDY.
Qui reconnaîtrait à ces murs nus l'habitation d'une reine? Où est le dais au-dessus de son siége? Ne faut-il pas qu'elle pose sur un sol rude et grossier son pied délicat, aux molles habitudes? On sert sur sa table un vil étain, que dédaignerait la plus humble femme de gentilhomme.

PAULET.

C'est ainsi qu'elle faisait servir son époux à Sterlyn, tandis qu'elle buvait dans l'or avec son amant.

KENNEDY.

Jusqu'à la petite nécessité du miroir qui lui manque!

PAULET.

Tant qu'elle contemplera sa vaine image, elle ne cessera d'espérer et d'oser.

KENNEDY.

Elle n'a pas de livres pour entretenir son esprit.

PAULET.

On lui a laissé la Bible pour corriger son cœur.

KENNEDY.

On lui a pris même son luth.

PAULET.

Parce qu'elle a joué sur son luth ses chants d'amour.

KENNEDY.

Est-ce là un sort pour la femme délicatement élevée, qui fut reine dès le berceau, qui a grandi à la cour fastueuse de Médicis, dans l'abondance de toutes les joies? Qu'il suffise de lui avoir enlevé la puissance. Faut-il lui envier encore ces misérables paillettes? Un noble cœur finit par se faire à une grande infortune; mais on souffre d'être privé des petits ornements de la vie.

PAULET.

Ils ne font que tourner à la vanité un cœur qui doit rentrer en lui-même et se repentir. Une vie de volupté et de désordres ne peut s'expier que dans les privations et l'abaissement.

KENNEDY.

Si sa tendre jeunesse s'est égarée, qu'elle règle ses comptes avec Dieu et avec son cœur. En Angleterre, elle n'a point de juge au-dessus d'elle.

PAULET.

Elle est jugée où elle fut coupable.

KENNEDY.

Pour faillir ici, elle est enchaînée par des liens trop étroits.

PAULET.

Cependant, du milieu de ces liens étroits, elle a su étendre la main vers le monde, lancer dans le royaume la torche de la

guerre civile, et armer contre notre reine, que Dieu conserve!
des bandes d'assassins. N'a-t-elle pas, de ces murs, excité le
scélérat Parry et Babington à l'attentat maudit du régicide? Cette
grille de fer l'a-t-elle empêchée de prendre dans ses piéges le
généreux cœur de Norfolk? Sacrifiée pour elle, la plus noble
tête du royaume est tombée sous la hache du bourreau.... Et ce
lamentable exemple a-t-il effrayé, retenu les furieux qui, pour
l'amour d'elle, se précipitent à l'envi dans l'abîme? Pour elle,
les échafauds sanglants se couvrent sans cesse de nouvelles
victimes dévouées à la mort, et cela ne finira pas qu'elle-même,
la plus coupable, n'y soit immolée.... Oh! maudit le jour
où le rivage de cette contrée a fait un accueil hospitalier à cette
Hélène!

KENNEDY.

L'Angleterre lui aurait fait un accueil hospitalier? L'infortunée, qui, depuis le jour où elle a mis le pied sur cette terre, en
suppliante, en exilée, où elle est venue chercher protection auprès d'une parente, se voit, contre le droit des gens et la dignité
royale, emprisonnée, et réduite à consumer dans le deuil d'une
étroite prison les belles années de sa jeunesse.... qui maintenant, après avoir éprouvé tout ce que la prison a d'amer, est
citée, comme de vulgaires criminels, à la barre d'un tribunal,
et ignominieusement accusée d'un crime capital.... elle, une
reine!

PAULET.

Elle est venue dans ce pays comme une meurtrière, chassée
par son peuple, déchue du trône, qu'elle a souillé par un horrible attentat. Elle est venue, conjurée contre la fortune de
l'Angleterre, pour ramener les jours sanglants de l'Espagnole
Marie, pour rendre l'Angleterre catholique, pour la livrer aux
Français. Pourquoi a-t-elle refusé de signer le traité d'Édimbourg, d'abdiquer ses prétentions sur l'Angleterre, et de s'ouvrir à l'instant, d'un trait de plume, les portes de cette prison?
Elle a mieux aimé demeurer prisonnière, se voir maltraitée,
que de renoncer au vain éclat de ce titre. Pourquoi a-t-elle fait
cela? Parce qu'elle se fie aux intrigues, aux coupables artifices
de la conspiration, et que, par ses trames funestes, elle espère,
du fond de sa prison, conquérir toute cette île.

KENNEDY.

Vous raillez, sir.... A la dureté, vous joignez encore l'amère ironie! Elle nourrirait de tels rêves, ensevelie vivante dans ces murs, elle à qui ne parvient de sa chère patrie nul accent de consolation, nulle voix de l'amitié; elle qui, depuis longtemps, n'a vu d'autre figure humaine que le front sombre de ses geôliers; qui, depuis peu, a trouvé un nouveau gardien dans la personne de votre rude parent; qui se voit entourée de nouveaux barreaux...?

PAULET.

Il n'est point de grille de fer qui garantisse de ses ruses. Sais-je si ces barreaux ne sont pas limés, si le sol de cette chambre, si ces murs, solides en apparence, ne sont pas creusés en dedans, et ne peuvent pas donner passage à la trahison pendant mon sommeil? Maudit emploi qui m'est échu, de garder une femme rusée, couvant de funestes desseins! La crainte m'arrache au sommeil; je rôde la nuit comme une âme en peine; je m'assure de la force des verrous et de la fidélité des gardiens, et c'est toujours en tremblant que je vois venir le matin, qui peut réaliser ma crainte. Mais, grâce à Dieu! il y a espoir que cela finira bientôt; car j'aimerais mieux, en faction à la porte de l'enfer, garder la troupe des damnés, que de veiller sur cette reine artificieuse.

KENNEDY.

La voici qui vient elle-même!

PAULET.

Le Christ à la main, la superbe et la volupté mondaine dans le cœur.

SCÈNE II.

MARIE, *avec un voile, un crucifix à la main;* LES PRÉCÉDENTS.
KENNEDY, *s'empressant au-devant d'elle.*

O reine! On nous foule absolument aux pieds. La tyrannie, la cruauté n'ont plus de bornes, et chaque nouveau jour amasse sur ton front couronné de nouvelles souffrances, de nouveaux affronts.

MARIE.

Possède-toi, et dis ce qui est encore arrivé.

KENNEDY.

Vois! ton pupitre est brisé, tes écrits, et l'unique trésor que nous avions sauvé avec peine, le dernier reste de ta parure nuptiale de France, sont dans ses mains. Tu n'as plus maintenant rien de royal; tu es entièrement dépouillée.

MARIE.

Calme-toi, Hanna. Ce ne sont point ces clinquants qui font la reine. On peut nous traiter bassement, non nous abaisser. J'ai appris en Angleterre à m'habituer à bien des choses; je puis aussi endurer cela. Sir, vous vous êtes approprié violemment ce que j'avais l'intention de vous remettre aujourd'hui même. Parmi ces écrits, se trouve une lettre destinée à ma royale sœur d'Angleterre.... Donnez-moi votre parole que vous la remettrez loyalement à elle-même, et non aux mains perfides de Burleigh.

PAULET.

Je réfléchirai à ce qu'il faut faire.

MARIE.

Je veux que vous en sachiez le contenu, sir. J'implore, dans cette lettre, une grande faveur.... un entretien avec la reine elle-même, que mes yeux n'ont jamais vue.... On m'a citée devant un tribunal d'hommes que je ne puis reconnaître pour mes pairs, en qui je ne puis prendre confiance. Élisabeth est de ma race, de mon sexe et de mon rang.... A elle seule, à la sœur, à la reine, à la femme, je puis m'ouvrir.

PAULET.

Très-souvent, milady, vous avez confié votre destin et votre honneur à des hommes qui étaient moins dignes de votre estime.

MARIE.

J'implore encore une seconde faveur; il y aurait de la barbarie à me la refuser. Depuis longtemps, je suis privée, dans ma prison, des consolations de l'Église, du bienfait des sacrements, et celle qui m'a ravi ma couronne et ma liberté, qui menace même ma vie, ne voudra pas me fermer la porte du ciel.

PAULET.

A votre demande, le doyen du lieu....

MARIE *l'interrompt vivement*.

Je ne veux rien du doyen! Je veux un prêtre de ma propre

Église.... Je demande aussi un greffier, des notaires, pour rédiger ma dernière volonté. Le chagrin, la longue douleur de la prison rongent ma vie. Mes jours sont comptés, je le crains, et je me regarde comme une mourante.

PAULET.

Vous faites bien ; ce sont là des pensées qui vous conviennent.

MARIE.

Et sais-je si une main rapide ne hâtera point le lent effet du chagrin ? Je veux faire mon testament, je veux disposer de ce qui est à moi.

PAULET.

Vous en avez la liberté. La reine d'Angleterre ne veut pas s'enrichir de vos dépouilles.

MARIE.

On m'a séparé de mes femmes fidèles, de mes serviteurs.... Où sont-ils ? Quel est leur sort ? Je puis me passer de leurs services, mais je veux être assurée que ces cœurs dévoués ne sont point dans la souffrance et dans le dénûment.

PAULET.

On a pris soin de vos serviteurs. (*Il veut sortir.*)

MARIE.

Vous vous éloignez, sir ? Vous me quittez encore, et sans soulager du tourment de l'incertitude mon cœur inquiet, alarmé. Je suis, grâce à la vigilance de vos espions, séparée du monde entier ; aucune nouvelle ne parvient jusqu'à moi, à travers les murs de cette prison. Mon sort est dans les mains de mes ennemis. Un long et pénible mois est passé depuis que les quarante commissaires sont venus me surprendre dans ce château, ont érigé un tribunal, et soudain, avec une indécente précipitation, sans que je fusse préparée, assistée d'un avocat, m'ont fait comparaître devant cette justice inouïe, pour répondre subitement, de mémoire, tout étourdie et surprise, à de graves accusations, perfidement combinées.... Ils sont venus comme des fantômes et ont disparu de même. Depuis ce jour, toute bouche est muette pour moi. Je cherche en vain à lire dans vos regards si c'est mon innocence, le zèle de mes amis qui ont prévalu, ou le méchant conseil de mes ennemis. Rompez enfin votre silence.... Faites-moi savoir ce que j'ai à craindre, à espérer.

PAULET, *après une pause.*
Réglez votre compte avec le ciel.

MARIE.
J'espère en sa miséricorde, sir.... et j'attends une rigoureuse justice de vos juges terrestres.

PAULET.
Justice vous sera faite. N'en doutez pas.

MARIE.
Mon procès est-il jugé, sir?

PAULET.
Je ne sais.

MARIE.
Suis-je condamnée?

PAULET.
Je ne sais rien, milady.

MARIE.
On aime ici à aller vite en besogne. Le meurtrier doit-il me surprendre comme les juges?

PAULET.
Pensez toujours qu'il en est ainsi, et alors il vous trouvera dans une disposition meilleure que ceux-ci.

MARIE.
Rien ne doit m'étonner dans la sentence que peut oser rendre une cour de justice dans Wesminsterhall, dirigée par la haine de Burleigh et le zèle de Hatton.... Ne sais-je pas ce que peut se permettre la reine d'Angleterre?

PAULET.
Les souverains d'Angleterre n'ont rien à appréhender que leur conscience et leur parlement. Ce que la justice aura prononcé, le pouvoir l'exécutera sans crainte, à la face de tout l'univers.

SCÈNE III.

LES PRÉCÉDENTS; MORTIMER, *neveu de Paulet, entre, et, sans montrer aucune attention à la Reine, il va à Paulet.*

MORTIMER.

On vous cherche, mon oncle. (*Il s'éloigne de la même façon. La Reine le remarque avec indignation et se tourne vers Paulet, qui veut le suivre.*)

MARIE.

Sir, encore une prière. Quand vous aurez quelque chose à me dire.... de vous, je puis supporter beaucoup; je respecte votre âge; mais je n'endure pas l'insolence de ce jeune homme. Épargnez-moi la vue de ses manières brutales.

PAULET.

Ce qui vous le rend odieux me le rend cher. Ce n'est pas, il est vrai, un de ces insensés amollis qui se fondent à la vue d'une larme menteuse dans les yeux d'une femme.... Il a voyagé, il vient de Paris et de Reims, et rapporte fidèlement son cœur de vieil Anglais. Auprès de lui, milady, votre art est perdu. (*Il sort.*)

SCÈNE IV.

MARIE, KENNEDY.

KENNEDY.

Le brutal ose-t-il bien vous dire cela en face? Oh! cela est dur!

MARIE, *perdue dans ses réflexions.*

Nous avons, dans les jours de notre splendeur, prêté aux flatteurs une oreille trop complaisante. Il est juste, bonne Kennedy, que nous entendions maintenant la voix austère du reproche.

KENNEDY.

Comment? si abattue, si découragée, chère lady? Vous étiez pourtant autrefois si gaie, vous aviez l'habitude de me consoler, et il me fallait plutôt blâmer votre légèreté que votre tristesse.

MARIE.

Je la reconnais.... c'est l'ombre sanglante du roi Darnley qui sort irritée de la voûte sépulcrale; et il ne fera jamais de paix avec moi que la mesure de mon malheur ne soit comblée.

KENNEDY.

Quelles pensées...!

MARIE.

Tu oublies, Hanna..., mais moi, j'ai une mémoire fidèle.... L'anniversaire de cette fatale action a paru de nouveau aujourd'hui; c'est ce jour que je célèbre par la pénitence et le jeûne.

KENNEDY.

Renvoyez enfin à son repos ce mauvais esprit. Vous avez expié cette action par des années de repentir, par les lourdes épreuves de la souffrance. L'Église, qui pour chaque faute tient les clefs du pardon, et le ciel vous ont pardonné.

MARIE.

Le crime, depuis longtemps pardonné, se lève tout frais saignant de la tombe légèrement recouverte. Il n'y a point de cloche aux mains d'un servant de messe, point de saint sacrement aux mains d'un prêtre, qui renvoie dans le sépulcre le spectre d'un époux qui demande vengeance.

KENNEDY.

Ce n'est pas vous qui l'avez tué. D'autres l'ont fait.

MARIE.

J'en étais instruite. J'ai laissé l'acte s'accomplir, et je l'ai attiré par mes caresses dans le piége de mort.

KENNEDY.

La jeunesse atténue votre faute. Vous étiez encore dans un âge si tendre!

MARIE.

Si tendre! et je chargeai d'un tel crime ma vie si jeune.

KENNEDY.

Vous étiez provoquée par de sanglants affronts et par l'arrogance de l'homme que votre amour, comme une main divine, avait tiré de l'obscurité, que vous aviez conduit au trône par votre chambre nuptiale, que vous aviez comblé par le don de votre florissante beauté et de votre couronne héréditaire. Pouvait-il oublier que son brillant destin était la généreuse créaion de l'amour? Et pourtant il l'oublia, l'indigne! Il offensa votre tendresse par de bas soupçons, par des mœurs grossières, et il devint insupportable à vos yeux. Le charme qui avait trompé vos regards s'évanouit; vous avez fui, dans votre colère, les embrassements de l'infâme, et vous l'avez livré au mépris.... Et lui.... essaya-t-il de rappeler votre faveur? Implora-t-il sa grâce? S'est-il jeté, repentant, à vos pieds, promettant de s'amender? Il vous brava, l'abominable!... Lui, qui était votre créature, voulut faire le roi avec vous. Il fit percer sous vos yeux votre favori, le beau chanteur Riccio. Vous n'avez fait que venger par le sang un crime sanglant.

MARIE.

Et c'est par le sang qu'à mon tour je l'expierai. En me consolant, tu prononces ma sentence.

KENNEDY.

Quand vous laissâtes l'acte s'accomplir, vous n'étiez point à vous-même, vous ne vous apparteniez pas. Le délire d'un aveugle amour vous avait saisie, vous avait soumise à un redoutable séducteur, au malheureux Bothwell.... Il régnait sur vous par son arrogante et mâle volonté, ce terrible maître, qui vous enflammait, égarant votre âme par des philtres magiques, par les artifices de l'enfer....

MARIE.

Il n'avait pas d'autres artifices que sa virile énergie et ma faiblesse.

KENNEDY.

Non, vous dis-je. Il faut qu'il ait appelé à son aide tous les esprits de damnation, celui qui enlaça d'un tel lien votre sens droit et lucide. Vous n'aviez plus d'oreille pour la sage voix d'une amie, plus de regards pour les bienséances. La délicate pudeur vous avait abandonnée; vos joues, naguère le siège de la chaste rougeur de la modestie, ne brûlaient que du feu du désir. On vous vit jeter loin de vous le voile du mystère (le vice impudent de l'homme avait aussi vaincu votre timidité) et, d'un front hardi, donner votre honte en spectacle. Vous fîtes porter en triomphe devant vous le glaive royal d'Écosse, à travers les rues d'Édimbourg, par lui, par le meurtrier, que poursuivaient les malédictions du peuple; entourer d'armes votre parlement, et là, dans le temple même de la justice, vous avez contraint les juges, par une impudente comédie, à absoudre du meurtre le coupable.... Vous êtes allée encore plus loin.... Dieu !

MARIE.

Achève, et je lui ai donné ma main devant l'autel !

KENNEDY.

Oh ! qu'un éternel silence couvre cette action ! Elle est horrible, révoltante, digne d'une femme perdue.... Et pourtant vous n'êtes pas perdue.... Je vous connais, n'est-ce pas moi qui ai élevé votre enfance ? Votre cœur est tendre, il est ouvert à la pudeur.... La légèreté seule est votre crime. Je le répète : il y a de malins esprits qui établissent pour un moment leur demeure dans l'âme mal gardée de l'homme, qui subitement commettent en nous l'épouvantable mal, puis, s'enfuyant dans l'enfer, laissent au cœur souillé l'horreur et la honte. Depuis cette action, qui noircit votre vie, vous n'avez plus rien fait de criminel : je suis témoin de votre conversion. Prenez donc courage! Faites la paix avec vous-même ! Quelque remords que vous ayez, en Angleterre vous n'êtes point coupable ; Élisabeth et le parlement d'Angleterre ne sont point vos juges. Ici, c'est la force qui vous opprime. Devant ce tribunal aux droits usurpés, vous pouvez vous présenter avec tout le courage de l'innocence.

MARIE.

Qui vient ? (*Mortimer se présente à la porte.*)

KENNEDY.

C'est le neveu. Rentrez.

SCÈNE V.

LES PRÉCÉDENTES ; MORTIMER, *entrant timidement.*

MORTIMER, *à la Nourrice.*

Éloignez-vous ; veillez à la porte. J'ai à parler à la reine.

MARIE, *avec autorité.*

Hanna, demeure !

MORTIMER.

N'ayez aucune crainte, milady. Apprenez à me connaître. (*Il lui présente un papier.*)

MARIE *regarde le papier et recule stupéfaite.*

Ah! qu'est-ce que cela?

MORTIMER, *à la Nourrice.*

Allez, dame Kennedy. Ayez soin que mon oncle ne nous surprenne pas.

MARIE, *à la Nourrice, qui hésite et interroge la Reine du regard.*

Va! va! fais ce qu'il dit. (*La Nourrice s'éloigne avec des marques d'étonnement.*)

SCÈNE VI.

MORTIMER, MARIE.

MARIE.

De mon oncle le cardinal de Lorraine, de France! (*Elle lit.* « Fiez-vous à sir Mortimer, qui vous porte ceci; car vous n'avez pas de plus fidèle ami en Angleterre. » (*Regardant Mortimer avec étonnement.*) Est-il possible? N'est-ce pas une illusion qui m'abuse? Je trouve si près de moi un ami, et déjà je me croyais abandonnée du monde entier.... Je le trouve en vous, le neveu de mon geôlier, en vous que je croyais le pire de mes ennemis....

MORTIMER, *se jetant à ses pieds.*

Pardon, reine, pour ce masque odieux, que je n'ai pu porter sans qu'il m'en coûtât une lutte cruelle, mais à qui je dois de pouvoir vous approcher, et vous apporter secours et délivrance.

MARIE.

Levez-vous.... Vous me surprenez, sir.... Je ne puis passer si vite de l'abîme de ma misère à l'espérance.... Parlez, sir.... rendez-moi ce bonheur concevable, pour que j'y croie.

MORTIMER *se lève.*

Le temps s'écoule. Bientôt mon oncle sera ici, et un homme odieux l'accompagne. Avant que leur terrible mission vienne vous surprendre, apprenez comment le ciel vous envoie le salut.

MARIE.

Il l'envoie par un miracle de sa toute-puissance.

MORTIMER.

Permettez que je commence par vous parler de moi.

MARIE.

Parlez, sir!

MORTIMER.

Je comptais vingt ans, reine ; j'avais grandi dans de sévères principes ; j'avais sucé avec le lait la sombre haine du papisme, lorsqu'un désir irrésistible m'entraîna sur le continent. Je laissai derrière moi les sourdes chambres de prêche des puritains ; je laissai la patrie ; je traversai la France d'une course rapide, cherchant avec une ardente impatience l'Italie tant vantée.

C'était le temps de la grande fête de l'Église ; les routes fourmillaient de troupes de pèlerins ; toutes les saintes images étaient couronnées : on eût dit que l'humanité était en marche pour faire son pèlerinage au royaume des cieux.... Moi-même, je fus saisi par le torrent de la multitude fidèle, et il m'entraîna dans l'enceinte de Rome.

Que devins-je, reine, quand devant moi se dressa la magnificence des colonnes et des arcs de triomphe, quand la majesté du Colisée m'entoura stupéfait, quand le sublime génie de la sculpture m'enferma dans son monde serein de merveilles? Je n'avais jamais senti la puissance des arts ; l'Église qui m'a élevé hait ce qui charme les sens ; elle ne tolère nulle image, n'honorant que la parole immatérielle. Que devins-je quand je pénétrai alors dans l'intérieur des églises, et que la musique des cieux y descendit, et que la multitude des figures jaillit à profusion des murs et des voûtes, que tout ce qui se conçoit de plus grand, de plus auguste, se présenta, s'anima à mes yeux ravis ; quand je les vis eux-mêmes, les êtres divins, la salutation de l'ange, la naissance du Seigneur, la sainte Mère de Dieu, la Trinité descendue d'en haut, la Transfiguration éclatante.... quand je vis ensuite le pape célébrer la grand'messe dans toute sa pompe et bénir les peuples? Oh! qu'est-ce que l'éclat de l'or et des pierreries dont se parent les rois de la terre? Lui seul est entouré d'une majesté divine. Sa maison est vraiment un royaume des cieux, car ce qu'on y voit paraître n'est pas de ce monde.

MARIE.

Oh! épargnez-moi! Rien de plus! Cessez de dérouler à mes yeux le brillant tableau de la vie.... Je suis malheureuse et prisonnière.

MORTIMER.

Moi aussi, je l'étais, reine! et ma prison s'ouvrit soudain, et tout à coup mon âme se sentit libre, saluant le beau jour de la vie. Alors je jurai haine au Livre, au texte étroit et sombre, pour parer ma tête de fraîches couronnes et me mêler joyeusement aux chœurs joyeux. Beaucoup de nobles Écossais se joignirent à moi, ainsi que de gaies associations de Français. Ils me conduisirent chez votre noble oncle, le cardinal de Guise.... Quel homme! quelle grandeur assurée, sereine et virile!... Comme il est bien né pour gouverner les esprits! Le vrai modèle d'un prêtre royal, d'un prince de l'Église, tel que jamais je n'en ai vu!

MARIE.

Vous avez vu les traits vénérés de cet homme auguste et chèrement aimé, qui fut le guide de ma tendre jeunesse? Oh! parlez-moi de lui! Pense-t-il encore à moi? La fortune lui est-elle fidèle? La vie lui sourit-elle encore? S'élève-t-il toujours dans sa majesté, comme un rempart de l'Église?

MORTIMER.

Cet homme excellent descendit lui-même jusqu'à moi, pour m'expliquer les dogmes sublimes de la foi et dissiper les doutes de mon cœur. Il me montra que le subtil examen de la raison conduit toujours l'homme dans les voies de l'erreur, que ses yeux ont besoin de voir ce que son cœur doit croire, qu'il faut à l'Église un chef visible, et que l'esprit de vérité a présidé aux décisions des Pères des conciles. Comme les trompeuses opinions de mon âme d'enfant s'évanouirent devant son intelligence victorieuse et la persuasion de ses lèvres! Je rentrai dans le sein de l'Église, j'abjurai mon erreur entre ses mains.

MARIE.

Ainsi, vous êtes un de ces milliers d'hommes qu'il a saisis par la force céleste de sa parole, comme le sublime prédicateur de la montagne, et conduits au salut éternel!

MORTIMER.

Quand bientôt après les devoirs de sa charge le rappelèrent en France, il m'envoya à Reims, où la société de Jésus, dans sa pieuse activité, élève des prêtres pour l'Église d'Angleterre. Je trouvai là le vieil Écossais Morgan, et votre fidèle Lesley, le savant évêque de Ross, qui passent l'un et l'autre sur le sol de la

France les jours sans joie de l'exil.... Je m'attachai étroitement à ces hommes vénérables et me fortifiai dans la foi.... Un jour que je regardais autour de moi dans la maison de l'évêque, mes yeux tombèrent sur un portrait de femme d'un charme merveilleusement touchant : cette image me saisit puissamment au plus profond de mon âme, et je demeurai immobile, ne pouvant maîtriser mon émotion. Alors l'évêque me dit : « Vous avez bien raison de vous arrêter ému devant cette image. La plus belle de toutes les femmes qui vivent ici-bas est aussi la plus malheureuse de toutes. Elle souffre pour notre foi, et c'est dans votre patrie qu'elle souffre. »

MARIE.

Le cœur loyal! Non, je n'ai pas tout perdu, puisqu'il m'est resté un tel ami dans mon malheur.

MORTIMER.

Là-dessus, il commença à me peindre, avec une éloquence attendrissante, votre martyre et la rage sanguinaire de vos ennemis. Il me montra aussi votre arbre généalogique, me fit voir votre descendance de l'illustre maison des Tudor, me convainquit qu'à vous seule il appartient de régner en Angleterre, non à cette fausse reine, enfantée dans une couche adultère, que son père Henri rejeta lui-même comme une fille bâtarde. Je ne voulus pas me fier à son seul témoignage, je pris conseil de tous les hommes de loi, je feuilletai beaucoup de vieux livres de blason, et tous les gens experts que j'interrogeai me confirmèrent la justice de vos prétentions. Je sais maintenant que vos légitimes droits sur l'Angleterre sont votre seul tort, que ce royaume où vous languissez innocemment captive vous appartient comme votre héritage.

MARIE.

Oh! ce droit fatal! Il est la seule source de toutes mes souffrances.

MORTIMER.

Vers ce temps, je reçus la nouvelle que vous aviez été emmenée du château de Talbot et confiée à la garde de mon oncle.... Je crus reconnaître dans cette circonstance le bras merveilleux du ciel secourable. Ce fut pour moi l'appel éclatant du destin qui choisissait ma main pour vous délivrer. Mes amis approuvent joyeusement ma pensée, le cardinal me donne ses conseils et sa bénédiction, et m'enseigne l'art difficile de la dissimulation. Le plan fut bientôt formé et je repris la route de ma patrie, où, vous le savez, j'ai abordé il y a dix jours. (*Il s'arrête.*) Je vous vis, reine.... vous-même! non votre image!... Oh! quel trésor renferme ce château! Ce n'est point une prison, c'est un palais des dieux, plus éclatant que la royale cour d'Angleterre.... Oh! bienheureux à qui il est donné de respirer le même air que vous! Elle a bien raison celle qui vous cache si profondément! Toute la jeunesse d'Angleterre se lèverait, pas une épée ne demeurerait oisive dans le fourreau, et la révolte, à la tête gigantesque, marcherait par cette île paisible, si l'Anglais voyait sa reine!

MARIE.

Trop heureuse si tous les Anglais la voyaient avec vos yeux!

MORTIMER.

Ah! s'ils étaient, comme moi, témoins de vos souffrances, témoins de cette mansuétude, de ce noble empire sur vous-même avec lesquels vous supportez un sort indigne! Car ne sortez-vous pas en reine de toutes ces épreuves douloureuses! L'ignominie de la prison enlève-t-elle rien à l'éclat de votre beauté? Vous manquez de tout ce qui pare la vie, et pourtant la lumière et la vie rayonnent constamment autour de vous. Jamais je ne pose le pied sur ce seuil, que mon cœur ne soit déchiré, en proie aux tortures, qu'il ne soit ravi du bonheur de vous contempler!... Mais la décision approche, redoutable; à chaque heure le danger s'accroît et presse de plus en plus. Je ne puis tarder plus longtemps.... vous cacher plus longtemps la terrible nouvelle....

MARIE.

Ma sentence est-elle prononcée? Apprenez-le-moi librement. Je puis l'entendre.

MORTIMER.

Elle est prononcée. Les quarante-deux juges vous ont déclarée coupable. Les chambres des lords et des communes, la cité de Londres pressent vivement l'exécution de l'arrêt. Seule, la reine tarde encore.... par une cruelle ruse, pour qu'on la contraigne, non par un sentiment d'humanité ou par clémence.

MARIE, *avec calme.*

Sir Mortimer, vous ne me surprenez pas, vous ne m'effrayez pas. Depuis longtemps déjà j'étais préparée à ce message. Je connais mes juges. Après les mauvais traitements que j'ai soufferts, je comprends bien qu'on ne peut me rendre la liberté.... Je sais où l'on en veut venir. On veut me garder dans une prison perpétuelle, et enterrer avec moi ma vengeance, mes légitimes prétentions, dans la nuit de la captivité.

MORTIMER.

Non, reine.... oh! non, non! on ne s'en tiendra pas là. La tyrannie ne se contentera pas de faire son œuvre à demi. Tant que vous vivrez, vivra aussi la crainte au cœur de la reine d'Angleterre. Aucune prison ne peut vous ensevelir assez profondément; votre mort seule assure son trône.

MARIE.

Elle oserait placer outrageusement sur le billot, sous la hache du bourreau, ma tête couronnée?

MORTIMER.

Elle l'osera; n'en doutez pas.

MARIE.

Elle pourrait ainsi rouler dans la poussière sa propre majesté, celle de tous les rois? Et ne craint-elle pas la vengeance de la France?

MORTIMER.

Elle conclut avec la France une paix perpétuelle; elle donne au duc d'Anjou son trône et sa main.

MARIE.

Le roi d'Espagne n'armera-t-il pas?

MORTIMER.

Tout un monde en armes ne l'épouvante pas, tant qu'elle est en paix avec son peuple.

MARIE.

Elle voudrait donner ce spectacle aux Anglais?

MORTIMER.

Ce pays, milady, a vu, dans ces derniers temps, plus d'une femme royale descendre du trône pour monter sur l'échafaud sanglant. La propre mère d'Élisabeth a suivi ce chemin, ainsi que Catherine Howard, et lady Gray aussi était une tête couronnée.

ACTE I, SCÈNE VI.

MARIE, *après une pause.*

Non, Mortimer! Une vaine crainte vous aveugle. C'est la sollicitude de votre cœur fidèle qui vous crée d'inutiles frayeurs. Ce n'est pas l'échafaud que je crains, sir. Il est encore d'autres moyens, des moyens plus secrets, par lesquels la souveraine d'Angleterre peut se mettre en garde et en repos contre mes prétentions. Avant qu'il se trouve pour moi un bourreau, un assassin pourrait bien se laisser soudoyer.... Voilà ce qui me fait trembler, sir! et jamais je ne porte à mes lèvres le bord de la coupe sans être saisie d'un frisson, sans penser qu'elle pourrait m'être versée par l'amour de ma sœur.

MORTIMER.

Ni ouvertement, ni en secret, le meurtre ne réussira à attenter à votre vie. Soyez sans crainte! Tout est déjà prêt. Douze nobles jeunes hommes du pays sont associés avec moi; ils se sont engagés ce matin, en recevant la sainte communion, à vous enlever de force de ce château. Le comte de l'Aubespine, l'ambassadeur de France, est informé du complot; il y prête lui-même les mains, et c'est dans son palais que nous nous rassemblons.

MARIE.

Vous me faites trembler, sir.... mais ce n'est pas de joie. Un funeste pressentiment me traverse le cœur. Qu'allez-vous entreprendre? Le savez-vous? N'êtes-vous pas effrayé par les têtes sanglantes de Babington, de Tichburn, exposées, comme un sinistre avertissement, sur le pont de Londres? par la perte de tant d'infortunés qui ont trouvé la mort à se risquer de même, et n'ont fait qu'alourdir mes chaînes? Malheureux jeune homme, égaré et séduit... fuyez! fuyez, s'il en est temps encore.... si l'espion Burleigh n'a pas déjà vent de votre projet, s'il n'a déjà mêlé parmi vous un traître! Fuyez promptement de ce royaume! Aucun mortel heureux n'a encore protégé Marie Stuart.

MORTIMER.

Je ne suis pas effrayé par les têtes sanglantes de Babington, de Tichburn, exposées, comme un sinistre avertissement, sur le pont de Londres, ni par la perte de tant d'infortunés qui ont trouvé la mort à se risquer de même. Ils y trouvèrent aussi une gloire immortelle; et c'est déjà un bonheur de mourir pour votre délivrance.

MARIE.

C'est en vain! Ni la force, ni la ruse ne me sauveront. L'ennemi est vigilant et il a le pouvoir. Ce n'est pas seulement Paulet et la troupe de ses geôliers, c'est toute l'Angleterre qui garde les portes de ma prison. La libre volonté d'Élisabeth peut seule me les ouvrir.

MORTIMER.

Oh! ne l'espérez jamais!

MARIE.

Il est un seul homme qui pourrait les ouvrir.

MORTIMER.

Oh! nommez-moi cet homme!

MARIE.

Le comte Leicester.

MORTIMER *recule étonné.*

Leicester! le comte Leicester!... Votre plus sanglant persécuteur, le favori d'Élisabeth.... C'est de lui....

MARIE.

Si je puis être sauvée, ce n'est que par lui.... Allez le trouver; ouvrez-vous franchement à lui, et, comme preuve que c'est moi qui vous envoie, portez-lui cet écrit. Il renferme mon portrait. (*Elle tire un papier de son sein. Mortimer recule et hésite à le prendre.*) Prenez. Je le porte déjà depuis longtemps sur moi, parce que la sévère vigilance de votre oncle me fermait tout chemin pour arriver à lui.... C'est mon bon ange qui vous a envoyé....

MORTIMER.

Reine.... cette énigme.... expliquez-la-moi.

MARIE.

Le comte Leicester vous l'expliquera. Fiez-vous à lui, il se fiera à vous.... Qui vient?

KENNEDY, *entrant à la hâte.*

Sir Paulet approche avec un seigneur de la cour.

MORTIMER.

C'est lord Burleigh. Possédez-vous, reine! Écoutez avec calme ce qu'il vient vous apprendre. (*Il s'éloigne par une porte de côté. Kennedy le suit.*)

SCÈNE VII.

MARIE; LORD BURLEIGH, *grand trésorier d'Angleterre;*
LE CHEVALIER PAULET.

PAULET.

Vous désiriez aujourd'hui être assurée de votre sort : cette assurance, Sa Seigneurie, milord Burleigh, vous l'apporte. Supportez-la avec résignation.

MARIE.

Avec la dignité, j'espère, qui convient à l'innocence.... Au fait, sir !

BURLEIGH.

Je viens comme député du tribunal.

MARIE.

Lord Burleigh se fait volontiers l'organe d'un tribunal dont il a été l'âme.

PAULET.

Vous parlez comme si vous saviez déjà le jugement.

MARIE.

Puisque c'est lord Burleigh qui l'apporte, je le connais.

BURLEIGH.

Vous vous êtes soumise au tribunal des quarante-deux, milady....

MARIE.

Pardonnez, milord, si, dès le début, je suis forcée de vous interrompre.... Je me serais soumise, dites-vous, à la sentence des quarante-deux? Je ne m'y suis nullement soumise. Comment l'aurais-je pu?... Je ne pouvais oublier à ce point mon rang, la dignité de mon peuple, et de mon fils, et de tous les princes. Il est ordonné, dans la loi anglaise, que tout accusé sera jugé par des jurés ses égaux. Qui est mon égal dans ce comité? Les rois seuls sont mes pairs.

BURLEIGH.

Vous avez écouté les griefs; vous vous en êtes expliquée devant le tribunal....

MARIE.

Oui, je me suis laissé entraîner par l'artificieuse méchanceté de Hatton, uniquement en vue de mon honneur, et me confiant dans la force victorieuse de mes raisons, à prêter l'oreille à ces griefs et à en démontrer le peu de fondement.... Je l'ai fait par égard pour la personne et la dignité des lords, mais non pour leur juridiction, que je récuse.

BURLEIGH.

Que vous la reconnaissiez ou non, milady, ce n'est là qu'une formalité vaine qui ne peut arrêter le cours de la justice. Vous respirez l'air de l'Angleterre, vous jouissez de la protection, du bienfait de la loi, et par conséquent vous êtes aussi soumise à son empire.

MARIE.

Je respire l'air dans une prison d'Angleterre. Cela s'appelle-t-il vivre en Angleterre, jouir du bienfait des lois? Mais je les connais à peine. Jamais je n'ai consenti à les observer. Je ne suis pas citoyenne de ce royaume, je suis une libre reine d'un pays étranger.

BURLEIGH.

Et pensez-vous que le nom de reine puisse donner le privilége de semer impunément la discorde sanglante dans une terre étrangère? Qu'adviendrait-il de la sûreté des États, si le juste glaive de Thémis ne pouvait atteindre le front coupable de l'hôte royal, aussi bien que la tête du mendiant?

MARIE.

Je ne veux pas me soustraire à la responsabilité; ce ne sont que les juges que je récuse.

BURLEIGH.

Les juges! Comment milady? Sont-ce peut-être des réprouvés, ramassés dans la populace, d'impudents hâbleurs pour qui le droit et la vérité sont choses vénales, qui consentent à se vendre comme organes de l'oppression? Ne sont-ce pas les premiers hommes de ce pays, assez indépendants pour oser être vrais, pour se voir élevés bien au-dessus de la crainte des princes et de la vile corruption? Ne sont-ce pas les mêmes hommes qui gouvernent un noble peuple avec liberté et justice, et dont on n'a qu'à prononcer le nom pour rendre aussitôt muets le doute et le soupçon? A leur tête siégent le pasteur des peuples, le pieux primat de Canterbéry, le sage Talbot, qui garde les

ACTE I, SCÈNE VII.

sceaux, et Howard qui conduit les flottes du royaume. Dites! la souveraine d'Angleterre pouvait-elle faire plus que de choisir, dans toute la monarchie, les plus nobles, et de les établir juges dans ce royal débat? Et pût-on croire que la haine et l'esprit de parti égarât l'un d'eux.... quarante hommes d'élite peuvent-ils s'accorder dans une sentence dictée par la passion?

MARIE, *après un moment de silence.*

J'écoute avec étonnement le puissant langage de cette bouche qui de tout temps me fut si funeste.... Comment pourrai-je, femme ignorante, me mesurer avec un si habile orateur?... Soit! si ces lords étaient tels que vous les dépeignez, je devrais rester muette, ma cause serait perdue sans espoir, s'ils me déclaraient coupable. Mais ces noms que vous proclamez avec éloge, qui doivent m'écraser par leur poids, milord, je les vois jouer un tout autre rôle dans les annales de ce pays. Je vois cette haute noblesse d'Angleterre, le majestueux sénat du royaume, flatter, comme les esclaves du sérail, les caprices de sultan de Henri VIII, mon grand-oncle.... Je vois cette noble chambre haute, aussi vénale que les communes si faciles à acheter, porter des lois et les abroger, rompre et nouer des mariages, suivant que le maître l'ordonne, déshériter aujourd'hui des princesses d'Angleterre, les flétrir du nom de bâtardes, et demain les couronner comme reines. Je vois ces dignes pairs, quittant en un clin d'œil une conviction pour une autre, changer, sous quatre règnes, quatre fois de croyance....

BURLEIGH.

Vous vous dites étrangère aux lois de l'Angleterre; dans l'histoire de ses malheurs, vous êtes fort instruite.

MARIE.

Et ce sont là mes juges!... Lord trésorier, je veux être juste envers vous : soyez-le aussi envers moi!... On dit que vous voulez le bien de cet État, de votre reine, que vous êtes incorruptible, vigilant, infatigable.... Je le veux croire. Ce n'est pas l'intérêt personnel qui vous gouverne, c'est uniquement l'avantage du souverain, du pays. Pour cela même, craignez, noble lord, que l'intérêt de l'État ne prenne à vos yeux l'apparence de la justice. Près de vous, je n'en doute pas, siégent encore de nobles hommes parmi mes juges. Toutefois ils sont protestants, zélés avant tout pour le bien de l'Angleterre, et ils me jugent, moi, la reine d'Écosse, la papiste! L'Anglais ne peut être juste envers l'Écossais, c'est un antique proverbe.... Aussi, par une coutume héréditaire qui remonte aux temps les plus anciens, un Anglais ne peut-il déposer en justice contre un Écossais, ni un Écossais contre un Anglais. C'est la nécessité qui a produit cette loi étrange. Un sens profond réside dans les vieux usages; il les faut respecter, milord.... La nature a jeté ces deux nations ardentes sur cette planche dans l'Océan; elle l'a partagée inégalement, et leur a commandé de se la disputer. Le lit étroit de la Tweede sépare seul ces esprits violents; souvent dans ses ondes s'est mêlé le sang des combattants. La main sur l'épée, ils se regardent et se menacent des deux rives, depuis mille ans. Aucun ennemi n'a attaqué l'Angleterre, sans que l'Écossais l'assistât comme auxiliaire. Jamais guerre civile n'enflamma les cités d'Écosse, que l'Anglais n'y ait porté le brandon. Et cette haine ne s'éteindra que lorsqu'à la fin un parlement unique les réunira fraternellement, et qu'un seul sceptre gouvernera toute l'île.

BURLEIGH.

Et une Stuart devrait assurer ce bonheur au royaume?

MARIE.

Pourquoi le nierais-je? Oui, je l'avoue, j'ai nourri l'espoir de réunir, libres et heureux, deux nobles peuples, à l'ombre de l'olivier. Je ne croyais pas devenir la victime de leur haine nationale; leur longue rivalité, le malheureux foyer de leur vieille discorde, j'espérais l'étouffer à jamais, et, comme mon aïeul Richmond, après une sanglante querelle, unit les deux Roses, marier pacifiquement les couronnes d'Écosse et d'Angleterre.

BURLEIGH.

Vous avez poursuivi ce but par une mauvaise voie; car vous vouliez embraser le royaume et monter au trône à travers les flammes de la guerre civile.

MARIE.

Non, je ne voulais pas cela.... Par le grand Dieu du ciel! quand l'aurais-je voulu? où sont les preuves?

BURLEIGH.

Je ne suis pas venu ici pour contester. La cause n'est plus soumise à aucun débat. Il est reconnu par quarante voix contre deux que vous avez violé l'acte de l'année dernière et encouru les peines portées par la loi. Il fut statué l'an dernier : « Que, s'il s'élevait un tumulte dans le royaume au nom et dans l'intérêt d'une personne quelconque qui prétendrait avoir des droits à la couronne, on procéderait judiciairement contre elle et poursuivrait la coupable jusqu'à la mort.... » Et comme il est prouvé....

MARIE.

Milord Burleigh!... je ne doute pas qu'une loi, faite exprès pour moi, conçue en vue de me perdre, puisse s'employer contre moi.... Malheur à la pauvre victime, quand la même bouche qui a rendu la loi prononce aussi la sentence! Pouvez-vous nier, milord, que cet acte ait été imaginé pour ma perte?

BURLEIGH.

Il devait vous servir d'avertissement; c'est vous-même qui en avez fait un piége. Vous avez vu l'abîme qui s'ouvrait devant vous, et, loyalement avertie, vous vous y êtes précipitée. Vous étiez d'intelligence avec le traître Babington et les meurtriers ses complices; vous aviez connaissance de tout ce qui se tramait, et, de votre prison, vous dirigiez avec un plan suivi la conjuration.

MARIE.

Quand l'aurais-je fait? Qu'on me montre les pièces de conviction.

BURLEIGH.

On vous les a déjà présentées récemment devant le tribunal.

MARIE.

Des copies écrites par une main étrangère! Qu'on me fournisse les preuves que je les ai dictées moi-même, que je les ai dictées telles, exactement telles qu'on les a lues.

BURLEIGH.

Babington a reconnu avant sa mort que ce sont les mêmes qu'il a reçues.

MARIE.

Et pourquoi ne l'a-t-on pas fait paraître vivant à mes yeux ?

Pourquoi s'est-on tant hâté de le faire sortir de ce monde avant de le confronter avec moi?

BURLEIGH.

Vos secrétaires Kurl et Nau affirment aussi avec serment que ce sont les lettres qu'ils ont écrites sous votre dictée.

MARIE.

Et c'est sur le témoignage de mes domestiques qu'on me condamne! Sur la foi et la créance de ceux qui me trahissent, moi leur reine, qui violent la foi qu'ils me doivent, au moment même où ils témoignent contre moi?

BURLEIGH.

Vous reconnaissiez vous-même autrefois l'Écossais Kurl pour un homme honnête et consciencieux.

MARIE.

Je l'ai connu tel.... mais l'heure du péril éprouve seule la vertu de l'homme. Les angoisses de la torture ont pu lui faire déclarer et avouer ce qu'il ne savait pas. Il a cru se sauver par un faux témoignage, sans me nuire beaucoup, à moi sa reine.

BURLEIGH.

Il l'a attesté par un libre serment.

MARIE.

Non pas en ma présence!... Comment, sir? voilà deux témoins qui tous deux vivent encore. Qu'on les fasse paraître devant moi, qu'à ma face ils répètent leur témoignage! Pourquoi m'envier une faveur, un droit qu'on ne refuse pas à un meurtrier? Je sais, de la bouche de Talbot, mon précédent gardien, que, sous le règne actuel, il a été rendu un décret qui ordonne de confronter l'accusateur avec l'accusé. Est-ce vrai? ou ai-je mal entendu?... Sir Paulet, je vous ai toujours considéré comme un honnête homme; montrez-vous tel en ce moment. Dites-moi, en conscience, n'en est-il pas ainsi? N'existe-t-il pas une telle loi en Angleterre?

PAULET.

Il en est ainsi, milady. Cela est de droit chez nous. Je dois dire ce qui est vrai.

MARIE.

Eh bien, milord! si l'on me traite si rigoureusement d'après le droit anglais quand ce droit m'opprime, pourquoi éluder ce

même droit national quand il peut être un bienfait pour moi?...
Répondez! Pourquoi Babington n'a-t-il pas été amené devant
mes yeux, comme la loi l'ordonne? Pourquoi pas mes secrétaires, qui tous deux vivent encore?

BURLEIGH.

Ne vous emportez pas, milady. Ce n'est pas seulement votre
intelligence avec Babington....

MARIE.

C'est elle seule qui m'expose au glaive de la loi, elle seule
dont j'ai à me justifier. Milord, restez dans la question; ne l'élu-
dez pas.

BURLEIGH.

Il est prouvé que vous avez négocié avec Mendoza, l'ambassadeur d'Espagne....

MARIE, *vivement*.

Restez dans la question, milord!

BURLEIGH.

Que vous avez formé des complots pour renverser la religion
du royaume; que vous avez excité tous les rois de l'Europe à la
guerre contre l'Angleterre....

MARIE.

Et quand je l'aurais fait! Je ne l'ai point fait.... Mais admet-
tons que cela soit.... Milord, on me retient ici prisonnière contre
tous les droits des nations. Ce n'est point le glaive à la main
que je suis venue dans ce pays; j'y suis entrée en suppliante,
réclamant le droit sacré de l'hospitalité, me jetant dans les bras
de la reine, ma parente....et c'est ainsi que la violence m'a saisie
et m'a préparé des chaînes là où j'espérais protection.... Dites,
ma conscience est-elle engagée envers cet État? Ai-je des obligations envers l'Angleterre? J'exerce le droit sacré de l'opprimé,
quand je m'efforce de sortir de ces liens, que je repousse la
force par la force, que je soulève, que j'émeus en ma faveur tous
les États de cette partie du monde. Tout ce qui, dans une guerre
légitime, est juste et loyal, je puis y recourir. Le meurtre seul,
l'attentat furtif et sanglant, ma fierté et ma conscience me l'in-
terdisent; le meurtre me flétrirait et me déshonorerait. Me déshonorerait, dis-je.... il ne me condamnerait nullement; il ne
me soumettrait point à la sentence d'un juge; car, entre l'An-

gleterre et moi, il n'est pas question de droit, mais seulement de force.

BURLEIGH, *d'un ton significatif.*

N'en appelez pas, milady, au terrible droit de la force. Il n'est pas favorable à la prisonnière.

MARIE.

Je suis la plus faible, elle la plus forte.... Bien! Qu'elle use de la force, qu'elle me tue, qu'elle me sacrifie à sa sûreté; mais, alors, qu'elle avoue qu'elle fait un acte de pouvoir, et non de justice. Qu'elle n'emprunte pas le glaive de la loi pour se débarrasser d'une ennemie qu'elle hait, et qu'elle ne revête pas d'un voile sacré l'audace sanguinaire de la force brutale! Qu'une telle jonglerie n'abuse pas le monde! Elle peut me faire assassiner, non me faire juger! Qu'elle renonce à vouloir unir aux fruits du crime la sainte apparence de la vertu, et ce qu'elle est, qu'elle ose le paraître! (*Elle sort.*)

SCÈNE VIII.

BURLEIGH, PAULET.

BURLEIGH.

Elle nous brave.... elle nous bravera, chevalier Paulet, jusque sur les marches de l'échafaud.... On ne peut briser ce cœur orgueilleux.... La sentence l'a-t-elle surprise? L'avez-vous vue répandre une larme, changer seulement de couleur? Ce n'est point notre pitié qu'elle invoque : elle connaît bien l'hésitation de la reine d'Angleterre, et c'est notre crainte qui la rend courageuse.

PAULET.

Lord grand trésorier, cette vaine arrogance s'évanouira promptement si on lui enlève tout prétexte. Il s'est passé, s'il m'est permis de le dire, des choses irrégulières dans ce débat juridique. On aurait dû faire paraître en personne, devant elle, ce Babington et Tichburn, confronter avec elle ses secrétaires.

BURLEIGH, *rapidement.*

Non, non, chevalier Paulet! on ne pouvait risquer cela. Trop grande est sa puissance sur les esprits, et la force de ses larmes de femme. Son secrétaire Kurl, s'il se trouvait en face d'elle, et si alors il s'agissait de prononcer la parole d'où la vie de sa reine dépend.... il rétracterait timidement son témoignage, retirerait son aveu....

PAULET.

Ainsi les ennemis de l'Angleterre rempliront le monde de bruits odieux, et l'éclat solennel du procès n'apparaîtra que comme un crime audacieux.

BURLEIGH.

C'est là le souci de notre reine.... Ah! cette femme, artisan de malheurs, que n'est-elle morte avant de poser le pied sur le sol de l'Angleterre!

PAULET.

A cela, je dis : Amen.

BURLEIGH.

Si elle avait succombé à la maladie dans sa prison!

PAULET.

Cela eût épargné bien des malheurs à ce pays.

BURLEIGH.

Et pourtant, quand bien même quelque accident naturel l'eût enlevée.... on nous traiterait de meurtriers.

PAULET.

C'est bien vrai. On ne peut empêcher les hommes de penser ce qu'ils veulent.

BURLEIGH.

Toutefois, on ne pourrait le démontrer, et cela exciterait moins de rumeur....

PAULET.

Qu'importe la rumeur? Ce qui peut blesser dans le blâme, ce n'est pas qu'il soit bruyant, mais qu'il soit juste.

BURLEIGH.

Oh! la sainte justice même n'échappe pas au blâme. L'opinion est du parti du malheureux; l'envie poursuivra toujours l'heureux qui triomphe. Le glaive de la justice, dont l'homme se pare, est odieux dans la main de la femme. Le monde ne croit pas à l'équité de la femme, dès qu'une autre femme est la victime. C'est en vain que nous, les juges, nous aurions prononcé selon nos consciences. Elle a le royal droit de grâce, il faut qu'elle en use. C'est chose intolérable qu'elle laisse son cours sévère à la loi.

PAULET.

Et ainsi....

BURLEIGH *l'interrompt vivement.*

Ainsi elle vivrait? Non, elle ne peut vivre! Jamais! C'est cela, précisément cela qui inquiète notre reine.... qui chasse le sommeil de sa couche.... Je lis dans ses yeux la lutte de son âme; sa bouche n'ose exprimer ses désirs, mais son regard muet demande avec une expression pleine de sens : « Parmi tous mes serviteurs, n'en est-il aucun qui m'épargne l'odieuse alternative de trembler toujours sur mon trône, ou de livrer cruellement à la hache une reine, ma propre parente? »

PAULET.

Eh! c'est là une nécessité; on n'y peut rien changer.

BURLEIGH.

Cela pourrait bien changer, pense la reine, si seulement elle avait des serviteurs plus attentifs.

PAULET.

Attentifs!

BURLEIGH.

Qui sussent interpréter une mission tacite.

PAULET.

Une mission tacite!

BURLEIGH.

Oui, si on leur donne à garder un serpent venimeux, ne gardent pas comme un saint et précieux joyau l'ennemi qui leur est confié.

PAULET, *d'un ton très-significatif.*

L'honneur de la reine, sa renommée sans tache, est un précieux joyau qu'on ne saurait trop bien garder, sir!

BURLEIGH.

Lorsqu'on ôta milady à Shrewsbury, et qu'on la confia à la garde du chevalier Paulet, on pensait....

PAULET.

Sir! on pensait, j'espère, que l'on voulait confier la mission la plus difficile aux mains les plus pures. Par le ciel! je n'aurais pas accepté cette charge de sergent, si je n'avais cru qu'elle réclamait le plus honnête homme d'Angleterre. Ne me laissez pas croire que je la doive à autre chose qu'à mon intègre renommée.

BURLEIGH.

On répand le bruit qu'elle dépérit, on la fait de plus en plus malade, et enfin elle passe doucement de vie à trépas. Elle meurt ainsi dans la mémoire des hommes.... et votre renommée demeure pure.

PAULET.

Mais non ma conscience.

BURLEIGH.

Si vous ne voulez pas y prêter votre propre main, vous n'empêcherez pas du moins une main étrangère....

PAULET *l'interrompt.*

Aucun meurtrier n'approchera de son seuil tant que les dieux de mon foyer la protégeront. Sa vie m'est sacrée, aussi sacrée que la tête de la reine d'Angleterre. Vous êtes ses juges! Jugez, prononcez la sentence de mort, et, quand il en sera temps, faites venir le charpentier avec la hache et la scie, pour dresser l'échafaud.... Pour le shérif et le bourreau, la porte de mon château s'ouvrira. Maintenant, elle m'est confiée pour que je la garde, et, soyez-en sûr, je la garderai de telle sorte qu'elle ne puisse ni faire ni éprouver aucun mal. (*Ils sortent.*)

ACTE DEUXIÈME.

Le palais de Westminster.

SCÈNE I.

LE COMTE DE KENT et SIR WILLIAM DAVISON
se rencontrent l'un l'autre.

DAVISON.

Est-ce vous, milord Kent? Déjà revenu du tournoi? La fête est-elle finie?

KENT.

Comment n'assistiez-vous pas à ce jeu chevaleresque?

DAVISON.

Mes fonctions m'ont retenu.

KENT.

Vous avez perdu, sir, le plus beau spectacle, imaginé par le goût même et exécuté avec la plus noble bienséance.... Écoutez! on avait représenté la chaste citadelle de la Beauté, assiégée par le Désir.... Milord maréchal, le grand juge, le sénéchal, avec dix autres chevaliers de la reine, défendaient la citadelle, et les cavaliers français l'attaquaient. D'abord a paru un héraut, qui, dans un madrigal, a sommé le château de se rendre, et du rempart le chancelier a répondu. Là-dessus, l'artillerie a joué, et des bouquets de fleurs, des essences précieuses, d'une odeur exquise, ont été tirés par de charmantes pièces de campagne; mais en vain : les assauts ont été repoussés et le Désir s'est vu contraint de se retirer.

DAVISON.

Un signe de mauvais augure, comte, pour la recherche en mariage de la France.

KENT.

Eh! mais c'était une plaisanterie.... Sérieusement, je crois que la citadelle finira pourtant par se rendre.

DAVISON.

Vous croyez? Moi, je ne le croirai jamais.

KENT.

Les articles les plus difficiles sont déjà réglés et consentis par la France. Monsieur se contente d'exercer son culte dans une chapelle close, et il s'engage à honorer publiquement et à protéger la religion du royaume.... Si vous aviez vu la jubilation du peuple, quand cette nouvelle s'est répandue! car c'était la crainte perpétuelle du pays de voir la reine mourir sans postérité, et l'Angleterre reprendre les chaînes de la papauté, si la Stuart lui succédait sur le trône.

DAVISON.

Il peut être soulagé de cette crainte.... Elle entre dans la chambre nuptiale et la Stuart marche à la mort.

KENT.

La reine vient.

SCÈNE II.

LES PRÉCÉDENTS; ÉLISABETH, *conduite par* LEICESTER, LE COMTE DE L'AUBESPINE, BELLIÈVRE, LE COMTE SHREWSBURY, LORD BURLEIGH, *avec d'autres Seigneurs français et anglais, s'avancent sur la scène.*

ÉLISABETH, *à l'Aubespine.*

Comte, je plains ces nobles seigneurs que leur zèle galant a menés ici à travers les flots de la mer; car ils doivent regretter chez moi la magnificence de la cour de Saint-Germain. Je ne puis inventer des fêtes aussi éclatantes, aussi merveilleuses, que la reine mère de France. Un peuple honnête et joyeux, qui, toutes les fois que je parais en public, se presse, en me bénissant, autour de ma litière : voilà le spectacle que je puis, avec quelque orgueil, montrer aux yeux de l'étranger. L'éclat des nobles demoiselles qui brillent dans le jardin de Beauté de Catherine, m'éclipserait, moi et mon mérite sans splendeur.

L'AUBESPINE.

La cour de Wesminster n'offre qu'une seule dame à l'étranger surpris.... mais dans cette dame unique se montre rassemblé tout ce qui ravit dans le sexe enchanteur.

BELLIÈVRE.

Auguste souveraine d'Angleterre, que Votre Majesté nous permette de prendre congé d'elle et de porter à Monsieur, notre royal seigneur, la joyeuse nouvelle qui doit combler ses vœux. L'ardente impatience de son cœur ne lui a pas permis de rester à Paris; il attend à Amiens les messagers de son bonheur, et ses relais s'étendent jusqu'à Calais, pour que le consentement que prononcera votre bouche royale parvienne, avec la rapidité du vol, à son oreille enivrée.

ÉLISABETH.

Comte Bellièvre, ne me pressez pas davantage. Ce n'est pas le temps, je vous le répète, d'allumer le joyeux flambeau d'hyménée. Un ciel sombre s'étend sur cette contrée, et le crêpe du deuil me conviendrait mieux que la splendeur des habits de noce, car un coup déplorable menace d'atteindre prochainement mon cœur et ma maison.

BELLIÈVRE.

Donnez-nous seulement votre promesse, reine! Que des jours plus heureux en amènent l'accomplissement.

ÉLISABETH.

Les rois ne sont que les esclaves de leur condition, ils ne peuvent obéir à leur propre cœur. Mon désir fut toujours de mourir sans époux, et j'aurais mis ma gloire à ce qu'on lût un jour sur la pierre de ma tombe. « Ici repose la reine vierge. » Mais mes sujets ne le veulent pas; ils pensent avec une active prévoyance au temps où je ne serai plus.... Il ne suffit pas que la prospérité règne présentement dans ce pays; il faut encore que je me sacrifie à leur bonheur futur; ils veulent que je renonce encore, pour mon peuple, à ma liberté virginale, mon bien suprême, et l'on m'impose un maître. Ils me montrent par là que je ne suis à leurs yeux qu'une femme, et je croyais pourtant avoir régné comme un homme et un roi. Je sais bien que ce n'est pas servir Dieu que de s'écarter de l'ordre de la nature, et ceux qui ont gouverné ici avant moi méritent des éloges pour avoir ouvert les cloîtres et rendu aux devoirs de la nature des milliers de victimes immolées à une dévotion mal entendue. Mais une reine qui ne consume pas inutilement ses jours dans une oisive contemplation, qui, sans relâche, toujours infatigable, exerce le plus pénible de tous les devoirs, une telle reine devrait être exempte de cette loi de la nature qui soumet une moitié de la race humaine à l'autre moitié....

L'AUBESPINE.

Reine, vous avez glorifié sur votre trône toutes les vertus ; il ne vous reste plus qu'à briller encore aux yeux du sexe dont vous êtes la gloire, comme un modèle des devoirs qui surtout lui sont propres. Sans doute il ne vit pas un seul homme en ce monde qui mérite que vous lui sacrifiiez votre liberté : toutefois, si la naissance, si la grandeur, la vertu héroïque, la beauté virile rendent un mortel digne de cet honneur....

ÉLISABETH.

Nul doute, monsieur l'ambassadeur, qu'une alliance conjugale avec un royal fils de France ne m'honore. Oui, je l'avoue sans détour, s'il le faut.... si je ne puis faire autrement que de céder aux instances de mon peuple.... et elles seront plus fortes que moi, je le crains.... en ce cas, je ne connais aucun prince en Europe à qui je fisse avec moins de regret le sacrifice de mon plus précieux trésor, de ma liberté. Que cet aveu vous suffise.

BELLIÈVRE.

C'est le plus bel espoir, mais ce n'est qu'un espoir, et mon maître souhaite davantage....

ÉLISABETH.

Que souhaite-t-il ? (*Elle tire une bague de son doigt et la regarde d'un air pensif.*) Une reine, en vérité, n'a nulle prérogative sur une simple bourgeoise ! Le même signe indique le même devoir et la même servitude.... l'anneau fait les mariages, et ce sont des anneaux qui forment les chaînes.... Portez ce présent à Son Altesse.... Ce n'est pas encore une chaîne, une chaîne qui me lie ; mais de là peut se former un lien qui m'attache.

BELLIÈVRE *s'agenouille pour recevoir l'anneau.*

En son nom, grande reine, je reçois à genoux ce présent, et je dépose le baiser d'hommage sur la main de ma princesse.

ÉLISABETH, *au comte Leicester, qu'elle a regardé fixement en prononçant ses dernières paroles.*

Permettez, milord! (*Elle lui prend le cordon bleu, qu'elle passe au cou de Bellièvre.*) Revêtez Son-Altesse de cet ornement, comme je vous en revêts ici et vous admets aux devoirs de mon ordre. *Honni soit qui mal y pense*[1]!... Que tout soupçon disparaisse entre les deux nations, et que les liens de la confiance unissent désormais les couronnes de France et d'Angleterre!

L'AUBESPINE.

Auguste reine, ce jour est un jour d'allégresse. Puisse-t-il l'être pour tous, et plût à Dieu que nul cœur souffrant ne gémît dans cette île! La clémence brille sur votre visage. Oh! puisse un rayon de cette lumière sereine tomber sur une malheureuse princesse qui touche de près la France à la fois et l'Angleterre!

ÉLISABETH.

N'allez pas plus loin, comte. Ne mêlons pas deux affaires absolument distinctes. Si la France désire sérieusement mon alliance, elle doit aussi partager mes soucis, et n'être pas l'amie de mes ennemis....

L'AUBESPINE.

A vos propres yeux, elle agirait indignement si elle oubliait, dans cette alliance, une infortunée, sa coreligionnaire, la veuve de son roi.... L'honneur même, l'humanité exigent....

ÉLISABETH.

En ce sens, je sais apprécier son intercession comme il convient. La France remplit un devoir d'amitié; il me sera permis, à moi, d'agir en reine. (*Elle salue les Seigneurs français, qui se retirent respectueusement avec les Lords.*)

SCÈNE III.

ÉLISABETH, LEICESTER, BURLEIGH, TALBOT.
La Reine s'assoit.

BURLEIGH.

Glorieuse reine, vous couronnez aujourd'hui les vœux ardents

---

1. Cette devise est naturellement en français dans le texte.

de votre peuple. C'est maintenant que nous commençons à jouir vraiment des jours fortunés que vous nous donnez; car nous ne voyons plus devant nous, en tremblant, un avenir plein d'orages. Une seule inquiétude tourmente encore ce pays; il est un sacrifice que toutes les voix réclament. Accomplissez encore ce vœu, et ce jour aura fondé à jamais le bonheur de l'Angleterre.

ÉLISABETH.

Que désire encore mon peuple? Parlez, milord.

BURLEIGH.

Il demande la tête de la Stuart.... Si vous voulez assurer à votre peuple le don précieux de la liberté, la lumière si chèrement acquise de la vérité, il faut qu'elle ne soit plus de ce monde.... Si nous ne devons pas trembler éternellement pour votre vie précieuse, il faut que votre ennemie périsse.... Vous le savez, tous les Anglais, vos sujets, n'ont pas la même croyance; l'idolâtrie romaine compte encore dans cette île beaucoup d'adorateurs secrets. Ils nourrissent tous des pensées hostiles; c'est vers cette Stuart que leur cœur se tourne; ils sont ligués avec les frères lorrains, ces ennemis irréconciliables de votre nom. Ce parti furieux vous a juré une guerre acharnée, une guerre d'extermination, telle qu'on la fait avec les fausses armes de l'enfer. C'est à Reims, au siége épiscopal du cardinal-archevêque, qu'est l'arsenal où ils forgent leurs foudres : là, on enseigne le régicide.... de là, ils envoient sans relâche leurs missions dans votre île : des fanatiques résolus, cachés sous tous les déguisements.... de là, sont déjà sortis trois meurtriers, et ce gouffre inépuisable enfante sans cesse et sans fin de nouveaux ennemis secrets.... Et c'est dans le château de Fotheringhay qu'habite la Furie de cette guerre éternelle, la Furie qui embrase ce royaume avec la torche de l'Amour. Pour elle, car elle donne à chacun de flatteuses espérances, la jeunesse se dévoue à une mort assurée.... La délivrer est le mot d'ordre; la placer sur votre trône est le but; car cette race des Lorrains ne reconnaît pas votre droit sacré; vous n'êtes pour eux qu'une usurpatrice du trône, couronnée par la fortune. Ce sont eux qui ont entraîné cette insensée à prendre le titre de reine d'Angleterre. Point de paix possible avec elle et sa famille! Il faut que vous receviez ou frappiez le coup. Sa vie est votre mort; sa mort, votre vie!

ÉLISABETH.

Milord, vous remplissez un triste office. Je connais le pur mobile de votre zèle; je sais qu'une sagesse parfaite parle par votre bouche; mais cette sagesse qui veut du sang, je la hais au fond de mon âme. Trouvez un conseil plus doux.... Noble lord de Shrewsbury! dites-nous votre opinion.

TALBOT.

Vous avez donné de justes louanges au zèle qui anime le cœur fidèle de Burleigh.... Un cœur non moins fidèle, bien que de ma bouche ne coulent point d'aussi éloquents discours, bat dans ma poitrine. Puissiez-vous, reine, vivre longtemps encore, pour être la joie de votre peuple, pour continuer à ce royaume le bonheur de la paix! Jamais cette île n'a vu d'aussi beaux jours depuis qu'elle est gouvernée par ses propres rois. Puisse-t-elle ne pas payer son bonheur de sa gloire! Puissent du moins les yeux de Talbot se fermer avant que cela arrive!

ÉLISABETH.

Dieu nous préserve de souiller cette gloire

TALBOT.

Alors vous chercherez un autre moyen de sauver cet empire.... car l'exécution de la Stuart est un moyen injuste. Vous ne pouvez prononcer la sentence de celle qui n'est pas votre sujette.

ÉLISABETH.

Ainsi, mon conseil d'État et mon parlement se trompent, toutes les cours de justice de ce royaume sont dans l'erreur, lorsque, unanimement, elles me reconnaissent ce droit....

TALBOT.

La pluralité des voix n'est pas la preuve du droit; l'Angleterre n'est pas le monde; votre parlement n'est pas l'assemblée des races humaines. L'Angleterre d'aujourd'hui n'est pas l'Angleterre future, de même qu'elle n'est plus celle d'autrefois.... Selon que le penchant public prend une autre direction, le flot changeant de l'opinion monte et retombe. Ne dites pas qu'il vous faut obéir à la nécessité et aux instances de votre peuple. Dès que vous le voudrez, vous pourrez vous assurer à chaque instant que votre volonté est libre. Essayez! Déclarez que vous avez horreur du sang, que vous voulez voir sauvée la vie de votre sœur. Montrez en toute sincérité, à ceux qui veulent vous donner un autre conseil, votre royale colère, et bientôt vous verrez la nécessité s'évanouir, et la justice se changer en injustice. Il faut que vous jugiez vous-même, vous seule. Vous ne pouvez vous appuyer sur ce roseau mobile, inconstant. Obéissez hardiment à votre propre bonté. Dieu n'a pas placé la rigueur dans le tendre cœur de la femme...., et les fondateurs de cet empire, qui ont voulu que les rênes du gouvernement fussent aussi données à la femme, ont montré par là que la rigueur ne doit pas être, en ce pays, la vertu des rois.

ÉLISABETH.

Le comte Shrewsbury est un chaud défenseur de mon ennemie, de l'ennemie du royaume. Je préfère les conseillers amis de mes intérêts.

TALBOT.

On ne lui accorde point de défenseur; personne n'ose, en parlant pour elle, s'exposer à votre colère.... Permettez-moi donc, permettez à un vieillard qui, au bord de la tombe, ne peut plus être séduit par aucun espoir terrestre, de protéger celle que tous abandonnent. Qu'il ne soit pas dit que, dans votre conseil d'État, la passion, l'intérêt personnel ont élevé la voix; que seule la pitié s'est tue. Tout s'est ligué contre elle; vous-même n'avez jamais vu son visage; rien, dans votre cœur, ne parle pour l'étrangère.... Ce ne sont point ses fautes que je prétends justifier. On dit qu'elle a fait tuer son époux; il est vrai qu'elle a épousé le meurtrier. C'est un grand crime!... Mais cela est arrivé dans un sombre temps de calamité, dans les angoisses et les déchirements de la guerre civile, où, faible femme, elle se voyait entourée, pressée par d'impérieux vassaux : elle s'est jetée dans les bras du plus courageux, du plus fort.... et qui sait par quels artifices il a triomphé d'elle? car la femme est un être fragile.

ÉLISABETH.

La femme n'est point faible. Il y a des âmes fortes dans notre sexe.... Je ne veux pas qu'en ma présence on parle de la faiblesse du sexe.

TALBOT.

Pour vous, le malheur a été une sévère école; la vie ne s'est pas montrée à vous sous son aspect riant. Vous ne voyiez pas un trône dans le lointain, mais seulement la tombe à vos pieds. C'est à Woodstock et dans les ténèbres de la Tour que le Dieu de bonté, père de cet empire, vous prépara par les épreuves à vos sérieux devoirs. Là, le flatteur n'allait point vous chercher. De bonne heure, votre âme, qui n'était point distraite par le vain bruit du monde, apprit à se recueillir, à rentrer en elle-même par la pensée, et à estimer les vrais biens de cette vie.... Aucun Dieu n'a sauvé cette pauvre femme. Encore enfant, elle fut transplantée en France, dans une cour où régnaient la légèreté et le frivole plaisir. Là, dans la perpétuelle ivresse des fêtes, elle n'entendit jamais la voix austère de la vérité. Elle fut éblouie par l'éclat des vices et entraînée par le torrent de la perdition. Elle avait en partage le vain don de la beauté; elle éclipsait, dans sa fleur, toutes les femmes, et par ses charmes, non moins que par sa naissance....

ÉLISABETH.

Revenez à vous, milord de Shrewsbury! Songez que nous siégeons ici dans un grave conseil. Ce doivent être des attraits sans pareils pour enflammer ainsi un vieillard.... Milord de Leicester, vous seul vous taisez? Ce qui le rend éloquent enchaîne-t-il votre langue?

LEICESTER.

Je reste muet d'étonnement, reine, en voyant qu'on remplit votre oreille de terreurs; que ces contes qui, dans les rues de Londres, inquiètent le peuple crédule, montent jusqu'à la sphère sereine de votre conseil d'État, et occupent sérieusement des hommes sages. Je suis stupéfait, je l'avoue, que cette reine d'Écosse, sans États, qui n'a su conserver son propre petit trône, qui fut le jouet de ses propres vassaux, le rebut de son pays, devienne tout à coup votre épouvante dans sa prison.... Qui peut, par le Tout-Puissant! vous la rendre redoutable? Sont-ce les prétentions qu'elle élève sur ce royaume? Est-ce le refus des Guise de vous reconnaître pour reine? L'opposition de ces Guise peut-elle affaiblir le droit que la naissance vous a donné, que la décision des parlements a confirmé? N'est-elle pas tacitement exclue par les dernières volontés de Henri? Et l'Angleterre, si heureuse de jouir de la nouvelle lumière, ira-t-elle se jeter dans les bras de la papiste? courir en transfuge, de vous, sa reine adorée, à la meurtrière de Darnley? Que veulent ces hommes emportés qui, de votre vivant, vous tourmentent de la crainte d'une héritière? qui ne peuvent vous marier assez vite pour sauver du danger l'État et l'Église? N'êtes-vous pas là, sous nos yeux, dans la fleur et la force de la jeunesse? Elle, au contraire, ne se flétrit-elle pas de jour en jour, descendant au tombeau? Par le ciel! vous foulerez sa tombe, je l'espère, bien des années encore, sans qu'il vous ait fallu l'y précipiter vous-même....

BURLEIGH.

Lord Leicester n'a pas toujours jugé ainsi.

LEICESTER.

Il est vrai; j'ai même voté sa mort au tribunal.... Dans le conseil d'État, je parle autrement. Ici, il ne s'agit pas du juste, mais de l'utile. Est-ce le temps de redouter d'elle des dangers, quand la France, son unique appui, l'abandonne; quand vous voulez combler, par le don de votre main, le fils de ses rois; quand l'espoir d'une nouvelle race souveraine sourit à cette contrée? Pourquoi donc la tuer? Elle est morte : le mépris est la véritable mort. Prenez garde que la pitié ne la rappelle à la vie. Voici donc mon avis : qu'on laisse subsister dans toute sa force la sentence qui la condamne à périr! Qu'elle vive.... mais qu'elle vive sous la hache du bourreau, et que soudain, dès qu'un bras s'armera pour elle, cette hache tombe et frappe!

ÉLISABETH *se lève*.

Milords, j'ai entendu vos avis et je vous remercie de votre zèle. Avec l'aide de Dieu, qui éclaire les rois, j'examinerai vos motifs et choisirai le parti qui me paraîtra le meilleur.

SCÈNE IV.

LES PRÉCÉDENTS, LE CHEVALIER PAULET
avec MORTIMER.

ÉLISABETH.

Voici Amias Paulet. Noble sir, que nous apportez-vous?

PAULET.

Très-glorieuse majesté! mon neveu, récemment revenu de lointains voyages, se jette à vos pieds et vous présente son jeune hommage. Recevez cet hommage avec bonté, et pour lui, laissez-le croître à la lumière de votre faveur.

MORTIMER *met un genou en terre.*

Que ma royale dame vive longtemps! Que le bonheur et la gloire couronnent son front!

ÉLISABETH.

Levez-vous. Soyez le bienvenu, sir, en Angleterre. Vous avez fait le grand voyage; vous avez visité la France et Rome, et vous avez séjourné à Reims. Dites-moi donc ce que trament nos ennemis.

MORTIMER.

Qu'un Dieu les confonde, et tourne contre le sein de leurs propres archers les traits lancés contre ma reine!

ÉLISABETH.

Avez-vous vu Morgan, et cet artisan d'intrigues, l'évêque de Ross?

MORTIMER.

J'ai appris à connaître tous les exilés écossais qui forgent, à Reims, des projets contre cette île. Je me suis insinué dans leur confiance, pour découvrir quelque chose de leurs intrigues.

PAULET.

On lui a confié des lettres secrètes, en chiffres, pour la reine d'Écosse, et sa main fidèle nous les a livrées.

ÉLISABETH.

Dites, quels sont leurs plus récents desseins?

MORTIMER.

Ils ont été frappés comme d'un coup de foudre, en voyant la France les abandonner et conclure cette étroite alliance avec l'Angleterre. Maintenant, leur espoir se tourne vers l'Espagne.

ÉLISABETH.

C'est ce que m'écrit Walsingham.

MORTIMER.

Il est aussi arrivé à Reims, au moment où j'en partais, une bulle que le pape Sixte-Quint a lancée contre vous. Le premier navire l'apportera dans cette île.

LEICESTER.

De telles armes ne font plus trembler l'Angleterre.

BURLEIGH.

Elles deviennent redoutables dans la main d'un fanatique.

ÉLISABETH, *regardant Mortimer d'un œil scrutateur.*

On vous a accusé d'avoir, à Reims, fréquenté les écoles et abjuré votre foi.

MORTIMER.

J'en ai fait le semblant, je ne le nie pas, tant était grande mon ardeur à vous servir!

ÉLISABETH, *à Paulet, qui lui présente des papiers.*

Que produisez-vous là?

PAULET.

C'est un écrit que la reine d'Écosse vous envoie.

BURLEIGH *se hâte d'étendre la main pour le saisir.*

Donnez-moi cette lettre.

PAULET *donne le papier à la Reine.*

Pardonnez, lord grand trésorier! Elle m'a ordonné de remettre la lettre aux propres mains de ma reine. Elle me dit toujours que je suis son ennemi. Je ne suis que l'ennemi de ses vices; tout service qui s'accorde avec mon devoir, je le lui rends volontiers. (*La Reine a pris la lettre. Pendant qu'elle la lit, Mortimer et Leicester se disent mystérieusement quelques mots.*)

BURLEIGH, *à Paulet.*

Que peut contenir cette lettre? De vaines plaintes, que l'on devrait épargner au cœur compatissant de la reine.

PAULET.

Elle ne m'a point caché ce qu'elle contient. Elle sollicite la grâce de voir la reine.

BURLEIGH, *vivement.*

Jamais!

TALBOT.

Pourquoi pas? Elle ne demande là rien d'injuste.

BURLEIGH.

Elle a perdu tout droit à la faveur de cette auguste présence, celle qui a comploté le meurtre et qui avait soif du sang de la reine. Quiconque a le cœur loyal pour sa souveraine ne peut donner ce faux et perfide conseil.

TALBOT.

Si la reine veut lui accorder ce bonheur, voulez-vous arrêter cette douce impulsion de la clémence?

BURLEIGH.

Elle est condamnée! Sa tête est sous la hache. Il est indigne de la majesté royale de voir une tête dévouée à la mort. La sentence ne peut plus s'exécuter, si une fois la reine s'est approchée d'elle, car la présence royale apporte la grâce avec elle....

ÉLISABETH, *après avoir lu la lettre, séchant ses larmes.*

Qu'est-ce que l'homme? Qu'est-ce que le bonheur de ce monde? Où en est venue cette reine, qui débuta par de si fières espérances, qui avait été appelée sur le plus ancien trône de la chrétienté, qui, dans sa pensée, croyait déjà placer trois couronnes sur sa tête? Que son langage diffère aujourd'hui de celui qu'elle tenait autrefois, quand elle prit l'écusson d'Angleterre, quand elle se faisait appeler, par les flatteurs de sa cour, reine des deux îles Britanniques!... Pardonnez, milords! mon cœur est déchiré, je suis saisie de tristesse et mon âme saigne, quand je vois que les choses de la terre ne sont pas plus assurées, quand je vois l'humaine destinée, si affreuse, passer si près de ma tête.

TALBOT.

O reine! C'est Dieu qui a touché votre cœur. Obéissez à ce mouvement céleste! Elle a, en vérité, expié grandement de grandes fautes, et il est temps que cette dure épreuve ait un terme! Tendez-lui la main, à elle tombée si bas! Descendez, comme l'apparition lumineuse d'un ange, dans la nuit funèbre de sa prison....

BURLEIGH.

Soyez ferme, grande reine. Ne souffrez pas qu'un louable sentiment d'humanité vous égare. Ne vous enlevez pas à vous-même la liberté de faire ce que veut la nécessité. Vous ne pouvez lui faire grâce, vous ne pouvez la sauver; n'encourez donc pas un blâme odieux, celui d'avoir voulu, avec une insultante cruauté, repaître vos regards triomphants de l'aspect de votre victime.

LEICESTER.

Demeurons, milords, dans nos limites. La reine est sage, elle n'a pas besoin de nos conseils, pour choisir le parti le plus digne. L'entretien des deux reines n'a rien de commun avec la marche de la justice. C'est la loi d'Angleterre, non la volonté de la reine, qui condamne Marie. Il est digne de la grande âme d'Élisabeth de suivre la généreuse impulsion de son cœur, quand la loi suit son cours rigoureux.

ÉLISABETH.

Allez, milords. Nous trouverons moyen d'accorder convenablement ce que la clémence réclame et ce que la nécessité nous impose. Maintenant.... retirez-vous! (*Les Lords se retirent. Mortimer est déjà à la porte, lorsqu'elle le rappelle.*) Sir Mortimer! Un mot!

SCÈNE V.

ÉLISABETH, MORTIMER.

ÉLISABETH, *après l'avoir mesuré des yeux, quelques instants, d'un air scrutateur.*

Vous avez montré une courageuse audace et un empire sur vous-même rare à votre âge. Celui qui a pratiqué sitôt l'art difficile de la dissimulation, sort de tutelle avant le temps, et abrége ses années d'épreuve.... Le destin vous appelle à suivre une grande carrière, je vous le prédis, et mon oracle, je puis, pour votre bonheur, l'accomplir moi-même.

MORTIMER.

Auguste souveraine, tout ce que je suis, tout ce que je puis, est dévoué à votre service.

ÉLISABETH.

Vous avez appris à connaître les ennemis de l'Angleterre. Leur haine est implacable contre moi, et leurs projets sanguinaires inépuisables. Jusqu'à ce jour, il est vrai, le Tout-Puissant m'a protégée, mais toujours la couronne chancellera sur ma tête, tant que vivra celle qui fournit un prétexte à leur zèle fanatique et nourrit leur espérance.

MORTIMER.

Elle cessera de vivre dès que vous l'ordonnerez.

ÉLISABETH.

Ah! sir, je croyais déjà me voir au but, et je ne suis pas plus avancée qu'au commencement. Je voulais laisser agir les lois, garder ma main pure de sang. Le jugement est prononcé. Que gagné-je à cela? Il faut qu'il soit exécuté, Mortimer! et c'est à moi à commander l'exécution. C'est toujours moi qu'atteint l'odieux de l'acte. Cet acte, je suis forcée de l'avouer, et je ne puis sauver les apparences. Voilà le pire.

MORTIMER.

Que vous importe, dans une juste cause, la mauvaise apparence?

ÉLISABETH.

Vous ne connaissez pas le monde, chevalier. Ce qu'on paraît a chacun pour juge; ce qu'on est, personne. Je ne convaincrai nul homme de mon droit, je dois donc avoir à cœur de laisser dans un doute éternel la part que j'aurai eue à sa mort. Dans ces actes à double apparence, il n'y a de refuge que dans les ténèbres. La pire des démarches est celle qu'on avoue; ce à quoi l'on ne renonce pas n'est jamais perdu.

MORTIMER, *sondant la Reine.*

Alors, le mieux serait peut-être....

ÉLISABETH, *vivement.*

Sans doute, ce serait le mieux.... Oh! mon bon ange parle par votre bouche. Poursuivez, achevez, cher sir! Vous prenez l'affaire au sérieux, vous allez au fond des choses, vous êtes un tout autre homme que votre oncle....

MORTIMER, *surpris.*

Avez-vous découvert votre désir au chevalier?

ÉLISABETH.

Je me repens de l'avoir fait.

MORTIMER.

Excusez le vieillard. Les années le rendent scrupuleux. Ces coups hardis veulent l'audace résolue de la jeunesse....

ÉLISABETH, *vivement.*

Puis-je vous....

MORTIMER.

Je veux vous prêter mon bras. A vous de sauver l'honneur, comme vous pourrez....

ÉLISABETH.

Oui, sir! si un matin vous m'éveillez avec ce message : « Marie Stuart, votre mortelle ennemie, est décédée cette nuit!»

MORTIMER.

Comptez sur moi.

ÉLISABETH.

Quand pourrai-je paisiblement poser ma tête sur mon chevet?

MORTIMER.

Il faut qu'à la lune prochaine vos craintes cessent.

ÉLISABETH.

.... Adieu, sir! Ne vous affligez pas si ma reconnaissance est forcée d'emprunter le voile de la nuit.... Le silence est le Dieu des heureux.... Les liens les plus étroits, les plus tendres, sont ceux que forme le mystère.... (*Elle sort.*)

SCÈNE VI.

MORTIMER, *seul.*

Va, reine fausse et hypocrite! Comme tu trompes le monde, ainsi je te trompe. Il est bien de te trahir, c'est une bonne action! Ai-je l'air d'un meurtrier? As-tu lu sur mon front l'aptitude d'un scélérat? Fie-toi à mon bras seul, et retire le tien. Donne-toi aux yeux du monde l'apparence hypocrite d'une pieuse clémence! Pendant que tu comptes en secret sur mon secours d'assassin, nous gagnerons du temps pour la délivrance. Tu veux m'élever.... Tu affectes de me montrer de loin une précieuse récompense.... et quand toi-même, quand tes faveurs seraient cette récompense, qui es-tu, pauvre femme, et que peux-tu donner? Ce n'est pas le désir d'une vaine gloire qui me séduit. Près d'elle seulement est le charme de la vie.... Autour d'elle, voltige sans cesse le chœur joyeux des dieux de la grâce et des plaisirs de la jeunesse; le bonheur des cieux est sur son sein. Toi, tu n'as à prodiguer que des biens morts et stériles. Le seul bien suprême, qui pare la vie, celui d'un cœur qui, ravissant et ravi, se donne à un autre cœur, dans un doux oubli de soi-même, ce bien-là, cette couronne de la femme, tu ne l'as jamais possédé; jamais par ton amour tu n'as rendu un homme heureux.... Il faut que j'attende ce lord, que je lui remette sa lettre. Odieuse commission! Je n'ai nulle confiance en ce courtisan. Je puis la sauver moi-même, moi seul; à moi le danger et la gloire, et aussi la récompense! (*Comme il veut sortir, il rencontre Paulet.*)

SCÈNE VII.

MORTIMER, PAULET.

PAULET.

Que t'a dit la reine?

MORTIMER.

Rien, sir. Rien.... d'important.

PAULET *fixe sur lui un regard sérieux*.

Écoute, Mortimer! Tu as mis le pied sur un sol trompeur et glissant. La faveur des rois est attrayante, et la jeunesse est avide d'honneur.... Ne te laisse pas égarer par l'ambition!

MORTIMER.

N'est-ce pas vous-même qui m'avez amené à la cour?

PAULET.

Je voudrais ne l'avoir pas fait. Ce n'est pas à la cour que notre maison a récolté son honneur. Demeure ferme, mon neveu. N'achète pas trop cher! Ne blesse pas ta conscience!

MORTIMER.

Quelle idée vous vient là? Quelles inquiétudes!

PAULET.

Quelque grand que la reine promette de te faire.... ne te fie pas à ses flatteuses paroles. Elle te reniera, quand tu auras obéi, et, pour laver son nom, elle punira l'acte sanglant qu'elle-même aura ordonné.

MORTIMER.

L'acte sanglant, dites-vous?

PAULET.

Arrière la dissimulation! Je sais ce que la reine s'est promis de toi. Elle espère que ta jeunesse avide de gloire sera plus complaisante que mon inflexible vieillesse. Lui as-tu promis? L'as-tu fait?

MORTIMER.

Mon oncle!

PAULET.

Si tu l'as fait, je te maudis et je te rejette....

LEICESTER *vient*.

Cher sir, permettez que je dise un mot à votre neveu. La

reine est très-favorablement disposée pour lui. Elle veut qu'on lui confie, sans restriction, la garde de Marie Stuart.... Elle se repose sur sa loyauté....

PAULET.

Se repose.... Bien!

LEICESTER.

Que dites-vous, sir?

PAULET.

La reine se repose sur lui, et moi, milord, je me repose sur moi et sur mes deux yeux bien ouverts. (*Il sort.*)

SCÈNE VIII.

LEICESTER, MORTIMER.

LEICESTER, *étonné.*

Quel accès vient d'avoir le chevalier?

MORTIMER.

Je ne sais.... La confiance inattendue que la reine m'accorde....

LEICESTER, *le regardant d'un œil scrutateur.*

Méritez-vous, chevalier, qu'on se fie à vous?

MORTIMER, *de même.*

Je vous ferai la même question, milord de Leicester.

LEICESTER.

Vous aviez quelque chose à me dire en secret.

MORTIMER.

Assurez-moi d'abord que je puis l'oser.

LEICESTER.

Et qui me répond de vous?... Que ma méfiance ne vous offense pas! Je vous vois montrer un double visage dans cette cour.... L'un des deux est nécessairement faux; mais quel est le vrai?

MORTIMER.

J'éprouve la même chose à votre égard, comte Leicester.

LEICESTER.

Qui donc doit commencer à se montrer confiant?

MORTIMER.

Celui qui a le moins à risquer.

LEICESTER.

Eh bien! c'est vous.

MORTIMER.

C'est vous! Votre témoignage, la parole d'un lord considérable et puissant, peut me perdre; la mienne ne peut rien contre votre rang et votre faveur.

LEICESTER.

Vous vous trompez, sir. En toute autre chose, je suis puissant ici. Sur ce point délicat où vous voulez que je m'abandonne à votre foi, je suis à cette cour le plus faible des hommes, et un méprisable témoignage peut me renverser.

MORTIMER.

Si le tout-puissant lord Leicester s'abaisse devant moi jusqu'à me faire un tel aveu, je puis bien avoir de moi-même une idée un peu plus haute, et lui donner un exemple de magnanimité.

LEICESTER.

Précédez-moi dans la voie de la confiance, je suis prêt à vous suivre.

MORTIMER, *tirant rapidement la lettre.*

Voici ce que la reine d'Écosse vous envoie.

LEICESTER *tressaille d'effroi et la saisit précipitamment.*

Parlez bas, sir.... Que vois-je? Ah! c'est son portrait. (*Il le baise et le contemple dans un muet ravissement.*)

MORTIMER, *qui, pendant la lecture, l'a observé attentivement.*

Milord, maintenant je vous crois.

LEICESTER, *après avoir rapidement parcouru la lettre.*

Sir Mortimer! Vous savez le contenu de la lettre?

MORTIMER.

Je ne sais rien.

LEICESTER.

Eh bien! Elle vous a confié sans aucun doute....

MORTIMER.

Elle ne m'a rien confié. Ce serait vous, m'a-t-elle dit, qui m'expliqueriez cette énigme. C'est une énigme pour moi que le comte de Leicester, le favori d'Élisabeth, l'ennemi déclaré de Marie et un de ses juges, puisse être l'homme de qui la reine, dans son malheur, espère sa délivrance.... Et pourtant il en doit être ainsi, car vos yeux expriment trop clairement ce que vous éprouvez pour elle.

LEICESTER.

Découvrez-moi d'abord vous-même d'où vient que vous prenez cet ardent intérêt à son sort et ce qui vous a gagné sa confiance.

MORTIMER.

Milord, je puis vous expliquer cela en peu de mots. J'ai abjuré ma croyance à Rome, et je suis d'intelligence avec les Guise. Une lettre de l'archevêque de Reims m'a accrédité auprès de la reine d'Écosse.

LEICESTER.

Je suis informé de votre changement de religion ; c'est là ce qui a éveillé ma confiance envers vous. Donnez-moi la main. Pardonnez-moi mes doutes. Je ne puis user de trop de précaution ; car Walsingham et Burleigh me haïssent ; je sais qu'ils m'épient et me tendent des piéges. Vous pouviez être leur créature et leur instrument, pour m'attirer dans le filet....

MORTIMER.

Ah! qu'un si grand lord marche à petits pas dans cette cour! Comte, je vous plains.

LEICESTER.

C'est avec joie que je me jette sur le sein loyal d'un ami, où je puis me soulager enfin d'une longue contrainte. Vous vous étonnez, sir, que mon cœur ait si vite changé à l'égard de Marie. Jamais, dans le fait, je ne l'ai haïe.... La contrainte des temps m'a fait son adversaire. Elle m'était destinée depuis de longues années, vous le savez, avant qu'elle eût donné sa main à Darnley, quand l'éclat de la grandeur rayonnait encore autour d'elle. Alors je repoussai froidement ce bonheur. Maintenant, dans la prison, aux portes du tombeau, je la recherche, et au péril de ma vie.

MORTIMER.

Cela s'appelle agir magnanimement.

LEICESTER.

.... La face des choses, sir, a changé depuis. C'était mon ambition qui me rendait insensible à la jeunesse et à la beauté. Alors j'estimais la main de Marie trop peu pour moi, j'espérais posséder la reine d'Angleterre.

MORTIMER.

C'est un fait connu, qu'elle vous préférait à tous les autres hommes....

LEICESTER.

Cela semblait ainsi, noble sir.... et maintenant, après dix ans perdus d'une recherche infatigable, d'une odieuse contrainte.... Oh! sir, mon cœur s'ouvre! Il faut que je me soulage d'une longue irritation.... On m'estime heureux.... Si l'on savait quelles sont ces chaînes pour lesquelles on m'envie.... Après avoir sacrifié dix longues années bien amères à l'idole de sa vanité, après m'être soumis avec une humilité d'esclave à toutes les variations de ses caprices de sultane, jouet de ses petites idées fantasques, tantôt caressé par sa tendresse, tantôt repoussé avec une orgueilleuse pruderie, également torturé par sa faveur et sa rigueur, gardé comme un captif par les yeux d'argus de la jalousie, forcé de rendre compte comme un enfant, grondé comme un valet.... Oh! la langue n'a pas d'expression pour cet enfer!...

MORTIMER.

Je vous plains, comte.

LEICESTER.

Quand je touche au but, la récompense m'échappe! Un autre vient m'enlever le fruit d'une recherche qui m'a coûté si cher. Mes droits longtemps possédés passent à un jeune et florissant époux. Il faut que je descende de la scène où j'ai si longtemps brillé au premier rang. Ce n'est pas seulement sa main, mais aussi sa faveur, que le nouveau venu menace de me ravir. Elle est femme et il est aimable.

MORTIMER.

Il est fils de Catherine. Il a appris à fond, à bonne école, l'art de la flatterie.

LEICESTER.

Ainsi croulent mes espérances.... Je cherche, dans ce naufrage de ma fortune, à saisir une planche de salut.... et mes yeux se retournent vers ma première, ma belle espérance. L'image de Marie, dans l'éclat de ses charmes, s'est offerte à moi de nouveau; la beauté et la jeunesse sont rentrées dans tous leurs droits. Ce n'est plus une froide ambition, c'est le cœur qui a

ACTE II, SCÈNE VIII.

comparé, et j'ai senti quel trésor j'avais perdu. Je la vois avec terreur précipitée dans un abîme de misère, précipitée par ma faute. Alors un espoir s'éveille en moi : pourrai-je la sauver, la posséder encore? A l'aide d'une main fidèle, je réussis à lui révéler le changement de mon cœur, et cette lettre que vous m'avez apportée m'assure qu'elle pardonne, qu'elle se donnera à moi pour récompense, si je la sauve.

MORTIMER.

Mais vous n'avez rien fait pour son salut. Vous l'avez laissé condamner, vous avez vous-même voté pour sa mort. Il faut qu'il se fasse un miracle.... Il faut que la lumière de la vérité me touche, moi le neveu de son gardien; il faut que le ciel lui prépare à Rome, au Vatican, un libérateur inespéré, sans quoi elle ne trouvait même pas de chemin pour arriver à vous.

LEICESTER.

Ah! sir, cela m'a causé assez de tortures! Vers ce temps elle fut emmenée du château de Talbot à Fotheringhay, et confiée à la garde sévère de votre oncle. Tout chemin pour arriver à elle fut fermé; il me fallut, aux yeux du monde, continuer de la persécuter. Mais ne croyez pas que, spectateur passif, je l'eusse laissé conduire à la mort. Non, j'espérais, j'espère encore empêcher le dernier malheur, jusqu'à ce qu'un moyen se présente de la délivrer.

MORTIMER.

Le moyen est trouvé.... Leicester, votre noble confiance mérite d'être payée de retour. Je veux, moi, la délivrer, c'est pour cela que je suis ici; les mesures sont déjà prises. Votre puissante assistance nous assure un heureux succès.

LEICESTER.

Que dites-vous? Vous m'effrayez. Comment? Vous voudriez....

MORTIMER.

Je veux ouvrir de force sa prison. J'ai des compagnons, tout est prêt....

LEICESTER.

Vous avez des complices et des confidents! Malheur à moi! Dans quels hasards vous m'entraînez! Et ils savent aussi mon secret?

MORTIMER.

N'ayez point de souci. Le plan a été formé sans vous, il serait exécuté sans vous, si elle ne s'opiniâtrait à vous devoir sa délivrance.

LEICESTER.

Ainsi vous pouvez m'assurer avec toute certitude que mon nom n'est pas prononcé dans la conjuration?

MORTIMER.

Soyez-en sûr! Tant de scrupules inquiets, comte, au sujet d'une nouvelle qui vous apporte du secours! Vous voulez sauver et posséder Marie Stuart, vous trouvez soudain des amis inattendus, les moyens les plus proches vous tombent du ciel.... et pourtant vous montrez plus d'embarras que de joie?

LEICESTER.

La violence n'est bonne à rien. L'aventure est trop périlleuse.

MORTIMER.

Le retard l'est aussi.

LEICESTER.

Je vous le dis, chevalier, ce n'est point à risquer.

MORTIMER, *avec amertume.*

Non, pas pour vous qui voulez la posséder! Nous voulons, nous, simplement la sauver, et ne sommes pas si hésitants....

LEICESTER.

Jeune homme, vous êtes trop prompt dans une affaire si épineuse, si pleine de dangers.

MORTIMER.

Et vous.... bien circonspect dans un tel intérêt d'honneur.

LEICESTER.

Je vois les filets qui nous environnent de toute part.

MORTIMER.

Je me sens le courage de les rompre tous.

LEICESTER.

Ce courage est de la témérité, du délire.

MORTIMER.

Cette prudence n'est point de la bravoure, milord.

LEICESTER.

Vous avez sans doute envie de finir comme Babington?

MORTIMER.

Et vous nullement d'imiter la grandeur d'âme de Norfolk.

LEICESTER.

Norfolk n'a pas conduit chez lui sa fiancée.

MORTIMER.

Il a prouvé qu'il en était digne.

LEICESTER.

Si nous nous perdons, nous l'entraînons après nous.

MORTIMER.

Si nous nous ménageons, elle ne sera point sauvée.

LEICESTER.

Vous ne réfléchissez pas, vous n'écoutez pas; vous détruirez, par cette aveugle et impétueuse violence, tout ce qui était mené par une si bonne voie.

MORTIMER.

Par la bonne voie sans doute que vous avez frayée? Qu'avez-vous donc fait pour la sauver?... Eh quoi? Si j'avais donc été assez scélérat pour l'assassiner, comme la reine me l'a commandé, comme, à cette heure, elle l'attend de moi.... dites-moi, je vous prie, quelle mesure vous aviez prise pour sauver sa vie.

LEICESTER, *étonné*.

La reine vous a-t-elle donné cet ordre sanglant?

MORTIMER.

Elle s'est méprise sur moi, comme Marie sur vous.

LEICESTER.

Et vous avez promis? Avez-vous promis?

MORTIMER.

Pour qu'elle n'achetât point d'autres mains, j'ai offert la mienne.

LEICESTER.

Vous avez bien fait. Cela peut nous mettre à l'aise. Elle se repose sur votre sanglant service, l'arrêt de mort reste inexécuté, et nous gagnons du temps....

MORTIMER, *avec impatience*.

Non, nous perdons du temps!

LEICESTER.

Elle compte sur vous, elle hésitera d'autant moins à se donner aux yeux du monde un air de clémence. Peut-être lui persuaderai-je par artifice de voir sa rivale, et cette démarche lui liera nécessairement les mains. Burleigh a raison. Le jugement ne peut plus être exécuté, si une fois elle l'a vue.... Oui, je l'essayerai, je mettrai tout en œuvre....

MORTIMER.

Et qu'obtiendrez-vous par là? Si elle voit qu'elle s'est méprise sur moi, si Marie continue de vivre.... tout ne revient-il pas au même état qu'avant? Jamais elle ne sera libre. Ce qui peut lui arriver de plus doux est une prison perpétuelle. Il faudra pourtant que vous finissiez par un coup hardi. Pourquoi ne voulez-vous pas tout de suite commencer par là? Le pouvoir est dans vos mains; vous rassemblez une armée, si seulement vous voulez armer la noblesse de vos nombreux domaines. Marie a encore beaucoup d'amis cachés. Les nobles maisons des Howard et des Percy, bien que leurs chefs soient abattus, sont encore riches en héros; elles attendent seulement qu'un lord puissant leur donne l'exemple. Arrière la dissimulation! Agissez ouvertement. Défendez en chevalier celle que vous aimez, combattez pour elle un noble combat! Vous serez maître de la personne de la reine d'Angleterre dès que vous voudrez. Attirez-la dans vos châteaux, elle vous y a souvent suivi. Là, montrez-lui que vous êtes homme! Parlez en maître. Retenez-la sous bonne garde, jusqu'à ce qu'elle ait donné la liberté à Marie Stuart.

LEICESTER.

Je suis stupéfait, épouvanté.... Où vous entraîne ce vertige?... Connaissez-vous ce sol? Savez-vous où l'on en est dans cette cour, de quels liens étroits cette domination de femme a enchaîné les esprits? Cherchez l'héroïsme qui jadis, sans doute, animait cette contrée. Tout est sous la clef d'une femme, et les ressorts de tous les courages sont détendus. Suivez ma direction. Ne hasardez rien à la légère.... J'entends venir. Allez.

MORTIMER.

Marie espère. Retournerai-je auprès d'elle avec de vaines consolations?

LEICESTER.

Portez-lui les serments de mon éternel amour.

MORTIMER.

Portez-les vous-même ! Je me suis offert à être l'instrument de sa délivrance, non le messager de votre amour. (*Il sort.*)

SCÈNE IX.

ÉLISABETH, LEICESTER.

ÉLISABETH.

Qui vient de vous quitter ? J'ai entendu parler.

LEICESTER *se retourne rapidement et avec effroi, en entendant la Reine.*

C'était sir Mortimer.

ÉLISABETH.

Qu'avez-vous, milord ? Troublé à ce point ?

LEICESTER *se remet.*

.... A votre aspect ! Je ne vous ai jamais vue si charmante. Vous me voyez tout ébloui de votre beauté.... Ah !

ÉLISABETH.

Pourquoi soupirez-vous ?

LEICESTER.

N'ai-je pas sujet de soupirer? Quand je contemple vos charmes, je sens se renouveler en moi la douleur inexprimable de la perte qui me menace.

ÉLISABETH.

Que perdez-vous?

LEICESTER.

Je perds votre cœur, votre aimable personne. Bientôt vous vous sentirez heureuse dans les bras d'un jeune et ardent époux, et il possédera votre cœur sans partage. Il est de sang royal, je n'ai pas cet honneur ; mais je défie le monde entier que, sur tout ce globe terrestre, il y ait un seul homme qui éprouve pour vous plus d'adoration que moi. Le duc d'Anjou ne vous a jamais vue, il ne peut aimer que votre gloire et votre éclat : c'est vous que j'aime. Fussiez-vous la plus pauvre bergère, et moi, par ma naissance, le plus grand prince du monde, je descendrais à votre condition, pour déposer mon diadème à vos pieds.

####### ÉLISABETH.

Plains-moi, Dudley, ne m'adresse pas de reproches.... Il ne m'est pas permis, tu le sais, d'interroger mon cœur. Ah! il aurait autrement choisi. Et combien j'envie d'autres femmes à qui il est donné d'élever ce qu'elles aiment! Je n'ai pas ce bonheur, de pouvoir placer la couronne sur la tête de l'homme qui m'est le plus cher. Il a été accordé à la Stuart de donner sa main selon son penchant; elle s'est tout permis, elle a vidé la pleine coupe des joies.

####### LEICESTER.

Maintenant elle boit aussi la coupe amère de la souffrance.

####### ÉLISABETH.

Elle n'a tenu aucun compte du jugement des hommes. La vie lui a été légère, jamais elle ne s'est imposé le joug auquel je me suis soumise. J'aurais pu pourtant prétendre aussi à jouir de la vie, des joies de la terre; mais j'ai préféré les austères devoirs de la royauté. Et cependant elle s'est gagné la faveur de tous les hommes, parce qu'elle s'est appliquée à n'être qu'une femme, et la jeunesse et la vieillesse sont à ses pieds. Tels sont les hommes. Tous des voluptueux! Ils courent à la frivolité, au plaisir, et n'estiment rien de ce qu'il leur faut respecter. Ce Talbot lui-même ne s'est-il pas rajeuni, quand il en est venu à parler de ses attraits?

####### LEICESTER.

Pardonnez-le-lui. Il fut autrefois son gardien, et l'artificieuse l'a égaré par ses flatteries.

####### ÉLISABETH.

Est-il donc réellement vrai qu'elle soit si belle? Il m'a fallu si souvent entendre vanter ce minois, je voudrais bien savoir ce qu'il en faut croire. Les portraits flattent, les descriptions mentent, je ne m'en tierais qu'à mes propres yeux.... Pourquoi me regardez-vous si étrangement ?

####### LEICESTER.

Je vous plaçais en pensée à côté de Marie.... Je voudrais avoir la joie, je ne le cache pas, si cela pouvait se faire tout à fait en secret, de vous voir en face de la Stuart! Alors seulement vous jouiriez de tout votre triomphe! Je lui souhaiterais cette humiliation, d'être convaincue par ses propres yeux.... car l'envie a les yeux perçants.... de voir à quel point elle le cède aussi pour la noblesse de la beauté à celle qui l'emporte si infiniment sur elle par toutes les plus hautes vertus.

ÉLISABETH.

Par le nombre des années, elle est la plus jeune.

LEICESTER.

Plus jeune! Pas à la voir. Sans doute ses souffrances! Elle peut bien avoir vieilli avant le temps, oui, et ce qui rendrait son chagrin plus amer, ce serait de vous voir comme fiancée. Les belles espérances de la vie sont maintenant derrière elle, et elle vous verrait marcher au-devant du bonheur.... Et fiancée avec un royal fils de France, elle qui toujours s'en est tant fait accroire et s'est montrée si fière de son alliance française, qui maintenant encore compte sur le puissant appui de la France!

ÉLISABETH, *laissant tomber négligemment ses paroles.*

Eh! mais on me persécute pour que je la voie.

LEICESTER, *vivement.*

Elle le demande comme une faveur, accordez-le-lui comme un châtiment! Vous pouvez la conduire sur l'échafaud, ce lui sera une moindre torture que de se voir effacée par vos charmes. Par là vous la tuez, comme elle a voulu vous tuer.... Quand elle verra votre beauté, gardée par l'honneur, glorifiée par ce renom de vertu sans tache que, dans sa frivole galanterie, elle a rejeté loin d'elle, rehaussée par l'éclat de la couronne, et parée maintenant du tendre attrait de fiancée.... alors aura sonné pour elle l'heure de l'anéantissement. Oui.... lorsqu'à présent je jette les yeux sur vous.... jamais vous n'avez été mieux armée pour le triomphe de la beauté qu'en ce moment.... Moi-même, vous m'avez ébloui comme une apparition lumineuse, quand tout à l'heure vous êtes entrée dans cette chambre.... Eh quoi? si à l'instant même, si maintenant, comme vous voilà, vous vous avanciez devant elle, vous ne pouvez trouver une heure plus favorable....

ÉLISABETH.

Maintenant.... Non.... non.... Pas maintenant, Leicester.... Non, il faut d'abord que je réfléchisse.... avec Burleigh....

LEICESTER, *l'interrompant vivement.*

Burleigh! Il ne pense, lui, qu'à l'intérêt de votre royaume;

mais comme femme vous avez aussi vos droits. Ce point délicat est de votre ressort, non de celui de l'homme d'État.... Oui, la politique aussi veut que vous la voyiez, que vous vous concilliez l'opinion publique par un acte de magnanimité! Vous pourrez ensuite vous défaire, de la manière qu'il vous plaira, d'une ennemie odieuse.

ÉLISABETH.

Il ne me siérait pas de voir une parente dans le dénûment et la honte. On dit qu'il n'y a rien de royal autour d'elle : l'aspect de son dénûment serait un reproche pour moi.

LEICESTER.

Vous n'avez pas besoin d'approcher de son seuil. Écoutez mon conseil. Le hasard a tout disposé à souhait. C'est aujourd'hui la grande chasse, le chemin passe devant Fotheringhay. La Stuart pourra se promener dans le parc, vous arrivez là comme par hasard, il faut que rien ne semble projeté d'avance, et, si cela vous répugne, vous ne lui adresserez même pas la parole....

ÉLISABETH.

Si je fais une folie, elle sera vôtre, Leicester, et non mienne. Je ne veux aujourd'hui vous refuser aucun désir, parce que vous êtes de tous mes sujets celui à qui j'ai fait le plus de peine aujourd'hui. (*Le regardant avec tendresse.*) Quand ce ne serait qu'un caprice à vous.... l'affection ne se révèle-t-elle pas en accordant par une libre faveur, même ce qu'elle n'approuve pas? (*Leicester se jette à ses pieds. La toile tombe.*)

ACTE TROISIÈME.

Un paysage dans un parc. Des arbres sur le devant, dans le fond une perspective étendue.

SCÈNE I.

MARIE *s'avance, en courant rapidement, de derrière les arbres;* **HANNA KENNEDY** *suit lentement.*

KENNEDY.

Mais vous courez comme si vous aviez des ailes; je ne puis pas vous suivre ainsi, attendez donc.

MARIE.

Laisse-moi jouir de ma nouvelle liberté, laisse-moi être enfant, sois-le avec moi, et essayer sur le vert tapis des prairies l'agilité de mes pas ailés. Suis-je donc échappée de ma sombre prison? Ne me retient-il plus, ce triste tombeau? Laisse-moi, dans ma soif ardente, boire à longs traits le grand air, l'air du ciel.

KENNEDY.

O ma chère lady! Votre prison est seulement tant soit peu élargie. Vous ne voyez plus le mur qui nous enferme, parce que l'épais feuillage des arbres vous le cache.

MARIE.

Oh! grâces, grâces soient rendues à l'aimable verdure de ces arbres qui me cachent les murs de ma prison! Je veux rêver la liberté, le bonheur, pourquoi m'éveiller de ma douce illusion? L'ample voûte des cieux ne m'entoure-t-elle pas? Mes regards libres et sans liens se promènent dans d'immenses espaces. Là où s'élèvent ces montagnes grises et nébuleuses, là commence la frontière de mon royaume, et ces nuages poussés vers le sud, ils cherchent au loin l'océan de France. Nuages rapides, flotte aérienne, que ne peut-on voyager, voguer avec vous! Saluez tendrement pour moi le pays de ma jeunesse. Je suis captive, je suis dans les chaînes. Ah! je n'ai pas d'autre messager! Votre course est libre dans les airs, vous n'êtes pas soumis à cette reine.

KENNEDY.

Ah! chère lady! Vous êtes hors de vous; cette liberté, qui si longtemps vous manqua, égare vos sens.

MARIE.

Là-bas un pêcheur amarre sa barque. Cette misérable nacelle pourrait me sauver, me porterait rapidement dans des villes amies. Elle procure à ce pauvre homme une chétive existence; moi, je le chargerais de trésors, jamais il n'aurait fait un tel coup de filet, il trouverait la fortune dans ses rets, s'il me prenait dans son canot sauveur.

KENNEDY.

Souhaits perdus! Ne voyez-vous point ces pas qui de loin nous suivent et nous épient? Un ordre sinistre et cruel éloigne de notre chemin toute créature compatissante.

MARIE.

Non, bonne Hanna! Crois-moi, ce n'est pas en vain que la porte de mon cachot s'est ouverte. Cette petite faveur est pour moi le présage d'un bonheur plus grand. Je ne me trompe pas. C'est à l'active main de l'amour que je la dois; je reconnais là le bras puissant de lord Leicester. On veut élargir peu à peu ma prison, par ce peu de bien m'habituer à mieux, jusqu'à ce qu'enfin je contemple le visage de qui rompra mes liens pour toujours.

KENNEDY.

Ah! je ne puis m'expliquer cette contradiction. Hier encore, on venait vous annoncer la mort, et aujourd'hui on vous donne tout à coup une telle liberté. On ôte aussi les chaînes, m'a-t-on dit, à ceux qu'attend l'éternelle liberté.

MARIE.

Entends-tu le cor de chasse? Entends-tu retentir son puissant appel par les champs et les bois? Ah! que ne puis-je m'élancer sur un coursier fougueux, me joindre à cette troupe joyeuse?

Encore! O voix connue, pleine de souvenirs tristement doux! Souvent mon oreille l'entendit avec joie sur les bruyères des montagnes, dans nos hautes terres, quand retentissait le tumulte de la chasse.

SCÈNE II.

PAULET, LES PRÉCÉDENTES.

PAULET.

Eh bien! ai-je enfin agi à votre gré, milady? Mérité-je une fois vos remerciments?

MARIE.

Comment, chevalier? Est-ce vous qui m'avez obtenu cette faveur? C'est vous?

PAULET.

Pourquoi ne serait-ce pas moi? J'ai été à la cour, j'ai remis votre écrit....

MARIE.

Vous l'avez remis? Vraiment, vous l'avez fait? Et cette liberté dont je jouis maintenant est un fruit de la lettre?...

PAULET, *d'un ton significatif.*

Et ce n'est pas le seul! Préparez-vous à un plus grand encore.

MARIE.

A un plus grand, sir? Que voulez-vous dire par là?

PAULET.

N'avez-vous pas entendu les cors?...

MARIE *recule, comme avec un pressentiment.*

Vous m'effrayez!

PAULET.

La reine chasse dans cette contrée.

MARIE.

Quoi?

PAULET.

Dans peu d'instants, elle sera devant vous.

KENNEDY, *courant à Marie, qui tremble et paraît être sur le point de s'évanouir.*

Qu'avez-vous, chère lady? Vous pâlissez.

PAULET.

Eh bien! n'est-ce pas à votre gré maintenant? N'était-ce pas votre prière? Elle vous est accordée plus tôt que vous ne pensiez. Vous avez toujours la langue si agile, c'est maintenant qu'il faut bien placer vos discours; voici le moment de parler.

MARIE.

Oh! pourquoi ne m'a-t-on pas prévenue? Maintenant je n'y suis pas préparée, pas maintenant. Ce que j'ai imploré comme la plus grande faveur, me paraît à présent terrible, épouvantable.... Viens, Hanna, mène-moi à la maison, que je me recueille, que je me remette....

PAULET.

Restez. Il faut que vous l'attendiez ici. Oui, sans doute, vous pouvez être inquiète, je le crois, de paraître devant votre juge.

SCÈNE III.

LE COMTE SHREWSBURY et LES PRÉCÉDENTS.

MARIE.

Ce n'est pas pour cela! Dieu! j'ai de tout autres sentiments.... Ah! noble Shrewsbury! Vous venez comme un ange qui m'est envoyé du ciel!... Je ne puis la voir! Sauvez, sauvez-moi de son aspect odieux....

SHREWSBURY.

Revenez à vous, reine! Rassemblez tout votre courage. C'est l'heure décisive.

MARIE.

Je l'ai attendue.... Pendant des années, je m'y suis préparée; je me suis dit et j'ai gravé dans ma mémoire tout ce que je voulais mettre en œuvre pour la toucher et l'émouvoir. Soudain tout est oublié, effacé; en ce moment, rien ne vit en moi que le sentiment brûlant de mes souffrances. Tout mon cœur est en proie à une haine mortelle, toutes les bonnes pensées s'enfuient, et les sombres génies de l'enfer m'environnent, secouant leur chevelure de vipères.

SHREWSBURY.

Commandez à la fougueuse révolte de votre sang, contraignez l'amertume de votre cœur. Quand la haine rencontre la haine, il n'en résulte rien de bon. Quelle que soit au dedans votre répugnance, obéissez au temps, à la loi des circonstances! Elle a le pouvoir.... humiliez-vous!

MARIE.

Devant elle! Jamais je ne le pourrai.

SHREWSBURY.

Faites-le cependant. Parlez avec respect, avec calme. Appelez-en à sa générosité, ne la bravez pas, n'invoquez pas vos droits maintenant, ce n'est pas le moment.

MARIE.

Ah! c'est ma perte que j'ai sollicitée, et, pour mon malheur, ma prière est exaucée. Jamais nous n'aurions dû nous voir, jamais! Il n'en peut rien advenir de bon, oh! non, rien! Plutôt s'accorderaient ensemble le feu et l'eau, plutôt l'agneau caresserait le tigre.... Je suis trop cruellement blessée.... Elle a été trop loin dans l'outrage.... Jamais il n'y aura de réconciliation entre nous!

SHREWSBURY.

Voyez-la seulement d'abord de vos yeux! N'ai-je pas remarqué comme elle a été émue par votre lettre? ses yeux nageaient dans les larmes. Non, elle n'est pas insensible, pourvu que vous ayez vous-même un meilleur espoir.... C'est pour cela que je l'ai précédée en toute hâte, pour vous donner de l'assurance et du courage.

MARIE, *lui prenant la main.*

Ah! Talbot, vous avez toujours été mon ami.... Que ne suis-je restée sous votre douce garde! J'ai été rudement traitée, Shrewsbury!

SHREWSBURY.

Oubliez tout maintenant. Ne pensez qu'à la recevoir avec soumission.

MARIE.

Burleigh, mon mauvais génie, est-il aussi avec elle?

SHREWSBURY.

Personne ne l'accompagne, que le comte de Leicester.

MARIE.

Lord Leicester?

SHREWSBURY.

Ne craignez rien de lui. Ce n'est pas lui qui veut votre perte.... Si la reine vous accorde cette entrevue, c'est son ouvrage.

MARIE.

Ah! je le savais bien!

SHREWSBURY.

Que dites-vous?

PAULET.

Voici la reine. (*Tous se retirent sur le côté. Marie demeure seule, appuyée sur Kennedy.*)

SCÈNE IV.

LES PRÉCÉDENTS, ÉLISABETH, LE COMTE LEICESTER, SUITE.

ÉLISABETH, *à Leicester*

Comment s'appelle cette résidence?

LEICESTER.

Le château de Fotheringhay.

ÉLISABETH, *à Shrewsbury*.

Envoyez à Londres en avant notre cortége de chasse. Le peuple se presse avec trop d'ardeur dans les rues; nous cherchons un refuge dans ce parc paisible. (*Talbot éloigne la suite. Elle fixe les yeux sur Marie, pendant qu'elle continue de dire à Paulet:*) Mon bon peuple m'aime trop. Les marques de sa joie sont excessives, idolâtres. C'est ainsi qu'on honore un Dieu, non un homme.

MARIE, *qui, pendant ce temps, était restée appuyée à demi évanouie, sur sa Nourrice, se redresse à ce moment, et ses yeux rencontrent le regard fixe d'Élisabeth. Elle tressaille et se rejette sur le sein de sa Nourrice.*

O Dieu! dans ces traits le cœur ne parle pas!

ÉLISABETH.

Qui est cette dame? (*Silence général.*)

LEICESTER.

.... Vous êtes à Fotheringhay, reine.

ÉLISABETH *se montre surprise, étonnée, et jette un sombre regard sur Leicester.*

Qui m'a fait cela? Lord Leicester!

LEICESTER.

La chose est faite, reine.... et puisque le ciel a conduit ici vos pas, laissez triompher la grandeur d'âme et la pitié.

SHREWSBURY.

Laissez-vous fléchir, royale dame, et tournez vos yeux sur cette infortunée, que vous voyez défaillir à votre aspect. (*Marie rassemble ses forces et veut marcher vers Élisabeth ; mais, à moitié chemin, elle s'arrête en frissonnant; ses gestes expriment le plus violent combat.*)

ÉLISABETH.

Comment, milords? Qui donc m'annonçait une femme humblement courbée? Je trouve une orgueilleuse, que le malheur n'a nullement assouplie.

MARIE.

Soit! Je veux encore me soumettre à ceci. Fuis, vain orgueil d'un noble cœur! Je veux oublier qui je suis et ce que j'ai souffert; je veux me prosterner devant celle qui m'a plongée dans cette ignominie. (*Elle se tourne vers la Reine.*) Le ciel s'est prononcé pour vous, ma sœur! Votre tête heureuse est couronnée par la victoire. J'adore la divinité qui vous a élevée. (*Elle tombe à genoux devant elle.*) Mais, à votre tour, soyez maintenant magnanime, ma sœur! Ne me laissez pas abîmée dans l'opprobre! Avancez votre main, tendez-moi votre droite royale, pour me relever de cette chute profonde.

ÉLISABETH, *reculant.*

Vous êtes à votre place, lady Marie! et je bénis avec reconnaissance la grâce de mon Dieu, qui n'a pas voulu que je fusse prosternée à vos pieds, comme vous l'êtes aux miens en ce moment.

MARIE, *avec une émotion croissante.*

Songez à la vicissitude des choses humaines. Il est des dieux qui punissent les cœurs superbes! Révérez-les, craignez-les, ces dieux terribles qui me jettent à vos pieds.... Pour ces témoins étrangers, honorez-vous en moi vous-même ; ne profanez pas, n'outragez pas le sang des Tudor qui coule dans mes veines, comme dans les vôtres.... O Dieu du ciel! ne restez pas là, âpre et inaccessible, comme le roc escarpé que le naufragé, dans sa lutte dernière, s'efforce en vain de saisir. Mon tout, ma vie, mon sort, dépendent du pouvoir de mes paroles, de mes larmes. Ouvrez mon cœur, pour que je touche le vôtre ! Si vous me regardez de ce regard de glace, mon cœur se ferme en frissonnant, le torrent de mes larmes s'arrête, et une froide horreur enchaîne dans mon sein les paroles suppliantes.

ÉLISABETH, *froide et sévère.*

Qu'avez-vous à me dire, lady Stuart ? Vous avez voulu me parler. J'oublie que je suis reine, et reine cruellement offensée, pour remplir le pieux devoir de sœur, et je vous accorde la consolation de me voir. Je suis l'impulsion de la magnanimité, je m'expose à un juste blâme, pour m'être à ce point abaissée.... car vous savez que vous avez voulu me faire assassiner.

MARIE.

Par où dois-je commencer, et comment disposer mes paroles avec assez de prudence, pour qu'elles saisissent votre cœur, mais ne vous offensent pas ? O Dieu, donne de la force à mon discours, et ôte-lui tout aiguillon qui pourrait blesser ! Je ne puis, Dieu le sait, parler pour moi, sans vous accuser grièvement, et c'est ce que je ne veux pas.... Vous avez agi envers moi, d'une façon qui n'est pas juste, car je suis reine comme vous, et vous m'avez retenue prisonnière. Je suis venue à vous en suppliante, et vous, méprisant en moi les saintes lois de l'hospitalité, le droit sacré des nations, vous m'avez enfermée dans les murs d'une prison ; mes amis, mes serviteurs me sont cruellement arrachés, on me livre en proie à un indigne dénûment, on me traduit devant un injurieux tribunal.... N'en parlons plus ! Qu'un éternel oubli ensevelisse tout ce que j'ai souffert de cruel.... Voyez ! je veux tout attribuer au destin : vous n'êtes point coupable, je ne suis pas non plus coupable ; un mauvais génie est monté du fond de l'abîme, pour allumer dans nos cœurs cette haine qui déjà divisait notre tendre jeunesse. Elle a grandi avec nous, et des hommes méchants ont attisé de leur souffle cette malheureuse flamme ; des fanatiques en démence ont armé du glaive et du poignard un bras qu'on n'invoquait point.... Tel est le sort fatal des rois : divisés entre eux, leur haine déchire le monde et déchaîne toutes les furies de la discorde.... Maintenant, il n'est plus entre nous de bouche étrangère. *(Elle s'approche avec confiance et continue d'un ton caressant :)* Nous voilà nous-mêmes l'une en face de l'autre. Maintenant, ma sœur, parlez! Nommez-moi ma faute, je veux vous donner pleine satisfaction. Ah! si vous m'aviez autrefois accordé audience, quand je cherchais si instamment vos regards! Jamais les choses n'en seraient venues là; ce n'est pas dans ce triste séjour qu'aurait lieu maintenant, oh! malheur! cette triste entrevue.

ÉLISABETH.

Ma bonne étoile m'a gardée de réchauffer la vipère dans mon sein.... Ce n'est pas le destin qu'il faut accuser, mais la noirceur de votre âme, l'ambition effrénée de votre maison. Rien d'hostile n'avait éclaté entre nous, quand votre oncle, ce prêtre superbe, avide de domination, qui étend sur toutes les couronnes sa main insolente, me déclara la guerre, vous poussa follement à prendre mon écusson, à vous approprier mes titres royaux, à entrer en lutte avec moi à la vie et à la mort.... Qui n'a-t-il pas excité contre moi? Les langues des prêtres et l'épée des peuples, les armes terribles de la démence pieuse. Ici même, au sein paisible de mon royaume, il a soufflé contre moi le feu de la révolte.... Mais Dieu est avec moi, et ce prêtre orgueilleux n'a pas le dessus.... C'est ma tête que le coup menaçait, et c'est la vôtre qui tombe.

MARIE.

Je suis dans la main de Dieu. Vous ne vous prévaudrez pas de votre pouvoir avec cette sanglante rigueur....

ÉLISABETH.

Qui m'en empêcherait? Votre oncle a enseigné, par son exemple, à tous les rois de la terre, comment on fait la paix avec ses ennemis. Que la Saint-Barthélemy soit mon école! Que me sont les liens du sang, le droit des nations? L'Église rompt le lien de tous les devoirs, elle sanctifie le parjure, le régicide; je ne fais que pratiquer ce que vos prêtres enseignent. Dites, quel gage me répondrait de vous, si je détachais magnanimement vos chaînes? Sous quelle serrure enfermerais-je votre foi, que la clef de Saint-Pierre ne puisse ouvrir? La force est la seule sécurité; il n'est point d'alliance avec la race des serpents.

MARIE.

Oh! ce sont là vos tristes et sombres soupçons! Vous ne m'avez jamais regardée que comme une ennemie et une étrangère.

Si vous m'aviez déclarée votre héritière, selon mes droits, la reconnaissance et l'amour vous auraient conservé en moi une amie, une parente fidèle.

ÉLISABETH.

Vos amitiés, lady Stuart, sont au dehors; votre maison est le papisme, les moines sont vos frères.... Vous déclarer mon héritière! Piége perfide! afin que, de mon vivant, vous séduisiez mon peuple, et qu'artificieuse Armide, vous enlaciez adroitement dans vos galants filets la noble jeunesse de mon royaume.... afin que tout se tourne vers le soleil levant, et que moi....

MARIE.

Gouvernez en paix! Je renonce à toute prétention sur ce royaume. Ah! les ailes de mon âme sont paralysées, la grandeur ne m'attire plus.... Vous avez atteint le but, je ne suis plus que l'ombre de Marie.... Le long opprobre de la prison a brisé la fierté de mon cœur.... Vous avez achevé votre œuvre sur moi, vous m'avez détruite dans ma fleur.... Maintenant, finissez, ma sœur! Dites ce mot pour lequel vous êtes venue; car jamais je ne croirai que vous soyez venue ici pour railler cruellement votre victime. Dites-moi : « Vous êtes libre, Marie! Vous avez senti ma puissance, apprenez maintenant à honorer ma générosité. » Dites-le, et je recevrai la vie, la liberté, comme un présent de votre main.... Un mot annule tout ce qui est arrivé. Je l'attends. Oh! ne me le faites pas attendre trop longtemps! Malheur à vous si vous ne terminez point par ce mot! car si, à cette heure, vous ne vous séparez de moi comme une divinité bienfaisante, auguste.... ma sœur! non, pour toute cette riche île, pour tous les pays que la mer embrasse, je ne voudrais pas me tenir là devant vous comme vous êtes devant moi!

ÉLISABETH.

Vous reconnaissez-vous enfin vaincue? En est-ce fait de vos intrigues? N'y a-t-il plus de meurtrier en route? plus d'aventurier qui veuille encore se faire votre triste chevalier?... Oui, c'en est fait, lady Marie; vous ne me séduirez plus personne; le monde a d'autres soins; nul n'a envie d'être votre.... quatrième mari, car vous tuez vos prétendants comme vos maris!

MARIE, *éclatant.*

Ma sœur! ma sœur! O Dieu! Dieu! donne-moi la modération!

ÉLISABETH *la regarde longtemps d'un regard d'orgueilleux mépris.*

Ce sont donc là les charmes, lord Leicester, que nul homme ne contemple impunément, auprès desquels nulle femme ne peut se risquer à paraître! En vérité, c'est une gloire acquise à bon marché; il n'en coûte, pour voir sa beauté proclamée de tous, que d'en faire le bien de tous!

MARIE.

C'en est trop!

ÉLISABETH, *avec un rire insultant.*

Maintenant, vous montrez votre vrai visage; jusqu'ici, ce n'était que le masque.

MARIE, *brûlant de colère, mais avec une noble dignité.*

J'ai failli, entraînée par la jeunesse, par la fragilité humaine; la puissance m'a égarée, et je n'ai point cherché l'ombre, le voile du mystère; j'ai dédaigné, avec une royale franchise, la fausse apparence. Mes plus grands torts, le monde les sait, et je puis dire que je vaux mieux que ma renommée. Malheur à vous si un jour il arrache de dessus vos actions ce manteau d'honneur dont vous couvrez hypocritement l'ardeur effrénée de vos furtives voluptés! Ce n'est pas la pureté de la femme que vous avez héritée de votre mère; on sait pour quelle vertu Anne de Boleyn est montée sur l'échafaud.

SHREWSBURY *s'avance entre les deux Reines.*

O Dieu du ciel! cela devait-il en venir là? Est-ce là la modération, la soumission, lady Marie?

MARIE.

La modération! J'ai supporté tout ce que l'homme peut supporter. Adieu maintenant, résignation au cœur d'agneau! Retourne au ciel, patience inerte! Romps enfin tes liens, sors de ton antre, colère longtemps contenue! Et toi, qui donnas au basilic irrité un regard mortel, pose sur ma langue le dard empoisonné....

SHREWSBURY.

Oh! elle est hors d'elle! Pardonnez à son délire, à sa fureur cruellement provoquée! (*Élisabeth, muette de colère, lance sur Marie des regards furieux.*)

LEICESTER, *dans la plus violente agitation, cherche à emmener Élisabeth.*

N'écoutez pas la furieuse! Quittez, quittez ce lieu fatal!

MARIE.

Le trône d'Angleterre est profané par une bâtarde; le peuple généreux de la Grande-Bretagne est la dupe d'une jongleuse rusée.... Si le droit régnait, vous seriez maintenant à mes pieds, dans la poussière; car je suis votre roi. (*Élisabeth s'éloigne rapidement. Les Lords la suivent dans la plus grande consternation.*)

SCÈNE V.

MARIE, KENNEDY.

KENNEDY.

Oh! qu'avez-vous fait? Elle part furieuse. Maintenant, c'en est fait, tout espoir s'évanouit.

MARIE, *encore toute hors d'elle.*

Elle part furieuse! Elle emporte la mort dans l'âme! (*Se jetant au cou de Kennedy.*) Oh! que je me sens bien, Hanna! Enfin, enfin, après des années d'abaissement, de souffrances, un moment de vengeance et de triomphe! C'est comme une montagne qui me tombe de dessus le cœur; j'ai enfoncé le poignard dans le sein de mon ennemie.

KENNEDY.

Malheureuse! le délire vous emporte; vous avez blessé l'implacable; elle porte la foudre, elle est la reine; vous l'avez insultée aux yeux de son amant!

MARIE.

Je l'ai abaissée aux yeux de Leicester! Il l'a vu, il a été témoin de ma victoire; quand je la précipitais de sa hauteur, il était là, sa présence me fortifiait!

SCÈNE VI.

MORTIMER, LES PRÉCÉDENTS.

KENNEDY.

Ah! sir, quel résultat....

MORTIMER.

J'ai tout entendu. (*Il fait signe à la Nourrice d'aller à son poste et s'approche. Toute sa personne exprime une disposition violente et passionnée.*) Vous avez vaincu! vous l'avez foulée aux pieds, dans la poussière; vous étiez la reine; elle, la coupable. Je suis ravi de votre courage; je vous adore; vous m'apparaissez, en cet instant, comme une divinité auguste et souveraine.

MARIE.

Vous avez parlé à Leicester; vous lui avez remis ma lettre, mon présent.... Oh! parlez, sir!

MORTIMER, *la regardant avec des yeux enflammés*.

De quel éclat vous entourait cette noble et royale colère! comme il transfigurait vos charmes à mes yeux! Vous êtes la plus belle des femmes de la terre!

MARIE.

Je vous en prie, sir, calmez mon impatience! Que dit milord? Oh! dites, que dois-je espérer?

MORTIMER.

Qui? lui? C'est un lâche, un misérable! N'espérez rien de lui; méprisez-le; oubliez-le!

MARIE.

Que dites-vous?

MORTIMER.

Lui, vous sauver et vous posséder! Lui, vous! Qu'il l'ose! Lui! Il faut, pour cela, qu'il combatte avec moi à la vie et à la mort.

MARIE.

Vous ne lui avez pas remis ma lettre?... Oh! alors, c'en est fait.

MORTIMER.

Le lâche aime la vie. Qui veut vous sauver et vous nommer sienne, doit pouvoir résolûment embrasser la mort.

MARIE.

Il ne veut rien faire pour moi?

MORTIMER.

Ne me parlez plus de lui! Que peut-il faire, et qu'a-t-on besoin de lui? Je veux vous sauver, moi seul!

MARIE.

Ah! que pouvez-vous?

MORTIMER.

Ne vous abusez plus, comme si vous étiez encore dans la même situation qu'hier! A voir comment la reine vous a quittée, et après la tournure que vient de prendre cet entretien, tout est perdu, toute voie de grâce est fermée. Il faut agir maintenant; c'est à l'audace de décider; pour tout sauver, il faut hardiment tout risquer; il faut que vous soyez libre avant que l'aurore paraisse.

MARIE.

Que dites-vous? Cette nuit? Comment est-ce possible?

MORTIMER.

Écoutez ce qui est résolu. J'ai rassemblé dans une chapelle secrète mes compagnons. Un prêtre a entendu notre confession; l'absolution nous a été donnée de toutes les fautes que nous avons commises, et, d'avance aussi, de toutes celles que nous commettrons encore. Nous avons reçu les derniers sacrements et nous sommes prêts pour le dernier voyage.

MARIE.

Oh! quels terribles préparatifs!

MORTIMER.

Nous escaladerons cette nuit ce château, les clefs sont en mon pouvoir. Nous égorgeons les gardiens, nous vous arrachons de votre chambre, et, pour qu'il ne reste ici personne qui puisse révéler l'enlèvement, il faut que toute créature vivante périsse de notre main.

MARIE.

Et Drury, Paulet, mes geôliers? Oh! ils verseront plutôt la dernière goutte de leur sang....

MORTIMER.

Ils tomberont les premiers sous mon poignard.

MARIE.

Quoi? votre oncle, votre second père?

MORTIMER.

Il mourra de ma main. Je le tuerai.

MARIE.

O crime sanglant!

MORTIMER.

Tous les crimes sont pardonnés d'avance. Je puis me porter aux dernières extrémités, et je le veux faire.

MARIE.

Oh! affreux! affreux!

MORTIMER.

Et quand je devrais poignarder aussi la reine! Je l'ai juré sur l'hostie.

MARIE.

Non, Mortimer! avant que pour moi tant de sang....

MORTIMER.

Et qu'est pour moi toute autre vie auprès de toi et de mon amour? Que le lien des mondes se brise, qu'un second déluge, dans ses flots envahissants, engloutisse tout ce qui respire!... Je n'ai plus souci de rien! Plutôt que de renoncer à toi, vienne, j'y consens, le dernier des jours!

MARIE, *reculant*.

Dieu! quel langage, sir, et.... quels regards!... Ils m'effrayent, ils me font fuir d'épouvante.

MORTIMER, *les yeux égarés et avec l'expression d'un calme délire*.

La vie n'est qu'un moment, la mort aussi n'en est qu'un!... Qu'on me traîne à Tyburn, qu'on me déchire membre à membre avec des tenailles rouges, (*s'avançant avec ardeur sur elle, les bras étendus*) si je te serre dans mes bras, toi pour qui je brûle d'amour....

MARIE, *reculant*.

Insensé, arrière!...

MORTIMER.

Sur ce sein, sur cette bouche qui respire l'amour....

MARIE.

Pour l'amour de Dieu, sir, laissez-moi rentrer!

MORTIMER.

Celui-là est insensé qui ne retient pas le bonheur dans une

étreinte indissoluble, quand un Dieu l'a placé dans sa main. Je veux te sauver, dût-il en coûter mille vies! Je te sauverai, je le veux; mais, aussi vrai que Dieu vit, je le jure, je veux aussi te posséder.

MARIE.

Oh! nul Dieu, nul ange ne veut-il me protéger? Horrible destinée! tu me jettes avec rage d'une terreur dans une autre. Suis-je née pour n'exciter que la fureur? La haine et l'amour sont-ils conjurés pour m'épouvanter?

MORTIMER.

Oui, mon amour a la même ardeur que leur haine! Ils veulent te décapiter; ce cou d'une blancheur éblouissante, ils veulent le couper avec la hache. Oh! consacre au dieu vivant de la joie ce qu'il te faut sacrifier à la haine sanglante! Par ces charmes, qui ne sont plus à toi, enivre de délices ton heureux amant! Ces belles boucles, cette soyeuse chevelure, qui déjà sont échues aux sombres puissances de la mort, emploie-les à enlacer éternellement ton esclave!

MARIE.

Oh! quel langage il me faut entendre! Sir, mon malheur devrait vous être sacré, mes souffrances, si ma tête royale ne l'est point.

MORTIMER.

La couronne est tombée de ta tête; tu n'as plus rien de la terrestre majesté. Essaye, fais retentir ta parole souveraine, pour voir si un ami, si un sauveur se lève à ta voix. Il ne t'est rien resté que ces touchants attraits, que la divine puissance de la suprême beauté. C'est elle qui me fait tout risquer, tout pouvoir, elle qui me pousse au-devant de la hache du bourreau....

MARIE.

Oh! qui me sauvera de sa rage?

MORTIMER.

Un service audacieux se récompense audacieusement! Pourquoi le brave répand-il son sang? La vie n'est-elle pas le bien le plus précieux de la vie? Insensé qui la prodigue pour rien! Avant de la donner, je veux m'enivrer de ses plus ardentes délices.... (*Il la presse sur lui avec force.*)

MARIE.

Oh! faut-il que j'invoque du secours contre l'homme qui se dit mon sauveur?...

MORTIMER.

Tu n'es pas insensible. Ce n'est pas d'une froide rigueur que le monde t'accuse. La brûlante prière de l'amour peut te toucher. Le chanteur Riccio t'a dû le bonheur, et ce Bothwell a bien pu te séduire.

MARIE.

Téméraire!

MORTIMER.

Il ne fut que ton tyran. Tu tremblais devant lui quand tu l'aimais! Si la terreur peut seule te conquérir, par le dieu de l'enfer!...

MARIE.

Laissez-moi! Êtes-vous en délire?

MORTIMER.

Je veux que tu trembles aussi devant moi!

KENNEDY *entre précipitamment*

On approche; on vient. Des hommes armés remplissent tout le jardin.

MORTIMER, *tressaillant et portant la main à son épée.*

Je te protégerai!

MARIE.

O Hanna, sauve-moi de ses mains! Pauvre femme, où trouver un refuge? A quel saint dois-je recourir? Ici la violence, et là dedans le meurtre! (*Elle s'enfuit vers la maison. Kennedy la suit.*)

SCÈNE VII.

MORTIMER; PAULET *et* DRURY, *qui accourent hors d'eux-mêmes. Des gens de leur suite passent précipitamment sur la scène.*

PAULET.

Fermez les portes! Levez les ponts!

MORTIMER.

Mon oncle, qu'y a-t-il?

PAULET.

Où est la meurtrière ? Qu'on la descende dans le plus sombre cachot !

MORTIMER.

Qu'y a-t-il ? Qu'est-il arrivé ?

PAULET.

La reine ! Mains maudites ! Infernale audace !

MORTIMER.

La reine ! Quelle reine ?

PAULET.

D'Angleterre ! Elle a été assassinée, sur la route de Londres ! (*Il entre en toute hâte dans la maison.*)

SCÈNE VIII.

MORTIMER ; *aussitôt après*, OKELLY.

MORTIMER.

Suis-je en délire ? Ne vient-on pas de passer près de moi et de crier : « La reine est assassinée ? » Non, non, ce n'était qu'un rêve. L'illusion de la fièvre présente à mes sens comme vrai et réel ce qui occupe affreusement ma pensée. Qui vient ? C'est Okelly. Si plein d'effroi !

OKELLY *accourt précipitamment.*

Fuyez, Mortimer ! Fuyez ! Tout est perdu.

MORTIMER.

Qu'est-ce qui est perdu ?

OKELLY.

Ne perdez pas le temps à questionner. Songez à une prompte fuite !

MORTIMER.

Qu'y a-t-il donc ?

OKELLY.

Savage a porté le coup, le forcené !

MORTIMER.

Il est donc vrai ?

OKELLY.

Vrai, vrai ! Oh ! sauvez-vous !

ACTE III, SCÈNE VIII.

MORTIMER.

Elle est tuée, et Marie monte sur le trône d'Angleterre.

OKELLY.

Tuée ? Qui dit cela ?

MORTIMER.

Vous-même !

OKELLY.

Elle vit ! et vous, moi, nous tous, nous sommes perdus.

MORTIMER.

Elle vit ?

OKELLY.

Le coup a porté à faux ; le manteau l'a reçu, et Shrewsbury a désarmé le meurtrier.

MORTIMER.

Elle vit ?

OKELLY.

Elle vit pour nous perdre tous. Venez : on cerne déjà le parc.

MORTIMER.

Qui a fait cet acte de démence ?

OKELLY.

C'est le barnabite de Toulon, que vous avez vu assis, tout pensif, dans la chapelle, quand le moine nous expliquait l'anathème par lequel le pape a maudit la reine. Il a voulu prendre la voie la plus prompte, la plus courte, délivrer par un coup hardi l'Église de Dieu, et mériter la couronne du martyre. Il n'a confié son projet qu'au prêtre, et c'est sur la route de Londres qu'il l'a exécuté.

MORTIMER, *après un long silence.*

O malheureuse ! un sort cruel et implacable te poursuit. Maintenant.... oui, maintenant, il faut que tu meures. Ton ange lui-même travaille à ta perte.

OKELLY.

Dites, où dirigez-vous votre fuite ? Je vais me cacher dans les forêts du Nord.

MORTIMER.

Fuyez, et que Dieu conduise votre fuite ! Moi, je demeure. J'essayerai encore de la sauver ; sinon, de faire ma couche dernière de son cercueil. (*Ils sortent de deux côtés différents.*)

ACTE QUATRIÈME.

Une antichambre.

SCÈNE I.

LE COMTE DE L'AUBESPINE, KENT et LEICESTER.

L'AUBESPINE.

Comment se trouve Sa Majesté? De terreur, milords, vous me voyez encore tout hors de moi. Comment cela s'est-il fait? Comment cela a-t-il pu arriver au milieu du peuple le plus fidèle?

LEICESTER.

Le coupable n'est point de ce peuple. L'auteur de l'attentat est un sujet de votre roi, un Français.

L'AUBESPINE.

Un fou furieux, assurément!

KENT.

Un papiste, comte de l'Aubespine!

SCÈNE II.

LES PRÉCÉDENTS; BURLEIGH *s'entretenant avec* DAVISON.

BURLEIGH.

Il faut qu'à l'instant l'ordre de l'exécution soit rédigé et revêtu du sceau.... Aussitôt prêt, il sera présenté à la signature de la reine. Allez! il n'y a pas de temps à perdre.

DAVISON.

Cela sera fait. (*Il sort.*)

L'AUBESPINE, *allant au-devant de Burleigh.*

Milord, mon cœur sincère partage la joie légitime de cette île. Louons le ciel qui a détourné de cette tête auguste le coup du meurtrier!

BURLEIGH.

Louons-le d'avoir confondu la malice de nos ennemis!

L'AUBESPINE.

Que Dieu damne l'auteur de cette action maudite!

BURLEIGH.

L'auteur et l'infâme instigateur.

L'AUBESPINE, *à Kent.*

Plaît-il à Votre Seigneurie, lord maréchal, de m'introduire auprès de Sa Majesté, pour que je dépose, comme je le dois, à ses pieds les félicitations de mon roi et maître....

BURLEIGH.

Épargnez-vous cette peine, comte de l'Aubespine.

L'AUBESPINE, *empressé.*

Je sais, lord Burleigh, à quoi je suis tenu.

BURLEIGH.

Vous êtes tenu à quitter cette île au plus vite.

L'AUBESPINE *recule étonné.*

Quoi? qu'est-ce que cela?

BURLEIGH.

Votre caractère sacré vous protége encore aujourd'hui, mais plus demain.

L'AUBESPINE.

Et quel est mon crime?

BURLEIGH.

Si une fois je l'ai nommé, il n'est plus à pardonner.

L'AUBESPINE.

J'espère, milord, que le droit des ambassadeurs....

BURLEIGH.

Ne protége pas la trahison, le crime d'État.

LEICESTER *et* KENT.

Ah! qu'est-ce-ci?

L'AUBESPINE.

Milord, songez-vous bien....

BURLEIGH.

Un passe-port, écrit de votre main, a été trouvé dans la poche du meurtrier.

KENT.

Est-il possible ?

L'AUBESPINE.

Je distribue beaucoup de passe-ports. Je ne puis scruter le cœur des hommes.

BURLEIGH.

Le meurtrier s'est confessé dans votre maison.

L'AUBESPINE.

Ma maison est ouverte....

BURLEIGH.

A tout ennemi de l'Angleterre.

L'AUBESPINE.

Je demande une enquête.

BURLEIGH.

Redoutez-la.

L'AUBESPINE.

Mon souverain est outragé dans ma personne : il déchirera l'alliance conclue.

BURLEIGH.

La reine l'a déjà déchirée, l'Angleterre ne s'unira pas à la France. Milord de Kent, vous vous chargez de conduire le comte sain et sauf jusqu'à la mer. Le peuple furieux a pris d'assaut son hôtel, où s'est trouvé tout un arsenal d'armes; il menace de le mettre en pièces, s'il se montre. Cachez-le, jusqu'à ce que cette fureur se soit calmée.... Vous répondez de sa vie !

L'AUBESPINE.

Je pars, je quitte ce pays, où l'on foule aux pieds le droit des gens, et où l'on se joue des traités.... Mais mon maître exigera une satisfaction sanglante....

BURLEIGH.

Qu'il la vienne chercher ! (*Kent et l'Aubespine sortent.*)

SCÈNE III.

LEICESTER *et* BURLEIGH.

LEICESTER.

Ainsi, vous rompez vous-même l'alliance que, sans y être invité, vous vous empressiez de nouer. L'Angleterre, milord, vous en a peu d'obligation; vous pouviez vous épargner cette peine.

BURLEIGH.

Mon dessein était bon. Dieu en a ordonné autrement. Heureux qui n'a rien de plus grave sur la conscience!

LEICESTER.

On connaît l'air mystérieux de Cécil, quand il est à la poursuite de crimes d'État.... Voici, milord, un bon temps pour vous. Un horrible forfait a été commis, et ses auteurs sont encore enveloppés dans le mystère. Un tribunal d'inquisition va s'ouvrir. Les paroles et les regards seront pesés, les pensées même traduites en jugement. Vous voilà l'homme important par excellence, l'Atlas de l'État : toute l'Angleterre repose sur vos épaules.

BURLEIGH.

En vous, milord, je reconnais mon maître; car jamais mon éloquence n'a remporté de triomphe pareil à celui que la vôtre a conquis.

LEICESTER.

Qu'entendez-vous par là, milord?

BURLEIGH.

C'est bien vous qui, à mon insu, avez su attirer la reine au château de Fotheringhay?

LEICESTER.

A votre insu? Quand mes actes ont-ils redouté vos regards?

BURLEIGH.

Vous auriez conduit la reine à Fotheringhay? Non, vraiment! Ce n'est pas vous qui y avez conduit la reine!... C'est la reine qui a eu l'obligeance de vous y conduire vous-même.

LEICESTER.

Que voulez-vous dire, milord?

BURLEIGH.

Le noble rôle que vous avez fait là jouer à la reine! Le glorieux triomphe que vous avez préparé à sa naïve confiance!... Bonne princesse! comme on s'est raillé de toi avec une impudente audace! Comme on t'a livrée sans pitié!... Voilà donc cet accès de magnanimité et de douceur dont vous avez été pris tout à coup au conseil d'État! Voilà pourquoi cette Stuart est un ennemi si faible, si méprisable, qu'il ne vaut pas la peine de se souiller de son sang! Un plan habile, finement aiguisé! Seulement, par malheur, le trait était si affilé que la pointe s'est brisée!

LEICESTER.

Misérable! Suivez-moi sur-le-champ! Devant le trône de la reine vous me rendrez raison.

BURLEIGH.

Vous m'y trouverez.... et tâchez, milord, que là votre éloquence ne vous fasse pas défaut! (*Il sort.*)

SCÈNE IV.

LEICESTER seul, puis MORTIMER.

LEICESTER.

Je suis découvert, on m'a pénétré.... Comment ce misérable s'est-il mis sur ma trace? Malheur à moi, s'il a des preuves! Si la reine apprend qu'il y avait des intelligences entre Marie et moi.... Dieu! que je serai coupable devant elle! Que mon conseil lui paraîtra perfide, et mes malheureux efforts pour la mener à Fotheringhay, traîtreusement rusés! Elle se verra cruellement jouée par moi et sacrifiée à son ennemie détestée! Oh! jamais, jamais, elle ne pourra le pardonner! Maintenant, tout semblera prémédité, même cette amère tournure de l'entretien, le triomphe et le rire moqueur de sa rivale; oui, jusqu'à cette main de meurtrier, qui, terrible et sanglante, (fatalité affreuse, imprévue!) est intervenue soudain, c'est moi qui l'aurai armée! Je ne vois plus de salut, plus nulle part! Ah! qui vient?

MORTIMER entre, en proie au trouble le plus violent, et regarde avec crainte autour de lui.

Comte Leicester, est-ce vous? Sommes-nous sans témoins?

LEICESTER.

Malheureux, retirez-vous! Que cherchez-vous ici?

MORTIMER.

On est sur nos traces, sur la vôtre aussi. Prenez garde!

LEICESTER.

Retirez-vous, retirez-vous!

MORTIMER.

On sait qu'il y a eu une réunion secrète chez le comte de l'Aubespine....

LEICESTER.

Que m'importe?

MORTIMER.

Que l'assassin s'y est trouvé....

LEICESTER.

C'est votre affaire! Audacieux! Comment osez-vous m'enlacer dans votre sanglant attentat? Défendez vous-même vos méchantes trames!

MORTIMER.

Mais écoutez-moi donc.

LEICESTER, *dans une violente colère.*

Allez aux enfers! Pourquoi, comme un esprit malin, vous attachez-vous à mes pas? Éloignez-vous! Je ne vous connais pas, je n'ai rien de commun avec des assassins.

MORTIMER.

Vous ne voulez pas entendre. Je viens pour vous avertir, vos démarches sont aussi trahies....

LEICESTER.

Ah!

MORTIMER.

Le grand trésorier a été à Fotheringhay aussitôt après cette malheureuse action. Les chambres de la reine ont été fouillées sévèrement. Là on a trouvé....

LEICESTER.

Quoi?

MORTIMER.

Une lettre commencée, de la reine à vous....

LEICESTER.

La malheureuse!

MORTIMER.

Où elle vous somme de tenir parole, vous renouvelle la promesse de sa main, mentionne le portrait....

LEICESTER.

Mort et damnation!

MORTIMER.

Lord Burleigh a la lettre.

LEICESTER.

Je suis perdu! (*Pendant la reprise suivante de Mortimer, il va et vient, tout désespéré.*)

MORTIMER.

Saisissez le moment! Prévenez-le! Sauvez-vous, sauvez-la!... Justifiez-vous par vos serments, imaginez des excuses, détournez les dangers suprêmes! Moi-même, je ne puis plus rien faire. Mes compagnons sont dispersés, toute notre ligue est dissoute. Je cours en Écosse pour y rassembler de nouveaux amis. C'est à vous maintenant; essayez ce que peut votre crédit, un front audacieux!

LEICESTER *s'arrête, soudain résolu.*

C'est ce que je veux faire. (*Il va à la porte, l'ouvre et crie:*) Holà! gardes! (*A l'Officier, qui entre avec des hommes armés.*) Assurez-vous de ce criminel d'État, et gardez-le bien! La plus infâme conjuration est découverte; je porte moi-même la nouvelle à la reine. (*Il sort.*)

MORTIMER *demeure d'abord immobile d'étonnement, mais bientôt il se remet, et suit Leicester d'un regard du plus profond mépris.*

Ah! l'infâme!... Mais je le mérite! Qui aussi me disait de me fier à ce misérable? Il me passe sur le corps, il faut que ma ruine lui soit une voie de salut.... Eh bien! sauve-toi. Ma bouche restera close, je ne veux pas t'entraîner dans ma perte; dans la mort même, je ne veux pas de ton alliance. La vie est l'unique bien du méchant. (*A l'Officier de la garde, qui s'avance pour s'emparer de sa personne:*) Que veux-tu, lâche esclave de la tyrannie? Je me moque de toi, (*tirant un poignard*) je suis libre!

L'OFFICIER.

Il est armé.... Arrachez-lui son poignard! (*Ils fondent sur lui, il se défend.*)

MORTIMER.

Et à ce dernier moment, je veux que mon cœur s'ouvre librement, que ma langue se délie! Malédiction et ruine sur vous qui avez trahi votre Dieu et votre reine véritable! qui vous êtes détournés, sans foi, de la Marie de ce monde, comme de la céleste, qui vous êtes vendus à cette reine bâtarde!...

L'OFFICIER.

Entendez-vous le blasphème? Allons, saisissez-le!

MORTIMER.

Ma bien-aimée! je n'ai pu te sauver, je veux du moins te donner un viril exemple. Marie, sainte Marie, prie pour moi et reçois-moi auprès de toi dans ta vie céleste! (*Il se perce du poignard et tombe dans les bras des gardes.*)

SCÈNE V.

Chambre de la Reine.

ÉLISABETH, *une lettre à la main;* BURLEIGH.

ÉLISABETH.

M'amener là! se railler ainsi de moi! Le traître! Me conduire en triomphe sous les yeux de son amante! Oh! jamais femme ne fut ainsi trompée, Burleigh!

BURLEIGH.

Je ne puis comprendre encore comment, par quelle puissance, par quel art magique, il a réussi à surprendre ainsi la prudence de ma reine.

ÉLISABETH.

Oh! j'en meurs de honte! Comme il a dû se moquer de ma faiblesse! Je croyais l'humilier, elle, et c'est moi qui suis devenue l'objet de sa raillerie.

BURLEIGH.

Vous voyez maintenant combien il y avait de fidèle sincérité dans mon conseil.

ÉLISABETH.

Oh! je suis cruellement punie de m'être écartée de vos sages avis. Et ne devais-je pas le croire? Devais-je soupçonner un piége dans les serments du plus fidèle amour? A qui oserai-je me fier, si lui m'a trahie? Lui que j'ai fait grand plus que tous les grands, qui a toujours été le plus près de mon cœur, à qui je permettais d'agir à cette cour en maître, en roi !

BURLEIGH.

Et dans le même temps, il vous sacrifiait traîtreusement à cette fausse reine d'Écosse !

ÉLISABETH.

Oh ! qu'elle me le paye de son sang !... Dites ! La sentence est-elle rédigée ?

BURLEIGH.

Elle est prête, comme vous l'avez ordonné.

ÉLISABETH.

Il faut qu'elle meure ! Il faut qu'il la voie tomber et tombe après elle. Je l'ai chassé de mon cœur ; l'amour a fui, je suis toute à la vengeance. Plus il fut élevé, plus je veux que sa chute soit profonde et honteuse. Qu'il soit un monument de ma sévérité, comme il a été un exemple de ma faiblesse. Qu'on le conduise à la Tour ; je nommerai des pairs pour le juger. Qu'il soit livré à toute la rigueur de la loi.

BURLEIGH.

Il pénétrera jusqu'à vous, il se justifiera....

ÉLISABETH.

Comment peut-il se justifier ? La lettre ne le condamne-t-elle pas ? Oh ! son crime est clair comme le jour !

BURLEIGH.

Mais vous êtes douce et clémente ; son aspect, le pouvoir de sa présence....

ÉLISABETH.

Je ne veux pas le voir. Jamais, jamais plus ! Avez-vous donné l'ordre qu'on le renvoie s'il vient ?

BURLEIGH.

L'ordre est donné.

UN PAGE *entre.*

Milord de Leicester !

LA REINE.

L'abominable ! Je ne veux pas le voir. Dites-lui que je ne veux pas le voir.

LE PAGE.

Je n'ose dire cela à milord, et il ne me croirait pas.

LA REINE.

Je l'ai élevé si haut que mes serviteurs tremblent plus devant son autorité que devant la mienne.

BURLEIGH, *au Page.*

Dites que la reine lui défend d'approcher. (*Le Page se retire avec hésitation.*)

LA REINE, *après une pause.*

Si cependant il était possible.... s'il pouvait se justifier!... Dites-moi, cela ne pourrait-il être un piége que Marie me tendrait pour me détacher de mon plus fidèle ami? Oh! c'est la plus rusée coquine! Si elle n'avait écrit la lettre que pour jeter dans mon cœur un venimeux soupçon, pour précipiter dans le malheur l'homme qu'elle hait....

BURLEIGH.

Mais, reine, considérez....

SCÈNE VI.

LES PRÉCÉDENTS, LEICESTER.

LEICESTER *ouvre la porte avec violence et entre d'un air impérieux.*

Je veux voir l'impudent qui m'interdit la chambre de ma reine.

ÉLISABETH.

Ah! le téméraire!

LEICESTER.

Me renvoyer! Quand elle est visible pour un Burleigh, elle l'est aussi pour moi!

BURLEIGH.

Vous êtes bien hardi, milord, d'entrer ici d'assaut, malgré la défense.

LEICESTER.

Vous êtes bien audacieux, milord, de prendre ici la parole. La défense! Quoi! Il n'y a personne à cette cour de qui lord Leicester puisse recevoir une permission ou une défense. (*S'approchant humblement d'Élisabeth.*) C'est de la propre bouche de ma reine que je veux....

ÉLISABETH, *sans le regarder.*

Sortez de ma présence, indigne!

LEICESTER.

Ce n'est pas ma bienveillante Élisabeth que j'entends, c'est le lord mon ennemi que je reconnais à ces dures paroles.... J'en appelle à mon Élisabeth.... Vous avez prêté l'oreille à ses discours, je réclame le même droit.

ÉLISABETH.

Parlez, infâme! Aggravez votre crime! Niez-le!

LEICESTER.

Laissez d'abord cet importun s'éloigner.... Retirez-vous, milord.... Ce que j'ai à traiter avec ma reine ne demande pas de témoin. Allez.

ÉLISABETH, à *Burleigh*.

Demeurez. Je l'ordonne !

LEICESTER.

Qu'a donc à faire un tiers entre vous et moi? J'ai à parler à ma souveraine adorée.... Je maintiens les droits de ma place.... Ce sont des droits sacrés, et j'insiste pour que milord s'éloigne.

ÉLISABETH.

C'est bien à vous que sied ce fier langage!

LEICESTER.

Oui, il me sied, car je suis l'heureux mortel à qui votre faveur a donné la plus haute prééminence; c'est ce qui m'élève au-dessus de lui et de tous! C'est votre cœur qui m'a accordé ce rang glorieux, et ce que l'amour m'a donné, je saurai, par le ciel! le garder au prix de ma vie. Qu'il sorte.... et je n'aurai besoin que de deux instants pour me mettre d'accord avec vous.

ÉLISABETH.

Vous espérez en vain me séduire par votre rusé babil.

LEICESTER.

Ce bavard a pu vous séduire par son babil, mais moi, je veux parler à votre cœur, et ce que j'ai osé, me fiant à votre faveur, je ne veux aussi le justifier que devant votre cœur.... Je ne reconnais au-dessus de moi d'autre tribunal que votre affection.

ÉLISABETH.

Impudent ! C'est précisément elle qui d'abord vous condamne.... Montrez-lui la lettre, milord !

BURLEIGH.

La voici!

LEICESTER *parcourt la lettre, sans changer de contenance.*

C'est la main de la Stuart!

ÉLISABETH.

Lisez et soyez confondu.

LEICESTER, *avec calme, après avoir lu.*

L'apparence est contre moi, mais j'ai le droit d'espérer qu'on ne me jugera pas sur l'apparence.

ÉLISABETH.

Pouvez-vous nier que vous ayez eu une secrète intelligence avec la Stuart, que vous ayez reçu son portrait, que vous lui ayez fait espérer sa délivrance?

LEICESTER.

Il me serait facile, si je me sentais coupable, de repousser le témoignage d'une ennemie; mais ma conscience est libre, je reconnais qu'elle n'a écrit que la vérité.

ÉLISABETH.

Eh bien donc, malheureux!

BURLEIGH.

Sa propre bouche le condamne.

ÉLISABETH.

Sortez de ma vue! A la Tour.... traître!

LEICESTER.

Je ne le suis pas. Ma faute a été de vous faire un mystère de cette démarche; mais mon intention était loyale; je n'ai agi que pour pénétrer votre ennemie, pour la perdre.

ÉLISABETH.

Misérable défaite!

BURLEIGH.

Comment, milord? vous croyez....

LEICESTER.

J'ai joué un jeu hardi, je le sais, et le comte Leicester pouvait seul, à cette cour, risquer une telle action. Combien je hais la Stuart, tout le monde le sait. Le rang que j'occupe, la confiance dont la reine m'honore, doivent écarter tout soupçon de la fidélité de mes sentiments. L'homme que votre faveur distingue entre tous peut bien s'ouvrir hardiment sa route à lui, pour faire son devoir.

BURLEIGH.

Pourquoi, si le dessein était bon, en avez-vous fait un secret ?

LEICESTER.

Milord, vous avez coutume de bavarder avant d'agir, et vous êtes vous-même la cloche de vos actions. C'est votre manière à vous, milord. La mienne est d'agir d'abord et de parler ensuite.

BURLEIGH.

Vous parlez maintenant parce que vous y êtes contraint.

LEICESTER, *le mesurant des yeux avec orgueil et dédain.*

Et vous vous vantez d'avoir accompli une œuvre merveilleuse, d'avoir sauvé votre reine, d'avoir démasqué la trahison.... Vous savez tout, rien ne peut échapper, pensez-vous, à votre regard pénétrant.... Pauvre fanfaron ! En dépit de vos talents de limier, Marie Stuart était libre aujourd'hui même, si je n'y eusse mis obstacle.

BURLEIGH.

Vous auriez....

LEICESTER.

Moi-même, milord. La reine s'est confiée à Mortimer, elle lui a ouvert son âme, elle est allée jusqu'à lui donner contre Marie un ordre sanglant, après que l'oncle s'était refusé avec horreur à une telle commission.... Dites ! cela n'est-il pas ainsi ? (*La Reine et Burleigh se regardent, frappés d'étonnement.*)

BURLEIGH.

Comment êtes-vous parvenu à savoir cela ?

LEICESTER.

Cela n'est-il pas ainsi ?... Eh bien ! milord, où aviez-vous vos dix fois cent yeux pour ne pas voir que ce Mortimer vous trompait ? que c'était un papiste forcené, un instrument des Guise, une créature de la Stuart, un fanatique audacieux et résolu, qui était venu pour délivrer Marie Stuart, pour tuer la reine....

ÉLISABETH, *avec un extrême étonnement.*

Ce Mortimer !

LEICESTER.

C'est par lui que Marie entretenait des relations avec moi,

c'est par cette voie que j'ai appris à le connaître. Aujourd'hui même, elle devait être arrachée de son cachot; il vient de me le révéler à l'instant. Je l'ai fait arrêter, et, dans le désespoir de voir échouer son entreprise, de se voir démasqué, il s'est lui-même donné la mort.

ÉLISABETH.

Oh! je suis trompée d'une manière inouïe!... Ce Mortimer!

BURLEIGH.

Et cela vient d'arriver maintenant? depuis que je vous ai quitté?

LEICESTER.

J'ai fort à regretter, pour mon compte, qu'il ait eu une telle fin. Son témoignage, s'il vivait encore, m'aurait lavé complétement et déchargé de toute accusation. Voilà pourquoi je le livrais aux mains du juge. Je voulais que la justice, procédant en toute rigueur, attestât et scellât aux yeux du monde mon innocence.

BURLEIGH.

Il s'est tué, dites-vous? Il a péri de sa propre main? ou bien serait-ce de la vôtre?

LEICESTER.

Indigne soupçon! Qu'on entende les gardes à qui je l'ai livré. (*Il va à la porte et appelle au dehors. L'Officier de la garde du corps entre.*) Rendez compte à Sa Majesté de la manière dont ce Mortimer a péri.

L'OFFICIER.

J'étais de garde dans l'antichambre, quand milord a ouvert la porte subitement, et m'a ordonné d'arrêter le chevalier comme un criminel d'État. Là-dessus nous l'avons vu entrer en fureur, tirer son poignard, en chargeant la reine de violentes imprécations, et, avant que nous pussions l'empêcher, se le plonger dans la poitrine, et tomber mort sur le sol....

LEICESTER.

C'est bien. Vous pouvez vous retirer, sir. La reine en sait assez. (*L'Officier se retire.*)

ÉLISABETH.

Oh! quel abîme d'horreurs!

LEICESTER.

Et maintenant qui vous a sauvée? Est-ce milord de Burleigh?

Savait-il le danger qui vous environnait? Est-ce lui qui l'a détourné de vous?... Votre fidèle Leicester a été votre bon ange!

BURLEIGH.

Comte, ce Mortimer a péri fort à propos pour vous.

ÉLISABETH.

Je ne sais ce que je dois dire. Je vous crois et ne vous crois pas. Je pense que vous êtes coupable et que vous ne l'êtes pas. Oh! l'odieuse femme, qui me prépare toutes ces souffrances!

LEICESTER.

Il faut qu'elle meure! Maintenant, j'opine moi-même pour la mort. Je vous avais conseillé de laisser la sentence inexécutée, jusqu'à ce qu'un nouveau bras se levât pour elle. Cela est arrivé.... et j'insiste pour que le jugement soit exécuté sans retard.

BURLEIGH.

Vous donneriez ce conseil, vous?

LEICESTER.

Quoi qu'il m'en coûte d'en venir à une telle extrémité, je vois à présent et je crois que le bien de la reine exige ce sanglant sacrifice. Aussi je propose que l'ordre de l'exécution soit expédié sur-le-champ.

BURLEIGH, *à la Reine.*

Puisque les sentiments de milord sont si sincères, si décidés, je propose qu'il soit chargé de l'exécution de la sentence.

LEICESTER.

Moi?

BURLEIGH.

Vous. Vous n'avez pas de meilleur moyen de réfuter le soupçon qui pèse maintenant encore sur vous, que de faire vous-même décapiter celle que vous êtes accusé d'avoir aimée.

ÉLISABETH, *regardant Leicester d'un œil fixe.*

Le conseil de milord est bon. Qu'il en soit ainsi, et tenons-nous-en là.

LEICESTER.

L'élévation de mon rang devrait m'affranchir d'une mission de si triste nature, qui, de toute manière, conviendrait mieux à un Burleigh qu'à moi. Celui qui est placé si près de sa reine ne devrait accomplir aucun ordre fatal. Cependant, pour prouver mon zèle, pour donner satisfaction à ma souveraine, je renonce au privilége de ma dignité, et je me charge de cet odieux devoir.

ÉLISABETH.

Que lord Burleigh le partage avec vous ! (*A Burleigh.*) Prenez soin que l'ordre soit expédié sur-le-champ. (*Burleigh se retire. On entend un tumulte au dehors.*)

SCÈNE VII.

LE COMTE DE KENT, LES PRÉCÉDENTS.

ÉLISABETH.

Qu'y a-t-il, milord de Kent? Quel tumulte soulève la ville?... Qu'est-ce?

KENT.

Reine, c'est le peuple qui assiége le palais. Il demande instamment à vous voir !

ÉLISABETH.

Que veut mon peuple?

KENT.

La terreur est répandue dans Londres; on dit que votre vie est menacée, qu'il circule des meurtriers envoyés contre vous par le pape, que les catholiques sont conjurés pour arracher de force la Stuart de prison et la proclamer reine. Le peuple le croit et se montre furieux. La tête de la Stuart, tranchée aujourd'hui même, peut seule le calmer.

ÉLISABETH.

Comment? Veut-on me faire violence?

KENT.

Ils sont résolus à ne pas se retirer que vous n'ayez signé le jugement.

SCÈNE VIII.

BURLEIGH et DAVISON, *avec un écrit*; LES PRÉCÉDENTS.

ÉLISABETH.

Qu'apportez-vous, Davison ?

DAVISON *s'approche gravement.*

Vous avez ordonné, ô reine....

ÉLISABETH.

Qu'est-ce ? (*Comme elle veut prendre l'écrit, elle tressaille et recule.*) O Dieu !

BURLEIGH.

Obéissez à la voix du peuple, c'est la voix de Dieu.

ÉLISABETH, *irrésolue, luttant avec elle-même.*

Oh ! milords, qui me dit que j'entends réellement la voix de tout mon peuple, la voix du monde ? Ah ! que je crains, si maintenant j'obéis au vœu de la multitude, qu'une voix toute différente ne se fasse entendre.... oui, que ceux-là même qui, à cette heure, me poussent violemment à cette action, ne me blâment sévèrement quand elle sera accomplie !

SCÈNE IX.

LE COMTE SHREWSBURY, LES PRÉCÉDENTS.

SHREWSBURY *entre, en proie à une grande agitation.*

Reine, on veut vous pousser à un acte précipité. Oh ! tenez ferme, soyez inébranlable ! (*Remarquant Davison avec l'écrit.*) Ou bien est-ce déjà fait ? Est-ce réellement fait ? J'aperçois dans cette main une malheureuse feuille. Qu'elle ne soit pas placée en cet instant sous les yeux de ma reine.

ÉLISABETH.

Noble Shrewsbury, on me contraint.

SHREWSBURY.

Qui peut vous contraindre ? Vous êtes souveraine ; c'est ici qu'il s'agit de montrer votre majesté. Commandez le silence à ces voix grossières qui s'enhardissent jusqu'à faire violence à votre royale volonté et à gouverner votre jugement. La crainte, une aveugle illusion, agite le peuple; vous-même, vous êtes hors de vous, vous êtes cruellement provoquée, vous n'êtes pas au-dessus de l'humaine nature, et en ce moment vous ne pouvez juger.

BURLEIGH.

Le jugement est porté depuis longtemps. Il ne s'agit pas ici de prononcer une sentence, mais de l'exécuter.

KENT, *qui s'est éloigné au moment où Shrewsbury entrait, revient.*

Le tumulte augmente; on ne peut plus contenir le peuple.

ÉLISABETH, *à Shrewsbury.*

Vous voyez comme ils me pressent!

SHREWSBURY.

Je ne demande qu'un délai. Ce trait de plume décide du bonheur et du repos de votre vie. Vous y avez réfléchi pendant des années; un seul moment, un moment d'orage doit-il vous entraîner? Seulement un court délai. Recueillez vos esprits, attendez une heure plus calme.

BURLEIGH, *vivement.*

Attendez, hésitez, tardez, jusqu'à ce que le royaume soit en flammes, jusqu'à ce que votre ennemie réussisse enfin à accomplir réellement l'attentat meurtrier. Trois fois un Dieu l'a écarté de vous; aujourd'hui, il vous a touchée de près; espérer encore une fois un miracle, s'appellerait tenter Dieu.

SHREWSBURY.

Le Dieu dont la main miraculeuse vous a sauvée quatre fois, qui aujourd'hui a donné au faible bras du vieillard la force de dompter un furieux.... ce Dieu mérite confiance. Je ne veux pas faire parler, à cette heure, la voix de la justice; ce n'est pas le moment; vous ne pouvez l'entendre au milieu de cet orage. Écoutez cette seule parole : vous tremblez maintenant devant cette Marie vivante. Ce n'est pas la vivante qu'il vous faut craindre; tremblez devant la morte, la décapitée! Elle se lèvera de sa tombe, comme une déesse de discorde; elle parcourra votre royaume comme un génie vengeur, et détournera de vous les cœurs de votre peuple. Maintenant, l'Anglais la hait, parce qu'il la craint; il la vengera quand elle ne sera plus. Ce ne sera plus l'ennemie de sa croyance, mais la petite-fille de ses rois, la victime de la haine et de la jalousie, qu'il verra dans cet objet de pitié. Vous éprouverez bientôt ce changement : parcourez Londres quand cet acte sanglant sera accompli, montrez-vous au peuple qui, jusque-là, se répandait autour de vous avec allégresse : vous verrez une autre Angleterre, un autre peuple; car vous ne serez plus entourée de cette justice souveraine qui vous soumettait tous les cœurs. La crainte, l'affreux cortége de la tyrannie, s'avancera frémissante devant vous, et rendra déserte chaque rue où vous irez. Vous aurez franchi le dernier, l'extrême degré; quelle vie sera en sûreté, quand cette tête sacrée sera tombée ?

ÉLISABETH.

Ah! Shrewsbury, vous m'avez sauvé la vie aujourd'hui, vous avez détourné de moi le poignard du meurtrier.... Pourquoi ne l'avez-vous pas laissé suivre sa voie? Toute lutte serait ainsi finie, et moi, libre de tous mes doutes, pure de toute faute, je reposerais dans mon paisible caveau. En vérité, je suis lasse de la vie, lasse de régner. S'il faut qu'une des deux reines, une de nous succombe pour que l'autre vive.... et il n'en peut être autrement, je le reconnais.... ne pourrais-je donc être celle qui ferait place? Que mon peuple choisisse; je lui rends sa royauté. Dieu m'est témoin que je n'ai pas vécu pour moi, mais uniquement pour le bien de mon peuple. S'il espère de cette flatteuse Stuart, d'une reine plus jeune, des jours plus heureux, je descends volontiers de ce trône, et je retourne dans la paisible solitude de Woodstock, où s'est écoulée sans ambition ma jeunesse, où, loin des vanités de la terrestre grandeur, je trouvais ma dignité en moi-même.... Après tout, je ne suis pas née pour être souveraine. Un souverain doit pouvoir être dur, et mon cœur est tendre. J'ai longtemps gouverné cette île heureusement, parce que ma seule tâche était de faire des heureux. Voici, pour la première fois, un rigoureux devoir de roi, et je sens mon impuissance....

BURLEIGH.

Eh, par le ciel! quand il me faut entendre de la bouche de ma reine des paroles si peu royales, ce serait trahir mon devoir, trahir la patrie, de garder plus longtemps le silence.... Vous dites que vous aimez votre peuple plus que vous-même; montrez-le maintenant. Ne choisissez pas la paix pour vous, en livrant le royaume aux orages.... Pensez à l'Église! Voulez-vous que l'ancienne superstition revienne avec cette Stuart? que le moine règne ici de nouveau, que le légat arrive ici de Rome, qu'il ferme nos églises, détrône nos rois?... Les âmes de tous vos sujets, je les réclame de vous.... Selon que vous agirez aujourd'hui, elles sont ou sauvées ou perdues. Ce n'est pas le temps d'obéir à une pitié de femme; le bien du peuple est le devoir suprême. Si Shrewsbury vous a sauvé la vie, moi, je veux sauver l'Angleterre.... C'est plus encore.

ÉLISABETH.

Qu'on me laisse à moi-même! Il n'y a ni conseil ni consolation à attendre des hommes dans cette grande affaire. J'en réfère au juge suprême. Ce qu'il m'enseignera, je le ferai.... Éloignez-vous, milords. (*A Davison.*) Vous, sir, vous pouvez rester près d'ici. (*Les Lords se retirent. Shrewsbury seul s'arrête encore quelques instants devant la Reine, et fixe sur elle un regard expressif; puis il s'éloigne lentement, avec l'apparence de la plus profonde affliction.*)

SCÈNE X.

ÉLISABETH, seule.

O esclavage de qui sert le peuple! Honteuse servitude!... Que je suis lasse de flatter cette idole, que je méprise au fond du cœur! Quand serai-je libre sur ce trône? Il faut que je respecte l'opinion, que je recherche les louanges de la foule, que j'agisse au gré d'une plèbe à qui ne plaisent que les jongleurs. Oh! il n'est pas roi encore, celui qui est forcé de plaire au monde. Celui-là seul l'est en vérité qui, dans sa conduite, n'a à s'inquiéter du suffrage de personne.

Pourquoi ai-je pratiqué la justice, et, toute ma vie, détesté l'arbitraire? Moi-même ainsi, je me suis lié les mains pour ce premier acte d'inévitable violence. L'exemple que moi-même j'ai donné me condamne. Si j'avais régné tyranniquement comme l'Espagnole Marie, qui m'a précédée sur le trône, je pourrais maintenant sans blâme verser un sang royal. Mais si j'ai été juste, était-ce donc mon propre et libre choix? La nécessité toute-puissante, qui exerce aussi sa contrainte sur la libre volonté des rois, m'a commandé cette vertu.

Entourée d'ennemis de toute part, c'est la faveur du peuple qui seule me maintient sur ce trône attaqué. Toutes les puissances du continent s'efforcent de m'anéantir : le pape de Rome, irréconciliable, lance l'anathème sur ma tête ; la France me trahit par un faux baiser fraternel, et l'Espagnol me prépare sur les mers une guerre ouverte et furieuse, une guerre d'extermination. Ainsi, me voilà en lutte avec un monde, moi, femme sans défense. Il faut que je couvre par de hautes vertus la faiblesse de mon droit, la tache de ma royale naissance, la tache dont mon père lui-même m'a flétrie. C'est en vain que je la couvre.... la haine de mes adversaires la met à nu, et m'oppose cette Stuart comme un fantôme éternellement menaçant.

Non, il faut que cette crainte ait une fin! Il faut que sa tête tombe. Je veux avoir la paix.... Elle est la furie de ma vie, un génie de torture attaché à moi par le sort. Partout où je me suis promis une joie, fondé une espérance, je trouve ce serpent d'enfer sur mon chemin. Elle m'enlève un amant, elle me ravit un fiancé! Tout malheur qui m'accable a nom Marie Stuart. Qu'elle soit retranchée du nombre des vivants, et je suis libre comme l'air sur les montagnes. (*Moment de silence.*) Avec quel dédain son regard tombait sur moi, comme si c'eût été la foudre qui dût me terrasser! Impuissante! Je porte de meilleures armes ; elles frappent mortellement, et tu n'es plus! (*Allant vers la table d'un pas rapide, et saisissant la plume.*) Je suis pour toi une bâtarde?... Malheureuse! je ne le suis que tant que tu vis et respires. Le doute de ma royale naissance est anéanti, dès que je t'anéantis toi-même. Dès qu'il ne reste aucun choix à l'Anglais, je suis née dans une couche légitime. (*Elle signe d'un trait de plume rapide et ferme, puis elle laisse tomber la plume et recule avec une expression d'épouvante. Après une pause, elle sonne.*)

SCÈNE XI.

ÉLISABETH, DAVISON.

ÉLISABETH.

Où sont les autres lords?

DAVISON.

Ils sont allés calmer le peuple soulevé, et le tumulte s'est à l'instant apaisé, dès que le comte de Shrewsbury s'est montré. « C'est lui! le voilà! » se sont écriées cent voix. « C'est lui qui a sauvé la reine! Écoutez-le! c'est le plus digne homme de l'Angleterre! » Alors le noble Talbot a pris la parole, et a reproché au peuple, dans un doux langage, sa conduite violente. Il a parlé avec tant de force et de persuasion que toute la foule s'est calmée et a quitté tranquillement la place.

ÉLISABETH.

Inconstante multitude, qui tourne à tout vent! Malheur à qui s'appuie sur ce roseau!... C'est bien, sir Davison; vous pouvez maintenant vous retirer. (*Comme il se dirige vers la porte.*) Et cette feuille.... reprenez-la.... je la dépose entre vos mains.

DAVISON *jette un regard sur le papier et tressaille d'effroi.*

Reine! votre nom! Vous avez décidé?

ÉLISABETH.

....Je devais signer; je l'ai fait. Une feuille de papier ne décide encore rien; un nom ne tue pas.

DAVISON.

Votre nom, reine, sous cet écrit, décide tout : il tue; c'est un trait de la foudre qui vole et frappe.... Cette feuille ordonne aux commissaires, au shérif, de se rendre sur-le-champ au château de Fotheringhay, auprès de la reine d'Écosse, de lui annoncer sa mort, et d'exécuter promptement la sentence, dès le point du jour. Ici, point de délai. Elle a cessé de vivre si cette feuille sort de mes mains.

ÉLISABETH.

Oui, sir! Dieu remet une grave et haute destinée entre vos faibles mains. Priez-le de vous éclairer de sa sagesse. Je sors et vous laisse à votre devoir. (*Elle veut sortir.*)

DAVISON *se place devant elle.*

Non, ma reine! Ne m'abandonnez pas avant de m'avoir fait connaître votre volonté. De quelle autre sagesse est-il ici besoin que d'exécuter littéralement votre ordre?... Vous mettez cette feuille dans mes mains, pour que je fasse promptement exécuter la sentence?

ÉLISABETH.

Vous ferez selon votre sagesse....

DAVISON, *l'interrompant vivement et avec effroi.*

Non, pas selon la mienne! Que Dieu m'en préserve! L'obéissance est toute ma sagesse. Votre serviteur ne doit rien avoir à décider ici. La plus légère méprise serait un régicide, un malheur incalculable, affreux. Accordez-moi de n'être, dans cette grande affaire, que votre instrument aveugle et sans volonté propre. Exprimez votre pensée en termes clairs : que faut-il faire de cet ordre sanglant?

ÉLISABETH.

....Son nom le dit.

DAVISON.

Ainsi vous voulez qu'il soit exécuté sur-le-champ?

ÉLISABETH, *hésitant.*

Je ne dis pas cela, et je tremble de le penser.

DAVISON.

Vous voulez que je le garde encore?

ÉLISABETH, *rapidement.*

A vos risques et périls! Vous répondez des suites.

DAVISON.

Moi? grand Dieu!... Parlez, reine, que voulez-vous?

ÉLISABETH, *impatiente.*

Je veux qu'il ne soit plus question de cette malheureuse affaire; je veux enfin en être quitte, et pour toujours.

DAVISON.

Il ne vous en coûte qu'un mot. Oh! dites, décidez ce qu'il faut faire de cet écrit.

ÉLISABETH.

Je l'ai dit; ne me tourmentez plus davantage.

DAVISON.

Vous l'auriez dit? Vous ne m'avez rien dit.... Oh! qu'il plaise à ma reine de se rappeler....

ÉLISABETH *frappe du pied.*

Insupportable!

DAVISON.

Ayez pour moi quelque indulgence. Je ne suis entré que depuis quelques mois dans cette charge; je ne connais pas le langage des cours et des rois.... J'ai été élevé dans des habitudes simples et droites. Ayez donc patience avec votre serviteur. Ne me refusez pas une parole qui m'instruise, qui m'éclaire sur mon devoir.... (*Il s'approche d'elle dans une attitude suppliante; elle lui tourne le dos; il s'arrête désespéré, puis dit d'un ton résolu :*) Reprenez ce papier! reprenez-le! Il devient dans mes mains un feu dévorant. Ne me choisissez pas, moi, pour vous servir dans cette terrible affaire.

ÉLISABETH.

Faites ce qui est de votre emploi. (*Elle sort.*)

SCÈNE XII.

DAVISON, *puis aussitôt* BURLEIGH.

DAVISON.

Elle sort! Elle me laisse là sans conseil, en proie au doute, avec cette feuille terrible.... Que faire? Dois-je la garder? Dois-je la livrer? (*A Burleigh, qui entre.*) Oh! grâce à Dieu, vous voilà, milord! C'est vous qui m'avez établi dans cette charge publique; délivrez-m'en. Je l'ai acceptée sans en connaître la responsabilité. Laissez-moi rentrer dans l'obscurité où vous m'avez trouvé : je ne conviens pas à cette place.

BURLEIGH.

Qu'avez-vous, sir? Possédez-vous. Où est le jugement? La reine vous a fait appeler.

DAVISON.

Elle m'a quitté violemment irritée. Oh! conseillez-moi! aidez-moi! arrachez-moi à cette infernale angoisse du doute! Voici le jugement.... Il est signé.

BURLEIGH, *empressé.*

Il l'est? Oh! donnez-moi....

DAVISON.

Je n'ose.

BURLEIGH.

Quoi?

DAVISON.

Sa volonté, elle ne me l'a pas encore clairement....

BURLEIGH.

Pas clairement! Elle a signé. Donnez!

DAVISON.

Je dois le faire exécuter.... Je ne dois pas le faire exécuter.... Dieu! sais-je ce que je dois?

BURLEIGH, *plus pressant.*

Sur-le-champ, à l'instant même, vous devez le faire exécuter. Donnez! Vous êtes perdu si vous tardez.

DAVISON.

Je suis perdu si je précipite l'exécution.

BURLEIGH.

Vous êtes fou, vous êtes hors de sens! Donnez! (*Il lui arrache l'écrit, et l'emporte précipitamment.*)

DAVISON, *courant après lui.*

Que faites-vous? Restez.... Vous me précipitez dans ma ruine!

ACTE CINQUIÈME.

Le lieu de la scène est la chambre du premier acte.

SCÈNE I.

HANNA KENNEDY, *en grand deuil, les yeux fatigués de pleurer, et dans une profonde, mais silencieuse douleur, est occupée à sceller des paquets et des lettres. Souvent son affliction l'interrompt dans ce soin, et on la voit par intervalles prier en silence.* PAULET *et* DRURY, *également vêtus de noir, entrent suivis de nombreux* SERVITEURS, *qui portent des vases d'or et d'argent, des miroirs, des tableaux et d'autres objets de prix, dont ils remplissent le fond du théâtre. Paulet remet à la Nourrice un écrin, avec un papier, et lui fait signe que c'est la note des choses que l'on a apportées. La vue de ces richesses renouvelle la douleur de la Nourrice; elle tombe dans une profonde tristesse, pendant que les autres acteurs se retirent en silence.* MELVIL *entre.*

KENNEDY *s'écrie, dès qu'elle l'aperçoit.*

Melvil! C'est vous! vous que je revois!

MELVIL.

Oui, fidèle Kennedy nous nous revoyons.

KENNEDY.

Après une longue, longue et douloureuse séparation!

MELVIL.

Fatale et douloureuse réunion!

KENNEDY.

O Dieu! vous venez....

MELVIL.

Dire un dernier, un éternel adieu à ma reine.

KENNEDY.

Maintenant enfin, maintenant, au matin de sa mort, il lui est donné de revoir les siens, dont elle fut privée si longtemps.... O cher Melvil! je ne veux pas vous demander ce qui vous est arrivé, vous dire les souffrances que nous avons éprouvées, depuis qu'on vous arracha d'auprès de nous. Ah! sans doute nous en aurons le temps quelque jour! O Melvil! Melvil! nous fallait-il vivre pour voir l'aurore de ce jour?

MELVIL.

Ne nous amollissons pas l'un l'autre! Je pleurerai, tant qu'il y aura en moi un souffle de vie; jamais un sourire n'égayera plus mon visage, jamais je ne déposerai ce sombre vêtement! Mon deuil sera éternel, mais aujourd'hui je veux être ferme.... Promettez-moi aussi de modérer votre douleur.... et, pendant que les autres s'abandonnent à l'inconsolable désespoir, donnons-lui l'exemple, nous, d'une noble et mâle assurance, et soyons-lui un appui sur le chemin de la mort.

KENNEDY.

Melvil, vous êtes dans l'erreur, si vous croyez que la reine ait besoin de notre assistance, pour aller fermement à la mort. C'est elle-même qui nous donne l'exemple d'une noble assurance. Soyez sans crainte! Marie Stuart mourra en reine, en héroïne.

MELVIL.

A-t-elle reçu avec assurance le message de mort? On dit qu'elle n'y était pas préparée.

KENNEDY.

Elle ne l'était pas. De tout autres frayeurs tourmentaient ma maîtresse. Ce n'était pas devant la mort, mais devant son libérateur que Marie tremblait.... La liberté nous était promise. Mortimer avait assuré que cette nuit il nous emmènerait d'ici, et flottant entre la crainte et l'espoir, ne sachant si elle oserait confier à ce jeune audacieux son honneur et sa royale personne, la reine a attendu jusqu'au matin.... Alors un soudain tumulte éclate dans le château; on frappe et de nombreux coups de marteaux effrayent notre oreille. Nous croyons entendre nos libérateurs; l'espérance nous sourit, le doux amour de vivre s'éveille en nous involontairement, avec sa toute-puissance.... Tout à

coup la porte s'ouvre.... C'est sir Paulet qui nous annonce....
que.... les charpentiers dressent sous nos pieds l'échafaud. (*Elle
se détourne, saisie d'une violente douleur.*)

MELVIL.

Juste Dieu! Oh! dites-moi, comment Marie a-t-elle supporté
cette terrible révolution?

KENNEDY, *après une pause, pendant laquelle elle a repris
quelque empire sur elle-même.*

On ne se détache pas de la vie peu à peu. C'est tout d'un coup,
soudain, à l'instant, qu'il faut échanger le temps contre l'éternité, et Dieu, en ce moment, a fait à ma maîtresse la grâce de
repousser, d'une âme résolue, les espérances de la terre, et de
s'élancer, pleine de foi, vers le ciel. Nul indice de pâle frayeur,
nulle parole de plainte n'a dégradé ma reine.... Ce n'est que
lorsqu'elle a appris l'infâme trahison de lord Leicester, le malheureux sort du digne jeune homme qui s'est sacrifié pour elle,
et qu'elle a vu la profonde douleur du vieux chevalier, privé
par elle de sa dernière espérance.... ce n'est qu'alors que ses
larmes ont coulé : ce n'est pas son propre destin, c'est la douleur d'autrui qui les lui arrachait.

MELVIL.

Où est-elle maintenant? Pouvez-vous me conduire près d'elle?

KENNEDY.

Elle a veillé et prié le reste de la nuit; elle a fait par écrit
ses adieux à ses chers amis et tracé son testament de sa propre
main. Maintenant elle se livre un instant au repos; le dernier
sommeil répare ses forces.

MELVIL.

Qui est auprès d'elle?

KENNEDY.

Son médecin Burgoyn et ses femmes.

SCÈNE II.

MARGUERITE KURL et LES PRÉCÉDENTS.

KENNEDY.

Que venez-vous nous apprendre, mistress? La reine est-elle
éveillée?

KURL, *séchant ses larmes.*
Elle est déjà habillée.... Elle vous demande.

KENNEDY.

Je viens. (*A Melvil, qui veut l'accompagner.*) Ne me suivez pas, que je n'aie d'abord préparé la reine à vous voir. (*Elle entre.*)

KURL.

Melvil! L'ancien intendant de la maison.

MELVIL.

Oui, c'est moi.

KURL.

Oh! cette maison n'a plus besoin d'intendant.... Melvil! vous venez de Londres. Ne pouvez-vous rien me dire de mon mari?

MELVIL.

Il sera mis en liberté, dit-on, aussitôt que....

KURL.

Aussitôt que la reine ne sera plus! Oh! l'indigne, l'infâme traître! Il est le meurtrier de cette chère maîtresse. C'est son témoignage, dit-on, qui l'a condamnée.

MELVIL.

C'est vrai.

KURL.

Oh! que son âme soit maudite jusque dans l'enfer! Il a rendu un faux témoignage.

MELVIL.

Milady Kurl, réfléchissez à vos paroles.

KURL.

Je veux le jurer à la barre du tribunal, je veux le lui redire en face, je veux le crier au monde entier. Elle meurt innocente....

MELVIL.

Oh! Dieu le veuille!

SCÈNE III.

BURGOYN et LES PRÉCÉDENTS; ensuite HANNA KENNEDY.

BURGOYN aperçoit Melvil.

O Melvil!

MELVIL, l'embrassant.

Burgoyn!

BURGOYN, à Marguerite Kurl.

Préparez une coupe de vin pour notre maîtresse. Hâtez-vous! (*Kurl sort.*)

MELVIL.

Quoi? Est-ce que la reine n'est pas bien?

BURGOYN.

Elle se sent forte, son héroïsme la trompe, et elle ne croit avoir nul besoin de nourriture; mais un rude combat l'attend encore, et il ne faut pas que ses ennemis se vantent que la crainte de la mort ait pâli ses joues, si chez elle la nature succombe par faiblesse.

MELVIL, à la Nourrice, qui entre.

Veut-elle me voir?

KENNEDY.

Elle-même sera ici dans un instant.... Vous semblez regarder avec étonnement autour de vous, et vos regards me demandent : « Que signifie ce magnifique étalage dans ce séjour de mort?... » Oh! sir, nous avons souffert le besoin pendant que nous vivions, ce n'est qu'avec la mort que le superflu revient.

SCÈNE IV.

LES PRÉCÉDENTS; DEUX AUTRES FEMMES DE CHAMBRE *de Marie, également vêtues de deuil; elles éclatent en sanglots à la vue de Melvil.*

MELVIL.

Quel aspect! Nous revoir ainsi! Gertrude, Rosamonde!

LA SECONDE FEMME DE CHAMBRE.

Elle nous a renvoyées d'auprès d'elle. Elle veut, pour la dernière fois, s'entretenir seule avec Dieu. (*Il vient encore deux autres femmes, en deuil comme les autres, et qui expriment leur affliction par leurs gestes.*)

SCÈNE V.

LES PRÉCÉDENTS; MARGUERITE KURL; *elle porte une coupe d'or contenant du vin, et la place sur la table, en se tenant, pâle et tremblante, à un siège.*

MELVIL.

Qu'avez-vous, mistress? Qu'est-ce qui vous met ainsi hors de vous?

KURL.

O Dieu!

BURGOYN.

Qu'avez-vous?

KURL.

Que m'a-t-il fallu voir?

MELVIL.

Revenez à vous! Dites-nous ce que c'est.

KURL.

Comme je montais, avec cette coupe de vin, le grand escalier qui conduit à la salle basse, la porte s'est ouverte.... ma vue y a pénétré.... j'ai vu.... ô Dieu!

MELVIL.

Qu'avez-vous vu? Possédez-vous!

KURL.

Tous les murs étaient tendus de noir; un grand échafaud, couvert d'un drap noir, s'élevait du sol; dessus, au milieu, un bloc noir, un coussin, et auprès une hache aiguisée, étincelante.... La salle était remplie de gens qui se pressaient autour de l'échafaud et qui, le regard altéré de sang, attendaient la victime.

LES FEMMES DE CHAMBRE.

Oh! que Dieu donne sa grâce à notre chère maîtresse!

MELVIL.

Possédez-vous! Elle vient.

SCÈNE VI.

LES PRÉCÉDENTS; MARIE; *elle est vêtue de blanc et comme pour une fête; elle porte au cou, à une chaîne de petits globes, un Agnus Deï; un rosaire pend à sa ceinture, elle a un crucifix à la main et un diadème dans les cheveux; son grand voile noir est rejeté en arrière. A son entrée, les assistants se retirent des deux côtés et expriment la plus vive douleur. Melvil, par un mouvement involontaire, est tombé à genoux.*

MARIE, *avec une dignité calme, promène ses regards sur tout le cercle.*

Pourquoi gémissez-vous? pourquoi pleurez-vous? Vous devriez vous réjouir avec moi de voir enfin approcher le terme de mes souffrances, mes chaînes tomber, ma prison s'ouvrir, et mon âme joyeuse s'élancer sur des ailes d'ange vers l'éternelle liberté. Quand j'étais livrée au pouvoir de mon orgueilleuse ennemie, que j'endurais d'odieux outrages, indignes d'une libre et grande reine, c'était là le temps de pleurer sur moi!... La mort s'approche de moi, bienfaisante, réparatrice, comme un austère ami. De ses noires ailes elle couvre ma honte.... La dernière heure ennoblit l'homme, quelque bas qu'il soit tombé. Je sens de nouveau la couronne sur ma tête, un digne orgueil dans mon noble cœur. (*S'avançant de quelques pas.*) Comment? Melvil ici?... Pas ainsi, noble sir! Levez-vous! Vous êtes venu au triomphe de votre reine, non à sa mort. C'est pour moi un bonheur, bonheur inespéré, que ma mémoire ne soit pas livrée entièrement aux mains de mes ennemis, que j'aie pour témoin, à l'heure de ma mort, un ami, qui professe ma croyance.... Dites, noble chevalier, quel a été votre sort sur cette terre ennemie, inhospitalière, depuis qu'on vous arracha d'auprès de moi? Les inquiétudes que j'avais pour vous ont souvent tourmenté mon cœur.

MELVIL.

Aucune autre souffrance ne pesait sur moi que ma douleur à votre sujet et mon impuissance à vous servir.

MARIE.

Qu'est devenu Didier, mon vieux valet de chambre ? Mais sans doute il dort depuis longtemps déjà du sommeil éternel, car il était avancé en âge.

MELVIL.

Dieu ne lui a pas fait cette grâce ; il vit pour ensevelir votre jeunesse.

MARIE.

Que ne m'est-il donné d'embrasser encore, avant ma mort, quelqu'une de ces têtes chéries qui me sont unies par les liens du sang ! Mais il faut que je meure parmi des étrangers, que je ne voie couler que vos larmes !... Melvil, mes derniers vœux pour les miens, je les dépose dans votre sein fidèle.... Je bénis le roi très-chrétien, mon beau-frère, et toute la maison royale de France.... je bénis mon oncle le cardinal, et Henri de Guise, mon noble cousin ; je bénis aussi le pape, le saint vicaire de Jésus-Christ, qui me bénit à son tour, et le roi catholique qui s'est offert à me sauver, à me venger.... Ils sont tous dans mon testament, et ils ne dédaigneront pas les dons de mon amour, quelque pauvres qu'ils soient. (*Se tournant vers ses serviteurs.*) Je vous ai recommandés à mon royal frère de France ; il aura soin de vous, il vous donnera une nouvelle patrie ; et, si ma dernière prière vous est chère, ne restez pas en Angleterre, afin que l'Anglais ne repaisse point son cœur orgueilleux de votre infortune, qu'il ne voie pas dans la poussière ceux qui m'ont servie. Par cette image du Crucifié, promettez-moi de quitter aussitôt, dès que je ne serai plus, ce malheureux pays.

MELVIL *touche le crucifix.*

Je vous le jure, au nom de tous ceux que vous voyez ici.

MARIE.

Tout ce que je possédais encore, pauvre femme dépouillée, tout ce dont je puis disposer librement, je l'ai partagé entre vous ; on respectera, je l'espère, ma dernière volonté. Ce que je porte en marchant à la mort vous appartient aussi.... Permettez-moi, une fois encore, la splendeur de cette terre, sur la route qui me mène au ciel. (*A ses femmes.*) A vous, mon Alix, Gertrude, Rosamonde, je destine mes perles, mes habits, car votre jeunesse aime encore la parure. Toi, Marguerite, tu as les plus grands droits à ma générosité, car je te laisse en ce monde la plus malheureuse entre toutes. Mon testament montrera que je ne venge pas sur toi la faute de ton époux....Toi, ô ma fidèle Hanna, ce n'est ni le prix de l'or, ni l'éclat des pierreries qui te séduisent; pour toi mon souvenir sera le plus précieux trésor. Prends ce mouchoir; je l'ai brodé pour toi de ma propre main, dans les heures de ma douleur, et j'en ai trempé le tissu de mes larmes brûlantes. C'est avec ce mouchoir que tu me banderas les yeux, quand nous en serons venus là.... Je désire recevoir de mon Hanna ce dernier service.

KENNEDY.

O Melvil ! je ne pourrai supporter cela !

MARIE.

Venez tous, venez, et recevez mon dernier adieu. (*Elle leur tend les mains; tous tombent à ses pieds l'un après l'autre et baisent, en pleurant amèrement, la main qu'elle leur présente.*) Adieu, Marguerite; Alix, adieu.... Je vous remercie, Burgoyn, de vos fidèles services.... Ta bouche est brûlante, Gertrude.... J'ai été bien haïe, mais aussi bien aimée. Qu'un noble époux rende heureuse ma Gertrude, car ce cœur ardent a besoin d'amour.... Bertha, tu as choisi la meilleure part, tu veux devenir la chaste épouse du ciel. Oh ! hâte-toi d'accomplir ton vœu. Les biens de cette terre sont trompeurs, apprends-le par l'exemple de ta reine.... C'est assez ! Adieu ! adieu ! adieu pour toujours ! (*Elle se détourne rapidement; tous s'éloignent, excepté Melvil.*)

SCÈNE VII.

MARIE, MELVIL.

MARIE.

J'ai mis ordre à toutes mes affaires temporelles et j'espère sortir de ce monde dégagée de toute dette envers les hommes.... Il n'y a qu'une chose, Melvil, qui empêche encore mon âme oppressée de s'élever libre et joyeuse.

MELVIL.

Découvrez-la-moi. Soulagez votre cœur, confiez vos soucis à un ami fidèle.

MARIE.

Me voici au bord de l'éternité; je dois bientôt paraître devant le juge suprême, et je ne me suis pas encore réconciliée avec le Dieu de sainteté. On me refuse un prêtre de mon Église. Des mains de faux prêtres, je repousse la céleste nourriture du saint sacrement. Je veux mourir dans la foi de mon Église, car c'est la seule foi qui assure le salut.

MELVIL.

Tranquillisez votre cœur. Aux yeux du ciel, les désirs pieux et ardents sont réputés pour l'action accomplie. La puissance tyrannique ne peut enchaîner que les mains, la dévotion du cœur s'élève librement vers Dieu. La lettre est morte, la foi vivifie.

MARIE.

Ah! Melvil, à lui seul, le cœur ne se suffit pas; la foi a besoin d'un gage terrestre pour s'approprier le bien céleste et suprême. Voilà pourquoi Dieu s'est fait homme et a renfermé mystérieusement les dons invisibles du ciel dans un corps visible.... C'est l'Église, l'Église sainte et sublime, qui nous construit l'échelle pour monter au ciel; elle se nomme l'universelle, la catholique, car seule la foi de tous fortifie la foi de chacun; où des milliers d'âmes adorent et vénèrent, le feu devient flamme, et l'esprit déploie ses ailes pour s'élancer au plus haut des cieux.... Ah! bienheureux ceux que la douce communauté de la prière réunit dans la maison du Seigneur! L'autel est paré, les cierges brillent, la cloche retentit, l'encens est répandu, l'évêque est là revêtu de la robe sans tache du sacrifice; il prend le calice, il le bénit, il proclame le miracle sublime de la transsubstantiation, et le peuple, croyant, convaincu, se prosterne devant le Dieu présent.... Ah! moi seule, je suis exclue; la bénédiction du ciel ne pénètre pas jusqu'à moi, dans ma prison.

MELVIL.

Elle pénètre jusqu'à vous! Elle est près de vous. Ayez confiance en celui qui peut tout.... la tige desséchée peut pousser des branches dans la main de la foi, et celui qui a fait jaillir la source du rocher peut vous préparer un autel dans votre prison; il peut, à l'instant, changer pour vous cette coupe, ce terrestre breuvage, en céleste boisson. (*Il saisit la coupe qui est placée sur la table.*)

MARIE.

Melvil, est-ce que je vous comprends?... Oui, je vous comprends! Il n'y a point ici de prêtre, point d'église, point de sainte hostie.... mais le Sauveur dit : « Où deux personnes sont assemblées en mon nom, je suis présent au milieu d'elles. » Qu'est-ce qui consacre le prêtre et fait de lui l'organe du Seigneur? Le cœur pur, une conduite sans tache.... Ainsi vous êtes pour moi, quoique non consacré, un prêtre, un messager de Dieu qui m'apporte la paix.... Je veux vous faire ma dernière confession, et votre bouche m'annoncera le salut.

MELVIL.

Si votre cœur vous y pousse avec tant de puissance, sachez, reine, que Dieu, pour votre consolation, peut bien faire même un miracle. Il n'y a point ici de prêtre, dites-vous, point d'église, de corps du Seigneur?... Vous vous trompez. Il y a ici un prêtre, et un Dieu est ici présent. (*Il se découvre la tête à ces mots, et en même temps il lui montre une hostie dans un vase d'or.*).... Je suis prêtre : pour entendre votre dernière confession, pour vous annoncer la paix sur le chemin de la mort, j'ai reçu sur ma tête les sept consécrations; et cette hostie, je vous l'apporte de la part du saint-père : il l'a lui-même consacrée.

MARIE.

Oh! alors il fallait donc que, sur le seuil même de la mort, un bonheur céleste me fût encore préparé! Comme un immortel descend sur des nuages d'or, comme autrefois l'ange tira l'apôtre des liens de la prison.... ni les verrous, ni l'épée des gardes ne l'arrêtent; il s'avance puissamment à travers les portes fermées, et le voilà qui apparaît tout brillant dans la prison.... Ainsi me surprend ici le messager du ciel, quand tout sauveur terrestre m'a déçue.... Et vous, mon serviteur autrefois, vous êtes maintenant le serviteur du dieu Très-Haut et son organe sacré. Comme autrefois vos genoux se pliaient devant moi, me voici maintenant dans la poussière devant vous. (*Elle tombe à genoux devant lui.*)

MELVIL, *faisant sur elle le signe de la croix.*

Au nom du Père, du Fils et du Saint-Esprit! Marie, reine,

avez-vous sondé votre cœur? Jurez-vous et promettez-vous de confesser la vérité devant le Dieu de vérité?

MARIE.

Mon cœur est ouvert devant vous et devant lui.

MELVIL.

Parlez, de quel péché vous accuse votre conscience, depuis la dernière fois que vous vous êtes réconciliée avec Dieu?

MARIE.

Mon cœur était rempli d'une haine jalouse, et des pensées de vengeance s'agitaient dans mon sein. Pécheresse, j'espérais de Dieu le pardon, et je ne pouvais pardonner à ma rivale.

MELVIL.

Vous repentez-vous de votre faute, et est-ce votre ferme résolution de sortir de ce monde sans ressentiment?

MARIE.

Aussi vrai que j'espère le pardon de Dieu.

MELVIL.

Quel autre péché vous reproche votre cœur?

MARIE.

Ah! ce n'est pas seulement par la haine, mais plus encore par un coupable amour que j'ai offensé la bonté suprême. Mon cœur vain s'est laissé entraîner vers l'homme qui m'a perfidement abandonnée et trompée.

MELVIL.

Vous repentez-vous de votre faute, et votre cœur s'est-il détourné de la vaine idole, pour revenir à Dieu?

MARIE.

C'est le plus rude combat que j'aie eu à soutenir; le dernier lien terrestre est rompu.

MELVIL.

De quelle autre faute vous accuse votre conscience?

MARIE.

Hélas! une faute ancienne, faute sanglante, confessée depuis longtemps.... elle revient m'obséder avec une nouvelle force d'épouvante, au moment du dernier compte, et se roule, à mes yeux, noire et sinistre, devant la porte du ciel! J'ai laissé égorger le roi, mon époux, et j'ai donné au séducteur mon cœur et ma main. J'ai expié rigoureusement mon crime par tous les

ACTE V, SCÈNE VII.

châtiments de l'Église, mais, dans mon âme, le ver rongeur ne veut pas s'assoupir.

MELVIL.

Votre cœur vous accuse-t-il de quelque autre péché que vous n'ayez pas encore confessé ni expié?

MARIE.

Vous savez maintenant tout ce qui pèse sur mon cœur.

MELVIL.

Songez à la présence de celui qui sait tout! Songez aux châtiments dont la sainte Église menace la confession incomplète! C'est là le péché qui entraîne la mort éternelle, car c'est pécher contre le Saint-Esprit.

MARIE.

Que la grâce éternelle m'accorde la victoire dans le dernier combat, aussi vrai que je ne vous ai rien tu sciemment!

MELVIL.

Comment? Vous cachez à votre Dieu le crime pour lequel les hommes vous punissent? Vous ne me dites rien de votre participation sanglante à la haute trahison de Babington et de Parry? Vous mourez pour ce fait, de la mort temporelle; voulez-vous, pour l'expier, mourir aussi de l'éternelle mort?

MARIE.

Je suis prête à entrer dans l'éternité. Avant que l'aiguille qui marque les minutes recommence son tour, je paraîtrai devant le trône de mon juge; je le répète pourtant : ma confession est achevée.

MELVIL.

Réfléchissez-y bien. Le cœur est trompeur. Vous avez peut-être, par une duplicité perfide, évité le mot qui vous rendrait coupable, tout en ayant part au crime par la volonté. Mais sachez qu'aucune ruse ne trompe l'œil de flamme qui voit dans les cœurs.

MARIE.

J'ai appelé tous les princes à me délivrer de mes liens indignes; mais jamais, ni d'intention, ni de fait, je n'ai attenté à la vie de mon ennemie.

MELVIL.

Ainsi le témoignage de vos secrétaires serait faux?

MARIE.

Ce que j'ai dit est la vérité. Quant à leur témoignage, que Dieu le juge!

MELVIL.

Ainsi vous montez sur l'échafaud, assurée de votre innocence?

MARIE.

Dieu me fait la grâce d'expier par cette mort imméritée la faute grave, la dette de sang de ma jeunesse.

MELVIL *la bénit.*

Allez donc et expiez-la en mourant! Tombez, victime résignée, devant l'autel! Le sang peut racheter le crime du sang. Vous n'avez péché que par la fragilité de la femme; les faiblesses de l'humanité ne suivent pas l'esprit bienheureux dans sa gloire. Mais moi, je vous annonce, en vertu du pouvoir qui m'est accordé de délier et de lier, la rémission de tous vos péchés! Qu'il vous soit fait selon que vous avez cru! (*Il lui présente l'hostie.*) Prenez ce corps qui a été immolé pour vous. (*Il prend le calice qui est posé sur la table, le consacre par une muette prière, puis le lui présente. Elle hésite à le recevoir, et l'écarte par un signe de la main.*) Prenez ce sang qui a été versé pour vous; prenez! Le pape vous accorde cette faveur. Il veut que dans la mort vous exerciez encore ce droit suprême des rois, le droit sacerdotal. (*Elle reçoit le calice.*) Et comme en ce moment, dans ce corps terrestre, vous vous êtes unie mystérieusement à votre Dieu, ainsi, là-haut, dans son royaume de joie, où il n'y aura plus ni faute, ni pleurs, vous serez réunie à jamais, bel ange de lumière, à la divinité. (*Il dépose le calice. On entend un bruit, il se couvre la tête et va à la porte. Marie demeure à genoux, dans un pieux recueillement.*)

MELVIL, *revenant.*

Il vous reste encore un rude combat à soutenir. Vous sentez-vous assez forte pour vaincre tout mouvement d'amertume et de haine?

MARIE.

Je ne crains aucune rechute. J'ai sacrifié à Dieu ma haine et mon amour.

MELVIL.

Eh bien! préparez-vous à recevoir les lords Leicester et Burleigh. Les voici.

SCÈNE VIII.

LES PRÉCÉDENTS; BURLEIGH, LEICESTER et PAULET. *Leicester reste tout à fait dans l'éloignement, sans lever les yeux. Burleigh, qui observe sa contenance, s'avance entre lui et la Reine*

BURLEIGH.

Je viens, lady Stuart, pour recevoir vos derniers ordres.

MARIE.

Merci, milord!

BURLEIGH.

C'est la volonté de ma reine qu'on ne vous refuse rien de ce qui est juste.

MARIE.

Mon testament exprime mes derniers vœux. Je l'ai déposé entre les mains du chevalier Paulet, et je demande qu'il soit fidèlement exécuté.

PAULET.

Soyez tranquille sur ce point.

MARIE.

Je demande qu'on laisse mes serviteurs se retirer, sans qu'on les inquiète, en Écosse ou en France, selon qu'ils le désireront et le demanderont eux-mêmes.

BURLEIGH.

Qu'il soit fait comme vous le désirez.

MARIE.

Et puisque mon corps ne doit pas reposer en terre bénie, qu'on permette que ce fidèle serviteur porte mon cœur à mes parents en France.... Ah! il a toujours été là.

BURLEIGH.

Cela sera fait. Avez-vous encore quelque autre chose?...

MARIE.

Portez à la reine d'Angleterre le salut d'une sœur.... Dites-lui que je lui pardonne ma mort de tout mon cœur, que je déplore, avec un sincère repentir, mon emportement d'hier.... Que Dieu la conserve et lui accorde un règne heureux!

BURLEIGH.

Parlez, n'êtes-vous pas encore revenue à une meilleure résolution? Refusez-vous toujours l'assistance du doyen?

MARIE.

Je suis réconciliée avec mon Dieu.... Sir Paulet! je vous ai fait, sans en être coupable, beaucoup de mal, je vous ai ravi l'appui de votre vieillesse.... Oh! laissez-moi espérer que vous vous souviendrez de moi sans haine....

PAULET *lui donne la main.*

Que Dieu soit avec vous! Allez en paix!

SCÈNE IX.

LES PRÉCÉDENTS; HANNA KENNEDY *et les autres* FEMMES DE LA REINE *pénètrent dans la chambre, en donnant des marques d'horreur;* LE SHÉRIF *les suit, une baguette blanche à la main; derrière lui, on voit, à travers la porte, demeurée ouverte, des hommes armés.*

MARIE.

Qu'as-tu, Hanna?... Oui, il est temps! Voici le shérif, pour nous conduire à la mort. Il faut se séparer! Adieu! adieu! (*Ses femmes s'attachent à elle avec une vive douleur. A Melvil:*) Vous, digne sir, et ma fidèle Hanna, vous m'accompagnerez dans cette marche dernière. Milord, ne me refusez pas ce bienfait!

BURLEIGH.

Je n'ai pas de pouvoir pour cela.

MARIE.

Comment? Vous pourriez me refuser cette petite faveur? Ayez égard à mon sexe! Qui voulez-vous qui me rende les derniers services? Ce ne peut être la volonté de ma sœur que mon sexe soit offensé en moi et que la rude main des hommes me touche!

BURLEIGH.

Aucune femme ne doit monter avec vous les degrés de l'échafaud.... Ses clameurs et ses lamentations....

MARIE.

Elle ne se lamentera pas! Je réponds de la force d'âme de

mon Hanna! Soyez bon, milord. Oh! ne me séparez pas, quand je meurs, de ma nourrice, de celle qui m'a donné des soins si fidèles! C'est sur ses bras que je suis entrée dans la vie; que sa douce main me conduise à la mort.

PAULET, à *Burleigh*.

Consentez-y!

BURLEIGH.

Eh bien, soit!

MARIE.

Maintenant, je n'ai plus rien dans ce monde.... (*Elle prend le crucifix et le baise.*) Mon Sauveur! mon Rédempteur! Comme vous avez étendu les bras sur la croix, étendez-les maintenant pour me recevoir. (*Elle se tourne pour sortir. En ce moment, ses yeux rencontrent le comte Leicester qui, au mouvement qu'elle a fait, a tressailli et a jeté les yeux sur elle.... A cette vue, Marie tremble, ses genoux fléchissent, elle est sur le point de tomber. Le Comte alors la retient et la reçoit dans ses bras. Elle le regarde un moment avec gravité et en silence : il ne peut soutenir son regard; enfin elle parle.*) Vous tenez parole, comte Leicester.... Vous m'aviez promis votre bras, pour me conduire hors de cette prison, et vous me le prêtez maintenant. (*Il est là comme anéanti. Elle continue d'une voix douce.*) Oui, Leicester, et ce n'était pas seulement la liberté que je voulais devoir à votre main. Vous deviez me rendre chère la liberté. Ma main dans la vôtre, heureuse de votre amour, je voulais jouir d'une vie nouvelle. Maintenant que je vais me séparer de ce monde, et devenir un esprit bienheureux que nul penchant terrestre ne tente plus, maintenant, Leicester, je puis, sans rougir, vous avouer une faiblesse que j'ai vaincue.... Adieu, et, si vous le pouvez, vivez heureux. Vous avez pu prétendre à la main de deux reines, vous avez dédaigné un cœur aimant et tendre, vous l'avez trahi, pour gagner un cœur superbe. Tombez aux genoux d'Élisabeth! Que votre récompense ne devienne pas votre châtiment! Adieu!... maintenant, je n'ai plus rien sur la terre! (*Elle sort, le Shérif devant elle, Melvil et la Nourrice à ses côtés. Burleigh et Paulet suivent. Les autres l'accompagnent douloureusement du regard, jusqu'à ce qu'elle ait disparu; puis ils s'éloignent par les deux autres portes.*)

SCÈNE X.

LEICESTER, *demeuré seul.*

Je vis encore! J'endure encore la vie! Cette voûte ne m'écrase pas de son poids? Un abîme ne s'ouvre pas pour engloutir le plus misérable des êtres? Quel trésor j'ai perdu! Quelle perle j'ai rejetée! Quel bonheur céleste j'ai repoussé!... Elle part, transfigurée déjà en esprit de lumière, et à moi il ne reste que le désespoir des damnés.... Où est la résolution avec laquelle j'étais venu, d'étouffer, insensible, la voix de mon cœur? de voir d'un regard assuré tomber sa tête? Son aspect éveille-t-il en moi la honte éteinte? Faut-il que dans la mort elle m'enlace des liens de l'amour?... Ah! réprouvé, il ne te sied plus de fondre, comme une femme, en tendre compassion. Le bonheur de l'amour n'est point sur ta route. Que ta poitrine soit revêtue d'une armure d'airain, que ton front soit un rocher! Veux-tu ne pas perdre le prix de ton acte infâme, il t'y faut persister, l'accomplir jusqu'au bout. Pitié, sois muette; mes yeux, soyez de pierre! Je la verrai tomber, je veux être témoin. (*Il se dirige d'un pas résolu vers la porte par laquelle Marie est sortie; mais, à moitié chemin, il s'arrête.*) C'est en vain, en vain! Une horreur infernale me saisit; je ne puis, je ne puis contempler cet affreux spectacle, je ne puis la voir mourir.... Écoute! Qu'ai-je entendu? Ils sont déjà en bas.... Sous mes pieds se prépare l'œuvre horrible. J'entends des voix.... Fuyons, éloignons-nous! Fuyons ce séjour de terreur et de mort! (*Il veut fuir par une autre porte, mais il la trouve fermée et recule en tressaillant.*) Comment? Un Dieu m'enchaîne-t-il à ce sol? Faut-il que j'entende ce que j'ai horreur de voir? C'est la voix du doyen.... Il l'exhorte.... Elle l'interrompt.... Écoute!... Elle prie à haute voix.... d'un ton assuré.... Tout se tait.... tout! Je n'entends plus que des sanglots et des femmes qui pleurent.... On ôte les vêtements.... Écoute! On avance le billot.... Elle s'agenouille sur le coussin.... Elle pose sa tête.... (*Après qu'il a prononcé, avec une croissante angoisse, ces dernières paroles et qu'il s'est arrêté un moment, on le voit tout à coup tressaillir d'un mou-*

tement convulsif et tomber évanoui. En même temps, on entend retentir d'en bas un bruit sourd de voix, qui se prolonge pendant longtemps.)

La seconde chambre du quatrième acte.

SCÈNE XI.

ÉLISABETH *entre par une porte latérale ; sa démarche et ses gestes expriment le trouble le plus violent.*

Personne encore ici.... Nul message encore.... Le soir ne viendra-t-il pas? Le soleil s'est-il arrêté dans sa course céleste? Il faut que j'endure encore cette torture de l'attente.... Est-ce fait? n'est-ce pas fait?... Le oui comme le non me fait horreur, et je n'ose interroger. Le comte Leicester ne se montre point, ni Burleigh non plus, eux que j'ai nommés pour exécuter la sentence. Sont-ils partis de Londres?... En ce cas, c'en est fait, la flèche est lancée, elle vole, elle frappe, elle a frappé; mon royaume fût-il en jeu, je ne pourrais plus la retenir.... Qui est là?

SCÈNE XII.

ÉLISABETH, UN PAGE.

ÉLISABETH.

Tu reviens seul?... Où sont les lords?

LE PAGE.

Milord de Leicester et le grand trésorier....

ÉLISABETH, *dans la plus vive attente.*

Où sont-ils?

LE PAGE.

Ils ne sont pas à Londres.

ÉLISABETH.

Ils n'y sont pas?... Où sont-ils donc?

LE PAGE.

C'est ce que personne n'a su me dire. Avant le point du jour, les deux lords ont quitté, dit-on, la ville mystérieusement et en toute hâte.

ÉLISABETH, *éclatant vivement.*

Je suis reine d'Angleterre! (*Elle va et vient, en proie à une extrême agitation.*) Va! Appelle-moi.... Non, demeure.... Elle est morte! Maintenant enfin je suis à l'aise sur cette terre.... Pourquoi trembler? Pourquoi cette angoisse qui me saisit? Le tombeau renferme ma crainte.... et qui peut dire que c'est moi qui l'ai fait? Les larmes, certes, ne me manqueront pas pour pleurer celle qui a péri. (*Au Page.*) Es-tu encore là?... Que mon secrétaire Davison se rende ici à l'instant. Qu'on envoie chercher le comte Shrewsbury.... Le voici lui-même. (*Le Page se retire.*)

SCÈNE XIII.

ÉLISABETH, LE COMTE SHREWSBURY.

ÉLISABETH.

Soyez le bienvenu, noble lord! Que venez-vous m'apprendre? Ce ne peut être une affaire sans importance qui conduit ici vos pas, à une heure si avancée.

SHREWSBURY.

Grande reine, ma sollicitude, mon cœur inquiet pour votre gloire, m'a poussé aujourd'hui à la Tour, où Kurl et Nau, les secrétaires de Marie, sont emprisonnés; je voulais éprouver encore la vérité de leur témoignage. Consterné, embarrassé, le lieutenant de la Tour se refuse à me montrer les prisonniers; c'est par la menace seulement que j'ai obtenu l'entrée... Dieu! quel spectacle s'est alors offert à moi! Les cheveux en désordre, l'œil égaré, comme un coupable tourmenté par les furies, l'Écossais Kurl était étendu sur sa couche.... A peine le malheureux me reconnaît-il, qu'il se précipite à mes pieds.... Criant, étreignant mes genoux avec désespoir, se tordant devant moi comme un ver.... il me supplie, me conjure de lui apprendre le sort de sa reine, car le bruit qu'elle était condamnée à mort avait pénétré dans les profondeurs de la Tour. Quand je lui ai confirmé ce bruit, selon la vérité, ajoutant que c'était son témoignage qui la faisait mourir, il s'est levé d'un bond, a attaqué son compagnon avec fureur, l'a terrassé avec la force prodigieuse d'un frénétique, s'efforçant de l'étrangler. C'est avec peine que nous avons arraché le malheureux à l'étreinte de sa rage. Alors il a tourné sa furie contre lui-même; il s'est frappé la poitrine de ses poings, et s'est voué, lui et son compagnon, à tous les esprits de l'enfer. Il a prêté, dit-il, un faux témoignage; les lettres de malheur adressées à Babington, dont il a attesté par serment l'authenticité, elles sont fausses; il a écrit d'autres paroles que celles que la reine lui avait dictées; c'est ce scélérat de Nau qui l'y a poussé. Là-dessus, il a couru à la fenêtre, l'a ouverte avec une violence furieuse, et a crié d'en haut dans les rues, de manière à ameuter le peuple, qu'il était le secrétaire de Marie, qu'il était le scélérat qui l'avait faussement accusée, qu'il était maudit, qu'il était un faux témoin!

ÉLISABETH.

Vous disiez vous-même qu'il était hors de sens. Les paroles d'un furieux, d'un fou, ne prouvent rien.

SHREWSBURY.

Mais cette démence même est une grande preuve. O reine! souffrez que je vous en conjure, ne précipitez rien, ordonnez qu'on procède à une nouvelle enquête.

ÉLISABETH.

J'y consens.... puisque vous le désirez, comte; non que je puisse croire que mes pairs aient, dans cette affaire, précipité leur jugement. Pour vous tranquilliser, qu'on recommence l'enquête.... Heureusement, il en est temps encore. Je ne veux pas qu'à mon honneur royal s'attache l'ombre d'un doute.

SCÈNE XIV.

DAVISON et LES PRÉCÉDENTS.

ÉLISABETH.

Le jugement, sir, que j'ai remis entre vos mains.... où est-il?

DAVISON, *au comble de l'étonnement.*

Le jugement?

ÉLISABETH.

Que je vous ai donné à garder hier....

DAVISON.

A garder, à moi ?

ÉLISABETH.

Le peuple ameuté me pressait de signer ; j'ai dû faire sa volonté, j'ai signé, je l'ai fait par contrainte, et j'ai remis l'écrit dans vos mains, je voulais gagner du temps. Vous savez ce que je vous ai dit.... Eh bien ! donnez !

SHREWSBURY.

Donnez, digne Davison ! Les choses ont changé de face, il faut qu'on renouvelle l'enquête.

ÉLISABETH.

Ne réfléchissez pas si longtemps. Où est l'écrit ?

DAVISON, *désespéré*.

Je suis perdu, je suis un homme mort !

ÉLISABETH, *l'interpellant brusquement*.

Je ne veux pas croire....

DAVISON.

Je suis perdu. Je ne l'ai plus.

ÉLISABETH.

Comment ? Quoi ?

SHREWSBURY.

Dieu du ciel !

DAVISON.

Il est dans les mains de Burleigh.... déjà depuis hier.

ÉLISABETH.

Malheureux ! c'est ainsi que vous m'avez obéi ? Ne vous ai-je pas sévèrement ordonné de le garder ?

DAVISON.

Vous ne m'avez pas ordonné cela, reine.

ÉLISABETH.

Veux-tu me démentir, misérable ? Quand t'ai-je commandé de donner cet écrit à Burleigh ?

DAVISON.

Pas en termes clairs et précis.... mais....

ÉLISABETH.

Infâme ! tu oses interpréter mes paroles ? y mêler ta propre pensée de sang ?... Malheur à toi, si de cet acte d'autorité privée il résulte un malheur ! Tu me le payeras de ta vie.... Comte Shrewsbury, vous voyez comme on abuse de mon nom !

SHREWSBURY.

Je vois.... O mon Dieu!

ÉLISABETH.

Que dites-vous?

SHREWSBURY.

Si Davison a pris sur lui, à ses risques, un tel acte, et s'il a agi à votre insu, il faut qu'il soit traduit devant le tribunal des pairs, parce qu'il a livré votre nom à l'horreur de tous les temps.

SCÈNE XV.

LES PRÉCÉDENTS, BURLEIGH; à la fin KENT.

BURLEIGH *plie le genou devant la Reine.*

Que Dieu accorde une longue vie à ma royale dame, et puissent tous les ennemis de cette île finir comme cette Stuart! (*Shrewsbury se voile le visage. Davison se tord les mains de désespoir.*)

ÉLISABETH.

Parlez, lord! Avez-vous reçu de moi l'ordre de mort?

BURLEIGH.

Non, reine! je l'ai reçu de Davison.

ÉLISABETH.

Davison vous l'a-t-il transmis en mon nom?

BURLEIGH.

Non! C'est ce qu'il n'a pas fait....

ÉLISABETH.

Et vous l'avez exécuté, à la hâte, sans savoir d'abord ma volonté? Le jugement était juste, le monde ne peut nous blâmer; mais il ne vous appartenait pas de prévenir la clémence de notre cœur.... Soyez donc banni de notre présence! (*A Davison.*) Un jugement plus sévère vous attend, vous qui avez criminellement excédé vos pouvoirs, qui avez abusé d'un dépôt sacré qui vous était confié. Qu'on le mène à la Tour! Ma volonté est qu'on lui intente une accusation capitale.... Mon noble Talbot! vous êtes le seul que j'aie trouvé juste, parmi mes conseillers. Je veux que vous soyez désormais mon guide, mon ami....

SHREWSBURY.

Ne bannissez pas vos plus fidèles amis, ne jetez pas en prison ceux qui ont agi pour vous, qui maintenant se taisent pour vous.... Mais pour moi, grande reine, permettez que je remette dans vos mains le sceau que, pendant douze ans, vous m'avez confié.

ÉLISABETH, *frappée de surprise.*

Non, Shrewsbury! Vous ne m'abandonnerez pas maintenant, maintenant....

SHREWSBURY.

Pardonnez, je suis trop vieux, et cette main est trop droite et trop roide, pour sceller vos nouveaux actes.

ÉLISABETH.

L'homme qui m'a sauvé la vie voudrait m'abandonner?

SHREWSBURY.

J'ai peu fait.... Je n'ai pu sauver la plus noble partie de vous-même. Vivez, régnez heureuse! Votre rivale est morte. Vous n'avez désormais plus rien à craindre, vous n'avez plus besoin de rien respecter. (*Il sort.*)

ÉLISABETH, *au comte de Kent, qui entre :*

Que le comte Leicester vienne!

KENT.

Le lord prie la reine de l'excuser, il s'est embarqué pour la France. (*Elle se contraint et garde une contenance calme. Le rideau tombe.*)

FIN DE MARIE STUART.

LA
PUCELLE D'ORLÉANS

TRAGÉDIE ROMANTIQUE

PERSONNAGES.

CHARLES VII, roi de France.
LA REINE ISABEAU, sa mère.
AGNÈS SOREL, sa maîtresse.
PHILIPPE LE BON, duc de Bourgogne.
LE COMTE DUNOIS, bâtard d'Orléans.
LA HIRE, } officiers du roi.
DU CHÂTEL,
L'ARCHEVÊQUE DE REIMS.
CHÂTILLON, chevalier bourguignon.
RAOUL, chevalier lorrain.
TALBOT, général des Anglais.
LIONEL, } capitaines anglais.
FASTOLF,
MONTGOMERY, Gallois.
DES MAGISTRATS de la ville d'Orléans.
UN HÉRAUT anglais.
THIBAUT D'ARC, riche paysan.
MARGOT,
LOUISON, } ses filles.
JEANNE,
ÉTIENNE,
CLAUDE MARIE, } leurs prétendants.
RAIMOND,
BERTRAND, autre paysan.
APPARITION d'un CHEVALIER NOIR.
UN CHARBONNIER et SA FEMME.
SOLDATS et PEUPLE, SERVITEURS de la maison du Roi, ÉVÊQUES, MOINES, MARÉCHAUX, MAGISTRATS, COURTISANS, et autres personnages muets, dans le cortège du sacre[1].

[1]. Dans la première édition il y avait, à la suite de la liste des personnages, l'indication suivante :

« Le temps de l'action est l'année 1430. La scène est tour à tour dans diverses contrées de la France. »

LA
PUCELLE D'ORLÉANS.

PROLOGUE.

Le théâtre représente une contrée champêtre. Sur le devant, à droite, une sainte image dans une chapelle; à gauche, un chêne élevé.

SCÈNE I.

THIBAUT D'ARC, SES TROIS FILLES, TROIS JEUNES BERGERS, *leurs prétendants*.

THIBAUT.

Oui, chers voisins, aujourd'hui nous sommes encore Français, citoyens libres, et maîtres du sol antique que nos pères ont labouré; qui sait qui nous commandera demain? car en tous lieux l'Anglais fait flotter sa bannière victorieuse, ses chevaux foulent aux pieds les campagnes fleuries de France. Paris l'a déjà reçu en vainqueur, et paré de la vieille couronne de Dagobert le rejeton d'une race étrangère. Le petit-fils de nos rois est réduit à errer, déshérité et fugitif, à travers son propre royaume, et son plus proche cousin, son premier pair, combat contre lui dans l'armée des ennemis. Que dis-je? c'est sa mère dénaturée qui la conduit. Autour de nous, brûlent les villages, les villes. La fumée de la dévastation roule, chaque jour plus voisine, vers ces vallées qui reposent encore dans la paix.... C'est pourquoi, chers voisins, j'ai résolu, avec la grâce de Dieu, le pouvant encore aujourd'hui, de pourvoir mes filles; car la femme, dans les désastres de la guerre, a besoin d'un protecteur, et le fidèle amour aide à porter tous les fardeaux. (*Au premier Berger :*) Venez, Étienne. Vous prétendez à la main de Margot : les champs sont voisins et se touchent, les cœurs sont d'accord.... c'est de quoi fonder un bon ménage. (*Au second :*) Claude Marie, vous vous taisez, et ma Louison baisse les yeux. Séparerai-je deux cœurs qui se sont rencontrés, parce que vous n'avez pas de trésors à m'offrir ? Qui a maintenant des trésors ? Maison et grange sont la proie de l'ennemi le plus proche ou du feu.... Le cœur fidèle d'un brave homme est, dans ces temps-ci, le seul refuge contre la tempête.

LOUISON.

Mon père !

CLAUDE MARIE.

Ma Louison !

LOUISON, *embrassant Jeanne.*

Chère sœur !

THIBAUT.

Je donne à chacune trente arpents de terre, une étable, une maison et un troupeau.... Dieu m'a béni, et qu'ainsi il vous bénisse !

MARGOT, *embrassant Jeanne.*

Réjouis notre père; prends exemple sur nous; fais que ce jour forme trois liens heureux.

THIBAUT.

Allez ! faites vos préparatifs. A demain la noce. Je veux que tout le village la célèbre avec nous. (*Les deux couples sortent, les bras enlacés.*)

SCÈNE II.

THIBAUT, RAIMOND, JEANNE.

THIBAUT.

Jeannette, tes sœurs se marient; je les vois heureuses; elles réjouissent ma vieillesse. Toi, ma plus jeune, tu me causes de la peine et du chagrin.

RAIMOND.

Quelle idée avez-vous? Pourquoi gronder votre fille?

THIBAUT.

Le brave jeune homme que voici, à qui personne ne se compare dans tout le village, cet excellent Raimond, il t'a voué son attachement, il te recherche, voici déjà trois automnes, avec de silencieux désirs et un cordial empressement, et toi, tu le repousses, impénétrable et froide; et, du reste, entre tous les bergers, nul autre ne peut avoir de toi un bienveillant sourire.... Je te vois briller de l'éclat de la jeunesse, tu es dans ton printemps; c'est la saison de l'espérance. La fleur de ta beauté s'est épanouie, mais toujours j'attends en vain que la fleur du tendre amour s'épanouisse aussi, et se change en beaux fruits dorés. Oh! cela ne saurait me plaire, et présage une grave erreur de la nature. Je n'aime pas qu'un cœur se ferme avec une sévère froideur dans les années des tendres sentiments.

RAIMOND.

Laissez, père d'Arc! ne la contrariez pas! L'amour de mon excellente Jeanne est un noble et tendre fruit du ciel; il mûrit peu à peu, en silence, ce don précieux! Maintenant, elle aime encore à demeurer sur les montagnes, et elle craint de descendre, de la libre bruyère, sous l'humble toit des hommes, où habitent les étroits soucis. Souvent, du fond de la vallée, je la regarde avec un étonnement muet, quand, debout dans la haute prairie, au milieu de son troupeau, qu'elle domine de sa noble taille, elle abaisse un regard sérieux sur les petits champs de notre terre. Alors elle me paraît destinée à je ne sais quoi de grand, et souvent il me semble qu'elle est la fille d'un autre âge.

THIBAUT.

Voilà ce qui ne saurait me plaire! Elle fuit la joyeuse société de ses sœurs, elle cherche les monts déserts, quitte sa couche avant le chant du coq, et à l'heure d'effroi, où l'homme aime à s'attacher intimement à l'homme, elle sort, elle se glisse, semblable à l'oiseau solitaire, dans l'affreux et sombre empire des esprits de la nuit; elle gagne le carrefour, et engage un mystérieux dialogue avec l'air de la montagne. Pourquoi choisit-elle toujours ce lieu et y conduit-elle de préférence son troupeau ? Je la vois rêver des heures entières, assise sous l'arbre des Druides, que fuient toutes les créatures heureuses ; car cet endroit n'est pas sûr : quelque être malfaisant habite sous cet arbre depuis les temps antiques des vieux païens. Les plus anciens du village se racontent, au sujet de ce chêne, des contes effrayants ; souvent on entend sortir de ses sombres rameaux le son merveilleux de voix étranges. Moi-même, comme un jour, bien avant dans la soirée, j'avais à passer devant cet arbre, j'ai vu, assis auprès, un spectre de femme, qui tira lentement d'une robe aux larges plis une main desséchée, et l'étendit vers moi, comme s'il me faisait signe ; mais moi, je me hâtai d'avancer et recommandai mon âme à Dieu.

RAIMOND, *montrant la sainte image dans la chapelle.*

Ce qui attire votre fille, ce n'est pas l'œuvre de Satan, mais le voisinage salutaire de cette sainte image, qui répand autour d'elle la paix du ciel.

THIBAUT.

Oh ! non, non ! ce n'est pas en vain que des songes et d'inquiètes visions me le révèlent. Par trois fois je l'ai vue assise, à Reims, sur le trône de nos rois, un diadème étincelant de sept étoiles sur la tête, à la main le sceptre, d'où sortaient trois lis blancs ; et moi, son père, ses deux sœurs, et tous les princes, les comtes, les archevêques, le roi lui-même, s'inclinaient devant elle. D'où me vient un tel éclat dans ma cabane ? Oh ! cela présage une chute profonde ! Ce songe est un avis, un symbole qui me représente les vaines aspirations de son cœur. Elle rougit de son humble condition.... Parce que Dieu a paré son corps d'une florissante beauté, qu'il l'a douée, par-dessus toutes les jeunes bergères de la vallée, de dons merveilleux, elle nourrit dans son âme un coupable orgueil, et c'est par l'orgueil que les anges sont tombés, que l'esprit infernal prend les hommes.

RAIMOND.

Qui nourrit des pensées plus modestes, plus vertueuses que votre pieuse fille ? N'est-ce pas elle qui sert avec joie ses sœurs aînées ? C'est elle qui, de toutes, est le plus noblement douée, et pourtant vous la voyez, comme une humble servante, accomplir avec une muette obéissance les plus pénibles devoirs ; et, sous ses mains, vos troupeaux, vos moissons prospèrent merveilleusement ; sur tout ce qu'elle fait, elle répand un bonheur surabondant, inconcevable.

THIBAUT.

Oui certes! un bonheur inconcevable.... J'éprouve, à voir cette bénédiction, je ne sais quelle horreur!... N'en parlons plus. Je me tais ; je veux me taire. Dois-je accuser ma propre et chère enfant? Je ne puis rien qu'avertir, prier pour elle ; mais c'est mon devoir d'avertir.... Fuis cet arbre; ne demeure pas seule; ne déterre point de racines vers minuit; ne prépare point de breuvages et ne trace pas de signes sur le sable.... L'empire des esprits s'ouvre pour peu qu'on creuse; ils sont là qui attendent sous la mince surface du sol, et, entendant le plus léger bruit, ils s'élancent en haut. Ne demeure pas seule, car, dans le désert, Satan a abordé le roi du ciel en personne.

SCÈNE III.

BERTRAND *s'avance, un casque à la main;* **THIBAUT, RAIMOND, JEANNE.**

THIBAUT.

Silence! Voici Bertrand qui revient de la ville. Voyez ce qu'il porte.

BERTRAND.

Vous me regardez avec surprise; vous êtes étonnés de voir dans ma main cet étrange objet.

THIBAUT.

C'est vrai. Dites-nous comment vous avez eu ce casque. Pourquoi apportez-vous ce signe funeste dans ce lieu de paix? (*Jeanne, qui, pendant les deux scènes précédentes, était demeurée muette, à l'écart, et sans prendre part à l'entretien, devient attentive et s'approche.*)

BERTRAND.

C'est à peine si je puis vous dire moi-même comment cet objet est venu dans mes mains. Je m'étais acheté des instruments de fer à Vaucouleurs; je trouvai une grande presse sur le marché, car des fugitifs venaient d'arriver d'Orléans avec de mauvaises nouvelles de guerre. Toute la ville s'attroupait en grand émoi, et, comme je me fraye un chemin à travers ce concours, une bohémienne basanée m'aborde avec ce casque, me regarde dans les yeux d'un regard pénétrant, et dit : « Compagnon, vous cherchez un casque, je le sais, vous en cherchez un. Voilà! prenez! Vous pouvez l'acheter pour un prix modique. — Adressez-vous aux hommes d'armes, lui dis-je ; je suis un paysan, je n'ai pas besoin de casque. » Mais elle ne se rebuta pas et continua : « Personne ne peut dire s'il n'a pas besoin de casque. Un toit d'acier pour la tête vaut mieux maintenant qu'une maison de pierre. » Elle me poursuivit ainsi par toutes les rues, m'imposant de force ce casque dont je ne voulais pas. Cependant, je le regardai ; je vis qu'il était si brillant et si beau, et digne de la tête d'un chevalier ; et comme je le pesais avec hésitation dans ma main, songeant à la singularité de l'aventure, la femme disparut à mes yeux ; le torrent de la foule l'avait rapidement entraînée, et le casque resta dans mes mains.

JEANNE, *y portant la main avec un avide empressement.*
Donnez-moi le casque!

BERTRAND.
Que vous servirait cette armure? Ce n'est pas là un ornement pour la tête d'une jeune fille.

JEANNE *lui arrache le casque.*
Le casque est à moi, c'est à moi qu'il appartient.

THIBAUT.
A quoi songe cette enfant?

RAYMOND.
Laissez-la faire! Cette parure guerrière lui sied bien, car sa poitrine renferme un cœur viril. Rappelez-vous comme elle dompta ce loup féroce, cette bête sauvage furieuse, qui ravageait nos troupeaux, la terreur de tous les bergers. Elle seule, la vierge au cœur de lion, lutta avec le loup et lui arracha l'agneau, qu'il emportait déjà dans sa gueule sanglante. Quelque tête vaillante que couvre un jour ce casque, il n'en peut orner une plus digne que la sienne.

THIBAUT, *à Bertrand.*
Parlez! Quel nouveau malheur la guerre a-t-elle causé? Que racontaient ces fugitifs?

BERTRAND.

Que Dieu aide le roi et prenne pitié du pays! Nous avons été battus dans deux grandes batailles. L'ennemi campe au centre de la France, et toutes les provinces sont perdues jusqu'à la Loire.... Maintenant il a rassemblé toutes ses forces, pour assiéger Orléans.

THIBAUT.

Que Dieu protége le roi[1]!

BERTRAND.

Une artillerie innombrable a été réunie de toutes parts, et tels que de sombres essaims d'abeilles tourbillonnent autour de la ruche dans les jours d'été, tel qu'un nuage de sauterelles tombe des airs obscurcis et, couvrant des lieues entières, fourmille à perte de vue dans les champs, telle s'est répandue une nuée de guerre, une foule de peuples, dans les plaines d'Orléans, et le camp retentit sourdement du mélange inintelligible et confus des langues. Car le Bourguignon puissant, maître de vastes domaines, y a conduit aussi ses soldats : les gens de Liége, du Luxembourg, du Hainaut, ceux du pays de Namur, et ceux qui habitent l'heureux Brabant, les riches Gantois, qui se pavanent dans le velours et la soie, ceux de Zélande, dont les villes propres et riantes s'élèvent des flots de la mer, les Hollandais qu'enrichit le lait des troupeaux; les gens d'Utrecht, oui, jusqu'aux derniers habitants de la Frise occidentale, dont la vue s'étend vers le pôle glacé.... tous suivent la bannière du puissant seigneur de Bourgogne, et veulent forcer Orléans.

THIBAUT.

Oh! la malheureuse et lamentable discorde qui tourne contre la France les armes de la France!

BERTRAND.

On la voit aussi, la vieille reine, l'orgueilleuse Isabeau, la princesse de Bavière, chevaucher, vêtue d'acier, à travers le camp, et, par l'aiguillon de ses paroles envenimées, exciter la

---

[1]. Au lieu de ces mots, Thibaut dit dans la première édition :

« Quoi? ne lui suffit-il pas de régner au Nord? et faut-il que le Midi paisible sente aussi le fléau de la guerre? »

rage de tous ces peuples contre le fils qu'elle a porté dans son sein maternel.

THIBAUT.

Que la malédiction l'atteigne, et puisse le Seigneur la perdre un jour comme cette orgueilleuse Jézabel!

BERTRAND.

Le terrible Salisbury, le destructeur des remparts, conduit le siége; avec lui, Lionel, le frère du lion, et Talbot, dont l'épée meurtrière moissonne les peuples dans les batailles. Dans leur insolente audace, ils ont juré de vouer à l'opprobre toutes les vierges, et de sacrifier à l'épée tout ce qui a porté l'épée. Ils ont bâti quatre hautes tours pour dominer la ville. D'en haut, Salisbury, d'un œil avide de meurtres, épie au loin et compte les passants qui traversent les rues à la hâte. Déjà plusieurs milliers de boulets, pesant un quintal, ont été lancés dans la ville; des églises couvrent le sol de leurs ruines, et la royale tour de Notre-Dame courbe sa tête élevée. Ils ont aussi creusé des mines, et la ville alarmée repose sur un abîme infernal, s'attendant, à chaque heure, à le voir s'enflammer avec le fracas du tonnerre. (*Jeanne écoute avec une vive attention et pose le casque sur sa tête.*)

THIBAUT.

Mais où étaient donc nos vaillantes épées, Xaintrailles, La Hire et le boulevard de la France, l'héroïque bâtard, pour que l'ennemi se soit avancé jusque-là comme un torrent invincible? Où est le roi lui-même? Regarde-t-il, oisif, les désastres de son royaume et la chûte de ses villes?

BERTRAND.

Le roi tient sa cour à Chinon. Il manque de troupes et ne peut tenir la campagne. Que sert le courage des chefs, le bras des héros, quand la pâle frayeur paralyse les armées? Une terreur, qu'on dirait envoyée d'en haut par Dieu même, a saisi jusqu'au cœur des plus braves. En vain retentit l'appel des princes. De même que les brebis se pressent avec effroi, quand le hurlement du loup se fait entendre, de même le Français, oubliant son ancienne gloire, ne cherche sa sûreté que dans les châteaux forts. Un seul chevalier, ai-je entendu dire, a levé une faible troupe et amène au roi seize bannières.

JEANNE, *vivement.*

Comment se nomme ce chevalier ?

BERTRAND.

Baudricourt. Mais il échappera difficilement, dit-on, aux yeux de l'ennemi, qui suit ses pas avec deux armées.

JEANNE.

Où est le chevalier ? Dites-le-moi, si vous le savez.

BERTRAND.

Il est à peine à une journée de marche de Vaucouleurs.

THIBAUT, *à Jeanne.*

Que t'importe ? Tu fais des questions, ma fille, qui ne te conviennent pas.

BERTRAND.

Comme l'ennemi est si puissant et qu'il n'y a plus de protection à espérer du roi, ils ont pris unanimement, à Vaucouleurs, la résolution de se livrer au Bourguignon : ainsi, nous ne porterons pas le joug étranger, et nous resterons soumis à l'antique race de nos rois.... peut-être même retournerons-nous à la couronne, si un jour la Bourgogne et la France se réconcilient.

JEANNE, *inspirée.*

Non, point de traité ! point de soumission ! Le libérateur approche, il s'arme pour le combat. C'est devant Orléans que doit échouer la fortune de l'ennemi; sa mesure est comble, il est mûr pour la récolte. Elle va venir avec sa faucille, la jeune vierge, et faucher la moisson de leur orgueil. Elle arrachera du haut des cieux leur gloire, qu'ils avaient suspendue aux étoiles. Ne désespérez pas ! Ne fuyez pas ! Car avant que le seigle jaunisse, avant que la lune remplisse son disque, nul coursier anglais ne boira plus dans le majestueux courant de la Loire.

BERTRAND.

Ah ! il ne se fait plus de miracles !

JEANNE.

Il se fait encore des miracles.... Une blanche colombe prendra son vol et attaquera, avec l'audace de l'aigle, ces vautours qui déchirent la patrie. Elle abattra cet orgueilleux Bourguignon, traître au royaume, ce Talbot aux cent bras, qui donne l'assaut au ciel, et ce Salisbury, le profanateur des temples ; et tous ces insulaires arrogants, elle les chassera devant elle comme un troupeau d'agneaux. Le Seigneur sera avec elle, le Dieu des batailles. Il choisira sa créature tremblante, il se glorifiera par une tendre jeune fille, car il est le Tout-Puissant!

THIBAUT.

Quel esprit s'empare de cette enfant ?

RAIMOND.

C'est le casque qui lui inspire cette ardeur guerrière. Regardez votre fille. Son œil étincelle, un feu brûlant jaillit de ses joues.

JEANNE.

Ce royaume tomberait[1]? Ce pays de la gloire, le plus beau que voie, dans son cours, le soleil éternel, ce paradis des contrées, que Dieu aime comme la prunelle de ses yeux, il porterait le joug d'un peuple étranger?... C'est ici qu'échoua la puissance des païens; ici que fut élevée la première croix, l'image miraculeuse; ici que repose la cendre de saint Louis; c'est d'ici qu'on est allé conquérir Jérusalem.

BERTRAND, étonné.

Écoutez ses discours! Où a-t-elle puisé cette haute révélation?... Père d'Arc, Dieu vous a donné une fille merveilleuse!

JEANNE.

Nous n'aurions plus de rois à nous, plus de maître né sur notre sol?... Le roi qui ne meurt jamais disparaîtrait de ce monde?... lui qui protége la charrue sainte, qui protége les pâturages et rend la terre fertile, qui amène les serfs à la liberté, qui rassemble les cités joyeuses autour de son trône.... qui assiste le faible et effraye le méchant, qui ne connaît point l'envie, parce qu'il est le plus grand, qui est tout ensemble homme et ange de miséricorde sur cette terre ennemie.... Car le trône des rois, qui étincelle d'or, est l'abri des délaissés.... là se tient la puissance et la compassion.... le coupable tremble, le juste s'approche avec confiance, et joue avec les lions autour du trône! Le roi étranger, qui vient du dehors, et qui n'a point d'ancêtres dont les restes sacrés reposent dans le pays, peut-il l'aimer? Lui qui n'a pas été jeune avec nos jeunes gens, qui

---

1. Dans la première édition :

« Ce vieux trône tomberait? »

n'entend point dans son cœur l'écho de nos paroles, peut-il être
un père au milieu de ses enfants ?

THIBAUT.

Que Dieu protége la France et le roi ! Nous sommes de pacifiques paysans, nous ne savons ni manier l'épée, ni dresser le coursier belliqueux.... Attendons, dans une muette soumission, qui la victoire nous donnera pour roi. La fortune des batailles est le jugement de Dieu, et celui-là sera notre maître qui recevra l'huile sainte à Reims[1] et placera la couronne sur sa tête.... Venez au travail ! venez ! et que chacun ne songe qu'au devoir le plus proche ! Laissons les grands, les princes de la terre tirer au sort la terre. Nous pouvons contempler paisiblement la dévastation, car le sol que nous cultivons est fait pour résister à la tempête. Que la flamme consume et renverse nos villages, que le pas de leurs chevaux foule nos moissons, le nouveau printemps apporte des moissons nouvelles et les huttes légères se relèvent promptement. (*Ils s'éloignent tous, excepté Jeanne.*)

SCÈNE IV.

JEANNE *seule*.

Adieu, montagnes, pâturages aimés, vallons chers et paisibles, adieu ! Jeanne ne parcourra plus votre sol, Jeanne vous dit un éternel adieu ! Vous prairies que j'arrosais, arbres que j'ai plantés, continuez de verdir gaiement ! Adieu, grottes, et vous, fraîches fontaines ! Toi, écho, aimable voix de cette vallée, qui souvent as répondu à mes chansons, Jeanne s'en va, et jamais plus elle ne reviendra !

Vous tous, lieux témoins de mes joies paisibles, je vous laisse derrière moi pour toujours ! Dispersez-vous, mes agneaux, sur la bruyère : vous êtes maintenant une bergerie sans pasteur, car il faut que je paisse un autre troupeau, là-bas, sur le champ

---

1. Dans la première édition :

« Et celui-là sera notre maître qui recevra l'huile sainte à Notre-Dame de Reims, et placera la couronne sur sa tête à Saint-Denis. »

sanglant du péril. Ainsi m'a appelée la voix de l'esprit; ce n'est pas un désir vain et terrestre qui me pousse.

Car celui qui, sur les sommets de l'Horeb, dans le buisson ardent, s'abaissa, enflammé, jusqu'à Moïse, et lui ordonna de se présenter devant Pharaon; celui qui jadis choisit pour son champion le berger, le pieux enfant de Jessé; celui qui toujours s'est montré propice aux bergers, celui-là m'a parlé du milieu des branches de cet arbre : « Va! tu me rendras témoignage sur la terre.

« Je veux que tu serres tes membres dans le rude airain, que tu couvres d'acier ta poitrine délicate. Que jamais l'amour d'un homme n'allume dans ton cœur les flammes coupables des vains désirs terrestres. Jamais la couronne de fiancée ne parera ta chevelure, nul aimable enfant ne fleurira sur ton sein. Mais je te glorifierai de la gloire des combats, par-dessus toutes les femmes de la terre.

« Quand les plus braves perdront courage dans la bataille, quand la dernière heure de la France approchera, alors, tu porteras mon oriflamme, et comme la moissonneuse agile abat les épis, tu abattras le vainqueur orgueilleux. Tu tourneras la roue de la fortune, porteras le salut aux fils héroïques de la France, délivreras Reims et couronneras le roi! »

Le ciel m'a promis un signe, il m'envoie ce casque, c'est de lui qu'il me vient : ce fer me pénètre d'une force divine, et l'ardeur des chérubins embrase mon cœur de ses flammes. Je ne sais ce qui m'emporte dans le tumulte de la guerre et m'entraîne au loin avec la violence de l'orage : j'entends le cri puissant du combat retentir à mon oreille, le cheval de bataille se cabre et les trompettes résonnent. (*Elle sort.*)

ACTE PREMIER.

La cour du roi Charles à Chinon.

SCÈNE I[1].

DUNOIS et DU CHÂTEL.

DUNOIS.

Non, je ne puis l'endurer plus longtemps. Je renonce à servir ce roi qui s'abandonne lui-même sans gloire. Mon brave cœur saigne dans ma poitrine, et j'en pleurerais des larmes brûlantes, quand je vois des brigands se partager avec le glaive cette royale France, et ces nobles villes, qui ont vieilli avec la monarchie, livrer à l'ennemi leurs clefs rouillées, pendant que nous perdons ici, dans un inerte repos, le noble et précieux temps du salut.... J'apprends qu'Orléans est menacé, j'accours du fond de la Normandie; je crois trouver déjà le roi armé pour la guerre, à la tête de son armée, et je le trouve.... ici, entouré de jongleurs et de troubadours, devinant de subtiles énigmes, et donnant à Agnès des fêtes galantes, comme si la paix la plus profonde régnait dans le royaume!... Le connétable part, il ne peut voir plus longtemps ce hideux spectacle... Je le quitte aussi et l'abandonne à son mauvais sort.

DU CHÂTEL.

Voici le roi.

---

[1]. Dans la première édition la pièce était seulement divisée en actes, sans indication expresse des scènes et de leur chiffre.

SCÈNE II.

LE ROI CHARLES et LES PRÉCÉDENTS.

CHARLES.

Le connétable me renvoie son épée et renonce à mon service.... A la bonne heure! nous voilà délivrés d'un homme morose, insociable, qui ne voulait que nous maîtriser.

DUNOIS.

Un homme est d'un grand prix dans ce temps de disette, et je ne le perdrais pas d'une humeur si légère.

CHARLES.

Tu ne dis cela que par esprit de contradiction. Tant qu'il a été ici, tu n'as jamais été son ami.

DUNOIS.

C'était un fou chagrin, orgueilleux, difficile, qui ne savait jamais en finir.... mais il le sait cette fois. Il sait s'en aller au bon moment d'un lieu où il n'y a plus d'honneur à gagner.

CHARLES.

Tu es dans ta belle humeur, je ne veux pas la troubler.... Du Châtel! il y a ici des envoyés du vieux roi René [1], d'habiles maîtres chanteurs, renommés au loin.... Il faut les bien traiter et offrir à chacun une chaîne d'or. (*Au Bâtard.*) De quoi ris-tu?

DUNOIS.

De voir comme les chaînes d'or vous tombent de la bouche.

DU CHÂTEL.

Sire! il n'y a plus d'argent dans votre trésor.

CHARLES.

Eh bien! procure-t'en.... De nobles chanteurs ne peuvent quitter ma cour sans marques d'honneur. Ce sont eux qui font fleurir notre sceptre aride, qui tressent dans la couronne stérile le rameau toujours vert de la vie. Ils se placent en rois au niveau

---

1. René le Bon, comte de Provence, de la maison d'Anjou. Son père et son frère furent rois de Naples, et lui-même, après la mort de son frère, prétendit à ce royaume, mais échoua dans son entreprise. Il chercha à rétablir l'ancienne poésie provençale et la cour d'amour, et institua un prince d'amour, comme juge suprême en matière de galanterie et d'amour. Dans ce même esprit romantique, il se fit berger avec son épouse. (*Note de la première édition allemande.*)

des rois, se construisent des trônes par leurs vœux faciles, et ce n'est pas dans l'espace que leur paisible empire est enfermé. Voilà pourquoi le chanteur doit marcher de pair avec le souverain ; ils habitent tous deux sur les sommets de l'humanité.

DU CHÂTEL.

Mon royal maître ! j'ai épargné votre oreille, tant qu'il y avait encore des secours et des ressources ; mais enfin la nécessité me délie la langue.... Vous n'avez plus rien à donner en présent, hélas ! vous n'avez plus de quoi vivre demain. La pleine marée de la richesse s'est écoulée et le reflux a laissé votre trésor à sec. La solde des troupes n'est pas encore payée ; elles murmurent et menacent de se retirer.... A peine sais-je le moyen de soutenir, je ne dis pas royalement, mais dans les limites du pressant besoin, votre propre maison.

CHARLES.

Engage mes tributs royaux et fais-toi prêter de l'argent par les Lombards.

DU CHÂTEL.

Sire, les revenus de votre couronne, vos tributs sont déjà engagés pour trois ans.

DUNOIS.

Et cependant gage et pays se perdent.

CHARLES.

Il nous reste encore beaucoup de belles contrées.

DUNOIS.

Tant qu'il plaira à Dieu et à l'épée de Talbot. Quand Orléans sera pris, vous pourrez garder les brebis avec votre roi René.

CHARLES.

Tu exerces toujours ton esprit sur ce roi ; c'est pourtant ce prince sans États qui aujourd'hui même m'envoie un royal présent.

DUNOIS.

Pas sa couronne de Naples, au nom du ciel ! car elle est à vendre, m'a-t-on dit, depuis qu'il garde les brebis.

CHARLES.

C'est un badinage, un aimable jeu ; c'est une fête qu'il se donne, qu'il donne à son cœur, que de se créer un monde innocent et pur au milieu de cette rude et barbare réalité. Mais son grand et royal dessein, c'est de vouloir ramener les anciens temps où régnaient les tendres sentiments, où l'amour faisait battre le grand cœur des chevaliers, des héros, où de nobles dames siégeaient dans un tribunal, décidant avec le sens le plus délicat toutes les subtiles questions. C'est dans ces temps-là qu'habite l'aimable vieillard, et tels qu'ils vivent encore dans d'anciennes chansons, tels il les veut établir sur la terre, comme une cité céleste dans des nuages d'or.... Il a fondé une cour d'amour où doivent comparaître les nobles chevaliers, où doivent siéger de chastes dames, où le pur amour doit renaître, et c'est moi qu'il a élu prince d'amour.

DUNOIS.

Je ne suis pas dégénéré au point de dédaigner le pouvoir de l'amour. Je tiens de lui mon nom, je suis son fils, et tout mon héritage est dans son empire. Le duc d'Orléans fut mon père; pour lui nul cœur de femme n'était invincible, mais nul rempart non plus n'était pour lui trop fort. Voulez-vous dignement vous nommer prince d'amour, soyez le plus brave des braves!... Comme je l'ai lu dans ces vieux livres, l'amour s'associait constamment aux hautes prouesses, et l'on m'a appris que c'étaient des héros, non des bergers, qui s'asseyaient à la table ronde. Qui ne peut protéger vaillamment la beauté ne mérite pas sa précieuse récompense.... Voici la lice! Combattez pour la couronne de vos pères! Défendez avec l'épée de chevalier votre domaine et l'honneur des nobles dames.... Et quand vous aurez conquis hardiment, dans des torrents de sang ennemi, votre couronne héréditaire, alors il sera temps, il vous siéra royalement de vous couronner des myrtes de l'amour.

CHARLES, *à un Varlet qui entre.*

Qu'y a-t-il?

LE VARLET.

Des magistrats d'Orléans sollicitent une audience.

CHARLES.

Fais-les entrer. (*Le Varlet sort.*) Ils vont demander du secours. Que puis-je faire, quand je suis moi-même sans ressources?

SCÈNE III.

TROIS MAGISTRATS, LES PRÉCÉDENTS.

CHARLES.

Soyez les bienvenus, mes très-fidèles bourgeois d'Orléans! Où en est ma bonne ville? Continue-t-elle, avec son courage accoutumé, à résister à l'ennemi qui l'assiége?

UN MAGISTRAT.

Ah! sire, le besoin presse, il est au comble, et à chaque heure la ruine approche et menace la ville de plus près. Les ouvrages extérieurs sont détruits, l'ennemi gagne, à chaque assaut, du terrain, les murs sont vides de défenseurs, car sans cesse la garnison fait de vaillantes sorties, mais il en est peu qui revoient la porte de la cité. Les tortures de la faim nous menacent aussi. Dans cette extrême détresse, le noble comte de Rochepierre, qui commande dans la ville, est convenu avec l'ennemi, selon l'antique usage, de se rendre dans douze jours, si d'ici là une armée assez nombreuse pour nous délivrer[1] ne se montre pas en campagne. (*Dunois fait un vif mouvement de colère.*)

CHARLES.

Le délai est court.

LE MAGISTRAT.

Et maintenant nous sommes ici, avec un sauf-conduit de l'ennemi, pour supplier ton cœur royal d'avoir pitié de ta ville et d'envoyer du secours dans ce délai; sinon elle se rendra au douzième jour.

DUNOIS.

Xaintrailles a-t-il pu consentir à ce honteux traité?

LE MAGISTRAT.

Non, seigneur! Tant que ce brave a vécu, on n'a osé parler de paix ni de reddition.

DUNOIS.

Ainsi, il est mort!

---

1. Dans la première édition :

« .... Assez nombreuse pour offrir la bataille. »

LE MAGISTRAT.

Le noble héros est tombé sous nos murs pour la cause de son roi.

CHARLES.

Xaintrailles mort! Oh! dans ce seul homme, je perds une armée. (*Un Chevalier entre et dit quelques mots à voix basse à Dunois, qui tressaille consterné.*)

DUNOIS.

Encore cela!

CHARLES.

Eh bien! qu'est-ce?

DUNOIS.

Un message du comte Douglas. Les troupes écossaises se révoltent et menacent de se retirer, si elles ne reçoivent pas leur arriéré aujourd'hui même.

CHARLES.

Du Châtel!

DU CHÂTEL, *hausse les épaules.*

Sire! je ne sais pas de moyen.

CHARLES.

Promets, engage ce que tu as, la moitié de mon royaume....

DU CHÂTEL.

C'est inutile! On les a trop souvent bercés d'espérances.

CHARLES.

Ce sont les meilleures troupes de mon armée. Elles ne peuvent me quitter maintenant, pas maintenant.

LE MAGISTRAT, *pliant le genou.*

O mon roi, secourez-nous. Songez à notre détresse, à nous.

CHARLES, *avec désespoir.*

Puis-je en frappant du pied faire sortir de terre des armées? Des moissons poussent-elles sur le plat de ma main? Déchirez-moi en pièces, arrachez-moi le cœur et monnayez-le en place d'or! J'ai du sang pour vous, mais je n'ai ni argent ni soldats! (*Il voit entrer Agnès, et s'élance au-devant d'elle, les bras étendus.*)

SCÈNE IV.

AGNÈS SOREL, *une cassette à la main;* **LES PRÉCÉDENTS.**

CHARLES.

O mon Agnès! ma chère âme! tu viens m'arracher au désespoir. Je t'ai encore, je me réfugie sur ton cœur. Rien n'est perdu, puisque tu es encore à moi.

AGNÈS.

Mon cher roi! (*Regardant autour d'elle avec une inquiète curiosité.*) Dunois! est-il vrai? Du Châtel!

DU CHÂTEL.

Hélas!

AGNÈS.

Le besoin est-il si grand? La solde manque? Les troupes veulent se retirer?

DU CHÂTEL.

Hélas! oui, cela est ainsi.

AGNÈS, *lui mettant de force la cassette dans la main.*

Voici, voici de l'or, voici des joyaux.... Fondez mon argenterie.... vendez, engagez mes châteaux.... empruntez sur mes biens de Provence.... convertissez tout en argent, et apaisez les troupes. Partez! Ne perdez pas un instant! (*Elle le pousse dehors.*)

CHARLES.

Eh bien, Dunois? Eh bien, du Châtel? Suis-je encore pauvre à vos yeux, quand je possède la perle de toutes les femmes?... Elle est née noble comme moi-même; le sang royal des Valois n'est pas plus pur que le sien; elle parerait le premier trône du monde.... mais elle le dédaigne, elle ne veut être, elle ne veut qu'on la nomme que mon amour. M'a-t-elle jamais permis un présent d'un plus haut prix qu'une fleur précoce en hiver ou quelque fruit rare? Elle n'accepte de moi aucun sacrifice et me les offre tous; elle risque magnanimement toute sa richesse et ses biens sur ma fortune qui sombre.

DUNOIS.

Oui, elle est, comme vous, hors de sens. Elle jette tout ce qu'elle a dans une maison en feu, et verse à pleines cruches dans le tonneau percé des Danaïdes. Elle ne vous sauvera pas, elle ne fera que se perdre avec vous....

AGNÈS.

Ne le croyez pas. Il a dix fois risqué sa vie pour vous, et se fâche que je risque maintenant mon or. Comment? ne t'ai-je pas gaiement sacrifié tout ce qui est plus précieux que l'or et les perles, et devrais-je maintenant garder pour moi seule ma fortune? Viens; rejetons loin de nous toute la vaine parure de la vie! Laisse-moi te donner un noble exemple de renoncement. Change ton train de cour en soldats, ton or en fer; tout ce que tu as, jette-le résolûment pour ressaisir ta couronne! Viens! viens! Nous partagerons le besoin et le danger! Montons le cheval de guerre; livrons aux traits ardents du soleil notre corps délicat; prenons pour toit les nuages qui sont sur nos têtes, la pierre pour oreiller. Le rude soldat supportera patiemment ses propres maux, s'il voit son roi souffrir et jeûner comme les plus pauvres.

CHARLES, *souriant*.

Oui, je vois s'accomplir la vieille prédiction qu'une religieuse autrefois, dans un esprit prophétique, me fit à Clermont. Une femme, telle fut sa promesse, devait me rendre vainqueur de tous mes ennemis, et me conquérir la couronne de mes pères. Cette femme, je l'ai cherchée loin de moi, dans le camp de l'ennemi; j'espérais regagner le cœur de ma mère. Elle est là devant moi, l'héroïne qui me mènera à Reims; c'est par l'amour de mon Agnès que je vaincrai.

AGNÈS.

Ce sera par la vaillante épée de tes amis.

CHARLES.

J'espère aussi beaucoup des dissensions des ennemis.... car j'ai reçu la nouvelle certaine qu'entre ces orgueilleux lords d'Angleterre et mon cousin de Bourgogne, tout n'est plus comme autrefois.... Aussi ai-je envoyé La Hire au duc avec un message, pour essayer de ramener ce pair irrité à son ancienne foi et à son devoir. A chaque heure, j'attends son retour.

DU CHÂTEL, *à la fenêtre*.

A l'instant même, le chevalier entre au galop dans la cour.

CHARLES.

Messager bienvenu! Nous saurons bientôt si nous devons céder ou vaincre.

SCÈNE V.

LA HIRE et LES PRÉCÉDENTS.

CHARLES *va au-devant de lui.*

La Hire, nous apportes-tu de l'espoir, oui ou non? Explique-toi brièvement. Qu'ai-je à attendre?

LA HIRE.

N'attendez plus rien que de votre épée.

CHARLES.

L'orgueilleux duc ne se laisse point ramener! Oh! parle. Comment a-t-il accueilli mon message?

LA HIRE.

Avant toutes choses, avant même qu'il puisse prêter l'oreille à ta parole, il exige qu'on lui livre du Châtel, qu'il nomme le meurtrier de son père.

CHARLES.

Et si nous nous refusons à cette condition outrageante?

LA HIRE.

Alors l'alliance est rompue, dit-il, avant même d'être formée.

CHARLES.

Et là-dessus, comme je te l'avais ordonné, l'as-tu provoqué à se battre avec moi sur le pont de Montereau, là où tomba son père?

LA HIRE.

Je lui ai jeté votre gant, et j'ai dit que vous vouliez descendre de votre rang suprême, et combattre avec lui comme un chevalier pour votre royaume. Mais il a répliqué qu'il n'avait nul besoin de se battre pour ce qu'il possédait déjà; que si cependant vous étiez si avide de combat, vous le trouveriez devant Orléans, où il avait l'intention d'aller demain. Cela dit, il m'a tourné le dos en riant.

CHARLES.

Et la voix intègre de la justice ne s'est-elle pas élevée dans mon parlement?

LA HIRE.

Elle se tait devant la fureur des partis. Un arrêt du parlement vous a déclaré déchu du trône, vous et votre race.

DUNOIS.

Ah! l'orgueil impudent du bourgeois devenu maître!

CHARLES.

N'as-tu rien tenté auprès de ma mère?

LA HIRE.

Auprès de votre mère?

CHARLES.

Oui, quel a été son langage?

LA HIRE, *après avoir réfléchi quelques instants.*

C'était tout juste la fête du couronnement quand je suis entré à Saint-Denis. Les Parisiens étaient parés comme pour une glorieuse ovation; des arcs de triomphe s'élevaient dans toutes les rues par où passait le roi anglais. Le chemin était jonché de fleurs, et la plèbe, avec des cris de joie, sautait autour de la voiture, comme si la France eût remporté sa plus belle victoire.

AGNÈS.

Ils triomphaient.... triomphaient de briser le cœur du plus aimable, du plus doux des rois!

LA HIRE.

J'ai vu le jeune Henri de Lancastre, un enfant, assis sur le siége royal de saint Louis. Ses fiers oncles, Bedford et Glocester, étaient debout près de lui, et le duc Philippe s'agenouilla au pied du trône et prêta le serment d'hommage pour ses États.

CHARLES.

Oh! le pair déloyal! l'indigne parent!

LA HIRE.

L'enfant eut peur et trébucha en montant les hauts degrés du trône. « Mauvais présage! » murmura le peuple; et il s'éleva un rire bruyant. Alors la vieille reine, votre mère, s'approcha et.... j'ai horreur de le dire!

CHARLES.

Eh bien?

LA HIRE.

Elle prit l'enfant dans ses bras et le plaça elle-même sur le trône de votre père.

CHARLES.

O mère! mère!

LA HIRE.

Les Bourguignons eux-mêmes, ces bandes furieuses, habituées au meurtre, rougirent de honte à cet aspect. Elle s'en aperçut, et, tournée vers le peuple, elle cria à haute voix : « Remerciez-moi, Français, d'ennoblir par un rameau pur la tige malade, de vous préserver de l'avorton né d'un père insensé! » (*Le Roi se voile le visage; Agnès court à lui et le serre dans ses bras; tous les assistants expriment leur horreur, leur exécration.*)

DUNOIS.

La louve! la mégère vomissant sa rage!

CHARLES, *après une pause, aux Magistrats.*

Vous avez entendu où en sont ici les choses. N'attendez pas plus longtemps; retournez à Orléans, et annoncez à ma ville fidèle que je la dégage de son serment envers moi. Qu'elle pourvoie à son salut et se remette à la merci du Bourguignon. Il se nomme *le Bon*, il sera humain.

DUNOIS.

Comment, sire, vous voudriez abandonner Orléans?

LE MAGISTRAT *s'agenouille.*

Mon royal seigneur, ne retirez pas votre main de nous! Ne livrez pas votre fidèle cité à la dure domination des Anglais. Elle est un noble joyau de votre couronne, et aucune n'a gardé plus religieusement sa foi aux rois vos ancêtres.

DUNOIS.

Sommes-nous battus? Est-il permis de vider le champ de bataille avant qu'un seul coup ait été frappé pour la ville? Voulez-vous, d'une légère parole, avant que le sang ait coulé, arracher du cœur de la France la meilleure des cités?

CHARLES.

Assez de sang a coulé, et en vain! La main du ciel s'appesantit sur moi : mon armée est battue dans tous les combats; mon parlement me rejette; ma capitale, mon peuple, accueillent mon rival avec jubilation; ceux qui, par le sang, me sont les plus proches, m'abandonnent, me trahissent.... ma propre mère nourrit du lait de ses mamelles la couvée étrangère, ennemie.

Nous nous retirerons au delà de la Loire, et nous céderons à la puissante main du ciel, qui est avec l'Anglais.

AGNÈS.

Que Dieu nous préserve de désespérer de nous-mêmes, et de tourner le dos à ce royaume! Ce mot n'est pas sorti de ta vaillante poitrine. L'action barbare d'une mère dénaturée a brisé le cœur héroïque de mon roi. Tu te retrouveras, tu te relèveras virilement, tu résisteras avec un noble courage au destin qui lutte cruellement contre toi.

CHARLES, *perdu dans de sombres pensées.*

N'est-il pas vrai? une sombre et terrible fatalité sévit dans la famille des Valois : elle est rejetée de Dieu; les coupables actions d'une mère ont amené les furies dans cette maison. Mon père est demeuré vingt ans en proie au délire; la mort a moissonné avant moi trois frères plus âgés; c'est le décret du ciel, la maison de Charles VI doit périr.

AGNÈS.

Elle se relèvera rajeunie en toi! Aie foi en toi-même.... Oh! ce n'est pas en vain qu'un destin propice t'a épargné, qu'entre tous tes frères il t'a appelé, toi, le plus jeune, sur un trône que tu ne pouvais espérer. Le ciel s'est réservé ton âme douce et bonne, pour guérir toutes les blessures que la fureur des partis a faites au pays. Tu éteindras les flammes de la guerre civile, mon cœur me le dit, tu rétabliras la paix, tu seras le nouveau fondateur du royaume de France.

CHARLES.

Non, pas moi. Ce temps rude, orageux, veut un pilote doué de plus de vigueur. J'aurais pu rendre heureux un peuple pacifique; je ne puis dompter un peuple farouche et rebelle, ni m'ouvrir avec l'épée des cœurs aliénés et fermés par la haine.

AGNÈS.

Le peuple est aveuglé, une illusion l'égare; mais ce vertige passera. Il se réveillera, le jour n'est plus loin, cet amour pour le roi légitime qui est profondément enraciné dans le cœur du Français; elle se réveillera, la vieille haine, la jalousie qui de tout temps divisa les deux peuples ennemis. Sa propre fortune renversera l'orgueilleux vainqueur. Garde-toi donc d'abandonner précipitamment le champ de bataille; lutte pour chaque pied de terrain ; défends Orléans, comme tu ferais ta propre poitrine! Fais plutôt submerger tous les bateaux, abattre et brûler tous les ponts qui mènent au delà de cette limite de ton royaume, de cette Loire qui serait pour toi le Styx.

CHARLES.

Ce que j'ai pu, je l'ai fait. Je me suis offert à combattre en chevalier pour ma couronne.... On me refuse. En vain je prodigue la vie de mon peuple, et mes villes jonchent le sol de leurs ruines. Dois-je, pareil à cette mère dénaturée, laisser partager mon enfant par le glaive? Non, pour qu'il vive, j'y veux renoncer.

DUNOIS.

Comment, sire, est-ce là le langage d'un roi? Abandonne-t-on ainsi une couronne? Le dernier de votre peuple risque son bien et son sang pour son opinion, sa haine et son amour. Tout devient faction et parti, dès que flotte le sanglant signal de la guerre civile. Le laboureur quitte la charrue; la femme, sa quenouille; l'enfant et le vieillard prennent les armes; le bourgeois brûle sa ville; le paysan, de sa propre main, ses moissons : tout cela pour vous nuire ou vous servir et accomplir le vœu de son cœur. On n'épargne rien soi-même, et l'on ne s'attend pas à être épargné par autrui, quand l'honneur appelle, quand on combat pour ses dieux ou ses idoles. Chassez donc cette molle pitié qui ne sied pas à un cœur de roi.... Laissez la guerre, jusqu'au bout, déployer sa fureur, comme elle a commencé : ce n'est pas vous qui étourdiment l'avez allumée. Il faut que le peuple se sacrifie pour son roi, c'est le sort et la loi du monde. Le Français n'en sait pas, n'en veut pas d'autre. Méprisable est la nation qui ne risque pas tout avec joie pour son honneur.

CHARLES, *aux Magistrats.*

N'attendez pas d'autre réponse. Que Dieu vous protége! Moi, je ne le puis plus.

DUNOIS.

Eh bien, que le Dieu de victoire vous tourne à jamais le dos, comme vous au royaume de vos pères! Vous vous êtes abandonné vous-même, ainsi je vous abandonne. Ce ne sont pas les forces réunies d'Angleterre et de Bourgogne, c'est votre propre pusillanimité qui vous précipite du trône. Les rois de France naissent héros; mais vous, vous n'avez pas été enfanté pour la guerre. (*Aux Magistrats.*) Le roi vous abandonne; mais moi, je veux me jeter dans Orléans, la ville de mon père, et m'ensevelir sous ses ruines. (*Il veut sortir. Agnès Sorel le retient.*)

AGNÈS, *au Roi.*

Oh! ne le laisse pas s'éloigner de toi en colère! Sa bouche prononce de rudes paroles, mais la foi de son cœur est pure comme l'or. C'est pourtant toujours lui, toujours l'homme qui t'aime avec ardeur et a souvent versé son sang pour toi. Venez, Dunois! Avouez que la chaleur d'une généreuse colère vous a mené trop loin.... Mais toi, pardonne à l'ami fidèle la vivacité du langage! Oh! venez, venez! Laissez-moi promptement réunir vos cœurs, avant que la colère emportée, la colère funeste, ne s'allume entre vous, pour ne plus s'éteindre. (*Dunois fixe les yeux sur le Roi et semble attendre une réponse.*)

CHARLES, *à du Châtel.*

Nous passons la Loire. Fais embarquer mes bagages.

DUNOIS, *vivement à Agnès.*

Adieu! (*Il se tourne brusquement et sort. Les Magistrats le suivent.*)

AGNÈS *se tord les mains avec désespoir.*

Oh! s'il part, nous sommes entièrement abandonnés!... Suivez-le, La Hire. Oh! cherchez à l'adoucir!

SCÈNE VI.

CHARLES, AGNÈS, DU CHÂTEL.

CHARLES.

La couronne est-elle donc un bien si unique? Est-il si amer et si difficile de s'en séparer? Je sais ce qui est plus difficile encore à supporter. Se laisser maltriser par ces cœurs hautains, impérieux, vivre par la grâce de vassaux arrogants et opiniâtres, voilà ce qui est dur pour un noble cœur, ce qui est plus amer que de succomber au destin. (*A du Châtel, qui hésite encore.*) Fais ce que je t'ai prescrit.

DU CHÂTEL *se jette à ses pieds.*

O mon roi!

CHARLES.

C'est décidé. Pas un mot de plus!

DU CHÂTEL.

Faites la paix avec le duc de Bourgogne, je ne vois pas d'autre salut pour vous.

CHARLES.

Tu me donnes ce conseil, et c'est avec ton sang que je dois sceller cette paix?

DU CHÂTEL.

Voici ma tête. Je l'ai souvent exposée pour vous dans les combats, et maintenant je la porterai pour vous avec joie sur l'échafaud. Satisfaites le duc! Livrez-moi à toute la rigueur de sa colère, et laissez couler mon sang pour apaiser sa vieille haine.

CHARLES *le regarde quelque temps, ému et en silence.*

Est-il donc vrai? Suis-je réduit à une telle misère que mes amis, qui voient le fond de mon cœur, me montrent, pour me sauver, le chemin de la honte? Oui, maintenant je reconnais combien ma chute est profonde, car on n'a plus de foi en mon honneur.

DU CHÂTEL.

Songez....

CHARLES.

Pas un mot de plus! Ne m'irrite pas! Quand je devrais renoncer à dix royaumes, je n'achète pas mon salut avec la vie d'un ami.... Fais ce que je t'ai commandé. Va, et fais embarquer mes équipages de guerre.

DU CHÂTEL.

Ce sera bientôt fait. (*Il se lève et sort. Agnès Sorel pleure amèrement.*)

SCÈNE VII.

CHARLES et AGNÈS.

CHARLES, *lui prenant la main.*

Ne sois pas triste, mon Agnès! Au delà de la Loire, c'est encore la France; nous allons dans une contrée plus heureuse. Là rit un ciel serein, toujours sans nuages, là souffle un air plus pur, et de plus douces mœurs nous accueilleront. C'est la patrie des chants, la vie et l'amour y fleurissent avec plus de charme.

AGNÈS.

Oh! suis-je condamnée à voir ce jour lamentable! Il faut que le roi parte pour l'exil, que le fils sorte de la maison de son père, et tourne le dos à son berceau. O aimable pays que nous quittons, jamais plus, la joie dans le cœur, nous ne foulerons ton sol!

SCÈNE VIII.

LA HIRE *revient*; CHARLES *et* AGNÈS.

AGNÈS.

Vous venez seul. Vous ne le ramenez point? (*Le regardant de plus près.*) La Hire! qu'y a-t-il? Que me dit votre regard? Un nouveau malheur est arrivé?

LA HIRE.

Le malheur est épuisé, et le soleil de nouveau brille.

AGNÈS.

Qu'est-ce, je vous prie?

LA HIRE, *au Roi*.

Rappelez les envoyés d'Orléans!

CHARLES.

Pourquoi? Qu'y a-t-il?

LA HIRE.

Rappelez-les! Votre fortune a tourné : il y a eu un combat, vous avez vaincu.

AGNÈS.

Vaincu! Oh! quelle céleste musique dans ce mot!

CHARLES.

La Hire! Un bruit fabuleux t'abuse. Vaincu! je ne crois plus à des victoires.

LA HIRE.

Ah! vous croirez bientôt à de plus grands miracles encore.... Voici l'archevêque qui vient. Il ramène le Bâtard dans vos bras....

ACTE I, SCÈNE VIII.

AGNÈS.

O belle fleur de la victoire, qui produit aussitôt les nobles fruits du ciel, la paix et la concorde !

SCÈNE IX.

L'ARCHEVÊQUE DE REIMS, DUNOIS, DU CHÂTEL *avec* RAOUL, *chevalier revêtu de son armure* ; LES PRÉCÉDENTS.

L'ARCHEVÊQUE *amène le Bâtard au Roi et place leurs mains l'une dans l'autre.*

Embrassez-vous, princes ! Que tout ressentiment et toute discorde s'évanouissent, puisque le ciel lui-même se déclare pour nous. (*Dunois embrasse le Roi.*)

CHARLES.

Tirez-moi de mon doute et de ma surprise. Que m'annonce cette grave et solennelle démarche ? Qu'est-ce qui a produit ce changement soudain ?

L'ARCHEVÊQUE *fait avancer le Chevalier et le présente au Roi.* Parlez !

RAOUL.

Nous avions levé seize bannières de gens de Lorraine, pour aller joindre votre armée, et le chevalier Baudricourt de Vaucouleurs était notre chef. Comme nous avions atteint les hauteurs de Vermanton, et que nous descendions dans la vallée que l'Yonne arrose, nous vîmes l'ennemi devant nous, dans la vaste plaine, et des armes brillaient aussi à nos yeux, quand nous regardions derrière nous. Nous étions entourés par les deux armées, et n'avions nul espoir de vaincre ni de fuir. Alors le cœur manqua aux plus braves, et déjà, en proie au désespoir, tous voulaient poser les armes. Or, comme les chefs tenaient encore conseil entre eux, sans pouvoir rien résoudre.... voilà qu'une merveille étrange s'offre à nos regards. Du fond de la forêt s'avance tout à coup une jeune fille, la tête couverte d'un casque, comme une déesse de la guerre, belle à la fois et terrible à voir. Ses cheveux tombaient en noires boucles[1] autour de son cou, et un rayon d'en

---

1. « En noires boucles. » Dans la première édition : « en boucles d'or. »

haut parut éclairer cette sublime apparition, quand elle éleva la voix et parla ainsi : « Que craignez-vous, braves Français ? Courez sus à l'ennemi ! Et y en eût-il plus qu'il n'y a de sable dans la mer, Dieu et la sainte Vierge vous conduisent ! » Et soudain elle arrache l'étendard des mains du porte-drapeau, et d'un air audacieux s'avance, toute-puissante, à la tête de notre troupe. Nous, muets d'étonnement, nous suivons, même sans le vouloir, la haute bannière et celle qui la porte, et nous nous précipitons tout droit sur l'ennemi. Lui, frappé d'une extrême surprise, s'arrête immobile, contemplant, l'œil fixe, ébahi, la merveille qui s'offre aux regards.... Mais tout à coup, comme si une terreur divine l'eût saisi, il tourne le dos, et, jetant armures et lances, toute l'armée se débande dans la plaine. Ordres, cris des chefs, tout est vain ; éperdus d'effroi, sans regarder en arrière, hommes et chevaux se précipitent dans le lit du fleuve, et se laissent égorger sans résistance. Ce fut un carnage plutôt qu'un combat ! Deux mille ennemis couvrirent la plaine, sans compter ceux que le fleuve a engloutis, et des nôtres pas un ne périt.

CHARLES.

Par le ciel ! c'est étrange ! grandement merveilleux et étrange !

AGNÈS.

Et c'est une jeune fille qui a fait ce miracle ? D'où est-elle venue ? Qui est-elle ?

RAOUL.

Qui elle est, c'est au roi seul qu'elle le veut révéler. Elle se dit inspirée et prophétesse envoyée de Dieu, et promet de délivrer Orléans, avant que la lune se renouvelle. Le peuple la croit, et aspire à combattre. Elle suit l'armée ; dans un instant, elle sera ici, en personne. (*On entend le son des cloches et le cliquetis des armes.*) Entendez-vous ce concours, ce tumulte ? le bruit des cloches ? C'est elle, le peuple salue l'envoyée de Dieu.

CHARLES, *à du Châtel.*

Introduisez-la.... (*A l'Archevêque.*) Que dois-je penser de ceci ? Une jeune fille m'apporte la victoire, et dans un moment où le bras de Dieu peut seul me sauver ! Cela n'est point dans l'ordre de la nature, et puis-je.... évêque, puis-je croire à un miracle ?

PLUSIEURS VOIX, *derrière la scène.*

Salut, salut à la vierge, à la libératrice !

CHARLES.

Elle vient! (*A Dunois.*) Prends ma place, Dunois! Nous voulons éprouver cette fille merveilleuse. Si elle est inspirée et envoyée de Dieu, elle saura découvrir le roi. (*Dunois s'assied; le Roi se tient debout à sa droite; auprès de lui, Agnès Sorel; l'Archevêque et les autres personnages, vis-à-vis, de façon que le milieu de la scène reste libre.*)

SCÈNE X.

LES PRÉCÉDENTS; JEANNE, *accompagnée des* MAGISTRATS *d'Orléans et de beaucoup de* CHEVALIERS, *qui remplissent le fond de la scène. Elle s'avance avec un noble maintien, et regarde successivement tous ceux qui l'environnent.*

DUNOIS, *après un profond et solennel silence.*

Est-ce toi, jeune fille merveilleuse....

JEANNE *l'interrompt, le regardant d'un air serein et digne.*

Bâtard d'Orléans! Tu veux tenter Dieu! Lève-toi de cette place qui ne t'appartient point! Je suis envoyée à plus grand que toi. (*Elle marche d'un pas décidé vers le Roi, fléchit le genou devant lui, se relève aussitôt, puis recule. Les assistants expriment leur surprise. Dunois quitte son siége, tous s'écartent et laissent la place libre devant le Roi.*)

CHARLES.

Tu vois mon visage pour la première fois; d'où vient que tu me reconnais?

JEANNE.

Je t'ai vu, là où personne ne te voyait que Dieu. (*Elle s'approche du Roi, et lui parle mystérieusement*[1].) Pendant la nuit qui vient de s'écouler (qu'il t'en souvienne), lorsque, autour de toi, tout était enseveli dans un profond sommeil, tu t'es levé de ta couche et tu as adressé à Dieu une fervente prière. Fais sortir ceux qui sont ici, et je te dirai le sujet de ta prière.

CHARLES.

Ce que j'ai confié au ciel, je n'ai pas à le cacher aux hommes.

---

1. Au lieu de ces mots placés entre parenthèses, la première édition a simplement : *Nouvelle pause.*

Découvre-moi le sujet de ma prière, et je ne douterai plus que Dieu t'inspire.

JEANNE.

Tu as fait trois prières : remarque, dauphin, si je te les répète! D'abord tu as supplié le ciel, si un bien mal acquis dépendait de ta couronne, si quelque autre faute grave, du temps de tes pères, non encore expiée, avait attiré cette guerre lamentable, de te prendre pour victime au lieu de ton peuple, et de répandre sur ta seule tête toute la coupe de sa colère.

CHARLES *recule avec effroi.*

Qui es-tu, être puissant? d'où viens-tu? (*Tous témoignent leur étonnement.*)

JEANNE.

Tu as adressé au ciel cette seconde prière : si c'était sa volonté, son arrêt suprême, d'arracher le sceptre à ta race, de t'enlever tout ce que tes pères, les rois de ce royaume, avaient possédé, tu lui demandais de te conserver seulement trois biens, une âme contente, le cœur d'un ami, et l'amour de ton Agnès. (*Le Roi se cache le visage, en pleurant abondamment. Grande agitation causée par la surprise parmi les assistants. Après une pause.*) Dois-je maintenant te dire encore ta troisième prière?

CHARLES.

Assez! Je te crois! Nul homme n'a un tel pouvoir! C'est le Dieu très-haut qui t'a envoyée.

L'ARCHEVÊQUE.

Qui es-tu, sainte et merveilleuse fille? Quelle heureuse contrée t'a enfantée? Parle! Quels sont les parents aimés de Dieu qui t'ont donné le jour?

JEANNE.

Vénérable seigneur, on me nomme Jeanne. Je ne suis que l'humble fille d'un berger, de Domremy, bourg de mon roi, qui est situé dans le diocèse de Toul, et j'ai gardé, dès mon enfance, les brebis de mon père.... J'entendais parler souvent et longuement du peuple étranger, sorti d'une île, qui a traversé la mer pour nous rendre esclaves et nous imposer un maître, étranger comme lui, un maître qui n'aime pas le peuple. Et l'on me disait qu'ils possédaient déjà la grande ville de Paris, et qu'ils s'étaient emparés du pouvoir royal. Alors je suppliais la mère de Dieu de détourner de nous l'opprobre du joug étranger, de nous garder le roi né sur notre sol. Devant le village où je suis née, est une antique image de la mère de Dieu, qui attirait un grand concours de pieux pèlerins, et tout auprès s'élève un chêne sacré, célèbre au loin par la vertu salutaire de nombreux miracles. J'aimais à m'asseoir à l'ombre de ce chêne, tout en gardant mon troupeau, car mon cœur m'attirait là, et si un de mes agneaux s'égarait sur les montagnes désertes, toujours un songe me le montrait, quand je m'endormais à l'ombre de ce chêne[1].... Et une fois, comme j'étais restée assise, toute une longue nuit, sous cet arbre, dans une pieuse ferveur, résistant au sommeil, la sainte Vierge vint à moi, portant une épée et un drapeau, mais du reste vêtue, comme moi, en bergère, et elle me dit : « C'est moi. Lève-toi, Jeanne! Laisse ton troupeau. Le Seigneur t'appelle à une autre tâche. Prends ce drapeau! Ceins cette épée! Extermine avec elle les ennemis de mon peuple, et conduis à Reims le fils de ton seigneur, et couronne-le de la couronne royale. » Mais moi, je répondis : « Comment puis-je entreprendre une telle œuvre, moi, faible fille, ignorant l'art funeste des combats? » Et elle repartit : « Une vierge pure accomplit sur la terre toute œuvre sublime, si elle résiste à l'amour terrestre. Regarde-moi! Vierge pure comme toi, j'ai enfanté le divin Maître, et je suis divine moi-même!... » Et elle toucha ma paupière et, comme je levai les yeux, je vis le ciel rempli de petits anges qui portaient de blancs lis à la main, et une douce harmonie se perdait dans les airs.... Pendant trois nuits successives, la sainte Vierge se fit ainsi voir à moi et me cria : « Lève-toi, Jeanne! Le Seigneur t'appelle à une autre tâche! » Et lorsqu'elle apparut la troisième nuit, elle s'irrita et m'adressa cette réprimande : « L'obéissance est le devoir de la femme sur la terre; endurer, se résigner, est son pénible lot; il faut qu'elle se purifie par une rigoureuse servitude : celle qui a servi ici-bas sera grande là-haut. » Et disant ces mots, elle laissa tomber ses vêtements de bergère et parut à mes yeux, comme reine du ciel, dans une éclatante lumière, et des nuages d'or la portèrent là-haut, dérobée peu à peu aux regards, dans

---

1. « De ce chêne. » Dans la première édition : « De ce chêne miraculeux. »

le séjour de la félicité. (*Tous sont émus. Agnès Sorel, pleurant abondamment, cache son visage sur le sein du Roi.*)

L'ARCHEVÊQUE, *après un long silence.*

Devant un tel témoignage divin tous les doutes de la prudence humaine doivent se taire. Le fait a prouvé qu'elle dit vrai, Dieu seul peut opérer de tels miracles.

DUNOIS.

Ce n'est point à ses miracles, c'est à ses yeux que je crois, à la pure innocence de son visage.

CHARLES.

Et suis-je digne, moi pécheur, d'une telle grâce? Œil qui pénètres tout et qu'on ne peut tromper, tu vois le fond de mon âme et connais mon humilité!

JEANNE.

L'humilité des grands brille éclatante là-haut. Tu t'es abaissé, et c'est pour cela qu'il t'a élevé.

CHARLES.

Je résisterai donc à mes ennemis?

JEANNE.

Je mettrai à tes pieds la France soumise.

CHARLES.

Et Orléans, dis-tu, ne passera point à l'Anglais?

JEANNE.

Tu verrais plutôt la Loire remonter à sa source.

CHARLES.

Irai-je en vainqueur à Reims?

JEANNE.

Je t'y conduirai à travers des milliers d'ennemis. (*Tous les Chevaliers présents agitent avec bruit leurs lances et leurs boucliers, et montrent une vive ardeur.*)

DUNOIS.

Place-nous cette vierge à la tête de l'armée, nous suivrons aveuglément la femme divine partout où elle nous conduira. Que son œil prophétique nous guide, et cette brave épée la protégera.

LA HIRE.

Nous ne craindrons pas tout un monde en armes, si elle marche devant nos escadrons. Le Dieu de la victoire s'avance à ses côtés. Qu'elle nous conduise, la femme forte, dans les combats! (*Les Chevaliers font retentir bruyamment leurs armes et s'avancent.*)

CHARLES.

Oui, sainte fille, conduis mon armée, et je veux que ses chefs t'obéissent. Cette épée du suprême commandement militaire, que le connétable nous a renvoyée dans sa colère, a trouvé une plus digne main. Reçois-la, sainte prophétesse, et sois désormais....

JEANNE.

Non pas, noble dauphin! non, ce n'est point par cet instrument de puissance terrestre que la victoire est accordée à mon seigneur. Je sais une autre épée avec laquelle je vaincrai : je veux te l'indiquer selon ce que l'esprit m'a enseigné; envoie-la chercher.

CHARLES.

Fais-la connaître, Jeanne.

JEANNE.

Envoie à l'ancienne ville de Fierbois : là, dans le cimetière de Sainte-Catherine, est un caveau où sont entassées beaucoup d'armes, antiques trophées de victoire. Parmi elles, est l'épée qui doit me servir. On la peut reconnaître à trois lis d'or empreints sur la lame. Fais chercher cette épée, car c'est par elle que tu vaincras.

CHARLES.

Qu'on y envoie et qu'on fasse ce qu'elle dit.

JEANNE.

Et donne-moi à porter un drapeau blanc entouré d'une bordure de pourpre. Que sur ce drapeau l'on voie la reine du ciel, avec le bel enfant Jésus, planant sur un globe terrestre; car tel était l'étendard que la sainte Mère m'a montré.

CHARLES.

Qu'il soit fait comme tu dis.

JEANNE, *à l'Archevêque.*

Vénérable évêque, étendez sur moi votre main sacerdotale, et prononcez sur votre fille les paroles de bénédiction. (*Elle s'agenouille.*)

L'ARCHEVÊQUE.

Tu es venue pour répandre la bénédiction, non pour la recevoir.... Va avec la vertu de Dieu; mais nous, nous sommes indignes et pécheurs. (*Elle se lève.*)

UN VARLET.

Un héraut vient de la part du général anglais.

JEANNE.

Fais-le entrer, car c'est Dieu qui l'envoie! (*Le Roi fait signe au Varlet, qui sort.*)

SCÈNE XI.

LE HÉRAUT, LES PRÉCÉDENTS.

CHARLES.

Qu'apportes-tu, héraut? Dis ton message!

LE HÉRAUT.

Qui est celui qui porte ici la parole pour Charles de Valois, comte de Ponthieu?

DUNOIS.

Misérable héraut! vil coquin! oses-tu bien méconnaître le roi des Français sur son propre sol? Ton habit armorié te protége; sans quoi, tu....

LE HÉRAUT.

La France ne reconnaît qu'un seul roi, et celui-là vit dans le camp anglais.

CHARLES.

Calme-toi, mon cousin! Ton message, héraut!

LE HÉRAUT.

Mon noble général, déplorant le sang qui a coulé déjà et qui doit couler encore, retient dans le fourreau l'épée de ses guerriers, et avant qu'Orléans succombe dans l'assaut, il te fait encore offrir un accord amiable.

CHARLES.

Écoutons.

JEANNE *s'avance*.

Sire, laissez-moi parler à votre place à ce héraut.

CHARLES.

Fais, jeune fille! Décide toi-même si nous aurons la guerre ou la paix.

JEANNE, *au Héraut*.

Qui t'envoie et parle par ta bouche?

LE HÉRAUT.
Le général des Anglais, le comte de Salisbury.

JEANNE.
Héraut, tu mens! Ce n'est point le lord qui parle par ta bouche. Les vivants seuls parlent, et non les morts.

LE HÉRAUT.
Mon général vit dans la plénitude de la santé et de la force, et vit pour votre perte à tous.

JEANNE.
Il vivait quand tu as quitté le camp. Ce matin, un coup de feu parti d'Orléans l'a couché par terre, tandis qu'il regardait du haut de la tour la Tournelle.... Tu ris, parce que je t'annonce ce qui se passe loin d'ici? N'en crois point ma parole, mais tes yeux. Tu rencontreras son convoi funèbre quand tes pieds te reporteront là d'où tu viens. Maintenant, héraut, parle et dis ton message.

LE HÉRAUT.
Si tu sais dévoiler les choses cachées, tu le connais avant que je te le dise.

JEANNE.
Je n'ai pas besoin de le connaître. Mais toi, écoute le mien maintenant, et rapporte ces paroles aux chefs qui t'ont envoyé.... Roi d'Angleterre, et vous ducs, Bedford et Glocester, qui gouvernez ce royaume, rendez compte au roi du ciel du sang versé! Rendez toutes les clefs des villes que vous avez forcées, contre le droit divin! La Pucelle vient, de par le roi du ciel, vous offrir la paix ou une guerre sanglante. Choisissez! car, je vous le dis pour que vous le sachiez, ce n'est pas à vous que la belle France est destinée par le fils de Marie.... Mais Charles, mon maître et mon dauphin, à qui Dieu l'a donnée, fera son entrée royale dans Paris, accompagné de tous les grands de son royaume.... Maintenant, héraut, va et hâte-toi de partir; car, avant même que tu puisses atteindre le camp et y porter ton message, la Pucelle sera là et plantera dans Orléans le signe de la victoire. (*Elle sort; tout se met en mouvement; le rideau tombe.*)

ACTE DEUXIÈME.

Un paysage borné par des rochers.

SCÈNE I.

TALBOT *et* LIONEL, *généraux anglais;* PHILIPPE, *duc de Bourgogne;* LE CHEVALIER FASTOLF *et* CHÂTILLON, *avec des* SOLDATS *et des bannières.*

TALBOT.

Faisons halte sous ces rochers, et établissons un camp retranché, pour essayer de rassembler les fuyards qui, dans le premier effroi, se sont dispersés. Postez de bonnes gardes, occupez les hauteurs. La nuit, il est vrai, nous garantit de la poursuite, et, à moins que l'ennemi n'ait des ailes, je ne crains nulle surprise.... Cependant il faut user de précaution, car nous avons affaire à un adversaire audacieux, et nous sommes battus. (*Le chevalier Fastolf s'éloigne avec des soldats.*)

LIONEL.

Battus! Général, ne prononcez plus ce mot. Je n'ose seulement penser que les Français, aujourd'hui, ont vu le dos des Anglais. Orléans! Orléans! tombeau de notre gloire! Dans tes champs gît l'honneur de l'Angleterre. Honteuse et ridicule défaite! Qui le croira dans les temps futurs? Les vainqueurs de Poitiers, Crécy et Azincourt, chassés par une femme!

LE DUC DE BOURGOGNE.

C'est ce qui doit nous consoler : nous n'avons pas été vaincus par des humains; c'est le démon qui a triomphé de nous.

TALBOT.

Le démon de notre folie.... Comment, Bourgogne, ces fantômes du peuple effrayent-ils aussi les princes? La superstition est un mauvais manteau pour votre lâcheté.... Vos troupes ont fui d'abord.

LE DUC DE BOURGOGNE.

Personne n'a tenu bon ; la fuite a été générale.

TALBOT.

Non, seigneur! c'est à votre aile que la déroute a commencé. Vous vous êtes précipités dans notre camp en criant : « L'enfer est déchaîné! Satan combat pour la France! » Et c'est ainsi que vous avez jeté le désordre parmi les nôtres.

LIONEL.

Vous ne pouvez le nier, votre aile a plié d'abord.

LE DUC DE BOURGOGNE.

Parce que l'attaque a commencé de ce côté.

TALBOT.

La Pucelle connaissait l'endroit faible de notre camp; elle savait où l'on trouverait la peur.

LE DUC DE BOURGOGNE.

Comment? vous voulez que Bourgogne soit coupable de ce malheur?

LIONEL.

Nous autres Anglais, si nous eussions été seuls, jamais, par Dieu! nous n'aurions perdu Orléans!

LE DUC DE BOURGOGNE.

Non.... car vous n'auriez jamais vu Orléans! Qui vous a ouvert un chemin dans ce royaume? Qui vous a tendu une main amie et fidèle quand vous descendîtes sur cette côte étrangère et ennemie? Qui a couronné votre Henri à Paris, et lui a soumis les cœurs des Français? Par le ciel! si ce bras puissant ne vous eût introduits, vous n'auriez jamais vu monter la fumée d'un foyer français.

LIONEL.

Si les grands mots, duc, y suffisaient, vous auriez conquis la France à vous seul.

LE DUC DE BOURGOGNE.

Vous avez de l'humeur, parce qu'Orléans vous a échappé, et vous exhalez maintenant le fiel de votre colère contre moi, votre allié. Pourquoi Orléans nous a-t-il échappé, si ce n'est à cause de votre avidité? La ville était prête à se rendre à moi, votre jalousie seule y a mis obstacle.

TALBOT.

Ce n'est pas pour vous que nous l'avons assiégée.

LE DUC DE BOURGOGNE.

Comment vous trouveriez-vous si j'emmenais mon armée?

LIONEL.

Pas plus mal, croyez-moi, qu'à Azincourt, où nous sommes venus à bout de vous et de toute la France.

LE DUC DE BOURGOGNE.

Vous avez eu pourtant grand besoin de mon alliance, et votre régent l'a achetée cher.

TALBOT.

Oui, cher, bien cher! nous l'avons payée aujourd'hui de notre honneur devant Orléans.

LE DUC DE BOURGOGNE.

Ne poussez pas les choses plus loin, milord, vous pourriez vous en repentir. Ai-je quitté la bannière légitime de mon maître et seigneur, ai-je chargé ma tête du nom de traître, pour supporter un tel traitement de l'étranger? Que fais-je ici, et pourquoi combattre la France? Si je dois servir un ingrat, mieux vaut que ce soit mon roi héréditaire.

TALBOT.

Vous êtes en négociation avec le dauphin, nous le savons; mais nous trouverons le moyen de nous garantir de la trahison.

LE DUC DE BOURGOGNE.

Mort et enfer! est-ce ainsi qu'on me traite?... Châtillon, faites préparer mes troupes pour le départ; nous retournons dans notre pays. (*Châtillon s'éloigne.*)

LIONEL.

Bon voyage! Jamais la gloire de l'Anglais ne fut plus brillante que lorsque, se fiant à lui seul et à sa bonne épée, il combattit sans auxiliaires. Que chacun se batte pour son propre compte! car ce sera une éternelle vérité : jamais le sang français et le sang anglais ne pourront se mêler de bonne foi.

SCÈNE II.

LA REINE ISABEAU, *accompagnée d'un Page;*
LES PRÉCÉDENTS.

ISABEAU.

Que me faut-il entendre, généraux? Arrêtez! Quel astre funeste, principe de délire, trouble ainsi votre saine raison? Maintenant que la concorde seule peut vous sauver, vous voulez vous diviser, en proie à la haine, et par une guerre intestine préparer votre perte?... Je vous en prie, noble duc, rétractez cet ordre trop prompt.... Et vous, illustre Talbot, apaisez un ami irrité. Venez, Lionel, aidez-moi à calmer ces esprits orgueilleux et à assurer la réconciliation.

LIONEL.

Pas moi, milady. Cela m'est fort égal, et je suis d'avis que ce qui ne peut vivre ensemble n'a rien de mieux à faire que de se séparer.

ISABEAU.

Comment? Les jongleries de l'enfer, qui nous ont été si funestes dans le combat, continuent-elles encore ici de nous égarer en troublant nos sens? Qui a commencé la querelle? Parlez!... (*A Talbot.*) Noble lord, est-ce vous qui avez oublié votre intérêt au point de blesser un précieux allié? Que voulez-vous faire sans ce bras? Il a élevé le trône de votre roi; il peut encore le soutenir, le renverser, quand il voudra; son armée vous fortifie, et plus encore son nom. Toute l'Angleterre, vomît-elle sur nos côtes tous ses citoyens, ne pourrait dompter ce royaume, s'il est uni. La France seule pouvait vaincre la France.

TALBOT.

Nous savons honorer un allié fidèle; se garder d'un faux ami est le devoir de la prudence.

LE DUC DE BOURGOGNE.

A qui veut s'affranchir de la reconnaissance il en coûte peu de montrer le front audacieux du menteur.

ISABEAU.

Comment, noble duc? Pourriez-vous abjurer toute pudeur,

tout honneur de prince, jusqu'à mettre votre main dans la main qui tua votre père? Seriez-vous insensé au point de croire à une sincère réconciliation avec le dauphin, que vous avez vous-même poussé au bord du précipice? Si près de sa chute, vous voudriez le retenir, et, dans votre démence, détruire, de votre main, votre ouvrage? C'est ici que sont vos amis. Votre salut repose uniquement sur votre étroite alliance avec l'Angleterre.

LE DUC DE BOURGOGNE.

Je suis loin de penser à faire la paix avec le dauphin; mais le mépris, l'insolence de l'orgueilleuse Angleterre, je ne les puis supporter.

ISABEAU.

Venez! pardonnez-lui une parole trop prompte. Bien lourds sont les soucis qui pèsent sur le général, et le malheur, vous le savez, rend injuste. Venez! venez! embrassez-vous, laissez-moi promptement guérir et fermer cette plaie, avant qu'elle soit inguérissable.

TALBOT.

Que vous en semble, Bourgogne? Un noble cœur s'avoue volontiers vaincu par la raison. La reine a prononcé une parole sage : que la main que je vous offre guérisse la blessure que la précipitation de ma langue vous a faite.

LE DUC DE BOURGOGNE.

Madame a dit une parole sensée, et ma juste colère cède à la nécessité.

ISABEAU.

Bien! Scellez donc, par un embrassement fraternel, l'alliance renouvelée, et que les vents emportent les paroles échangées! (*Le duc de Bourgogne et Talbot s'embrassent.*)

LIONEL, *à part, en regardant le groupe.*

Bonne chance à la paix conclue par la Furie!

ISABEAU.

Nous avons perdu une bataille, généraux; la fortune nous a été contraire; mais que votre noble courage n'en soit point abattu. Le dauphin désespère de la protection du ciel, et appelle à son aide l'art de Satan; mais qu'il se soit en vain livré à la damnation, et que son enfer même ne le sauve pas! Une jeune fille victorieuse conduit l'armée de l'ennemi, je veux conduire la vôtre, je veux vous tenir lieu de pucelle et de prophétesse.

LIONEL.

Madame, retournez à Paris! Nous voulons vaincre par nos bonnes armes, non par les femmes.

TALBOT.

Allez! allez! Depuis que vous êtes dans le camp, tout marche à rebours, il n'y a plus de bénédiction pour nos armes.

LE DUC DE BOURGOGNE.

Allez! votre présence ne produit ici rien de bon, vous êtes un scandale pour nos guerriers.

ISABEAU *les regarde, l'un après l'autre, avec surprise.*

Vous aussi, Bourgogne? Vous prenez parti contre moi avec ces lords ingrats?

LE DUC DE BOURGOGNE.

Allez! Le soldat perd courage, quand il croit combattre pour votre cause.

ISABEAU.

J'ai à peine rétabli la paix entre vous, que déjà vous faites alliance contre moi.

TALBOT.

Allez, allez, à la garde de Dieu, madame! Nous ne craindrons plus aucun démon, quand vous serez loin.

ISABEAU.

Ne suis-je pas votre fidèle alliée? Votre cause n'est-elle pas la mienne?

TALBOT.

Mais la vôtre n'est pas la nôtre. Nous sommes engagés dans une bonne et loyale guerre.

LE DUC DE BOURGOGNE.

Je venge le meurtre sanglant d'un père : mon pieux devoir de fils sanctifie mes armes.

TALBOT.

Mais parlons sans détour! Ce que vous faites à l'égard du dauphin n'est ni bien aux yeux des hommes, ni juste aux yeux de Dieu.

ISABEAU.

Que la malédiction le poursuive jusqu'à la dixième génération! Il a péché contre la tête sacrée de sa mère.

LE DUC DE BOURGOGNE.

Il a vengé un père et un époux.

ISABEAU.

Il s'est établi juge de mes mœurs.

LIONEL.

C'était irrévérence de la part d'un fils!

ISABEAU.

Il m'a envoyée en exil.

TALBOT.

Pour obéir à la voix publique.

ISABEAU.

Que je sois maudite, si jamais je lui pardonne! Et plutôt que de le voir régner dans le royaume de son père....

TALBOT.

Plutôt vous immolerez l'honneur de sa mère!

ISABEAU.

Vous ne savez pas, âmes faibles, ce que peut un cœur de mère outragé. J'aime qui me fait du bien, et je hais qui m'offense, et si c'est mon fils, le fruit de mes entrailles, il n'en est que plus digne de haine. A qui me doit la vie je voudrais la ravir, quand son impudente et infâme insolence blesse le sein même qui l'a porté. Vous qui faites la guerre à mon fils, vous n'avez nul droit, nul motif de le dépouiller. Quel grief avez-vous contre le dauphin? A quel devoir a-t-il manqué envers vous? C'est l'ambition, la vulgaire jalousie qui vous poussent; moi, j'ai droit de le haïr, je l'ai enfanté.

TALBOT.

Bien! à la vengeance il reconnaîtra sa mère!

ISABEAU.

Misérables hypocrites, que je vous méprise, vous qui vous abusez vous-mêmes, aussi bien que le monde! Vous, Anglais, vous étendez vos mains de brigands sur cette France, où vous n'avez ni droit ni prétexte plausible à posséder autant de terre qu'en couvre le sabot d'un cheval.... Et ce duc qui se laisse insulter du nom de Bon, il vend sa patrie, l'héritage de ses ancêtres, à l'ennemi du royaume, au maître étranger.... Cependant, dès que vous parlez, de trois mots l'un est justice.... Je méprise l'hypocrisie. Telle je suis, telle me voie l'œil du monde!

LE DUC DE BOURGOGNE.

C'est vrai! C'est là une gloire que vous avez soutenue avec force d'âme.

ISABEAU.

J'ai des passions, le sang chaud, comme une autre, et je suis venue comme reine dans ce pays, pour vivre, non pour paraître. Fallait-il être morte à la joie, parce qu'un sort maudit avait associé à un époux en démence mon ardente jeunesse? J'aime ma liberté plus que la vie, et quiconque y attente.... Mais pourquoi discuter avec vous sur mes droits? Un sang épais coule lentement dans vos veines; vous ne connaissez pas le plaisir, mais seulement la fureur brutale. Et ce duc, qui toute sa vie a chancelé entre le mal et le bien, ne sait ni haïr, ni aimer de tout cœur.... Je vais à Melun. Donnez-moi ce chevalier qui me plaît (*elle montre Lionel*), pour mon passe-temps et ma société, et puis faites ce que vous voudrez. Je ne m'inquiète ni des Bourguignons ni des Anglais. (*Elle fait signe à son Page et veut s'éloigner.*)

LIONEL.

Vous pouvez y compter. Les plus beaux garçons de France que nous ferons prisonniers, nous vous les enverrons à Melun.

ISABEAU, *revenant.*

Vous êtes bons, j'en conviens, à frapper de grands coups d'épée, mais le Français seul sait dire des paroles courtoises. (*Elle s'en va.*)

SCÈNE III.

TALBOT, LE DUC DE BOURGOGNE, LIONEL.

TALBOT.

Quelle femme!

LIONEL.

Maintenant, votre avis, généraux! Fuyons-nous plus loin ou faisons-nous volte-face, pour effacer par quelque exploit rapide et hardi la honte d'aujourd'hui?

LE DUC DE BOURGOGNE.

Nous sommes trop faibles, les troupes sont dispersées. L'effroi de l'armée est encore trop récent.

TALBOT.

Une terreur aveugle, la rapide impression du moment nous ont seules vaincus. Vu de plus près, ce spectre de l'imagination alarmée s'évanouira en fumée. Mon avis est donc qu'au point du jour nous ramenions l'armée au delà du fleuve contre l'ennemi.

LE DUC DE BOURGOGNE.

Réfléchissez....

LIONEL.

Avec votre permission, il n'y a pas à réfléchir ici. Il nous faut regagner au plus vite ce que nous avons perdu, ou nous sommes déshonorés à jamais.

TALBOT.

C'est décidé. Demain nous combattrons. Et pour détruire ce fantôme de peur, qui éblouit et énerve nos troupes, mesurons-nous dans une lutte corps à corps avec ce démon sous forme de pucelle. Qu'elle s'offre à notre brave épée, eh bien! en ce cas, elle nous aura nui pour la dernière fois. Qu'elle s'y dérobe, et soyez sûrs qu'elle évitera un combat sérieux, alors l'armée est désensorcelée.

LIONEL.

Qu'il en soit ainsi! Et abandonnez-moi, mon général, cette lutte facile, ce jeu où il ne doit pas couler de sang. Car je pense prendre le spectre vivant, et sous les yeux du Bâtard, son amant, je la transporterai dans mes bras, pour la joie de l'armée, dans le camp anglais.

LE DUC DE BOURGOGNE.

Ne promettez pas trop.

TALBOT.

Si je l'atteins, je ne compte pas l'embrasser si doucement. Maintenant venez, réparons par un léger sommeil la nature épuisée; puis, dès l'aurore, le signal du départ!

(Ils s'en vont.)

SCÈNE IV.

JEANNE, *avec son drapeau, un casque et une cuirasse, mais du reste vêtue en femme;* DUNOIS, LA HIRE, *des* CHEVALIERS *et des* SOLDATS *se montrent sur la hauteur, dans le chemin qui passe entre les rochers; ils le suivent en silence, disparaissent, puis aussitôt arrivent sur la scène.*

JEANNE, *aux Chevaliers qui l'entourent, pendant que le reste de la troupe passe encore sur la hauteur.*

Le rempart est franchi, nous sommes dans le camp! Maintenant rejetez ce voile mystérieux de la nuit qui a caché votre marche silencieuse, et révélez à l'ennemi, par une grande clameur, votre voisinage formidable.... « Dieu et la Pucelle! »

TOUS *crient à haute voix, avec un bruyant cliquetis d'armes.*

Dieu et la Pucelle! *(Tambour et trompettes.)*

LA SENTINELLE, *derrière la scène.*

L'ennemi! l'ennemi! l'ennemi!

JEANNE.

Maintenant des torches! Mettez le feu aux tentes! Que la fureur des flammes accroisse l'effroi, et que la mort menaçante les environne de toutes parts! *(Les Soldats s'éloignent à la hâte, elle veut les suivre.)*

DUNOIS *la retient.*

Tu as maintenant accompli ta tâche, Jeanne! Tu nous as conduits au milieu du camp, tu as livré l'ennemi à nos mains. Mais, à présent, reste hors du combat, et laisse-nous décider la lutte sanglante.

LA HIRE.

A toi de montrer à l'armée le chemin de la victoire, de porter devant nous la bannière, dans ta main pure, mais ne prends pas toi-même le glaive, le glaive meurtrier; ne tente pas le dieu perfide des batailles, car son empire est aveugle et sans merci.

JEANNE.

Qui m'ose ordonner de m'arrêter? Qui ose commander à l'esprit qui me guide? Il faut que la flèche vole où la dirige la main de l'archer. Où est le danger, là doit être Jeanne. Ce n'est pas aujourd'hui, ce n'est pas ici que mon destin est de succomber. Il faut que je voie la couronne sur la tête de mon roi ; aucun ennemi ne m'arrachera la vie, que je n'aie achevé ce que Dieu m'a prescrit. (*Elle s'en va.*)

LA HIRE.

Venez, Dunois! Suivons l'héroïne, et faisons-lui un bouclier de nos vaillantes poitrines. (*Ils s'en vont.*)

SCÈNE V.

Des **SOLDATS ANGLAIS** *traversent la scène en fuyant; vient ensuite* **TALBOT**.

UN PREMIER SOLDAT.

La Pucelle! Au milieu du camp!

UN SECOND.

Impossible! Non, jamais! Comment serait-elle venue dans le camp?

UN TROISIÈME.

A travers les airs! Le diable la seconde.

UN QUATRIÈME *et* UN CINQUIÈME.

Fuyez! fuyez! Nous sommes tous morts. (*Ils s'en vont.*)

TALBOT *vient.*

Ils n'écoutent pas.... Ils ne veulent pas s'arrêter à ma voix! Tous les liens de l'obéissance sont rompus. Comme si l'enfer avait vomi toutes ses légions d'esprits damnés, le vertige entraîne, comme des fous sans cervelle, le brave et le lâche. Je ne puis opposer la plus petite troupe au torrent d'ennemis qui, toujours croissant, pénètre à grands flots dans le camp!... Suis-je donc seul de sang-froid ici, et faut-il qu'autour de moi tout soit en proie au délire de la fièvre? Fuir devant ces Français efféminés, que nous avons vaincus dans vingt batailles!... Qui est-elle donc, cette invincible, cette déesse de terreur, qui tourne soudain la fortune des combats et a changé en lions une timide armée de lâches daims? Une comédienne, qui joue un rôle appris d'héroïne, épouvantera-t-elle de vrais héros? Une femme me ravirait toute la gloire de nos triomphes?

ACTE II, SCÈNE V.

UN SOLDAT *arrive précipitamment*

La Pucelle! Fuyez, fuyez, général!

TALBOT *le perce de son épée.*

Fuis toi-même aux enfers! Je veux que cette épée perce de même quiconque me parlera de peur et de lâche fuite! (*Il s'en va.*)

SCÈNE VI.

Le fond du théâtre s'ouvre. On voit le camp des Anglais en proie aux flammes. Bruit de tambours. Fuite et poursuite. Après un moment, MONTGOMERY *vient.*

MONTGOMERY, *seul.*

Où dois-je fuir? De tous côtés, l'ennemi et la mort! Ici, le général courroucé, qui, de son glaive menaçant, nous ferme la fuite, et nous pousse à la mort. Là, cette femme terrible, qui ravage tout autour d'elle, non moins furieuse que l'ardeur des flammes...., et nulle part ni buisson pour me cacher, ni caverne qui m'offre un asile! Oh! plût à Dieu que je n'eusse jamais traversé la mer! Malheureux que je suis! Une vaine illusion m'a égaré, l'espoir d'acquérir en France une gloire facile, et maintenant un sort funeste me conduit dans cette mêlée sanglante.... Ah! que ne suis-je encore loin d'ici, chez moi, aux bords riants de la Saverne, dans la paisible maison de mon père, où j'ai laissé dans le chagrin ma mère et ma tendre et douce fiancée! (*Jeanne se montre dans le lointain.*) Malheur à moi! Que vois-je? La terrible guerrière apparaît là-bas! Du milieu des flammes de l'incendie, elle s'élève, brillant d'un sombre éclat, comme un fantôme nocturne qui sort de la gueule de l'enfer!... Où fuir? Déjà elle me saisit avec ses yeux de feu, elle lance de loin sur moi, lacs inévitables, ses regards qui fascinent. Les liens magiques, avec une force toujours croissante, s'enroulent autour de mes pieds, qui, enchaînés, se refusent à fuir. Il faut, mon cœur en vain s'y oppose, que j'attache mes yeux à ce fantôme de mort. (*Jeanne fait quelques pas vers lui, puis s'arrête.*) Elle approche! Je ne veux pas attendre que d'abord la furie m'attaque! Je veux en suppliant embrasser ses genoux, lui demander la vie. Elle est femme, peut-être l'attendrirai-je par mes larmes. (*Comme il veut aller à elle, tout à coup elle s'avance au-devant de lui.*)

SCÈNE VII.

JEANNE, MONTGOMERY.

JEANNE.

Tu es un homme mort. C'est une mère anglaise qui t'a enfanté.

MONTGOMERY *tombe à ses pieds.*

Arrête, femme redoutable! N'égorge pas un homme sans défense. J'ai jeté mon glaive et mon bouclier, je tombe à tes pieds, sans armes et suppliant. Laisse-moi la lumière du jour, accepte une rançon. Possesseur de riches domaines, mon père habite dans ma patrie, dans le beau pays de Galles, où la Saverne serpente et roule ses flots d'argent à travers de vertes prairies. Cinquante villages reconnaissent son pouvoir seigneurial. Il prodiguera l'or pour racheter son fils chéri, dès qu'il apprendra que je vis encore, captif dans le camp français.

JEANNE.

Pauvre insensé déçu et voué à la mort! Tu es tombé dans les mains de la Pucelle, de l'implacable, où il n'y a plus à espérer ni salut ni rachat. Si le malheur t'eût livré au pouvoir du crocodile ou aux griffes du tigre tacheté, si tu avais dérobé les petits de la lionne, tu pourrais trouver pitié et miséricorde; mais rencontrer la Pucelle, c'est la mort; car un accord terrible, qui me lie à l'empire sévère, inviolable, des esprits, m'oblige à tuer avec l'épée tout être vivant que le Dieu des batailles envoie fatalement au-devant de moi.

MONTGOMERY.

Ton langage est effrayant, mais ton regard est doux; tu n'es pas terrible à voir de près. Mon cœur m'attire vers cette aimable apparition. Oh! par la douceur de ton sexe sensible et bon, aie pitié de ma jeunesse!

JEANNE.

N'implore pas mon sexe! Ne me nomme pas femme! Pareille aux esprits incorporels, qui n'aiment point à la façon des hommes, je n'appartiens à aucun sexe humain, et cette cuirasse ne couvre point de cœur.

MONTGOMERY.

Oh! par la loi sainte et suprême de l'amour, à qui tous les cœurs rendent hommage, je t'implore. J'ai laissé dans ma patrie une aimable fiancée, belle comme tu l'es toi-même, dans toute la fleur et l'attrait de la jeunesse. Elle attend en pleurant le retour de son bien-aimé. Oh! si tu espères aimer jamais toi-même, si tu espères être heureuse par l'amour, ne sépare pas cruellement deux cœurs que la sainte alliance de l'amour a réunis.

JEANNE.

Tu n'invoques que des dieux terrestres, des dieux étrangers, qui n'ont pour moi rien de sacré ni de vénérable. Je ne sais rien de cette alliance de l'amour par laquelle tu m'implores, et jamais je ne connaîtrai ce vain esclavage. Défends ta vie, car la mort t'appelle.

MONTGOMERY.

Oh! alors, prends pitié de mes parents désolés, que j'ai laissés sous le toit paternel. Oui, toi aussi, sans doute, tu as quitté des parents que les soucis tourmentent à cause de toi.

JEANNE.

Malheureux! et tu me rappelles combien de mères, dans ce royaume, ont perdu leurs enfants, et de tendres enfants leur père; combien de fiancées sont devenues veuves par vous! Les mères anglaises peuvent bien à leur tour éprouver le désespoir, et apprendre à connaître les larmes que les épouses désolées ont pleurées en France.

MONTGOMERY.

Oh! il est dur de mourir, non pleuré, sur la terre étrangère.

JEANNE.

Qui vous a appelés sur la terre étrangère, pour ravager les travaux des campagnes florissantes, pour nous chasser du foyer domestique et lancer le brandon de la guerre dans le paisible sanctuaire de nos villes? Vous rêviez déjà, dans la vaine illusion de votre cœur, de précipiter dans la honte de l'esclavage le Français, né libre, et d'attacher ce grand pays, comme une chaloupe, à votre orgueilleux navire. Insensés! l'écusson royal de France est suspendu au trône de Dieu. Vous arracheriez plutôt une étoile du chariot céleste qu'un village de ce royaume éternellement indivisible!... Le jour de la vengeance est venu; vous ne repasserez plus vivants cette mer sacrée que Dieu a placée comme une barrière entre vous et nous, et que votre audace criminelle a franchie.

MONTGOMERY *quitte la main de Jeanne, qu'il avait saisie.*

Oh! il faut que je meure! Déjà la mort me saisit affreusement.

JEANNE.

Meurs, ami! Pourquoi trembler si timidement à l'approche de la mort, de l'inévitable destin?... Regarde-moi, regarde! Je ne suis par ma naissance qu'une jeune fille, une bergère; cette main n'est pas habituée au glaive, elle n'a manié jusqu'ici que l'innocente et paisible houlette. Et pourtant, arrachée de la vallée natale, du sein de mon père, des embrassements de mes sœurs chéries, il faut qu'ici.... c'est la voix de Dieu qui me pousse, et non mon caprice.... il faut que, pour votre amère affliction, non pour mon plaisir, j'aille comme un fantôme de terreur, égorgeant et répandant la mort, et qu'à la fin je sois sa victime; car je ne verrai point le jour heureux du retour. Beaucoup d'entre vous périront encore de ma main; je ferai encore beaucoup de veuves; mais enfin je succomberai moi-même et j'accomplirai mon destin. Accomplis aussi le tien. Saisis promptement ton épée, et nous combattrons pour le plus doux prix du combat, pour la vie.

MONTGOMERY *se relève.*

Eh bien, si tu es mortelle comme moi et si les armes peuvent te blesser, ne serait-il pas réservé à mon bras de terminer, en t'envoyant dans l'enfer, les maux des Anglais? Je remets mon sort aux mains clémentes de Dieu. Toi, damnée, invoque tes esprits infernaux, pour qu'ils t'assistent. Défends ta vie! (*Il prend son bouclier et son épée et fond sur elle. Une musique guerrière retentit dans le lointain. Après un court combat, Montgomery tombe.*)

SCÈNE VIII.

JEANNE, *seule.*

Tes pas t'ont conduit à la mort!... Va, sors de ce monde! (*Elle s'éloigne de lui et s'arrête pensive.*) Vierge auguste, tu opères en moi de puissants effets! tu munis de force ce faible bras; tu armes ce cœur d'un inexorable vouloir. Mon âme se fond en pitié, et quand je blesse dans sa fleur le corps d'un ennemi, ma main tremble et hésite, comme si elle violait le sanctuaire d'un temple. Au seul aspect du tranchant d'un fer nu, je frissonne, et pourtant, quand il le faut, la force aussitôt m'anime, et le glaive se dirige lui-même, sans s'égarer jamais dans ma main tremblante, comme s'il était un esprit vivant.

SCÈNE IX.

UN CHEVALIER, *la visière baissée;* **JEANNE**.

LE CHEVALIER.

Maudite! ton heure est venue. Je t'ai cherchée sur tout le champ de bataille, fantôme funeste! Retourne à l'enfer d'où tu es monté.

JEANNE.

Qui es-tu, toi que ton mauvais ange envoie à ma rencontre? Ton maintien est celui d'un prince, et tu ne me parais pas être un Anglais, car tu te distingues par l'écharpe de Bourgogne, devant laquelle s'abaisse la pointe de mon glaive.

LE CHEVALIER.

Réprouvée! tu ne méritais pas de mourir de la noble main d'un prince. C'est la hache du bourreau qui devrait séparer du tronc ta tête maudite, et non la vaillante épée du royal duc de Bourgogne.

JEANNE.

Ainsi tu es ce noble duc en personne?

LE CHEVALIER *lève sa visière.*

Je le suis. Misérable, tremble et désespère! Les artifices de Satan ne te protégent plus. Tu n'as vaincu jusqu'ici que des faibles et des lâches : un homme est devant toi.

SCÈNE X.

DUNOIS et LA HIRE, LES PRÉCÉDENTS.

DUNOIS.

Retourne-toi, Bourgogne. Combats contre des hommes, non contre de jeunes filles.

LA HIRE.

Nous protégeons la tête sacrée de la prophétesse. Il faut que ton épée perce d'abord cette poitrine....

LE DUC DE BOURGOGNE.

Je ne crains ni cette galante Circé, ni vous qu'elle a si honteusement transformés. Rougis, Bâtard; opprobre à toi, La Hire, d'abaisser aux artifices de l'enfer ta vaillance éprouvée, de te faire l'écuyer méprisable d'une fille de joie du démon! Venez! je vous défie tous! Celui-là seul a recours au démon, qui désespère de la protection de Dieu. (*Ils s'apprêtent au combat, Jeanne s'avance entre eux.*)

JEANNE.

Arrêtez!

LE DUC DE BOURGOGNE.

Trembles-tu pour ton galant? Je veux que sous tes yeux il....
(*Il fond sur Dunois.*)

JEANNE.

Arrêtez! Séparez-les, La Hire!... Il ne doit pas couler de sang français! Ce n'est point au glaive à décider cette querelle, les astres en ont autrement ordonné.... Séparez-vous, dis-je.... Entendez et respectez l'esprit qui s'empare de moi, qui parle par ma bouche.

DUNOIS.

Pourquoi retiens-tu mon bras déjà levé? Pourquoi suspendre la sanglante décision du glaive? Le fer est tiré, le coup tombe, qui doit venger et réconcilier la France.

JEANNE se place au milieu et sépare les combattants par un large intervalle. Au Bâtard :

Retire-toi sur le côté! (*A La Hire :*) Demeure immobile! J'ai à parler au duc. (*Quand tout est calme.*) Que veux-tu faire.

Bourgogne? Quel est l'ennemi que cherchent tes regards avides de meurtre? Ce noble prince est fils de France, comme toi; ce brave est ton compagnon d'armes, ton compatriote; moi-même, je suis fille de ta patrie. Nous tous, que tu t'efforces d'exterminer, nous sommes des tiens.... Nos bras sont ouverts pour t'embrasser, nos genoux sont prêts à te rendre honneur.... Notre glaive n'a pas de pointe contre toi. Nous respectons, même sous le casque ennemi, un visage où nous reconnaissons les traits chéris de notre roi.

LE DUC DE BOURGOGNE.

Tu veux, sirène, par les sons flatteurs d'un doux langage attirer ta victime. Perfide, tu ne m'égareras pas. Mon oreille est garantie contre les piéges de tes discours, et les traits de feu de tes regards glissent sur la bonne cuirasse qui couvre mon sein. Aux armes, Dunois! Combattons à coups d'épée, non de paroles.

DUNOIS.

D'abord les paroles, puis les coups. Crains-tu les paroles ? C'est là aussi une lâcheté, qui trahit une mauvaise cause.

JEANNE.

Ce n'est pas l'impérieuse nécessité qui nous pousse à tes pieds; nous ne paraissons pas en suppliants devant toi.... Regarde autour de toi, le camp des Anglais est en cendres, et vos morts couvrent la campagne. Tu entends résonner les trompettes de guerre des Français, Dieu a prononcé, la victoire est à nous. Ce beau laurier, tout frais cueilli, nous sommes prêts à le partager avec notre ami.... Oh! viens à nous, noble transfuge, viens où est le droit et la victoire. Moi-même, l'envoyée de Dieu, je te présente une main de sœur. Je veux te sauver en t'attirant à nous, à la bonne cause.... Le ciel est pour la France. Ses anges.... tu ne les vois pas.... combattent pour le roi, ils sont tous parés de lis. Notre cause est pure comme cette blanche bannière, la Vierge sans tache est notre chaste emblème.

LE DUC DE BOURGOGNE.

La parole trompeuse du mensonge est un piége qui enlace ; mais son langage, à elle, est comme celui d'un enfant. Si des esprits malins lui prêtent ces discours, ils imitent l'innocence avec un art triomphant. Je ne veux pas en entendre davantage.

Aux armes! Mon oreille, je le sens, est plus faible que mon bras.

JEANNE.

Tu me nommes magicienne, tu m'imputes des artifices d'enfer.... Faire la paix, apaiser la haine, est-ce là une œuvre de l'enfer? La concorde sort-elle de l'éternel abîme? Qu'y a-t-il d'innocent, de saint, d'humainement bon, si ce n'est de combattre pour la patrie? Depuis quand la nature est-elle à ce point en lutte avec elle-même, que le ciel abandonne la cause juste, et que les démons la protégent? Mais si ce que je te dis est bien, où ai-je pu le puiser, si ce n'est là-haut? Qui donc serait venu à moi dans mon pâturage, pour initier une enfant, une humble bergère, aux grands intérêts du royaume? Jamais je n'ai paru devant d'augustes princes; ma bouche est étrangère à l'art de la parole. En ce moment pourtant que j'en ai besoin pour te toucher, je possède la sagesse, la connaissance des choses les plus hautes; le destin des pays et des rois se déroule, clair comme le soleil, devant mon regard d'enfant, et de ma bouche jaillit la foudre de l'éloquence.

LE DUC DE BOURGOGNE, vivement touché, lève les yeux sur elle, et la contemple avec étonnement et émotion.

Que se passe-t-il en moi? Que m'arrive-t-il? Est-ce un Dieu qui change mes sentiments au plus profond de mon âme?... Elle ne trompe point, cette touchante figure! Non! non! Si une magique puissance m'aveugle, c'est par une influence céleste: mon cœur me le dit, elle est envoyée de Dieu.

JEANNE.

Il est touché, il l'est! Je n'ai pas prié en vain; la nuée de courroux et de tonnerre descend de son front, fondue en rosée de larmes, et de ses yeux s'échappent, nous promettant la paix, les rayons d'or de l'émotion.... Loin de nous les armes.... pressez-vous cœur sur cœur.... Il pleure, il est vaincu, il est vaincu, il est à nous! (*L'épée et la bannière échappent de ses mains; elle s'élance vers lui les bras ouverts et l'étreint avec une ardeur passionnée. La Hire et Dunois laissent tomber leurs épées et s'élancent aussi pour l'embrasser.*)

ACTE TROISIÈME.

La cour du Roi à Châlons-sur-Marne.

SCÈNE I.

DUNOIS et LA HIRE.

DUNOIS.

Nous étions amis de cœur, frères d'armes. Nos bras se sont levés pour la même cause, et nous sommes demeurés étroitement unis dans le danger et dans la mort. Ne souffrons pas que l'amour d'une femme rompe un lien qui a résisté à toutes les vicissitudes du sort.

LA HIRE.

Prince, écoutez-moi !

DUNOIS.

Vous aimez cette fille merveilleuse, et je sais bien ce que vous méditez. Vous voulez de ce pas aller trouver le roi et lui demander la Pucelle comme un don de sa main... Il ne peut refuser à votre vaillance ce prix bien mérité. Mais, sachez-le.... avant que je la voie dans les bras d'un autre....

LA HIRE.

Écoutez-moi, prince !

DUNOIS.

Ce n'est point un caprice des yeux, soudain et passager, qui m'attire à elle. Jamais femme n'a touché ce cœur indompté, jusqu'au jour où j'ai vu cette vierge merveilleuse, que la divine Providence a destinée comme libératrice à ce royaume, à moi comme épouse. Sur-le-champ je me suis promis à moi-même, par un serment sacré, de l'emmener un jour dans ma demeure comme compagne; car seule la femme forte peut être l'amie de l'homme fort, et ce cœur brûlant aspire à reposer sur un cœur égal à lui, qui puisse comprendre et supporter sa force.

LA HIRE.

Comment pourrais-je oser, prince, comparer mon faible mérite à la gloire héroïque de votre nom? Dès que le comte Dunois entre en lice, tout autre prétendant doit céder; mais une humble bergère ne peut dignement paraître comme épouse à vos côtés. Le sang royal qui coule dans vos veines repousse une si basse alliance.

DUNOIS.

Elle est, comme moi, l'enfant de Dieu, de la sainte nature, et mon égale par la naissance. Elle déshonorerait la main d'un prince, elle qui est la fiancée des anges sans tache, qui ceint sa tête d'une divine auréole, plus brillante que les couronnes terrestres, elle qui voit ramper à ses pieds ce qu'il y a de plus grand, de plus haut dans ce monde! Car tous les trônes des princes, placés l'un sur l'autre, élevés jusqu'aux astres, n'atteindraient pas la hauteur où elle apparaît dans son angélique majesté.

LA HIRE.

Que le roi décide.

DUNOIS.

Non, qu'elle décide elle-même! La France est libre par elle; il faut que, libre elle-même, elle dispose de son cœur.

LA HIRE.

Voici le roi qui vient.

SCÈNE II.

CHARLES, AGNÈS SOREL, DU CHÂTEL et CHÂTILLON, LES PRÉCÉDENTS.

CHARLES, à *Châtillon*.

Il vient! Il veut, dites-vous, me reconnaître pour son roi et me rendre hommage?

CHÂTILLON.

Ici même, sire, dans votre royale ville de Châlons, le duc,

ACTE III, SCÈNE II.

mon maître, veut se jeter à vos pieds.... Il m'a commandé de vous saluer comme mon seigneur et roi. Il suit mes pas, il va paraître lui-même.

AGNÈS.

Il vient ! O soleil adorable de ce beau jour qui nous apporte la joie, la paix et la réconciliation !

CHÂTILLON.

Mon maître viendra avec deux cents chevaliers ; il s'agenouillera à vos pieds; pourtant il espère que vous ne le souffrirez pas, que vous l'embrasserez amicalement comme votre cousin.

CHARLES.

Mon cœur brûle de battre sur le sien.

CHÂTILLON.

Le duc vous prie qu'à la première entrevue il ne soit pas dit un seul mot de l'ancienne querelle.

CHARLES.

Que le passé soit à jamais plongé dans le Léthé. Nous ne voulons voir que les jours sereins de l'avenir.

CHÂTILLON.

Tous ceux qui ont combattu pour la Bourgogne seront compris dans la réconciliation.

CHARLES.

Je doublerai ainsi mon royaume.

CHÂTILLON.

La reine Isabeau sera associée à la paix, si elle l'accepte.

CHARLES.

Elle me fait la guerre, je ne la lui fais pas. Notre querelle sera terminée dès qu'elle y mettra fin.

CHÂTILLON.

Douze chevaliers seront garants de votre parole.

CHARLES.

Ma parole est sacrée.

CHÂTILLON.

Et l'archevêque partagera une hostie entre vous et lui, comme gage et sceau de loyale réconciliation.

CHARLES.

Puissé-je avoir part au salut éternel, aussi vrai que mon

cœur et l'étreinte de ma main sont d'accord! Quel autre gage demande encore le duc?

CHÂTILLON, *jetant un regard sur du Châtel.*

Je vois ici quelqu'un dont la présence pourrait empoisonner le premier salut. (*Du Châtel s'éloigne en silence.*)

CHARLES.

Va, du Châtel! Jusqu'à ce que le duc puisse supporter ta vue, je consens que tu demeures caché. (*Il le suit des yeux, puis court à lui et l'embrasse.*) Mon brave ami! Tu voulais faire plus que cela pour mon repos! (*Du Châtel s'en va.*)

CHÂTILLON.

Cet écrit explique les autres points.

CHARLES, *à l'Archevêque.*

Réglez cela. Nous consentons à tout. Pour gagner un ami, il n'est point, à mes yeux, de trop haut prix. Allez, Dunois! Prenez avec vous cent nobles chevaliers, et marchez amicalement au-devant du duc. Que toutes les troupes se couronnent de feuillage pour recevoir leurs frères! Que toute la ville se pare pour la fête, et que toutes les cloches annoncent la nouvelle union de France et de Bourgogne. (*Un Varlet vient. On entend des trompettes.*) Écoutez! Que signifie ce signal des trompettes?

LE VARLET.

Le duc de Bourgogne fait son entrée.

DUNOIS *sort avec La Hire et Châtillon*

Allons! A sa rencontre!

CHARLES, *à Agnès.*

Agnès, tu pleures? Moi aussi, la force me manque presque pour supporter une telle scène. Combien la mort a dû frapper de victimes, avant que nous pussions nous revoir en amis! Mais il n'est point de tempête dont enfin la rage ne s'apaise; le jour succède à la plus épaisse nuit, et avec le temps mûrissent les fruits les plus tardifs.

L'ARCHEVÊQUE, *à la fenêtre.*

Le duc peut à peine se dégager de la presse.... Ils l'enlèvent de dessus son cheval, ils baisent son manteau, ses éperons.

CHARLES.

C'est un bon peuple, prompt à s'enflammer d'amour comme de colère.... Comme ils ont vite oublié que ce même duc a frappé leurs pères et leurs fils! Un moment dévore toute une vie.... Possède-toi, Agnès! Ta joie trop vive pourrait aussi blesser son âme; il faut que rien ici ne l'humilie ni ne l'afflige.

SCÈNE III.

LE DUC DE BOURGOGNE, DUNOIS, LA HIRE; CHÂTILLON *et* DEUX AUTRES CHEVALIERS *de la suite du Duc. Le Duc s'arrête à l'entrée;* LE ROI *fait un mouvement pour aller à lui; aussitôt le Duc s'approche, et au moment où il veut mettre le genou en terre, le Roi le reçoit dans ses bras.*

CHARLES.

Vous nous avez surpris.... Nous comptions aller à votre rencontre.... mais vous avez des chevaux rapides.

LE DUC DE BOURGOGNE.

Ils m'amenaient à mon devoir. (*Il embrasse Agnès, et la baise au front.*) Avec votre permission, cousine. C'est notre droit de seigneur à Arras, et aucune belle ne peut se refuser à cette coutume.

CHARLES.

Votre cour est, dit-on, le siége du galant amour, et le marché où tout ce qui est beau doit tenir foire.

LE DUC DE BOURGOGNE.

Nous sommes, mon roi, un peuple marchand. Tout ce qui croît de précieux dans tous les climats est étalé aux yeux, pour la jouissance de tous, sur notre marché de Bruges; mais la plus précieuse de nos richesses est la beauté des femmes.

AGNÈS.

La fidélité des femmes vaut un plus haut prix encore; mais on ne la voit pas au marché.

CHARLES.

Vous avez un mauvais renom, mon cousin, et l'on vous accuse de faire injure à la plus belle vertu des femmes.

LE DUC DE BOURGOGNE.

Une telle hérésie trouve en elle-même sa plus dure punition. Vous êtes heureux, mon roi! Le cœur vous a de bonne heure appris ce qu'une vie agitée m'a révélé trop tard. (*Il aperçoit l'Ar-*

chevêque et lui tend la main.) Vénérable homme de Dieu; votre bénédiction! On vous rencontre toujours là où est le devoir, et qui veut vous trouver doit suivre la bonne voie.

L'ARCHEVÊQUE.

Que mon maître m'appelle, quand il voudra; mon cœur est rassasié de joie, et je puis m'en aller content, puisque mes yeux ont vu ce jour.

LE DUC DE BOURGOGNE, *à Agnès.*

On dit que vous vous êtes dépouillée de vos pierreries, pour forger des armes contre moi? Comment? votre humeur est-elle si guerrière? Vouliez-vous donc si sérieusement ma perte? Mais notre querelle est finie; tout ce qui était perdu se retrouve, et votre parure s'est aussi retrouvée. Elle était destinée à me faire la guerre, recevez-la de ma main en signe de paix. (*Il prend l'écrin de la main d'un de ceux qui l'accompagnent et le présente ouvert. Agnès Sorel regarde le Roi avec surprise.*)

CHARLES.

Accepte ce présent : il m'est un gage, doublement cher, de fidèle amour et de réconciliation.

LE DUC DE BOURGOGNE, *plaçant dans les cheveux d'Agnès une rose de brillants.*

Pourquoi n'est-ce pas la couronne de France? Je l'affermirais d'aussi bon cœur sur cette belle tête. (*Lui prenant la main avec un geste expressif.*) Et.... comptez sur moi, si jamais vous deviez avoir besoin d'un ami. (*Agnès Sorel, fondant en larmes, se retire sur le côté; le Roi lutte aussi contre une vive émotion; tous les assistants contemplent les deux princes avec attendrissement.— Le duc de Bourgogne, après avoir regardé successivement toutes les personnes présentes, se jette dans les bras du Roi.*) O mon roi! (*Au même instant, les trois chevaliers bourguignons courent à Dunois, La Hire et l'Archevêque, et les embrassent. Les deux princes restent quelque temps, en silence, dans les bras l'un de l'autre.*) Est-ce bien vous que j'ai pu haïr! vous que j'ai pu renoncer!

CHARLES.

Assez! assez! Rien de plus!

LE DUC DE BOURGOGNE.

J'ai pu couronner cet Anglais! jurer fidélité à cet étranger! vous précipiter, vous mon roi, dans votre ruine!

CHARLES.

Oubliez-le! Tout est pardonné. Ce seul instant efface tout. C'était un sort, un astre funeste!

LE DUC DE BOURGOGNE *lui prend la main.*

Je veux le réparer! Croyez-moi, je le veux. Il faut que vous soyez dédommagé de toutes vos souffrances, que vous repreniez possession de tout votre royaume.... qu'il n'en manque pas un seul village.

CHARLES.

Nous sommes unis. Je ne crains plus aucun ennemi.

LE DUC DE BOURGOGNE.

Croyez-moi, je n'avais pas le cœur content quand je portais les armes contre vous. Oh! si vous saviez.... (*Montrant Agnès.*) Pourquoi ne me l'avez-vous pas envoyée? Je n'aurais pas résisté à ses larmes.... Aucune puissance de l'enfer ne nous séparera plus désormais, après que mon cœur a pressé le vôtre! Maintenant j'ai trouvé ma vraie place, c'est entre vos bras que finit mon égarement.

L'ARCHEVÊQUE, *s'avançant entre eux.*

Vous êtes unis, princes! La France, comme un phénix rajeuni, sort de ses cendres; un bel avenir nous sourit. Les profondes blessures de la patrie vont se guérir; les villages ravagés, les cités, vont se relever plus brillants de leurs ruines; les champs, se couvrir d'une verdure nouvelle.... Mais ceux qui sont tombés, victimes de votre discorde, les morts ne ressusciteront pas; les larmes que votre lutte a fait répandre, sont et demeurent répandues! La génération future fleurira, mais la précédente a été la proie de l'infortune; le bonheur des enfants ne réveillera plus les pères : tels sont les fruits de vos dissensions fraternelles! Faites que cela vous serve de leçon! Avant d'arracher le glaive du fourreau, craignez son pouvoir fatal et divin. L'homme puissant peut déchaîner la guerre, mais le dieu farouche des combats n'obéit pas à l'appel de la voix humaine, avec la docilité du faucon qui revient du haut des airs s'abattre sur le poing du chasseur. La main du libérateur ne sortirait pas deux fois comme aujourd'hui, au moment opportun, du milieu des nuages.

LE DUC DE BOURGOGNE.

Sire! un ange réside à vos côtés.... Où est-elle? Pourquoi ne la vois-je point ici?

CHARLES.

Où est Jeanne? Pourquoi nous manque-t-elle dans ce moment heureux et solennel que nous lui devons?

L'ARCHEVÊQUE.

Sire! la sainte fille n'aime pas le repos d'une cour oisive, et quand l'ordre de Dieu ne l'appelle pas à la lumière de ce monde, elle évite avec pudeur les vains regards des yeux du vulgaire. Sans doute elle s'entretient avec Dieu, si, en ce moment, elle n'est point active pour le bien de la France; car la bénédiction suit chacun de ses pas.

SCÈNE IV.

JEANNE; LES PRÉCÉDENTS. *Elle est armée, mais sans casque, et porte une guirlande dans ses cheveux.*

CHARLES.

Tu viens, Jeanne, parée comme une prêtresse, pour consacrer l'union que tu as formée.

LE DUC DE BOURGOGNE.

Que la vierge était terrible dans la bataille, et comme elle brille embellie par la paix!... Ai-je tenu ma parole, Jeanne? Es-tu satisfaite et suis-je digne de ton suffrage?

JEANNE.

C'est à toi-même que tu as accordé la plus grande faveur. Maintenant tu rayonnes d'une lumière bienfaisante, tandis qu'avant, du haut du ciel de France, tu projetais, astre de terreur, un sombre et sanglant éclat. (*Regardant autour d'elle.*) Je trouve ici réunis beaucoup de nobles chevaliers, et tous les yeux brillent de joie. Je n'ai rencontré qu'un seul affligé qui est forcé de se cacher, quand tout est allégresse.

LE DUC DE BOURGOGNE.

Et qui donc se reproche une faute assez grave pour désespérer de notre clémence?

JEANNE.

Peut-il approcher? Oh! dis qu'il peut oser! mets le comble à tes mérites. Il n'y a pas de réconciliation, tant que le cœur n'est pas tout à fait libre. Une goutte de haine qui reste au fond de la coupe de la joie, convertit en poison le breuvage salutaire.... Qu'il n'y ait pas de tort si sanglant que Bourgogne ne pardonne en ce jour de joie.

LE DUC DE BOURGOGNE.

Ah! je te comprends!

JEANNE.

Et tu veux pardonner? Tu le veux, duc?... Entre, du Châtel! (*Elle ouvre la porte et introduit du Châtel. Celui-ci s'arrête dans l'éloignement.*) Le duc est réconcilié avec tous ses ennemis, il l'est aussi avec toi. (*Du Châtel avance quelques pas, et cherche à lire dans les yeux du Duc.*)

LE DUC DE BOURGOGNE.

Que fais-tu de moi, Jeanne? Sais-tu ce que tu demandes?

JEANNE.

Un généreux seigneur ouvre sa porte à tous les hôtes, il n'en exclut aucun. Libre et vaste comme le firmament qui environne le monde entier, il faut que la clémence enveloppe amis et ennemis. Le soleil envoie également ses rayons vers tous les espaces de l'immensité; le ciel verse sa rosée, avec même mesure, sur toutes les plantes altérées. Tout ce qui est bon et vient d'en haut est universel et sans réserve.... Mais dans les replis habite l'obscurité.

LE DUC DE BOURGOGNE.

Oh! elle peut disposer de moi comme elle veut; mon cœur est une cire molle entre ses mains.... Embrassez-moi, du Châtel! je vous pardonne. Ombre de mon père, ne t'irrite point, si je presse amicalement la main qui te donna la mort. Vous, dieux de la mort, ne me faites point un crime de rompre mon terrible serment de vengeance. Chez vous, là-bas, dans la nuit éternelle, il n'y a plus de cœur qui batte, tout est éternel, tout demeure immuable, inflexible.... mais il en est autrement ici, dans la région d'en haut, à la lumière du soleil. L'homme, qui vit et sent, est la proie facile du moment impérieux.

CHARLES, *à Jeanne.*

Que ne te dois-je pas, noble fille! Comme tu as bien tenu ta parole! Combien rapidement tu as changé tout mon destin! Tu m'as réconcilié mes amis, tu as précipité mes ennemis dans la poussière et arraché mes villes au joug étranger.... Toi seule as tout accompli.... Parle, comment te récompenserai-je?

JEANNE.

Sois toujours humain, mon seigneur et roi, dans la prospérité, comme tu l'as été dans le malheur.... et, au faîte de la grandeur, n'oublie pas ce que vaut, dans le besoin, un ami; tu l'as éprouvé dans ton abaissement. Ne refuse ni justice ni grâce au dernier de ton peuple, car c'est d'une bergerie que Dieu a appelé ta libératrice.... Tu réuniras la France entière sous ton sceptre; tu seras l'aïeul et la tige d'une suite de grands princes. Ceux qui viendront après toi brilleront d'un plus bel éclat que ceux qui t'ont précédé sur le trône. Ta race fleurira aussi longtemps qu'elle se conservera un fidèle amour dans le cœur de son peuple. L'orgueil seul peut la conduire à sa ruine, et du fond de ces humbles cabanes d'où vient de sortir ton sauveur, le sort mystérieux menace de leur perte tes descendants coupables.

LE DUC DE BOURGOGNE.

Vierge inspirée, que l'Esprit d'en haut anime! si tes yeux percent l'avenir, parle-moi aussi de ma race! S'étendra-t-elle magnifiquement, comme elle a commencé?

JEANNE.

Bourgogne! tu as placé bien haut ton siége, jusqu'au niveau du trône, et ton cœur superbe aspire plus haut encore, il élève jusqu'aux nues l'audacieux édifice.... Mais bientôt la main d'en haut en arrêtera impérieusement le progrès. Ne crains pas cependant la chute de ta maison! elle prolongera, dans la personne d'une fille, sa brillante existence, et des monarques portant le sceptre, des pasteurs des peuples, sortiront de son sein. Ils régneront assis sur deux grands trônes, ils dicteront des lois au monde connu, et à un monde nouveau, que la main de Dieu nous cache encore par delà des mers inconnues aux vaisseaux.

CHARLES.

Oh! parle, si l'esprit te révèle l'avenir. Cette alliance amicale que nous venons de renouveler unira-t-elle encore les fils de nos neveux dans les siècles reculés?

JEANNE, *après un moment de silence.*

Rois et souverains! craignez la dissension! N'éveillez pas la discorde, dans son antre, où elle dort; car, une fois éveillée, il lui faudra un long temps pour s'apaiser de nouveau. Elle s'enfante à elle-même une postérité, une race de fer, et à l'incendie s'allume et se propage l'incendie.... Ne demandez pas d'en savoir davantage! Jouissez du présent. Laissez-moi cacher et taire l'avenir!

AGNÈS.

Sainte fille, tu lis dans mon cœur, tu sais s'il aspire à une vaine grandeur; rends-moi aussi un oracle consolant.

JEANNE.

L'esprit ne me montre que les grands destins du monde; ton sort repose dans ton propre sein.

DUNOIS.

Mais quel sera ton sort, à toi, fille auguste, que le ciel chérit? Sans doute il te réserve la plus belle félicité de ce monde, puisque tu es si pieuse et si sainte.

JEANNE.

La félicité habite là-haut dans le sein de notre Père éternel.

CHARLES.

Que ton bonheur soit désormais le soin de ton roi! car je veux rendre ton nom magnifique en France; je veux que les générations les plus éloignées te proclament bienheureuse.... et sur-le-champ j'accomplis ce vouloir.... Agenouille-toi! (*Il tire son épée et en touche Jeanne.*) Relève-toi, anoblie! Je te tire, moi, ton roi, de la poussière de ton obscure naissance.... J'anoblis, dans la tombe, tes ancêtres.... Tu porteras le lis dans tes armes et seras égale en noblesse aux premiers de France. Que le sang royal des Valois soit seul plus noble que le tien! Que le plus grand parmi les grands de mon royaume se sente honoré par le don de ta main. Je me réserve le soin de t'unir à un noble époux.

DUNOIS *s'avance.*

Mon cœur l'a choisie quand elle était humble; le nouvel honneur qui couronne sa tête n'élève ni son mérite ni mon amour.

Ici, en présence de mon roi et de ce saint évêque, je lui offre ma main comme à mon auguste épouse, si, à ses yeux, je suis digne qu'elle l'accepte.

CHARLES.

Fille irrésistible, tu entasses miracles sur miracles! Oui, maintenant je crois qu'il n'est rien qui te soit impossible. Tu as dompté ce cœur superbe qui, jusqu'ici, bravait la toute-puissance de l'amour.

LA HIRE *s'avance.*

La plus belle parure de Jeanne, si je la connais bien, c'est son cœur modeste. Elle est digne de l'hommage des plus grands, mais jamais elle n'élèvera si haut son désir.... Elle n'aspire point, dans un vertige d'ambition, à la grandeur terrestre; la sincère affection d'un cœur loyal, et le sort paisible que je lui offre avec cette main, lui suffisent.

CHARLES.

Toi aussi, La Hire? Deux dignes prétendants, égaux en vertus héroïques et en gloire guerrière!... Veux-tu, toi qui m'as réconcilié mes ennemis, rétabli l'union dans mon royaume, diviser mes plus chers amis? Elle ne peut appartenir qu'à un seul, et je les juge tous deux dignes d'un tel prix. A toi donc de parler; il faut ici que ton cœur décide.

AGNÈS *s'approche.*

Je vois la noble fille surprise, et la modeste pudeur colore ses joues. Qu'on lui donne le temps d'interroger son cœur, de se confier à une amie, et de rompre le sceau mystérieux de son âme. Voici le moment où, moi aussi, je puis m'approcher en sœur de la vierge austère, et offrir à sa confidence un sein fidèle et discret.... Qu'on nous laisse d'abord délibérer en femmes sur des secrets de femmes, et qu'on attende ce que nous résoudrons.

CHARLES, *prêt à s'éloigner.*

Qu'il en soit ainsi!

JEANNE.

Non, sire! Ce qui colorait mes joues, ce n'était point le trouble de la timide pudeur. Je n'ai rien à confier à cette noble dame, rien dont j'eusse à rougir devant des hommes. Le choix de ces nobles chevaliers m'honore extrêmement; mais je n'ai pas quitté mon troupeau pour courir après la vaine grandeur de ce monde;

ce n'est pas pour enlacer dans ma chevelure la couronne de fiancée que j'ai revêtu l'armure d'airain. Je suis appelée à une tout autre œuvre : une vierge pure peut seule l'accomplir. Je suis la guerrière du Dieu très-haut, et je ne puis être l'épouse d'aucun homme.

L'ARCHEVÊQUE.

La femme est née pour être la tendre compagne de l'homme.... C'est en obéissant à la nature qu'elle sert le ciel le plus dignement. Et quand tu auras satisfait à l'ordre de ton Dieu, qui t'a appelée sur les champs de bataille, tu déposeras tes armes, et retourneras à la vie plus paisible du sexe que tu as renié, et qui n'est pas destiné à l'œuvre sanglante de la guerre.

JEANNE.

Vénérable seigneur, je ne puis dire encore ce que l'esprit m'ordonnera de faire; quand le temps viendra, sa voix ne restera pas muette, et je lui obéirai. Mais maintenant, il me commande d'achever ma tâche. Le front de mon seigneur n'est pas encore couronné, l'huile sainte n'a pas encore arrosé sa tête; mon seigneur n'a pas encore le nom de roi.

CHARLES.

Nous sommes en chemin vers Reims.

JEANNE.

Ne nous arrêtons pas, car les ennemis travaillent de toutes parts à te fermer le chemin; mais je te mènerai à travers toutes leurs armées.

DUNOIS.

Mais lorsque tout sera terminé, lorsqu'enfin nous serons entrés victorieux à Reims, m'accorderas-tu alors, sainte fille....

JEANNE.

Si le ciel veut que je sorte couronnée par la victoire de cette lutte meurtrière, alors mon œuvre sera terminée.... et la bergère n'aura plus affaire dans le palais du roi.

CHARLES, *lui prenant la main.*

C'est la voix de l'esprit qui te pousse maintenant; l'amour se tait dans ton âme pleine de Dieu. Il ne se taira pas toujours, crois-moi! Le jour viendra où les armes demeureront en repos; la victoire ramènera la paix : alors la joie pénétrera dans le sein de tous, et de plus doux sentiments s'éveilleront dans les cœurs.... Ils s'éveilleront aussi dans le tien, et tu pleureras des pleurs de tendre désir, tels que jamais tes yeux n'en ont versé.... Ce cœur, que le ciel aujourd'hui remplit tout entier, se tournera avec amour vers un ami terrestre.... Maintenant, des milliers d'hommes, sauvés par toi, te doivent le bonheur, et tu finiras par assurer le bonheur d'un seul !

JEANNE.

Dauphin ! es-tu déjà las de la divine apparition, pour vouloir ainsi briser le vase d'élection, et rabaisser à la condition vulgaire la vierge pure que Dieu t'a envoyée ? Cœurs aveugles ! hommes de peu de foi ! la splendeur du ciel rayonne autour de vous, il dévoile à vos yeux ses miracles, et vous ne voyez en moi qu'une femme. Une femme a-t-elle le droit de se couvrir ainsi de l'airain de la guerre, de se mêler dans les batailles des hommes ? Malheur à moi si, portant dans mes mains le glaive vengeur de mon Dieu, je nourrissais dans mon cœur frivole l'amour d'un homme d'ici-bas ! Mieux vaudrait pour moi de n'être jamais née ! Ne prononcez plus, je vous le dis, un seul mot semblable, si vous ne voulez irriter et révolter l'esprit qui est en moi ! Le regard des hommes, le désir qu'il exprime, est déjà pour moi un objet d'horreur et une profanation.

CHARLES.

Brisons là. En vain nous voudrions la persuader.

JEANNE.

Commande que l'on sonne la trompette guerrière ! Ce repos des armes me pèse et m'inquiète. Je sens une force qui m'arrache à ce calme oisif, et, par un ordre impérieux, me pousse, pour accomplir mon œuvre, vers ma destinée.

SCÈNE V.

UN CHEVALIER, *empressé*.

CHARLES.

Qu'y a-t-il ?

LE CHEVALIER.

L'ennemi a passé la Marne, et dispose son armée pour le combat.

ACTE III, SCÈNE V.

JEANNE, *avec enthousiasme.*

Bataille et combat! Maintenant, mon âme est libre de ses liens. Armez-vous! moi, cependant, je rangerai nos escadrons. (*Elle sort à la hâte.*)

CHARLES.

La Hire, suivez-la.... Ils veulent qu'aux portes mêmes de Reims nous combattions encore pour la couronne.

DUNOIS.

Ce n'est pas un vrai courage qui les pousse. C'est le dernier effort d'un désespoir furieux et impuissant.

CHARLES.

Bourgogne, je n'excite point votre ardeur. Voici le jour qui peut réparer bien des jours mauvais.

LE DUC DE BOURGOGNE.

Vous serez content de moi.

CHARLES.

Moi-même, je veux vous précéder sur le chemin de la gloire, et, en vue de la ville du couronnement, conquérir ma couronne.... Mon Agnès, ton chevalier te dit adieu!

AGNÈS *l'embrasse.*

Je ne pleure pas, je ne tremble pas pour toi; ma foi s'élève avec espoir par delà les nuées. Le ciel ne nous a pas donné tant de gages de sa faveur pour nous jeter à la fin dans le deuil. Dans les murs conquis de Reims, mon cœur me le dit, j'embrasserai mon seigneur couronné par la victoire. (*Les trompettes retentissent et, pendant que le théâtre change, leurs fanfares animées se perdent peu à peu dans un bruyant tumulte de guerre. La musique de l'orchestre, la scène restant ouverte, éclate tout à coup, accompagnée par des instruments guerriers qui sont derrière la scène.*)

Le théâtre change et représente un lieu découvert limité par des arbres. On voit, pendant que la musique se fait entendre, des soldats traverser rapidement le fond de la scène.

SCÈNE VI.

TALBOT, *appuyé sur* FASTOLF *et accompagné de* SOLDATS; *bientôt après* LIONEL.

TALBOT.

Déposez-moi ici sous ces arbres, et vous, retournez au combat; je n'ai besoin d'aucune assistance pour mourir.

FASTOLF.

O jour malheureux, lamentable! (*Lionel s'avance.*) A quel spectacle venez-vous, Lionel? Là est étendu le général blessé à mort.

LIONEL.

Que Dieu nous en préserve! Noble lord, levez-vous! Ce n'est pas le temps de succomber épuisé. Ne cédez pas à la mort; avec votre puissante volonté, ordonnez à la nature de vivre.

TALBOT.

C'est inutile! Il est venu, le jour fatal qui doit renverser notre trône en France. En vain, dans un combat désespéré, j'ai tenté un dernier effort pour détourner ce moment. Frappé de la foudre, me voici couché par terre pour ne plus me relever.... Reims est perdu. Hâtez-vous donc de sauver Paris.

LIONEL.

Paris a traité avec le dauphin; un courrier nous en apporte à l'instant la nouvelle.

TALBOT *arrache l'appareil de sa blessure.*

Coulez donc, flots de mon sang, car je suis las de voir ce soleil!

LIONEL.

Je ne puis rester davantage.... Fastolf, portez le général en un lieu sûr; nous ne pourrons plus nous maintenir longtemps dans ce poste. Les nôtres fuient déjà de toutes parts; la Pucelle avance irrésistible....

TALBOT.

O folie, tu triomphes et il faut que je succombe. Les dieux même combattent en vain contre la stupidité. Auguste raison, fille lumineuse sortie du front du Dieu suprême, sage fondatrice de l'édifice du monde, guide des astres, qui es-tu donc, s'il faut qu'attachée à la queue du cheval enragé de la superstition, tu sois, malgré tes cris impuissants, entraînée, avec la bête ivre, dans l'abîme que tu vois de tes yeux? Maudit soit celui qui consacre sa vie aux grandes et nobles choses, et forme avec sagesse des plans longtemps mûris! Le monde appartient au roi des fous....

LIONEL.

Milord, vous n'avez plus que peu d'instants à vivre.... Pensez à votre Créateur!

TALBOT.

Si nous étions vaincus en braves par d'autres braves, nous pourrions nous consoler par le commun destin, qui sans cesse change et tourne sa roue.... Mais succomber à cette grossière jonglerie! Notre vie grave et pleine de travaux ne méritait-elle pas une fin plus sérieuse?

LIONEL *lui tend la main.*

Milord, adieu! Je vous payerai loyalement après le combat le tribut de larmes que je vous dois, si alors je suis encore en vie. Mais maintenant le destin m'appelle, le destin qui siége encore en juge sur le champ de bataille et secoue son urne. A revoir dans un autre monde! C'est un court adieu pour notre longue amitié. *(Il s'en va.)*

TALBOT.

Ce sera bientôt fini, et je rendrai à la terre, au soleil éternel, les atomes qui s'étaient assemblés en moi pour la douleur et le plaisir.... et du puissant Talbot qui remplissait le monde de sa gloire guerrière, il ne restera rien, qu'une poignée de cendre légère.... Ainsi l'homme arrive à sa fin.... et le seul bénéfice que nous emportions du combat de la vie, c'est la vue claire du néant des choses humaines et le mépris sincère de tout ce qui nous a paru grand et digne d'envie....

SCÈNE VII.

CHARLES, LE DUC DE BOURGOGNE, DUNOIS, DU CHÂTEL
et des SOLDATS *arrivent sur la scène.*

LE DUC DE BOURGOGNE.
Le retranchement est emporté.

DUNOIS.
La journée est à nous.

CHARLES, *remarquant Talbot.*
Voyez, quel est ce guerrier qui dit à la lumière du soleil un contraint et douloureux adieu? Son armure n'indique pas un vulgaire soldat; allez, élancez-vous à son aide, si les secours peuvent encore être utiles. (*Des Soldats de la suite du Roi s'avancent vers Talbot.*)

FASTOLF.
Arrière! n'approchez pas! Respectez dans la mort celui dont vous n'auriez pas désiré d'approcher pendant qu'il vivait.

LE DUC DE BOURGOGNE.
Que vois-je? Talbot baigné dans son sang! (*Il s'avance vers lui. Talbot le regarde d'un œil fixe et meurt.*)

FASTOLF.
Arrière, Bourgogne! Que la vue du traître ne souille pas le dernier regard du héros!

LE DUC DE BOURGOGNE.
Terrible Talbot! homme indomptable! Te contentes-tu d'un si petit espace? et la vaste terre de France ne pouvait suffire à l'ambition de ton âme de géant!... Ce n'est que de ce moment, sire, que je vous salue roi : la couronne chancelait sur votre tête, tant qu'un esprit animait ce corps.

CHARLES, *après avoir, en silence, considéré le mort.*
C'est un plus grand que nous qui l'a vaincu, ce n'est pas nous! Il gît sur la terre de France, comme le héros sur son bouclier qu'il n'a pas voulu quitter. Emportez-le! (*Des Soldats lèvent le corps et l'emportent.*) La paix soit avec sa cendre! Je veux qu'on lui élève un honorable monument, et que sa dépouille repose au centre de la France, où il a terminé sa carrière.

Nulle épée ennemie n'a encore pénétré aussi loin que lui. Que son épitaphe soit le lieu même où on le trouvera.

FASTOLF donne son épée.

Seigneur, je suis votre prisonnier.

CHARLES lui rend son épée.

Non! la guerre farouche respecte elle-même les pieux devoirs. Je veux que vous soyez libre pour accompagner au tombeau les restes de votre maître. Maintenant, hâtez-vous, du Châtel.... mon Agnès tremble.... Délivrez-la des angoisses qu'elle éprouve à cause de nous.... Allez lui apprendre que nous vivons, que nous avons vaincu, et conduisez-la en triomphe à Reims. (*Du Châtel s'en va.*)

SCÈNE VIII.

LA HIRE, LES PRÉCÉDENTS.

DUNOIS.

La Hire, où est la Pucelle?

LA HIRE.

Comment? C'est moi qui vous le demande. Je l'ai laissée combattant à vos côtés.

DUNOIS.

Je la croyais protégée par votre bras, quand je me suis élancé au secours du roi.

LE DUC DE BOURGOGNE.

J'ai vu flotter sa blanche bannière, il y a peu d'instants encore, au plus épais des ennemis.

DUNOIS.

Malheur à nous! Où est-elle? J'ai un sinistre pressentiment. Venez, hâtons-nous de la délivrer.... Je crains que son hardi courage ne l'ait emportée trop loin; qu'elle ne combatte seule, entourée d'ennemis, et ne succombe sans secours au nombre.

CHARLES.

Hâtez-vous, sauvez-la!

LA HIRE.

Je vous suis, venez!

LE DUC DE BOURGOGNE.

Nous tous! (*Ils sortent à la hâte.*)

Une autre partie du champ de bataille. — On voit dans le lointain les tours de Reims, éclairées par le soleil.

SCÈNE IX.

UN CHEVALIER, *revêtu d'une armure toute noire, la visière baissée;* JEANNE *le poursuit jusque sur le devant de la scène, où il s'arrête et l'attend.*

JEANNE.

Fourbe! maintenant je reconnais ta ruse! Par une fuite simulée, tu m'as attirée perfidement loin du champ de bataille, et tu as détourné la mort et le destin de la tête de nombreux fils de l'Angleterre; mais à présent le trépas t'atteint toi-même.

LE CHEVALIER NOIR.

Pourquoi me poursuis-tu et, enflammée d'une telle fureur, t'attaches-tu ainsi à mes pas? Je ne suis pas destiné à périr de ta main.

JEANNE.

Tu m'es odieux jusqu'au fond de l'âme, autant que la nuit, qui est ta couleur. Un désir invincible me pousse à te ravir la lumière du jour. Qui es-tu? Lève ta visière.... Si je n'avais vu le valeureux Talbot tomber dans la bataille, je dirais que tu es Talbot.

LE CHEVALIER NOIR.

La voix de l'esprit prophétique est-elle muette en toi?

JEANNE.

Elle me crie au plus profond de mon âme que mon malheur est là près de moi.

LE CHEVALIER NOIR.

Jeanne d'Arc! Tu as pénétré jusqu'aux portes de Reims, sur les ailes de la victoire. Contente-toi de la gloire acquise. Laisse aller la Fortune, qui t'a servie en esclave, avant qu'elle s'irrite et s'affranchisse elle-même; elle hait la fidélité et ne sert personne jusqu'à la fin.

JEANNE.

Quoi? tu veux que je m'arrête au milieu de ma course et que j'abandonne ma tâche? Je l'achèverai, j'accomplirai mon vœu.

LE CHEVALIER NOIR.

Rien ne peut résister à ton bras tout-puissant : dans tout combat tu triomphes.... Mais ne t'engage plus dans nul combat. Écoute mon avertissement!

JEANNE.

Mes mains ne déposeront pas ce glaive, avant que l'orgueilleuse Angleterre soit abattue.

LE CHEVALIER NOIR.

Regarde! Là s'élève Reims avec ses tours, le but et le terme de ta course.... Tu vois briller le faîte de la haute cathédrale. C'est là que tu dois entrer pompeusement, en triomphe, couronner ton roi, accomplir ton vœu.... N'y entre point! Retourne sur tes pas! Écoute mon avertissement.

JEANNE.

Qui es-tu, être fourbe, à la langue double, qui veux m'effrayer et me troubler? Quelle est ton audace de m'annoncer traîtreusement un faux oracle? (*Le Chevalier noir veut se retirer, elle lui barre le chemin.*) Non, tu me répondras ou mourras de ma main! (*Elle veut lui porter un coup.*)

LE CHEVALIER NOIR *la touche de la main; elle demeure immobile.*

Tue ce qui est mortel. (*Nuit, éclairs et tonnerre. Le Chevalier s'abîme.*)

JEANNE *demeure d'abord stupéfaite, mais bientôt elle se rassure.*

Ce n'était pas un être vivant. C'était un fantôme trompeur de l'enfer, un esprit rebelle, sorti du gouffre de feu, pour ébranler dans mon sein mon noble cœur. Qui craindrais-je, avec l'épée de mon Dieu? Je veux achever victorieusement ma route, et quand l'enfer même entrerait en lice, on ne verra mon courage ni céder ni chanceler. (*Elle veut se retirer.*)

SCÈNE X.

LIONEL, JEANNE.

LIONEL.

Maudite! prépare-toi au combat.... Nous ne quitterons pas cette place, tous deux vivants. Tu as immolé les meilleurs de mon peuple; le noble Talbot a exhalé sa grande âme dans mes bras.... Je vengerai ce héros ou partagerai son sort. Et pour que tu saches quel est celui qui en ce moment t'apporte la gloire, soit qu'il meure, soit qu'il triomphe.... je suis Lionel, le dernier des chefs de notre armée, et ce bras est encore invaincu. (*Il fond sur elle; après un court combat, elle lui fait tomber l'épée des mains.*) Sort perfide! (*Il lutte avec elle.*)

JEANNE *le saisit par derrière, par son panache, et lui arrache violemment son casque, de façon que le visage de Lionel reste découvert. En même temps, de la main droite, elle lève l'épée sur lui.*

Subis le sort que tu cherchais : la sainte Vierge t'immole par ma main. (*A ce moment, elle le regarde au visage; cette vue la frappe, elle demeure immobile, puis laisse lentement retomber son bras.*)

LIONEL.

Pourquoi hésites-tu? pourquoi retarder le coup de la mort? Prends donc aussi ma vie, tu m'as pris ma gloire. Je suis en ton pouvoir, je ne veux point de merci. (*Elle lui fait signe de la main de s'éloigner.*) Tu me dis de fuir? Je te devrais la vie?... Plutôt mourir!

JEANNE, *détournant les yeux.*

Je veux ignorer que ta vie était en mon pouvoir.

LIONEL.

Je te hais, toi et le don que tu me fais.... Je ne veux pas de merci.... Tue ton ennemi, qui t'abhorre, qui voulait te tuer.

JEANNE.

Tue-moi.... et fuis!

LIONEL.

Ah! qu'est-ce que cela?

JEANNE *se cache le visage.*

Malheur à moi!

LIONEL *s'approche d'elle.*

Tu immoles, dit-on, tous les Anglais qui sont vaincus par toi dans le combat.... Pourquoi n'épargner que moi?

JEANNE, *par un mouvement rapide, lève sur lui son épée, mais, le regardant au visage, elle la laisse promptement retomber.*

Sainte Vierge!

ACTE III, SCÈNE X.

LIONEL.

Pourquoi nommes-tu la Vierge sainte? Elle ne sait rien de toi; le ciel n'a rien de commun avec toi.

JEANNE, *dans la plus vive anxiété.*

Qu'ai-je fait? J'ai violé mon vœu! (*Elle se tord les mains avec désespoir.*)

LIONEL *la regarde avec intérêt et va plus près d'elle.*

Malheureuse fille! je te plains; tu me touches. Envers moi seul tu as usé de générosité; je sens que ma haine s'évanouit; je suis forcé de m'intéresser à toi.... Qui es-tu? D'où viens-tu?

JEANNE.

Éloigne-toi! Fuis!

LIONEL.

J'ai pitié de ta jeunesse, de ta beauté. Ton regard pénètre jusqu'à mon cœur. Je voudrais bien te sauver.... Dis-moi, comment le puis-je? Viens! viens! renonce à cet horrible pacte.... Jette loin de toi ces armes.

JEANNE.

Je suis indigne de les porter.

LIONEL.

Jette-les loin de toi, promptement, et suis-moi.

JEANNE, *avec horreur.*

Te suivre!

LIONEL.

Tu peux être sauvée. Suis-moi! Je veux te sauver, mais ne tarde pas. J'éprouve pour toi une extrême douleur, et un ineffable désir de te sauver.... (*Il s'empare de son bras.*)

JEANNE.

Le Bâtard approche! Ce sont eux! Ils me cherchent! S'ils te trouvent....

LIONEL.

Je te protégerai!

JEANNE.

Je mourrai si tu tombes sous leurs coups.

LIONEL.

Te suis-je cher?

JEANNE.

Saints du ciel!

LIONEL.

Te reverrai-je? Aurai-je de tes nouvelles?

JEANNE.

Jamais! Non, jamais!

LIONEL.

Cette épée comme gage que je te reverrai! (*Il lui arrache son épée.*)

JEANNE.

Forcené! tu l'oses?

LIONEL.

Maintenant, je cède à la force; je te reverrai! (*Il s'éloigne.*)

SCÈNE XI.

DUNOIS et LA HIRE, JEANNE.

LA HIRE.

Elle vit! C'est elle!

DUNOIS.

Jeanne, ne crains rien! Tes amis, forts et vaillants, sont à tes côtés.

LA HIRE.

N'est-ce pas Lionel que je vois fuir?

DUNOIS.

Laisse-le s'échapper! Jeanne, la juste cause triomphe. Reims ouvre ses portes; tout le peuple, avec jubilation, s'élance au-devant de son roi....

LA HIRE.

Qu'a donc la Pucelle? Elle pâlit, elle tombe. (*Jeanne éprouve un vertige et paraît être sur le point de s'évanouir.*)

DUNOIS.

Elle est blessée.... Ouvrez la cuirasse.... C'est au bras, et la blessure est légère.

LA HIRE.

Son sang coule.

JEANNE.

Laissez-le s'écouler avec ma vie. (*Elle repose, évanouie, dans les bras de La Hire.*)

ACTE QUATRIÈME.

Une salle magnifiquement ornée. — Les colonnes sont entourées de guirlandes; derrière la scène on entend des flûtes et des hautbois.

SCÈNE I.

JEANNE.

Les armes reposent, les orages de la guerre se taisent; aux batailles sanglantes succèdent le chant et la danse; dans toutes les rues retentit la ronde joyeuse. L'église et l'autel brillent d'un éclat de fête, des arcs s'élèvent, formés de verts rameaux, et autour des colonnes s'enlacent des guirlandes. La vaste enceinte de Reims ne peut contenir les hôtes qui accourent à grands flots à la fête nationale.

Et un même sentiment de joie partout éclate et domine, et une même pensée fait battre tous les cœurs. Ceux que naguère encore séparait une haine sanglante goûtent ensemble avec ravissement l'allégresse commune. Quiconque appartient à la race de France se sent aujourd'hui plus fier de son nom. La splendeur de l'antique couronne est renouvelée, et la France rend hommage au fils de ses rois.

Moi, cependant, qui viens d'accomplir toutes ces merveilles, le commun bonheur ne me touche pas. Mon cœur, à moi, est changé, détourné de sa voie; il fuit loin de cette fête, il se tourne vers le camp des Anglais. Mes regards s'en vont errer parmi les ennemis, et il faut que je me dérobe à l'assemblée joyeuse, pour cacher la faute qui pèse sur mon cœur.

Qui? moi? moi, porter dans mon âme pure l'image d'un

homme? Ce cœur, que remplit une splendeur céleste, ose-t-il battre pour un terrestre amour? Moi, la libératrice de mon pays, la guerrière du Très-Haut, moi, brûler pour l'ennemi de mon pays? Osé-je bien le dire à cette chaste lumière des cieux, le dire sans mourir de honte? (*La musique, derrière la scène, s'adoucit et se fond en une tendre mélodie.*)

Malheur! malheur à moi! Quels accords! Comme ils séduisent mon oreille! Chaque son me rappelle sa voix, évoque à mes yeux son image!

Ah! que l'orage des combats me saisisse, que les dards volent et sifflent autour de moi, parmi les fureurs de la lutte ardente! Là, je retrouverais mon courage!

Ces voix, ces sons, comme ils s'emparent de mon cœur! Ils éteignent toutes les forces de mon âme, ils les fondent en désirs amollis, en pleurs de tendre tristesse.

(*Après une pause, elle continue plus vivement :*)

Devais-je le tuer? le pouvais-je, après avoir rencontré son regard? Le tuer? Plutôt j'aurais percé mon propre sein du fer homicide! Et suis-je donc coupable pour avoir été humaine? La pitié est-elle un péché?... La pitié! L'écoutais-tu, cette voix de la pitié et de l'humanité, pour les autres aussi que ton glaive a immolés? Pourquoi s'est-elle tue quand le Gallois, ce tendre adolescent, te demandait la vie? Cœur astucieux! tu mens à la lumière éternelle; ce n'est pas à la pieuse voix de la miséricorde que tu as obéi!

Pourquoi faut-il que j'aie rencontré ses yeux! que j'aie vu les traits de ce noble visage! Malheureuse! c'est par ce regard que ton crime a commencé. Dieu demande un instrument aveugle; tu devais, les yeux fermés, accomplir ta tâche! Dès qu'ils se sont ouverts, Dieu a retiré de toi son bouclier, les liens de l'enfer t'ont saisie! (*Les flûtes reprennent la mélodie, Jeanne retombe dans une paisible tristesse.*)

Douce houlette! oh! pourquoi t'ai-je échangée contre le glaive? Chêne sacré, pourquoi m'as-tu parlé par le murmure de tes branches? Pourquoi m'es-tu apparue, reine auguste des cieux? Prends, reprends ta couronne : je ne la puis mériter!

Ah! j'ai vu le ciel ouvert et la face des bienheureux. Pourtant mon espoir est sur la terre, il n'est point dans le ciel. Fallait-il donc m'imposer, à moi, cette mission redoutable? Pouvais-je endurcir ce cœur que le ciel a créé sensible?

Si tu veux manifester ta puissance, choisis ceux qui, exempts de péché, résident dans ta demeure éternelle : envoie tes esprits, immortels et purs, qui ne sentent ni ne pleurent! Ne choisis pas la tendre vierge, la bergère à l'âme faible.

Que m'importent, à moi, le sort des combats, la querelle des rois? Innocente, je conduisais mes agneaux sur le sommet du mont paisible. Mais tu m'as entraînée dans la vie, dans le superbe palais des rois, pour me livrer au péché, au remords. Ah! ce n'est pas moi qui ai choisi un tel destin!

SCÈNE II.

AGNÈS SOREL, JEANNE.

AGNÈS *entre, vivement émue. Comme elle aperçoit la Pucelle, elle court à elle et se jette à son cou; puis, tout à coup, elle se ravise, se détache d'elle et tombe à ses genoux.*
Non! pas ainsi! mais là, dans la poussière, à tes pieds....
JEANNE *veut la relever.*
Lève-toi! Qu'as-tu donc? Tu oublies qui tu es et qui je suis.
AGNÈS.

Laisse-moi, c'est la joie qui me pousse, me prosterne à tes pieds.... Il faut que je répande devant Dieu mon cœur qui déborde, c'est l'être invisible que j'adore en toi. Tu es l'ange qui m'a conduit mon seigneur à Reims et qui le pare de la couronne. Ce que je n'ai jamais rêvé est accompli. La pompe du couronnement s'apprête : le roi a revêtu ses solennels ornements; les pairs sont assemblés, et les grands du royaume, pour porter les insignes; le peuple afflue en foule vers la cathédrale; on entend les chants d'allégresse et les cloches retentissent. Oh! je ne puis supporter cet excès de bonheur! (*Jeanne la relève doucement. Agnès Sorel s'arrête un moment et regarde Jeanne de plus près.*) Mais tu restes toujours sérieuse et sévère; tu peux créer le bonheur, mais tu ne le partages pas. Ton cœur est froid, tu ne sens pas nos joies : tu as vu la gloire des cieux, et nul bonheur terrestre n'émeut ton âme pure. (*Jeanne lui prend vivement la main, mais la laisse aussitôt retomber.*) Oh! si tu pouvais être femme et sensible! Dépose cette armure, il n'y a plus de guerre, montre que tu appartiens à un sexe plus doux! Mon cœur aimant s'éloigne timidement de toi, tant que tu ressembleras à la sévère Pallas.

JEANNE.

Qu'exiges-tu de moi?

AGNÈS.

Désarme-toi! Dépose cette armure! L'amour craint d'approcher de cette poitrine couverte d'acier. Oh! sois femme, et tu sentiras l'amour.

JEANNE.

Tu veux que maintenant je me désarme! Maintenant!... Je veux offrir à la mort, dans la bataille, mon sein désarmé. Mais maintenant, oh non!... Que n'ai-je sept cuirasses pour me défendre contre vos fêtes, contre moi-même!

AGNÈS.

Le comte Dunois t'aime. Son noble cœur, qui n'est ouvert qu'à la gloire, aux vertus héroïques, brûle pour toi d'une sainte ardeur. Oh! il est beau de se voir aimée d'un héros.... il est encore plus beau de l'aimer! (*Jeanne se détourne avec horreur.*) Tu le hais!... Non, non, il se peut seulement que tu ne l'aimes pas.... mais comment pourrais-tu le haïr! On ne hait que celui qui nous arrache l'objet aimé, mais pour toi nul n'est cet objet. Ton cœur est calme.... S'il pouvait être sensible....

JEANNE.

Plains-moi! Pleure sur mon sort!

AGNÈS.

Que pourrait-il manquer à ton bonheur? Tu as accompli ta parole, la France est libre; tu as conduit victorieusement le roi jusque dans la ville du couronnement, et conquis une haute renommée; un peuple heureux te rend hommage et te bénit, ton éloge coule à flots de toutes les bouches, tu es la déesse de cette fête, le roi lui-même avec sa couronne ne rayonne pas de plus d'éclat que toi.

JEANNE.

Oh! que ne puis-je me cacher au fond des entrailles de la terre!

AGNÈS.

Qu'as-tu donc? Quelle étrange émotion! Qui osera lever les yeux en ce jour, si toi tu les dois baisser vers la terre? Laisse-moi rougir, moi qui, à tes côtés, me sens si petite, qui ne puis m'élever à ta force héroïque, à ta hauteur! Car veux-tu que je t'avoue toute ma faiblesse? Ce n'est pas la gloire de la patrie, ni l'éclat renouvelé du trône, ni l'allégresse du peuple, la joie de la victoire, qui occupent ce faible cœur. Un seul homme le remplit tout entier, et ne laisse point de place à d'autres pensées. C'est lui qu'on adore, lui que saluent les acclamations du peuple, lui qu'on bénit, devant lui qu'on répand des fleurs, et lui, il est à moi, c'est mon bien-aimé.

JEANNE.

Oh! tu es heureuse! Je vante ton bonheur! Tu aimes ce qui est aimé de tous! Tu peux ouvrir ton cœur, proclamer tout haut ton enthousiasme, le montrer à tous les regards des hommes. Cette fête du royaume est la fête de ton amour. Ce peuple innombrable qui afflue et se presse dans ces murs, il partage ton sentiment, il le sanctifie. C'est pour toi que ses cris de joie retentissent, pour toi qu'il tresse une couronne : tu ne fais qu'un avec la commune allégresse; tu aimes ce qui réjouit tous les cœurs, le soleil que tous adorent, et ce que tu vois est le reflet de ton amour.

AGNÈS, *se jetant à son cou.*

Oh! tu me ravis, tu me comprends tout entière! Oui, je t'ai méconnue, tu connais l'amour; ce que j'éprouve, tu l'exprimes avec puissance. Mon cœur s'affranchit de sa crainte, de sa timidité, il s'élance avec abandon au-devant de toi....

JEANNE *s'arrache vivement de ses bras.*

Laisse-moi! détourne-toi de moi! Ne te souille pas de mon contact funeste. Sois heureuse, va! et laisse-moi cacher dans la nuit la plus profonde, mon malheur, ma honte, mon horreur....

AGNÈS.

Tu m'épouvantes, je ne te comprends pas.... mais je ne t'ai jamais comprise.... et toujours ta nature mystérieuse et profonde fut voilée pour moi. Qui pourrait concevoir ce qui alarme la sainteté de ton cœur, le sentiment délicat de ton âme pure?

JEANNE.

C'est toi qui es la sainte! toi qui es l'âme pure! Si tu lisais dans mon cœur, tu repousserais en frémissant l'ennemie, la traîtresse!

SCÈNE III.

DUNOIS, DU CHÂTEL, LA HIRE, *avec le drapeau de Jeanne*; LES PRÉCÉDENTES.

DUNOIS.

C'est toi que nous cherchons, Jeanne. Tout est prêt, le roi nous envoie, il veut que tu portes devant lui la sainte bannière, que tu te joignes aux rangs des princes, que tu marches le plus près de lui; car il ne nie pas, il veut que tous attestent, que c'est à toi seule qu'il attribue l'honneur de ce jour.

LA HIRE.

Voici le drapeau. Prends-le, noble fille! Les princes attendent, le peuple est impatient.

JEANNE.

Moi, marcher devant lui! Moi, porter la bannière!

DUNOIS.

A quel autre revient cet honneur? Quelle autre main est assez pure pour porter ce signe sacré? Tu l'as fait flotter dans la bataille, porte-le comme un ornement dans le chemin de la joie. (*La Hire veut lui présenter la bannière; elle recule en frissonnant.*

JEANNE.

Loin, loin de moi!

LA HIRE.

Qu'as-tu donc? Ta propre bannière t'effraye.... Regarde-la! (*Il déroule le drapeau.*) C'est bien elle que tu agitais à l'heure de la victoire. La reine des cieux y est représentée, planant sur un globe terrestre. C'est ainsi que la Vierge mère te l'avait elle-même prescrit.

JEANNE, *regardant avec terreur.*

C'est elle, c'est elle-même! Oui, c'est ainsi qu'elle m'apparut. Voyez comme elle regarde, comme son front se ride, quels éclairs de courroux jaillissent de ses sombres paupières!

AGNÈS.

Oh! elle est hors d'elle-même! Reviens à toi! Reconnais-toi! Tu ne vois rien de réel. C'est la terrestre imitation de son image, elle-même habite au milieu des chœurs célestes.

JEANNE.

Vierge terrible, viens-tu pour châtier ta créature? Immole-moi, punis-moi, prends tes foudres et lance-les sur ma tête coupable. J'ai rompu mon alliance, j'ai profané, blasphémé ton saint nom!

DUNOIS.

Malheur à nous! Qu'est-ce que cela? Quels funestes discours!

LA HIRE, *stupéfait, à du Châtel.*

Comprenez-vous cette étrange émotion?

DU CHÂTEL.

Je vois ce que je vois. Depuis longtemps je le craignais.

DUNOIS.

Comment? Que dites-vous?

DU CHÂTEL.

Ce que je pense, je n'ose le dire. Plût au ciel que ce fût passé et que le roi fût couronné!

LA HIRE.

Comment? La terreur qui sortait de cette bannière s'est-elle retournée contre toi-même? Que les Anglais tremblent devant ce signe, c'est aux ennemis de la France qu'il est redoutable, mais il est propice à ses fidèles citoyens.

JEANNE.

Oui, tu as raison. Il est propice aux amis et lance l'épouvante sur les ennemis. (*On entend la marche du couronnement.*)

DUNOIS.

Prends donc la bannière! prends-la! Le cortége se met en marche, il n'y a pas un moment à perdre! (*Ils lui mettent de force la bannière dans les mains; elle la prend avec une vive résistance, et sort; les autres suivent.*)

SCÈNE IV.

La scène change et représente une place libre, devant la cathédrale.

DES SPECTATEURS *remplissent le fond du théâtre;* BERTRAND, CLAUDE MARIE *et* ÉTIENNE *sortent de la foule et viennent sur le devant; plus tard aussi* MARGOT *et* LOUISON. *On entend dans le lointain, amortie par la distance, la marche du sacre.*

BERTRAND.

Écoutez la musique! Ce sont eux! Ils approchent déjà. Qu'est-ce qui vaut le mieux? Montons-nous sur la plate-forme, ou pénétrons-nous à travers la foule, pour ne rien perdre du cortége?

ÉTIENNE.

Il n'est pas possible de s'ouvrir un chemin. Toutes les rues sont remplies de gens à cheval et en voiture. Rangeons-nous près de ces maisons : là nous pourrons voir commodément le cortége quand il passera.

CLAUDE MARIE.

Ne dirait-on pas que la moitié de la France s'est rassemblée ici? L'affluence est si grande qu'elle nous a entraînés nous-mêmes et poussés jusqu'ici du fond de la Lorraine!

BERTRAND.

Qui resterait oisif dans son coin, quand il arrive de si grandes choses dans le pays? Aussi en a-t-il coûté assez de sueur et de sang pour placer la couronne sur la tête où elle doit être! Et il convient que notre roi, qui est le vrai, à qui nous donnons en ce moment la couronne, ne soit pas plus mal accompagné que celui des Parisiens, qu'ils ont couronné à Saint-Denis! Celui-là n'est pas bon Français qui n'accourt point à cette fête et ne crie pas avec les autres : « Vive le roi! »

SCÈNE V.

MARGOT *et* **LOUISON** *viennent se joindre à eux.*

LOUISON.

Nous allons voir notre sœur, Margot! Le cœur me bat.

MARGOT.

Nous la verrons dans sa gloire et sa grandeur, et nous nous dirons : C'est Jeanne, c'est notre sœur!

LOUISON.

Je ne puis croire, avant de l'avoir vue de mes yeux, que cette puissante guerrière, qu'on nomme la Pucelle d'Orléans, soit notre sœur Jeanne que nous avions perdue. (*Les sons de la marche approchent de plus en plus.*)

MARGOT.

Tu doutes encore? Tu vas la voir de tes yeux!

BERTRAND.

Attention! Ils viennent!

SCÈNE VI.

Des JOUEURS *de flûte et de hautbois ouvrent la marche ; ils sont suivis d'*ENFANTS, *vêtus de blanc et portant des branches à la main; puis viennent deux* HÉRAUTS; *ensuite une troupe de* HALLEBARDIERS; *des* MAGISTRATS *en robe les suivent; après viennent deux* MARÉCHAUX, *leur bâton à la main;* LE DUC DE BOURGOGNE, *portant l'épée;* DUNOIS, *avec le sceptre; d'autres* GRANDS, *avec la couronne, le globe et la main de justice; d'autres encore avec des offrandes; derrière eux, des* CHEVALIERS, *revêtus de leur ordre; des* ENFANTS DE CHOEUR, *avec l'encensoir; puis deux* ÉVÊQUES, *avec la Sainte-Ampoule, et l'*ARCHEVÊQUE, *avec le crucifix;* JEANNE *le suit, portant le drapeau; elle marche la tête baissée et d'un pas mal assuré; ses sœurs, à sa vue, témoignent leur étonnement et leur joie; après elle vient le* ROI, *sous un dais porté par quatre barons; des* COURTISANS *suivent; des* SOLDATS *ferment la marche. Quand le cortége est entré dans l'église, la musique se tait.*

SCÈNE VII.

LOUISON, MARGOT, CLAUDE MARIE, ÉTIENNE, BERTRAND.

MARGOT.

As-tu vu notre sœur ?

CLAUDE MARIE.

Celle qui avait une armure d'or et marchait devant le roi avec le drapeau ?

MARGOT.

C'était elle; c'était Jeanne, notre sœur!

LOUISON.

Et elle ne nous a pas reconnues, et elle n'a pas deviné que si près d'elle battait le cœur de ses sœurs! Elle regardait la terre, et paraissait si pâle, et marchait toute tremblante sous sa bannière. Je n'ai pu me réjouir en la voyant.

MARGOT.

Ainsi donc j'ai vu ma sœur dans son éclat et sa magnificence.... Qui aurait, même en songe, pu prévoir et penser, lorsqu'elle menait son troupeau sur nos montagnes, que nous la verrions dans une telle splendeur?

LOUISON.

Le songe de notre père est accompli : il nous voyait à Reims nous incliner devant notre sœur. Voici l'église que notre père a vue en rêve, et tout s'est accompli. Mais il a eu aussi de tristes visions. Ah! je suis inquiète de la voir si grande!

BERTRAND.

Pourquoi restons-nous ici à ne rien faire? Venez dans l'église pour voir la sainte cérémonie.

MARGOT.

Oui, venez! Peut-être que nous y rencontrerons notre sœur.

LOUISON.

Nous l'avons vue. Retournons à notre village.

MARGOT.

Quoi? avant de l'avoir saluée, avant de lui parler?

LOUISON.

Elle ne nous appartient plus ; sa place est chez les princes et les rois.... Que sommes-nous pour pénétrer, par vaine gloire, dans son éclat ? Elle nous était déjà étrangère quand elle vivait encore avec nous.

MARGOT.

Crois-tu qu'elle rougisse de nous et nous méprise ?

BERTRAND.

Le roi lui-même ne rougit pas de nous; il saluait amicalement les plus humbles. Qu'elle soit montée aussi haut qu'on voudra, le roi est pourtant plus grand encore ! (*On entend sortir de l'église le bruit des trompettes et des timbales.*)

CLAUDE MARIE.

Venez à l'église ! (*Ils vont rapidement vers le fond du théâtre et se perdent dans la foule.*)

SCÈNE VIII.

THIBAUD *vient, vêtu de noir;* **RAIMOND** *le suit et veut le retenir.*

RAIMOND.

Restez, père Thibaut, restez hors de la foule. Vous ne voyez ici que des hommes joyeux, et votre chagrin fait injure à cette fête. Venez ! Fuyons la ville d'un pas rapide.

THIBAUT.

As-tu vu ma malheureuse enfant ? L'as-tu bien regardée ?

RAIMOND.

Oh ! je vous en prie, fuyez !

THIBAUT.

As-tu remarqué comme ses pas chancelaient, comme son visage était pâle et bouleversé? La malheureuse sent son état : c'est le moment de sauver mon enfant, je veux le mettre à profit. (*Il veut avancer.*)

RAIMOND.

Restez ! que voulez-vous faire?

THIBAUD.

Je veux la surprendre, la précipiter du haut de sa vaine

fortune; oui, je veux la ramener de force à son Dieu qu'elle a renoncé.

RAIMOND.

Ah! réfléchissez bien. Ne précipitez pas votre propre enfant dans sa ruine!

THIBAUT.

Pourvu que son âme vive, que m'importe que son corps périsse? (*Jeanne s'élance de l'église, sans son drapeau. Le peuple se presse autour d'elle, l'adore et baise ses habits. Elle est retenue par la foule au fond du théâtre.*) Elle vient! c'est elle! Elle se précipite, toute pâle, hors de l'église; l'effroi la chasse du sanctuaire. C'est le jugement de Dieu qui se manifeste en sa personne!

RAIMOND.

Adieu! n'exigez pas que je vous accompagne plus longtemps! Je suis venu plein d'espoir, et je pars plein de douleur. J'ai revu votre fille, et je sens que de nouveau je la perds. (*Il se retire. Thibaut s'éloigne du côté opposé.*)

SCÈNE IX.

JEANNE, PEUPLE; ensuite les SŒURS de Jeanne.

JEANNE *s'est dégagée du peuple et vient sur le devant.*

Je ne puis rester.... Des esprits me chassent; les sons de l'orgue retentissent comme le tonnerre à mes oreilles; les voûtes de la cathédrale s'écroulent sur moi, il faut que je cherche la libre enceinte du ciel! J'ai laissé le drapeau dans le sanctuaire. Jamais, non, jamais plus, cette main ne le touchera! Il m'a semblé que je voyais mes sœurs chéries, Margot et Louison, glisser devant mes yeux comme un rêve.... Ah! ce n'était qu'une trompeuse apparence! Elles sont loin, loin, à une distance inaccessible, comme le bonheur de mon enfance, de mon innocence!

MARGOT, *s'avançant.*

C'est elle! c'est Jeanne!

LOUISON *court au-devant d'elle.*

O ma sœur!

JEANNE.

Ce n'était donc pas une illusion.... C'est vous.... Je vous embrasse. Toi, ma Louison! Toi, ma Margot! C'est ici, dans ce désert étranger, peuplé d'hommes, que je presse dans mes bras de tendres sœurs!

MARGOT.

Elle nous connaît encore, elle est toujours notre bonne sœur.

JEANNE.

Et c'est votre tendresse qui vous amène vers moi, si loin, si loin! Vous n'êtes pas irritées contre cette sœur qui vous a quittées froidement, sans adieux!

LOUISON.

Ce sont les desseins mystérieux du Seigneur qui te conduisaient loin de nous.

MARGOT.

Ta renommée, qui émeut le monde entier, et place ton nom dans toutes les bouches, nous a éveillées dans notre paisible hameau et nous a amenées à cette fête solennelle. Nous venons pour voir ta grandeur, et nous ne sommes pas seules!

JEANNE, *vivement*.

Mon père est avec vous? Où? où est-il? Pourquoi se cache-t-il?

MARGOT.

Notre père n'est pas avec nous.

JEANNE.

Non? Il ne veut pas voir son enfant? Vous ne m'apportez pas sa bénédiction?

LOUISON.

Il ne sait pas que nous sommes ici.

JEANNE.

Il ne le sait pas! Pourquoi pas?.... Vous vous troublez? Vous vous taisez et regardez à terre? Dites, où est mon père?

MARGOT.

Depuis que tu es partie....

LOUISON *lui fait signe*.

Margot!

MARGOT.

Notre père est tombé dans une profonde tristesse.

JEANNE.

Une profonde tristesse!

LOUISON.

Console-toi! Tu connais son âme ouverte à tous les pressentiments. Il se rassurera, il sera satisfait, quand nous lui dirons que tu es heureuse.

MARGOT.

Car tu es heureuse, n'est-ce pas? Oui, il faut que tu le sois, puisque tu es si grande et si honorée!

JEANNE.

Je le suis, puisque je vous revois, que j'entends le son de votre voix, ce son chéri; que mes souvenirs me reportent à la maison, au foyer paternel. Quand je menais mon troupeau sur nos montagnes, alors j'étais heureuse, comme en paradis.... Ne puis-je pas l'être encore, le redevenir? (*Elle cache son visage sur le sein de Louison Claude Marie, Étienne et Bertrand se montrent et restent timidement à distance*).

MARGOT.

Venez, Étienne! Bertrand! Claude Marie! Notre sœur n'est pas fière; elle est plus douce et parle plus amicalement qu'elle n'a jamais fait, quand elle vivait encore avec nous au village. (*Ils s'approchent et veulent lui donner la main. Jeanne les regarde fixement et tombe dans une profonde stupeur.*)

JEANNE.

Où étais-je? Dites-moi, tout cela n'était-il qu'un long rêve, et me réveillé-je maintenant? Ai-je quitté Domremy? N'est-ce pas? je m'étais endormie sous l'arbre magique, et je viens de m'éveiller, et vous voilà autour de moi, figures aimées, bien connues de mes yeux? Ces rois, ces batailles, ces exploits de guerre, je n'ai fait qu'en rêver.... Ce n'étaient que des ombres qui ont passé devant moi, car on a sous cet arbre des rêves animés.... Comment seriez-vous venus à Reims? Comment serais-je venue moi-même ici? Jamais, jamais je n'ai quitté Domremy! Convenez-en sans détour et réjouissez mon cœur.

LOUISON.

Nous sommes à Reims. Tu n'as pas simplement rêvé ces actions, tu les as réellement accomplies.... Reconnais-toi, regarde autour de toi. Touche ta brillante armure d'or. (*Jeanne porte vivement la main à sa poitrine, revient à elle, et tressaille d'effroi.*)

BERTRAND.

C'est de ma main que vous avez reçu ce casque.

CLAUDE MARIE.

Il n'est pas étonnant que vous croyiez rêver; car ce que vous avez fait et accompli n'aurait pu se passer plus merveilleusement en rêve.

JEANNE, *vivement*.

Venez, fuyons! Je vais avec vous, je retourne dans notre village, dans le sein de mon père.

LOUISON.

Oh! viens, viens avec nous!

JEANNE.

Tous ces hommes m'élèvent bien au-dessus de mon mérite! Vous m'avez vue petite, faible, enfant; vous, vous m'aimez, mais vous ne m'adorez pas!

MARGOT.

Tu voudrais renoncer à toute cette splendeur?

JEANNE.

Je la rejette loin de moi, cette parure odieuse, qui sépare votre cœur du mien, et je veux redevenir une bergère. Je veux vous servir comme une humble servante, et expier par la plus rigoureuse pénitence la vanité que j'ai eue de m'élever au-dessus de vous. (*Les trompettes sonnent.*)

SCÈNE X.

LE ROI *sort de l'église, il est revêtu des ornements du sacre;* AGNÈS SOREL, L'ARCHEVÊQUE, LE DUC DE BOURGOGNE, DUNOIS, LA HIRE, DU CHÂTEL, CHEVALIERS, COURTISANS, PEUPLE.

TOUTES LES VOIX *crient à diverses reprises, pendant que le Roi s'avance.*

Vive le roi Charles VII! (*Des fanfares éclatent. Sur un signe que fait le Roi, les Hérauts, le bâton levé, commandent le silence.*)

LE ROI.

Mon bon peuple, je vous remercie de votre amour! La couronne que Dieu a placée sur notre tête, c'est par le glaive qu'elle a été gagnée et conquise, elle est arrosée du noble sang de mes sujets; mais je veux que l'olivier, symbole de paix, l'entoure de ses vertes branches. Je remercie tous ceux qui ont combattu pour moi, et je pardonne à qui m'a résisté, car Dieu m'a fait grâce, et que ma première parole de roi soit aussi.... grâce!

LE PEUPLE.

Vive le roi, Charles le Bon!

LE ROI.

C'est de Dieu seul, du maître suprême, que les rois de France tiennent la couronne; mais nous, nous l'avons reçue visiblement de sa main. (*Se tournant vers la Pucelle.*) Voici l'envoyée de Dieu, qui vous a rendu votre roi légitime, qui a brisé le joug de la tyrannie étrangère! Que son nom soit égal à celui de saint Denis, protecteur de ce pays! Un autel doit être élevé à sa gloire.

LE PEUPLE.

Salut, salut à la Pucelle, à notre libératrice! (*Des fanfares.*)

LE ROI, *à Jeanne.*

Si tu es comme nous enfantée par des hommes, dis-nous quel bonheur peut te réjouir. Mais si ta patrie est là-haut, si tu caches sous ce corps virginal les rayons d'une céleste nature, oh! alors, enlève le bandeau qui couvre nos sens, montre-toi sous ta forme lumineuse, telle que le ciel te voit, afin que, prosternés dans la poussière, nous t'adorions. (*Silence général. Tous les yeux sont fixés sur la Pucelle.*)

JEANNE, *s'écriant tout à coup.*

Dieu! mon père!

SCÈNE XI.

THIBAUT *sort de la foule et s'arrête devant Jeanne.*

PLUSIEURS VOIX.

Son père!

THIBAUT.

Oui, le père infortuné qui a engendré la malheureuse, et que le jugement du Très-Haut pousse en ce lieu, pour accuser sa propre fille.

LE DUC DE BOURGOGNE.

Ah! qu'est-ce que cela?

ACTE IV, SCÈNE XI.

DU CHÂTEL.

A présent va luire un jour terrible.

THIBAUT, *au Roi.*

Tu te crois sauvé par la puissance de Dieu? Prince abusé! Peuple de France, peuple aveuglé! Tu as été sauvé par l'artifice du démon. (*Tous reculent avec épouvante.*)

DUNOIS.

Cet homme est-il fou?

THIBAUT.

Ce n'est pas moi, c'est toi qui es fou, toi et tous ceux-ci, et ce sage évêque, qui croient que le maître des cieux va se manifester par une misérable fille. Voyons si, à la face de son père, elle soutiendra la jonglerie, l'audacieux mensonge par lequel elle a trompé le peuple et le roi. Réponds-moi, au nom du Dieu unique en trois personnes, appartiens-tu aux esprits purs et saints? (*Silence général. Tous les regards sont fixés sur elle ; elle demeure immobile.*)

AGNÈS.

Dieu! elle se tait!

THIBAUT.

Il faut bien qu'elle se taise, à ce nom terrible qui est redouté jusque dans les profondeurs de l'enfer!... Elle, une sainte, envoyée de Dieu!... La fraude a été conçue à une place maudite, sous l'arbre magique où, dès les temps anciens, les mauvais esprits tiennent le sabbat.... C'est là qu'elle a vendu à l'ennemi des hommes la part immortelle de son être, pour se glorifier en ce monde par une gloire éphémère. Qu'elle découvre son bras, voyez les stigmates dont l'enfer l'a marquée!

LE DUC DE BOURGOGNE.

C'est affreux!... et pourtant il en faut croire un père qui témoigne contre sa propre fille.

DUNOIS.

Non, l'on n'en peut croire un fou en délire qui se flétrit lui-même dans son propre enfant.

AGNÈS, *à Jeanne.*

Oh! parle! Romps ce malheureux silence! Nous te croyons, nous avons en toi une ferme confiance! Un mot de ta bouche, un seul mot nous suffira.... Mais, parle! Détruis cette horrible accusation.... Déclare que tu es innocente, et nous te croyons. (*Jeanne demeure immobile. Agnès Sorel s'éloigne d'elle avec épouvante.*)

LA HIRE.

Elle est effrayée. La surprise et l'épouvante lui ferment la bouche.... A une si horrible accusation, l'innocence même doit trembler. (*Il s'approche d'elle.*) Possède-toi, Jeanne. Aie conscience de toi-même. L'innocence a un langage, un regard victorieux, qui écrase la calomnie avec la puissance de la foudre! Redresse-toi avec une noble colère, lève les yeux, confonds, punis l'indigne soupçon qui outrage ta sainte vertu. (*Jeanne demeure immobile. La Hire recule épouvanté. L'agitation s'accroît.*)

DUNOIS.

Pourquoi ce peuple est-il effrayé? Pourquoi les princes eux-mêmes tremblent-ils? Elle est innocente.... Je me rends son garant, moi-même, avec mon honneur de prince. Je jette ici mon gant de chevalier. Qui ose la nommer coupable? (*On entend un violent coup de tonnerre. Tous sont immobiles de terreur.*)

THIBAUT.

Réponds, au nom du Dieu qui tonne là-haut! Dis que tu es innocente! Nie que l'esprit malin soit dans ton cœur, et convaincs-moi de mensonge! (*Second coup de tonnerre, plus fort. Le peuple s'enfuit de toutes parts.*)

LE DUC DE BOURGOGNE.

Que Dieu nous protége! Quels terribles signes!

DU CHÂTEL, *au Roi*.

Venez, venez, mon roi! Fuyez ce lieu!

L'ARCHEVÊQUE, *à Jeanne*.

Je t'interroge au nom de Dieu. Est-ce le sentiment de ton innocence ou de ton crime qui te rend muette? Si cette voix du tonnerre témoigne en ta faveur, prends cette croix et fais un signe. (*Jeanne demeure immobile. On entend de nouveau de violents coups de tonnerre. Le Roi, Agnès Sorel, l'Archevêque, le duc de Bourgogne, La Hire et du Châtel se retirent.*)

SCÈNE XII.

DUNOIS, JEANNE.

DUNOIS.

Tu es ma femme.... J'ai cru en toi dès le premier regard, et ma conviction est encore la même. Je me fie plus à toi qu'à tous ces signes, qu'à ce tonnerre même, qui parle là-haut. Tu te tais dans ta noble colère, tu dédaignes, enveloppée de ta sainte innocence, de confondre un si honteux soupçon.... Dédaigne-le, mais confie-toi à moi, je n'ai jamais douté de ton innocence. Ne me dis pas un mot, tends-moi seulement la main, comme signe et comme gage que tu te fies hardiment à mon bras et à ta bonne cause. (*Il lui tend la main; elle se détourne de lui, avec un mouvement convulsif. Il reste immobile et comme glacé d'horreur.*)

SCÈNE XIII.

JEANNE, DU CHÂTEL, DUNOIS; *à la fin*, RAIMOND.

DU CHÂTEL, *revenant*.

Jeanne d'Arc! le roi permet que vous quittiez la ville, sans qu'il vous soit fait aucun mal. Les portes vous sont ouvertes. Ne craignez nulle offense. La paix du roi vous protége.... Suivez-moi, comte Dunois.... Il n'y a pas d'honneur pour vous à rester ici plus longtemps.... Quel dénoûment! (*Il se retire. Dunois s'éveille de sa stupeur, jette encore un regard sur Jeanne et s'éloigne. Elle reste un moment toute seule. Enfin Raimond paraît; il s'arrête un instant à quelque distance, et la contemple avec une muette douleur. Puis il s'avance vers elle et la prend par la main.*)

RAIMOND.

Saisissez le moment. Les rues sont libres. Donnez-moi la main, je vous conduirai. (*A sa vue, Jeanne donne le premier signe de sentiment; elle le regarde fixement, puis lève les yeux au ciel; ensuite, elle saisit vivement sa main et s'éloigne.*)

ACTE CINQUIÈME.

Une forêt sauvage. — Dans le lointain, des huttes de charbonniers. L'obscurité est profonde. Violents coups de tonnerre et éclairs. On entend tirer par intervalles.

SCÈNE I.

UN CHARBONNIER *et* SA FEMME.

LE CHARBONNIER.

C'est un orage affreux, épouvantable; le ciel menace de se fondre en ruisseaux de feu, et il fait nuit en plein jour, au point qu'on pourrait voir les étoiles. La tempête se démène comme l'enfer déchaîné; la terre tremble, et les vieux frênes craquent et courbent leur cime. Pourtant cette terrible guerre de là-haut, qui enseigne la douceur même aux bêtes sauvages, que l'on voit se cacher timidement dans leurs tanières, ne peut ramener la paix parmi les hommes.... A travers les hurlements du vent et de la tempête, on entend le bruit de l'artillerie. Les deux armées sont si rapprochées que la forêt seule les sépare, et à toute heure on peut s'attendre à une sanglante et terrible explosion.

LA FEMME.

Que Dieu nous assiste! Mais les ennemis étaient déjà battus à plate couture et dispersés. D'où vient qu'ils nous tourmentent de nouveau?

LE CHARBONNIER.

C'est qu'ils ne craignent plus le roi. Depuis que la Pucelle a été reconnue sorcière à Reims, et que l'esprit malin ne nous aide plus, tout va à reculons.

LA FEMME.

Écoute! Qui vient là?

SCÈNE II.

RAIMOND et JEANNE; LES PRÉCÉDENTS.

RAIMOND.

Je vois ici des cabanes. Venez, nous y trouverons un abri contre cette furieuse tempête. Vous ne résisteriez pas plus longtemps, voilà trois jours déjà que vous errez, fuyant les regards des hommes, et des racines sauvages ont été votre seule nourriture. (*L'orage se calme, le ciel devient clair et serein.*) Ce sont des charbonniers compatissants. Entrez!

LE CHARBONNIER.

Vous semblez avoir besoin de repos. Venez! Ce que peut offrir notre pauvre cabane est à vous.

LA FEMME.

Comment? Une tendre jeune fille couverte d'une armure? Mais il n'est que trop vrai! C'est un rude temps que le nôtre, où il n'est pas jusqu'aux femmes qui n'endossent la cuirasse! La reine elle-même, dame Isabeau, dit-on, se montre en armes dans le camp ennemi, et une pucelle, la fille d'un berger, a combattu pour le roi notre maître.

LE CHARBONNIER.

Que dis-tu là? va dans la cabane et apporte un gobelet à cette jeune fille pour se refaire. (*La Femme du charbonnier va vers la cabane.*)

RAIMOND, à Jeanne.

Vous voyez, tous les hommes ne sont pas cruels; dans les lieux les plus sauvages habitent des âmes compatissantes. Revenez à de sereines pensées! La tempête a épuisé sa fureur, et le soleil, sur son déclin, brille d'un paisible éclat.

LE CHARBONNIER.

Vous voulez, je pense, rejoindre l'armée de notre roi, puisque vous voyagez en armes.... Prenez garde à vous! Les Anglais sont campés près d'ici, et leurs bandes font des courses dans la forêt.

RAIMOND.

Malheur à nous! Comment leur échapper?

LE CHARBONNIER.

Restez, jusqu'à ce que mon garçon soit revenu de la ville. Il vous conduira par des sentiers cachés, de façon que vous n'ayez rien à craindre. Nous connaissons les détours.

RAIMOND, *à Jeanne.*

Déposez le casque et l'armure. Elle vous fait reconnaître et ne vous protége pas. (*Jeanne secoue la tête.*)

LE CHARBONNIER.

La jeune fille est fort triste.... Silence! Qui vient ici ?

SCÈNE III.

LA FEMME DU CHARBONNIER *sort de la cabane, avec un gobelet;* LE GARÇON DU CHARBONNIER.

LA FEMME.

C'est notre garçon, dont nous attendions le retour. (*A Jeanne.*) Buvez, noble fille! et que Dieu vous bénisse!

LE CHARBONNIER, *à son fils.*

Te voilà donc, Anet ? Qu'apportes-tu ?

LE GARÇON *a fixé les yeux sur Jeanne, qui, en ce moment même, porte le gobelet à sa bouche. Il la reconnaît, s'élance sur elle et lui arrache le gobelet des lèvres.*

Mère! mère! Que faites-vous ? A qui donnez-vous l'hospitalité ? C'est la sorcière d'Orléans!

LE CHARBONNIER *et* SA FEMME.

Que Dieu nous soit propice! (*Ils font le signe de la croix et s'enfuient.*)

SCÈNE IV.

RAIMOND, JEANNE.

JEANNE, *calme et douce.*

Tu le vois, la malédiction suit mes pas et tout me fuit. Songe à toi, et laisse-moi aussi.

RAIMOND.

Moi vous quitter! Maintenant! Et qui sera votre guide ?

ACTE V, SCÈNE IV.

JEANNE.

Je ne suis pas sans guide. Tu as entendu le tonnerre qui gronde au-dessus de moi. Mon destin me conduit. Ne t'inquiète pas, j'arriverai au but, sans le chercher.

RAIMOND.

Où voulez-vous aller? Ici sont les Anglais, qui ont juré d'exercer sur vous une vengeance sanglante.... Là sont les nôtres, qui vous ont repoussée, bannie....

JEANNE.

Rien ne m'atteindra qui ne soit inévitable.

RAIMOND.

Qui vous cherchera de la nourriture? Qui vous protégera contre les bêtes féroces et les hommes plus féroces encore? Qui vous soignera, si vous êtes malade, exténuée?

JEANNE.

Je connais toutes les herbes, toutes les racines; j'ai appris de mes brebis à distinguer ce qui est salutaire de ce qui est vénéneux.... Je connais le cours des astres et la marche des nuages, et j'entends le murmure des sources cachées. L'homme a besoin de peu, et la nature est riche en aliments.

RAIMOND *lui prend la main.*

Ne voulez-vous pas rentrer en vous-même? vous réconcilier avec Dieu.... retourner, par le repentir, dans le giron de la sainte Église?

JEANNE.

Toi aussi tu me crois coupable de ce grand péché?

RAIMOND.

N'y suis-je pas contraint? Votre aveu tacite....

JEANNE.

Toi, qui m'as suivie dans ma misère, toi le seul être qui me soit resté fidèle, qui s'attache à moi, quand le monde entier m'a repoussée, tu me crois aussi une réprouvée qui a renoncé à son Dieu.... (*Raimond se tait.*) Oh! cela est dur!

RAIMOND, *étonné.*

Vous ne seriez réellement pas une magicienne?

JEANNE.

Moi une magicienne?

RAIMOND.

Et ces miracles, vous les auriez accomplis par la puissance de Dieu et de ses saints.

JEANNE.

Et par quelle autre donc?

RAIMOND.

Et vous êtes restée muette à cette affreuse accusation? Vous parlez maintenant, et devant le roi, quand il importait de parler, vous étiez muette!

JEANNE.

Je me suis soumise en silence au destin que Dieu, mon maître, voulait que je subisse.

RAIMOND.

Vous ne pouviez rien répondre à votre père!

JEANNE.

Puisque cela venait de mon père, cela venait de Dieu, et l'épreuve aussi sera paternelle.

RAIMOND.

Le ciel lui-même attestait votre faute.

JEANNE.

Le ciel parlait, voilà pourquoi je me suis tue.

RAIMOND.

Comment? Vous pouviez d'un mot vous justifier, et vous avez laissé le monde dans cette malheureuse erreur?

JEANNE.

Ce n'était pas une erreur, mais un ordre d'en haut.

RAIMOND.

Vous avez souffert, innocente, toute cette honte, et nulle plainte n'est sortie de vos lèvres!... Vous êtes pour moi un objet de stupeur, je reste confondu, et mon cœur est bouleversé au plus profond de mon être. Oh! bien volontiers j'ajoute foi à vos paroles, car il m'était cruel de vous croire coupable. Et pourtant pouvais-je penser, même en rêve, qu'un cœur humain pût supporter en silence cette monstrueuse horreur?

JEANNE.

Mériterais-je d'être l'envoyée du Seigneur, si je ne respectais aveuglément la volonté de mon maître? Et je ne suis pas aussi misérable que tu crois. Je supporte des privations, mais, dans ma condition, ce n'est point là un malheur. Je suis bannie et fugitive, mais dans la solitude j'ai pu me reconnaître. C'est quand l'éclat de la gloire m'entourait qu'il y avait lutte dans mon sein; quand je paraissais au monde le plus digne d'envie, que j'étais le plus malheureuse.... Maintenant je suis guérie, et cet orage dans la nature, qui la menaçait de sa fin, m'était propice : il a purifié le monde et moi. La paix est dans mon cœur.... Advienne que pourra! Je ne sens plus en moi nulle faiblesse!

RAIMOND.

Oh! venez, venez, hâtons-nous de révéler bien haut votre innocence à tout l'univers.

JEANNE.

Celui qui a envoyé cette confusion saura la dissiper. Le fruit du destin ne tombe que lorsqu'il est mûr. Il viendra un jour qui me justifiera, et ceux qui maintenant m'ont rejetée et condamnée reconnaîtront leur erreur, et des larmes couleront sur mon sort.

RAIMOND.

Vous voulez que j'endure en silence, jusqu'à ce que le hasard....

JEANNE, *le prenant doucement par la main.*

Tu ne vois que l'ordre naturel des choses, car le bandeau terrestre voile tes regards. Moi, j'ai vu de mes yeux les choses immortelles.... Sans la volonté des puissances célestes, il ne tombe pas un cheveu de la tête de l'homme.... Vois-tu là-bas le soleil descendre à l'horizon?... Aussi vrai que demain il reparaîtra dans sa clarté, aussi vrai viendra inévitablement le jour de la vérité!

SCÈNE V.

LA REINE ISABEAU *paraît au fond du théâtre avec des* **SOLDATS.**

ISABEAU, *encore derrière la scène.*

C'est ici le chemin qui mène au camp anglais!

RAIMOND.

Malheur à nous! Les ennemis! (*Des Soldats entrent en scène, aperçoivent Jeanne, à leur entrée, et reculent en chancelant d'effroi.*)

ISABEAU.

Eh bien, pourquoi la troupe s'arrête-t-elle ?

LES SOLDATS.

Que Dieu nous assiste !

ISABEAU.

Est-ce un spectre qui vous effraye ? Êtes-vous des soldats ? Non, vous êtes des poltrons !... Comment ? (*Elle se pousse à travers les Soldats, s'avance, puis bondit en arrière à la vue de la Pucelle.*) Que vois-je ? Ah ! (*Bientôt elle se domine, et marche au-devant d'elle.*) Rends-toi ! tu es ma prisonnière !

JEANNE.

Je le suis ! (*Raimond s'enfuit en donnant des marques de désespoir.*)

ISABEAU, *aux Soldats.*

Enchaînez-la ! (*Les Soldats s'approchent timidement de la Pucelle; elle tend les bras et on l'enchaîne.*) Est-ce là cette guerrière puissante, redoutée, qui faisait fuir vos bataillons comme des agneaux, qui maintenant ne peut se protéger elle-même ? Ne fait-elle ses miracles que devant qui a la foi, et devient-elle femme dès qu'un homme la rencontre ? (*A la Pucelle.*) Pourquoi as-tu quitté ton armée ? Où est le comte Dunois, ton chevalier et ton protecteur ?

JEANNE.

Je suis bannie.

ISABEAU *recule étonnée.*

Quoi ? comment ? Tu es bannie ? bannie par le dauphin ?

JEANNE.

Ne m'interroge pas ! Je suis en ton pouvoir, ordonne de mon sort.

ISABEAU.

Bannie, pour l'avoir sauvé de l'abîme, lui avoir mis, à Reims, la couronne sur la tête, l'avoir fait roi de France ? Bannie ! Je reconnais là mon fils !... Conduisez-la dans le camp. Montrez à l'armée ce spectre d'épouvante qui l'a fait trembler ! Elle, magicienne ? Toute sa magie, c'est votre illusion et votre lâche cœur. Elle est une folle qui s'est sacrifiée pour son roi, et maintenant il l'en récompense en roi.... Conduis-la à Lionel.... Je lui livre enchaînée la fortune des Français. Moi-même je vous suis sans retard.

ACTE V, SCÈNE V.

JEANNE.

A Lionel? Tue-moi plutôt ici, avant de m'envoyer à Lionel.

ISABEAU, *aux Soldats.*

Exécutez mon ordre. Qu'on l'emmène! (*Elle s'en va.*)

SCÈNE VI.

JEANNE, LES SOLDATS.

JEANNE, *aux Soldats.*

Anglais! ne souffrez pas que je sorte vivante de vos mains! Vengez-vous! Tirez vos épées, plongez-les dans mon cœur, traînez-moi, inanimée, aux pieds de votre général! Songez que c'est moi qui ai tué les meilleurs de votre armée, qui n'ai eu nulle pitié de vous, qui ai versé des torrents de sang anglais, qui ai ravi à vos héros les plus vaillants l'heureuse journée du retour! Tirez de moi une vengeance sanglante! Tuez-moi! Vous me tenez maintenant, vous pourriez bien ne pas me voir toujours aussi faible....

LE CHEF DES SOLDATS.

Faites ce que la reine a ordonné!

JEANNE.

Me faudrait-il donc devenir plus malheureuse encore que je ne l'étais! Vierge redoutable! ta main est pesante! M'as-tu donc entièrement exclue de ta faveur? Plus de Dieu qui m'apparaisse, d'ange qui se montre à moi; les miracles cessent, le ciel est fermé. (*Elle suit les Soldats.*)

Le Camp français.

SCÈNE VII.

DUNOIS, *entre* L'ARCHEVÊQUE *et* DU CHÂTEL.

L'ARCHEVÊQUE.

Domptez votre sombre chagrin, prince! Venez avec nous! Retournez vers votre roi! N'abandonnez pas la cause commune en ce moment où, pressés de nouveau par l'ennemi, nous avons besoin de votre bras héroïque.

DUNOIS.

Pourquoi sommes-nous pressés par l'ennemi? Pourquoi se relève-t-il? Tout était achevé; la France était victorieuse et la guerre finie. Vous avez banni la libératrice; maintenant, sauvez-vous vous-mêmes! Moi, je ne veux plus revoir le camp où elle n'est plus.

DU CHÂTEL.

Revenez, prince, à de meilleures pensées. Ne nous congédiez pas avec une telle réponse!

DUNOIS.

Taisez-vous, du Châtel! Je vous hais; je ne veux rien entendre de vous : vous avez été le premier à douter d'elle.

L'ARCHEVÊQUE.

Qui ne s'est mépris et qui n'eût été ébranlé en ce malheureux jour où tous les signes témoignaient contre elle? Nous fûmes surpris, stupéfaits. Ce coup frappa nos cœurs avec une trop soudaine violence.... Qui pouvait, dans cette heure d'épouvante, examiner et peser? Maintenant, la réflexion nous revient : nous la voyons telle qu'elle a vécu parmi nous, et nous ne trouvons en elle aucun sujet de blâme. Nous sommes confondus.... Nous craignons d'avoir commis une grave injustice.... Le roi éprouve du repentir, le duc s'accuse, La Hire est inconsolable, et tous les cœurs sont plongés dans le deuil.

DUNOIS.

Elle, une fourbe! Si la vérité voulait prendre un corps, une forme visible, elle ne pourrait apparaître que sous ses traits! Si l'innocence, la bonne foi, la pureté du cœur habitent quelque part sur la terre.... c'est assurément sur ses lèvres, dans ses yeux limpides qu'elles demeurent!

L'ARCHEVÊQUE.

Que le ciel intervienne par un miracle et éclaircisse ce mystère, que nos yeux mortels ne peuvent pénétrer!... Mais, de quelque façon que le nœud se démêle et se dénoue, point de milieu, nous sommes coupables. Ou bien nous nous sommes défendus avec des armes infernales, ou bien nous avons proscrit une sainte! Et l'un ou l'autre crime appelle sur ce malheureux pays le courroux et le châtiment du ciel.

SCÈNE VIII.

UN GENTILHOMME, LES PRÉCÉDENTS, *puis* RAIMOND.

LE GENTILHOMME.

Un jeune berger demande Votre Altesse. Il sollicite la grâce de vous parler à vous-même. Il vient, dit-il, d'auprès de la Pucelle....

DUNOIS.

Cours! fais-le entrer! Il vient d'auprès d'elle! (*Le Gentilhomme ouvre la porte à Raimond. Dunois s'élance au-devant de lui.*) Où est-elle? où est la Pucelle?

RAIMOND.

Je vous salue, noble prince! et je me félicite de trouver près de vous ce pieux évêque, ce saint homme, le protecteur des opprimés, le père des délaissés.

DUNOIS.

Où est la Pucelle?

L'ARCHEVÊQUE.

Dis-nous-le, mon fils!

RAIMOND.

Seigneur, elle n'est point une noire magicienne! Je l'atteste au nom de Dieu et de tous les saints. Le peuple est dans l'erreur. Vous avez banni l'innocence, repoussé l'envoyée de Dieu!

DUNOIS.

Où est-elle? Parle!

RAIMOND.

J'étais son compagnon dans sa fuite à travers la forêt des Ardennes. Là, elle m'a révélé le fond de son âme. Je veux mourir dans les tortures, que mon âme n'ait point de part au salut éternel, si elle n'est pure, seigneur, de toute faute!

DUNOIS.

Le soleil lui-même, dans les cieux, n'est pas plus pur! Où est-elle? Parle!

RAIMOND.

Oh! si Dieu a changé votre cœur.... hâtez-vous, sauvez-la! Elle est prisonnière chez les Anglais.

DUNOIS.

Prisonnière? Quoi?

L'ARCHEVÊQUE.

La malheureuse!

RAIMOND.

Dans les Ardennes, où nous cherchions un asile, elle a été saisie par la reine et livrée aux mains des Anglais. Oh! sauvez-la d'une affreuse mort, elle qui vous a sauvés!

DUNOIS.

Aux armes! Debout! Battez le tambour! Sonnez l'alarme! Menez toutes les troupes au combat! Que toute la France s'arme! L'honneur est engagé, la couronne, le palladium dérobé. Risquez tout votre sang, risquez votre vie! Il faut qu'elle soit libre avant la fin du jour! (*Ils sortent.*)

Une tour. — Dans le haut une ouverture.

SCÈNE IX.

JEANNE *et* LIONEL.

FASTOLF *entre précipitamment.*

On ne peut contenir le peuple plus longtemps. Ils demandent avec fureur que la Pucelle périsse. Vous résistez en vain. Tuez-la et jetez sa tête des créneaux de cette tour. Son sang versé peut seul apaiser l'armée.

ISABEAU *vient.*

Ils dressent des échelles, ils montent à l'assaut. Apaisez le peuple. Voulez-vous attendre que, dans leur rage aveugle, ils renversent la tour, et que nous périssions tous en même temps? Vous ne pouvez la protéger. Livrez-la.

LIONEL.

Laissez-les donner l'assaut! laissez-les faire rage et tumulte. Ce donjon est fort, et je m'enterrerai sous ses ruines plutôt que d'être dompté par leur volonté.... Réponds-moi, Jeanne! Sois à moi, et je te protégerai contre tout un monde.

ISABEAU.

Êtes-vous un homme?

LIONEL.

Les tiens t'ont repoussée; tu es dégagée de tout devoir envers ton indigne patrie. Les lâches qui te recherchaient t'ont abandonnée; ils n'ont pas osé combattre pour ton honneur; mais moi, je te défendrai contre mon peuple et contre le tien.... Un jour, tu m'as laissé croire que ma vie t'était chère! Et alors je combattais en ennemi contre toi; maintenant tu n'as pas d'autre ami que moi!

JEANNE.

Tu es pour moi l'ennemi, l'odieux ennemi de mon peuple. Il ne peut y avoir rien de commun entre toi et moi. Je ne puis t'aimer. Si cependant ton cœur incline vers moi, qu'il soit une source de salut pour nos deux peuples.... Emmène tes armées du sol de ma patrie, rends les clefs de toutes les villes que vous avez forcées, restitue tout butin, délivre les prisonniers, envoie des ôtages pour garantir un saint accord, et je t'offre la paix au nom de mon roi.

ISABEAU.

Veux-tu, dans les fers, nous dicter des lois?

JEANNE.

Fais-le à temps, car il faudra pourtant que tu le fasses! Jamais la France ne portera les chaînes de l'Angleterre! Jamais, jamais cela ne sera! Elle deviendra plutôt une vaste tombe pour vos armées. Vos plus braves sont tombés, songez à assurer votre retour; vous voyez bien que votre gloire est perdue, que votre puissance n'est plus.

ISABEAU.

Pouvez-vous supporter l'arrogance de cette femme en délire?

SCÈNE X.

UN CAPITAINE *accourt précipitamment.*

LE CAPITAINE.

Hâtez-vous, général, hâtez-vous de ranger l'armée en bataille! Les Français s'avancent, bannières déployées. Toute la vallée étincelle de l'éclat de leurs armes.

JEANNE, *inspirée.*

Les Français s'avancent! Maintenant, superbe Angleterre, en lice! Maintenant il importe de combattre vaillamment!

FASTOLF.

Insensée! modère ta joie! Tu ne verras pas la fin de ce jour!

JEANNE.

Mon peuple triomphera, et je mourrai. Les braves n'ont plus besoin de mon bras.

LIONEL.

Je méprise ces efféminés. Nous les avons chassés devant nous dans vingt batailles, avant que cette fille héroïque combattît pour eux! Je méprise tout ce peuple, elle seule exceptée, et elle, ils l'ont bannie.... Viens, Fastolf! Préparons-leur une seconde journée de Crécy et de Poitiers. Vous, reine, restez dans cette tour, gardez la Pucelle, jusqu'à ce que le combat soit décidé. Je vous laisse cinquante chevaliers pour vous protéger.

FASTOLF.

Quoi? vous voulez que nous allions à l'ennemi, en laissant derrière nous cette furieuse?

JEANNE.

Une femme enchaînée t'effraye-t-elle?

LIONEL.

Donne-moi ta parole, Jeanne, de ne pas t'échapper.

JEANNE.

Recouvrer ma liberté est mon seul vœu.

ISABEAU.

Mettez-lui de triples chaînes! Je réponds sur ma vie qu'elle n'échappera pas. (*On lui lie avec de lourdes chaînes le corps et les bras.*)

LIONEL, *à Jeanne.*

Tu le veux ainsi! Tu nous y forces! Ton sort est encore entre tes mains! Renonce à la France, porte la bannière anglaise, et tu es libre, et ces furieux qui maintenant demandent ton sang seront sous tes ordres.

FASTOLF, *d'un ton pressant.*

Partons, partons, mon général!

JEANNE.

Épargne les paroles! Les Français s'avancent. Défends-toi!
(*Les trompettes résonnent. Lionel sort à la hâte.*)

FASTOLF.

Vous savez, reine, ce que vous avez à faire. Si la fortune se déclare contre nous, si vous voyez fuir nos troupes....

ISABEAU, *tirant un poignard*.

Soyez sans crainte ; elle ne vivra pas pour voir notre ruine.

FASTOLF, *à Jeanne*.

Tu sais ce qui t'attend. Implore maintenant la victoire pour les armes de ton peuple!

SCÈNE XI.

ISABEAU, JEANNE, DES SOLDATS.

JEANNE.

Je le ferai assurément! Personne ne m'en empêchera.... Écoutez! C'est la marche guerrière de mon peuple. Comme elle résonne ardemment dans mon cœur et m'annonce la victoire! Ruine à l'Angleterre! Victoire aux Français! En avant, mes braves! en avant! La Pucelle est près de vous; elle ne peut, comme autrefois, porter devant vous sa bannière.... de lourdes chaînes l'arrêtent, mais de son cachot son âme s'élance, libre, sur les ailes de vos chants de guerre.

ISABEAU, *à un Soldat*.

Monte à ce poste d'où la vue s'étend sur la campagne, et dis-moi comment tourne la bataille. (*Le Soldat monte.*)

JEANNE.

Courage, courage, mon peuple! C'est le dernier combat! Encore cette seule victoire, et l'ennemi est abattu!

ISABEAU.

Que vois-tu?

LE SOLDAT.

Déjà ils sont aux prises. Un furieux, sur un cheval barbe, avec une peau de tigre, s'élance en avant à la tête des gendarmes.

JEANNE.

C'est le comte Dunois! Courage, vaillant guerrier! La victoire est avec toi!

LE SOLDAT.

Le Bourguignon attaque le pont.

ISABEAU.

Que dix lances s'enfoncent dans le cœur perfide de ce traître!

LE SOLDAT.

Lord Fastolf fait une vigoureuse résistance. Les gens du duc et les nôtres mettent pied à terre et combattent corps à corps.

ISABEAU.

Ne vois-tu pas le dauphin? Ne reconnais-tu pas les insignes royaux?

LE SOLDAT.

Tout est confondu dans la poussière; je ne puis rien distinguer.

JEANNE.

S'il avait mes yeux, ou si j'étais là-haut, le moindre objet n'échapperait point à mon regard. Je puis compter les perdrix dans leur vol, je reconnais le faucon au plus haut des airs.

LE SOLDAT.

Près du fossé, il y a une mêlée terrible. Il paraît que les plus grands, les premiers, combattent en cet endroit.

ISABEAU.

Notre drapeau flotte-t-il encore?

LE SOLDAT.

Il flotte haut toujours.

JEANNE.

Si je pouvais voir seulement par une fente de la muraille, je voudrais de mon regard diriger la bataille.

LE SOLDAT.

Malheur à moi! Que vois-je? Notre général est entouré.

ISABEAU *lève le poignard sur Jeanne.*

Meurs, malheureuse!

LE SOLDAT, *rapidement.*

Il est délivré! Le vaillant Fastolf prend l'ennemi par derrière.... Il pénètre dans ses plus épais bataillons.

ACTE V, SCÈNE XI.

ISABEAU *retire le poignard.*

C'est ton bon ange qui a dit cela.

LE SOLDAT.

Victoire! victoire! Ils fuient.

ISABEAU.

Qui fuit?

LE SOLDAT.

Les Français, les Bourguignons fuient. La campagne est couverte de fuyards.

JEANNE.

Dieu! Dieu! Tu ne me délaisseras pas à ce point!

LE SOLDAT.

On conduit là-bas un homme grièvement blessé. Une foule de gens s'élancent à son secours; c'est un chef.

ISABEAU.

Des nôtres ou des Français?

LE SOLDAT.

Ils détachent son casque; c'est le comte Dunois.

JEANNE *saisit ses fers avec un effort convulsif.*

Et je ne suis qu'une femme enchaînée!

LE SOLDAT.

Voyez! Attention! Qui porte ce manteau bleu de ciel, garni d'or?

JEANNE, *vivement.*

C'est mon maître, c'est le roi!

LE SOLDAT.

Son cheval s'effarouche.... se cabre.... tombe.... il se dégage avec de pénibles efforts.... (*Jeanne accompagne ces paroles de mouvements passionnés.*) Les nôtres approchent déjà à toute bride.... ils l'ont atteint.... l'enveloppent....

JEANNE.

Oh! le ciel n'a-t-il donc plus d'anges?

ISABEAU, *avec un rire moqueur.*

Le moment est venu! Maintenant, libératrice, sauve-les!

JEANNE *se jette à genoux, et prie d'une voix violemment animée.*

Écoute-moi, mon Dieu, dans ma suprême détresse! C'est là-

haut, vers toi, avec les vœux les plus ardents, c'est vers tes
cieux que mon âme s'élance. Tu peux donner aux fils d'un
tissu d'araignée la force des câbles d'un navire; il est facile à ta
toute-puissance de changer des liens d'airain en léger tissu d'a-
raignée.... Tu n'as qu'à vouloir, et ces chaînes tombent, et les
murailles de la tour se fendent.... Tu as secouru Samson,
quand il était aveugle et enchaîné, et qu'il endurait l'amère
raillerie de ses ennemis superbes.... Mettant sa confiance en
toi, il saisit puissamment les piliers de sa prison, se courba
et renversa l'édifice....

LE SOLDAT.

Triomphe! triomphe!

ISABEAU.

Qu'est-ce?

LE SOLDAT

Le roi est pris!

JEANNE, *bondit.*

Que Dieu me soit propice! (*Elle a, des deux mains, saisi ses
chaînes avec vigueur, et les a brisées. Au même moment, elle s'é-
lance sur le Soldat qui est le plus près d'elle, lui arrache son épée,
et se précipite dehors. Tous la suivent des yeux, avec une muette
stupeur.*)

SCÈNE XII.

LES PRÉCÉDENTS, sans JEANNE.

ISABEAU, *après une longue pause.*

Qu'était-ce que cela? Ai-je rêvé? Qu'est-elle devenue? Comment a-t-elle brisé ces chaînes d'un poids énorme? Je ne le
croirais pas, quand le monde entier l'attesterait, si je ne l'a-
vais vu moi-même de mes yeux.

LE SOLDAT *placé au poste d'observation.*

Comment? A-t-elle donc des ailes? Est-ce le vent d'orage qui
l'a portée en bas?

ISABEAU.

Parle, est-elle en bas?

LE SOLDAT.

Elle s'avance au milieu de la bataille.... Sa course est plus rapide que ma vue.... Maintenant elle est ici.... maintenant là.... Je la vois à la fois en plusieurs lieux!... Elle fend les groupes.... Tout cède devant elle, les Français s'arrêtent, se reforment!... Malheur à moi! Que vois-je? Nos troupes jettent les armes, nos drapeaux tombent....

ISABEAU.

Quoi? Nous arrachera-t-elle une victoire assurée?

LE SOLDAT.

Elle pénètre droit au lieu où est le roi.... Elle l'a atteint.... elle l'enlève vigoureusement du milieu du combat.... Lord Fastolf tombe.... Le général est pris.

ISABEAU.

Je ne veux pas en entendre davantage. Descends!

LE SOLDAT.

Fuyez, reine! On va vous surprendre. Des gens armés approchent de la tour. (*Il descend.*)

ISABEAU, *tirant l'épée.*

Eh bien! combattez, lâches!

SCÈNE XIII.

LA HIRE *vient avec des* SOLDATS; *à son entrée, la troupe de la Reine pose les armes.*

LA HIRE *s'approche d'elle respectueusement.*

Reine, soumettez-vous à la toute-puissance.... Vos chevaliers se sont rendus, toute résistance est inutile. Acceptez mes services. Ordonnez! Où voulez-vous que je vous accompagne?

ISABEAU.

N'importe en quel lieu, pourvu que je n'y rencontre pas le dauphin. (*Elle rend son épée et le suit avec les Soldats.*)

La scène change et représente le champ de bataille.

SCÈNE XIV.

DES SOLDATS, *avec des étendards flottants, remplissent le fond du théâtre; devant eux* LE ROI *et* LE DUC DE BOURGOGNE; JEANNE, *repose dans leurs bras, mortellement blessée, et ne donnant aucun signe de vie. Ils s'avancent lentement sur le devant de la scène.* AGNÈS SOREL *accourt précipitamment.*

AGNÈS SOREL *se jette au cou du Roi.*

Vous êtes libre.... Vous vivez.... Vous m'êtes rendu!

LE ROI.

Je suis délivré.... Vous voyez à quel prix! (*Il montre Jeanne.*)

AGNÈS SOREL.

Jeanne! Dieu! Elle meurt!

LE DUC DE BOURGOGNE.

Elle a fini sa tâche! Voyez un ange quitter la terre! Voyez comme elle est là étendue, sans douleur et paisible, comme un enfant endormi! La paix du ciel se joue sur ses traits. Aucun souffle ne soulève plus sa poitrine, mais on sent encore la vie dans la chaleur de sa main.

LE ROI.

Elle n'est plus.... Elle ne se réveillera plus, ses yeux ne verront plus les choses terrestres. Déjà elle plane là-haut, esprit transfiguré, et ne voit plus notre douleur ni notre repentir.

AGNÈS SOREL.

Elle ouvre les yeux, elle vit!

LE DUC DE BOURGOGNE, *étonné.*

Revient-elle à nous de son tombeau? Triomphe-t-elle de la mort? Elle se relève! Elle est debout!

JEANNE *se tient debout, la tête haute, et regarde autour d'elle.*

Où suis-je?

LE DUC DE BOURGOGNE.

Parmi ton peuple, Jeanne! Auprès des tiens!

LE ROI.

Dans les bras de tes amis, de ton roi!

JEANNE, *après l'avoir longtemps regardé d'un œil fixe.*

Non, je ne suis pas une magicienne! Assurément, je ne le suis pas.

LE ROI.

Tu es sainte comme les anges, mais nos yeux étaient couverts de ténèbres.

JEANNE *regarde autour d'elle, en souriant avec sérénité.*

Et je suis réellement au milieu de mon peuple, et je ne suis plus méprisée ni repoussée? On ne me maudit pas, on me regarde avec bonté?... Oui, maintenant je commence à tout reconnaître distinctement! Voici mon roi! Voici les bannières de France! Mais je ne vois pas mon drapeau.... Où est-il? je ne puis venir sans mon drapeau : il m'a été confié par mon maître, il faut que je le dépose devant son trône. Je puis le montrer, car je l'ai porté fidèlement.

LE ROI, *détournant le visage.*

Donnez-lui le drapeau! (*On le lui présente. Elle se tient debout, droite, et sans appui, le drapeau à la main. — Le ciel est éclairé d'une lueur rosée.*)

JEANNE.

Voyez-vous dans les airs l'arc-en-ciel? Le ciel ouvre ses portes d'or, elle est là debout, éclatante, dans le chœur des anges, elle porte sur son sein son fils éternel, elle me tend les bras en souriant.... Qu'est-ce que j'éprouve?... De légers nuages me soulèvent.... Ma lourde cuirasse se transforme en tunique ailée. Là-haut.... là-haut.... La terre fuit sous moi.... Courte est la douleur, éternelle la joie!

(*Le drapeau échappe de sa main, elle tombe morte dessus.... Tous demeurent longtemps dans une muette émotion. — Sur un signe du Roi, on dépose doucement sur elle tous les drapeaux, de manière qu'elle en est entièrement couverte.*)

FIN DE LA PUCELLE D'ORLÉANS.

LA

FIANCÉE DE MESSINE

ou

LES FRÈRES ENNEMIS

TRAGÉDIE AVEC DES CHŒURS

DE L'USAGE DU CHŒUR

DANS LA TRAGÉDIE.

Il faut qu'un ouvrage poétique se justifie de lui-même, et, si l'œuvre ne parle pas, la parole est de peu de secours. On pourrait donc laisser le chœur plaider lui-même sa cause, lorsqu'une fois on l'a amené d'une façon convenable à figurer dans la pièce. Mais l'œuvre du poëte tragique ne devient un tout que par la représentation théâtrale; le poëte ne fournit que les paroles; il faut que la musique et la danse s'y viennent joindre pour les animer. Aussi longtemps donc que cet accompagnement, qui agit puissamment sur les sens, manque au chœur, le chœur apparaît dans l'économie de la tragédie comme un hors-d'œuvre, comme un corps étranger, comme un retard qui ne fait qu'interrompre la marche de l'action, qui trouble l'illusion, qui refroidit le spectateur. Pour rendre pleine justice au chœur, il faut donc, de la scène réelle, se transporter sur une scène possible : c'est d'ailleurs ce qu'il faut toujours faire dès qu'on tend à quelque but élevé. Ce que l'art n'a point encore, on doit supposer qu'il l'acquerra; le manque fortuit de ressources ne doit point limiter l'imagination créatrice du poëte. Il se propose pour but l'objet le plus digne : il tend à un idéal; c'est à l'art qui exécute de s'accommoder aux circonstances.

Il n'est pas vrai, comme on l'entend soutenir communément,

que ce soit le public qui fasse descendre l'art de sa hauteur; ce sont les artistes qui font descendre à eux le public; et, à toutes les époques où l'on a vu l'art déchoir, c'est par les artistes qu'il est tombé. Le public n'a besoin que de sensibilité, et c'est une disposition qu'il possède. Il vient devant le rideau avec un désir indéterminé et de multiples facultés. Il apporte avec lui l'aptitude au sublime; il prend plaisir à ce qui est droit et raisonnable; et, s'il a commencé par se contenter du mauvais, il finira, soyez-en sûr, par demander l'excellent, dès qu'une fois on le lui aura donné.

Il est facile au poëte, objecte-t-on, de travailler d'après un idéal; facile au critique de juger d'après des idées; mais, soumis à des conditions et borné, l'art qui exécute est esclave du besoin. L'entrepreneur veut faire ses affaires, l'acteur veut se signaler, le spectateur veut qu'on l'intéresse et qu'on le remue. Il cherche le plaisir, et il est mécontent si l'on prétend de lui un effort là où il n'attend qu'un jeu et une récréation.

Mais, en traitant le théâtre plus sérieusement, on ne veut pas supprimer, on veut simplement ennoblir le plaisir du spectateur. Ce doit toujours être un jeu, mais un jeu poétique. Tout art est consacré à la joie, et il n'est point de tâche plus haute et plus sérieuse que celle de rendre les hommes heureux. Il n'y a d'art véritable que celui qui procure la plus haute jouissance. Or, la plus haute jouissance est la liberté de l'âme dans le vivant exercice de toutes ses forces.

Tout homme, il est vrai, demande aux arts de l'imagination de le délivrer de façon ou d'autre des bornes du réel; il veut se récréer dans le domaine du possible et donner carrière à sa fantaisie. Celui-là même qui demande le moins veut pourtant encore oublier sa tâche, sa vie ordinaire, son existence individuelle; il veut se sentir dans des situations extraordinaires, prendre plaisir aux combinaisons étranges du hasard; il veut, s'il a l'esprit sérieux, trouver sur la scène ce gouvernement moral du monde, qu'il cherche en vain dans la vie réelle. Mais il sait fort bien lui-même que ce n'est là qu'un vain jeu, qu'il ne fait proprement que se repaître de rêves; et, quand il revient du théâtre à la vie réelle, celle-ci l'enferme et le serre de nouveau dans ses étroites limites, et il en est la proie comme avant; car elle est demeurée ce qu'elle était, et en lui-même il ne s'est fait aucun changement. Il n'a donc rien gagné à cela qu'une agréable illusion du moment, qui s'évanouit au réveil.

Et c'est précisément parce qu'on n'a en vue qu'une illusion passagère, qu'il n'est besoin que d'une apparence de vérité ou de cette vraisemblance qui nous agrée et qu'on met si volontiers à la place de la vérité.

Mais l'art véritable n'a pas uniquement en vue un jeu passager; il se propose sérieusement, non pas seulement de transporter l'homme, pour un moment, dans un rêve de liberté, mais de l'affranchir réellement et en effet, et cela, en éveillant, exerçant et développant en lui une force propre à écarter, à placer dans un lointain objectif, ce monde sensible qui, sans cela, ne pèse sur nous que comme une substance brute, et nous accable comme une puissance aveugle; une force propre à changer ce monde en une œuvre de notre esprit, et à gouverner, par des idées, la création matérielle.

Et c'est précisément parce que l'art véritable veut quelque chose de réel et d'objectif, qu'il ne peut se contenter d'une apparence de vérité : c'est sur la vérité même, sur le fondement solide et profond de la nature, qu'il élève son édifice idéal.

Mais comment l'art doit-il et peut-il être à la fois entièrement idéal et pourtant réel aussi dans le sens le plus profond du mot? comment peut-il se détacher absolument de la réalité et pourtant se mettre dans un parfait accord avec la nature? Voilà ce que peu de gens conçoivent, voilà ce qui rend si équivoque l'appréciation des œuvres poétiques et plastiques : ces deux exigences semblent tout juste, d'après le jugement commun, s'exclure réciproquement.

Aussi arrive-t-il d'ordinaire qu'on cherche à atteindre l'une de ces fins par le sacrifice de l'autre, et que par là même on les manque toutes deux. Celui que la nature a doué d'un sens vrai, d'une intime délicatesse de sentiment, mais en lui refusant l'imagination créatrice, celui-là sera un peintre fidèle de la réalité, il saisira les phénomènes accidentels, mais jamais l'esprit de la nature. Il ne nous reproduira que la substance du monde; mais, par cela même, ce ne sera point notre ouvrage, le libre produit de notre aptitude à imaginer et à former, et par suite on ne peut attendre d'une telle œuvre cet effet salutaire de l'art qui consiste dans la liberté. C'est une disposition sérieuse, mais sans agrément, que celle où nous laisse un tel artiste, un tel poëte, et nous nous voyons tristement ramenés par l'art même, qui devrait nous affranchir, à l'étroite et commune réalité. Celui qui, au contraire, a reçu en partage une imagination vive, mais sans profondeur de sentiment ni caractère, celui-là ne se souciera de nulle vérité, ne se fera qu'un jeu de la matière que le monde lui fournit, ne cherchera qu'à surprendre par des combinaisons fantastiques et bizarres, et, comme tout son travail n'est qu'apparence et vaine écume, il intéressera pour un moment, mais n'édifiera ni ne fondera rien dans l'âme. Son jeu n'est pas poétique, non plus que l'œuvre sérieuse de l'autre. Grouper arbitrairement de fantastiques images, ce n'est point là parvenir à l'idéal, et reproduire le réel par l'imitation, ce n'est point représenter la nature. Ces deux tâches de l'art sont si loin de se contredire, qu'elles ne sont plutôt qu'un seul et même but, et que l'art n'est vrai que par cela même qu'il laisse entièrement le réel et devient purement idéal. La nature elle-même n'est qu'une conception de l'esprit, qui ne tombe jamais sous les sens. Elle réside sous le voile des phénomènes, mais elle-même n'est jamais apparente. C'est un privilége de l'art de l'idéal, ou plutôt c'est sa tâche, de saisir cet esprit du grand tout et de le fixer sous une forme corporelle. Cet art lui-même ne peut pas, il est vrai, le montrer aux sens, mais il peut, par sa puissance créatrice, le présenter à l'imagination, et par là être plus vrai que toute réalité, plus réel que toute expérience. Il résulte de là nécessairement que l'artiste ne peut employer, tel qu'il le trouve, aucun élément emprunté à la réalité, qu'il faut que son œuvre dans toutes ses parties soit idéale, s'il veut qu'elle ait, comme ensemble, de la réalité, et qu'elle soit d'accord avec la nature.

Ce qui est vrai de la poésie et de l'art en général, l'est aussi de tous leurs genres, et l'on peut sans peine appliquer à la tragédie ce qui vient d'être dit. Là aussi, l'on a eu longtemps et l'on a encore à lutter contre le naturel, tel qu'on le conçoit d'ordinaire, qui supprime et anéantit précisément tout art et toute poésie. On accorde, il est vrai, comme par contrainte, à l'art plastique, par des motifs conventionnels toutefois plutôt qu'intrinsèques, un certain caractère d'idéal; mais à la poésie, et à la poésie dramatique en particulier, on demande l'illusion qui, en admettant même qu'elle fût possible, ne serait jamais qu'un misérable prestige. Toutes les apparences extérieures, dans une représentation dramatique, sont contraires à cette prétention.... Tout n'y est qu'un symbole du réel. Le jour même, sur le théâtre, n'est qu'artificiel, l'architecture est symbolique, le langage métrique lui-même est idéal; mais on veut que l'action soit réelle, et que la partie détruise le tout. Ainsi les Français, qui d'abord se sont entièrement mépris sur la pensée et l'esprit des anciens, ont introduit sur la scène une certaine unité de lieu et de temps, prise dans le sens le plus vulgairement empirique, comme s'il pouvait y avoir là un autre lieu que l'espace purement idéal, et un autre temps que la suite non interrompue de l'action.

Par l'introduction du langage métrique, on a pourtant déjà fait un grand pas pour se rapprocher de la tragédie poétique. Quelques essais lyriques ont heureusement réussi sur la scène, et la poésie, par sa propre et vive force, a remporté maint avantage sur le préjugé dominant. Mais des faits isolés sont, quant au résultat, peu de chose, tant que l'erreur, dans sa généralité, n'est point renversée; et il ne suffit pas qu'on tolère uniquement comme une liberté poétique ce qui, après tout, est l'essence de toute poésie. L'introduction du chœur serait le moyen extrême, le pas décisif.... et, quand il ne servirait qu'à déclarer ouvertement et loyalement la guerre au naturalisme dans l'art, ce devrait être un mur vivant que la tragédie élèverait autour d'elle, pour se séparer nettement du monde réel et garder son sol idéal, sa liberté poétique.

La tragédie des Grecs est née, comme l'on sait, du chœur. Mais, de même qu'elle s'en est dégagée et formée historiquement et dans l'ordre des temps, on peut dire aussi qu'elle en est issue poétiquement et selon l'esprit, et que, sans ce témoin constant, ce soutien de l'action, elle serait devenue un tout autre genre de poésie. Supprimer le chœur et réduire cet organe dramatique, qui frappait fortement les sens, à une figure sans caractère, revenant à satiété, celle d'un pauvre confident, n'a donc pas été une amélioration aussi notable de la tragédie, que les Français et leurs dociles imitateurs se le sont figuré.

La tragédie antique, qui, dans l'origine, n'avait affaire qu'à des dieux, à des héros et à des rois, employait le chœur comme un accompagnement nécessaire; elle le trouvait dans la nature, et l'employait, parce qu'elle le trouvait. Les actions et la destinée des héros et des rois sont par elles-mêmes publiques, et l'étaient encore plus dans les âges de simplicité primitive. Le chœur était, par suite, tout particulièrement, dans l'ancienne tragédie, un organe naturel : il découlait de la forme poétique de la vie réelle. Dans la tragédie moderne, il devient un organe artificiel; il aide à produire la poésie. Le poëte moderne ne trouve plus le chœur dans la nature; il faut qu'il le crée et l'introduise poétiquement, c'est-à-dire, il faut qu'il modifie de telle sorte la fable qu'il traite, qu'elle soit ramenée à ce temps d'enfance, à cette forme simple de la vie primitive.

Le chœur rend donc à l'auteur tragique moderne des services bien plus essentiels encore qu'au poëte ancien, par cela même qu'il substitue aux communes habitudes du monde moderne le caractère poétique du monde ancien, qu'il exclut de sa pièce tout ce qui répugne à la poésie, et qu'il le ramène et l'élève aux données les plus simples, les plus primitives et les plus naïves. Le palais des rois est aujourd'hui fermé; les tribunaux se sont retirés des portes des villes dans l'intérieur des maisons; l'écriture a pris la place de la parole vivante; le peuple lui-même, la masse animée, sensiblement active, est devenue, partout où elle n'agit pas comme force grossière, ce que nous appelons l'État, c'est-à-dire une idée abstraite; les dieux se sont renfermés dans le cœur de l'homme. Il faut que le poëte rouvre les palais; qu'il replace les tribunaux sous la libre voûte du ciel; qu'il relève les images des dieux; il faut qu'il rétablisse toutes ces relations immédiates qui ont été supprimées par l'organisation artificielle de la vie réelle, et qu'il enlève, sur l'homme et autour de lui, toutes ces créations artificielles qui empêchent de voir sa nature intérieure et son caractère primitif, de même que le sculpteur le dépouille des vêtements modernes; enfin qu'il n'admette rien de tout ce qui l'entoure au dehors, que ce qui rend visible la plus noble des formes, la forme humaine.

Mais, de même que l'artiste étend autour de ses figures les plis nombreux des vêtements, pour remplir avec grâce et richesse les espaces que lui offre l'œuvre qu'il façonne, pour en unir les parties séparées en masses fixes et continues, pour donner place à la couleur qui charme et récrée les yeux, pour voiler ingénieusement, tout en les rendant visibles, les formes humaines : de même le poëte tragique enlace et entoure son action sévèrement mesurée et les contours précis de ses personnages d'un riche tissu lyrique, dans lequel, comme dans une draperie de pourpre aux larges plis, les figures du drame se meuvent librement et noblement, avec une dignité constante et un majestueux repos.

Dans un organisme d'un ordre élevé, la matière, les parties élémentaires ne doivent plus être visibles, la couleur chimique disparaît dans la carnation délicate de l'être vivant. Cependant la matière première a aussi sa beauté et peut à ce titre être admise dans un corps construit par l'art. Mais il faut alors qu'elle y mérite sa place par la vie, l'abondance et l'harmonie, et qu'elle fasse valoir les formes qu'elle entoure, au lieu de les écraser sous son poids.

Pour les œuvres de l'art plastique, il n'est personne qui ne comprenne aisément ce que je dis là ; mais la même chose a lieu dans la poésie, et en particulier dans la poésie tragique, dont il est ici question. Tout ce que l'entendement se dit à lui-même de général n'est, comme ce qui affecte simplement les sens, que matière et élément brut, dans une œuvre poétique, et ne peut manquer, en prédominant dans une œuvre quelconque, d'y détruire la poésie ; car la poésie réside précisément dans le point d'équilibre de l'idéal et du sensible. Mais l'homme est ainsi fait qu'il veut aller toujours du particulier au général, et il faut par conséquent que la réflexion ait aussi sa place dans la tragédie. Mais, si elle veut mériter cette place, il faut qu'elle regagne par la représentation ce qui lui manque du côté de la vie sensible ; car, si les deux éléments de la poésie, l'idéal et le sensible, n'agissent pas ensemble, intimement unis, il faut qu'ils agissent l'un auprès de l'autre, ou la poésie est supprimée. Si la balance n'a point l'immobilité du parfait équilibre, l'équilibre ne peut être rétabli que par le balancement des deux plateaux.

Or c'est là ce que produit le chœur dans la tragédie. Le chœur n'est pas lui-même un individu, il est une idée générale ; mais cette idée se représente par une masse sensiblement puissante qui, comblant les vides, impose aux sens par sa présence. Le chœur abandonne le cercle étroit de l'action, pour s'étendre sur le passé et l'avenir, sur les temps et les peuples lointains, sur l'humanité en général, pour déduire les grands résultats de la vie et exprimer les leçons de la sagesse. Mais il fait cela avec toute la puissance de l'imagination, avec toute la hardiesse de la liberté lyrique, qui s'avance, comme à pas divins, sur les hauts sommets des choses humaines, et pour le faire il est accompagné de toute la puissance sensible du rhythme et de la musique, au moyen des sons et des mouvements.

Le chœur épure donc le poëme tragique, en séparant la réflexion de l'action, et la dotant elle-même, par cette séparation, d'une force poétique; comme, dans l'art plastique, l'artiste, au moyen d'une riche draperie, change en charme et en beauté le vulgaire besoin du vêtement.

Mais, de même que le peintre se voit contraint de renforcer le ton des couleurs de la vie, pour contre-balancer la teinte puissante du fond inanimé, de même le style lyrique du chœur oblige le poëte de relever, dans une juste proportion, tout le style du poëme, et ainsi de renforcer en général la puissance sensible de l'expression. Le chœur seul autorise le poëte tragique à ce rehaussement du ton, qui remplit l'oreille, tend l'esprit et élargit toute l'âme. Cette seule forme colossale admise dans son tableau le force d'élever toutes ses figures sur le cothurne, et de donner par là à sa peinture la grandeur tragique. Si l'on ôte le chœur, il faut que, dans tout l'ensemble, le style de la tragédie baisse, ou bien ce qui, avec lui, est grand et puissant, paraîtra forcé et tendu. Le chœur antique, introduit dans la tragédie française, la ferait apparaître dans toute sa pauvreté et la réduirait à rien; et ce même chœur, sans aucun doute, pourrait seul donner à la tragédie de Shakspeare sa véritable signification.

De même que le chœur répand de la vie dans le style, de même il donne du calme à l'action, mais ce digne et beau calme qui doit être le caractère d'une noble œuvre de l'art. Car il faut que l'âme du spectateur conserve, dans la passion même la plus violente, sa liberté; elle ne doit pas être la proie des impressions, mais elle doit se distinguer toujours elle-même, avec une sereine clarté, des impressions qu'elle éprouve. Le reproche que l'on fait ordinairement au chœur de supprimer l'illusion, d'amortir la puissance des sentiments, est au fond sa plus haute recommandation; car c'est précisément cette aveugle puissance des sentiments que le véritable artiste évite, c'est cette illusion qu'il dédaigne de produire. Si les coups dont la tragédie frappe notre cœur se suivaient sans interruption, les émotions passives triompheraient de l'activité. Nous nous confondrions avec le sujet et ne planerions plus au-dessus de lui. Le chœur, par cela même qu'il ménage des intervalles entre les parties, et qu'il intervient au milieu des passions avec son calme contemplatif, nous rend notre liberté, qui autrement se perdrait dans l'orage des émotions. Les personnages tragiques ont eux-mêmes besoin de ces temps d'arrêt, de ce repos, pour se recueillir ; car ce ne sont pas des êtres réels, qui ne font qu'obéir à l'impulsion du moment et représentent simplement un individu, mais des personnes idéales, des représentants du genre humain, qui expriment le fond même de l'humanité. La présence du chœur, qui les entend comme témoin et juge, et qui, par son intervention, tempère les premiers éclats de leur passion, motive ce qu'il y a de réfléchi dans leur action et la dignité de leur langage. Ils jouent déjà en quelque sorte sur un théâtre naturel, puisqu'ils parlent et agissent devant des spectateurs, et par cela même ils deviennent d'autant plus aptes à parler devant un public sur une scène artificielle.

Voilà ce que je voulais dire sur les raisons et le droit que j'avais de ramener le chœur des anciens sur la scène tragique. Les chœurs, il est vrai, sont chose déjà connue dans la tragédie moderne; mais le chœur de la tragédie grecque, tel que je l'ai employé ici, le chœur comme personnage idéal unique qui soutient et accompagne toute l'action, ce chœur-là est essentiellement différent de ces chœurs qui sentent l'opéra, et quand, à l'occasion de la tragédie grecque, j'entends, au lieu d'un chœur, parler des chœurs, je soupçonne aussitôt qu'on ne sait pas bien de quoi l'on parle. Le chœur de l'ancienne tragédie n'a jamais, que je sache, depuis qu'elle est tombée, reparu sur la scène.

J'ai, il est vrai, divisé le chœur en deux parties et je l'ai représenté en lutte avec lui-même; mais cela n'a lieu que lorsqu'il prend part à l'action comme personnage réel et foule aveugle. En tant que chœur et personnage idéal, il est toujours d'accord avec lui-même. J'ai changé le lieu et plusieurs fois fait sortir le chœur ; mais Eschyle, le créateur de la tragédie, et Sophocle, le plus grand maître dans cet art, se sont donné la même liberté.

Une autre licence que je me suis permise pourrait bien être plus difficile à justifier. J'ai employé, mêlés ensemble, la religion chrétienne et le polythéisme grec; j'ai même fait allusion à la superstition des Maures. Mais le lieu de la scène est Messine, où ces trois religions, soit par elles-mêmes et vivantes, soit par des monuments, continuaient d'exercer leur influence et de parler aux sens. Puis je considère comme un droit de la poésie de traiter ces diverses religions comme formant un tout collectif pour l'imagination, dans lequel tout ce qui a un caractère propre, tout ce qui exprime une manière propre de sentir, trouve sa place. Sous le voile de toutes les religions réside la religion même, l'idée du divin, et il doit être permis au poëte de l'exprimer sous la forme qui, à chaque fois, lui paraît la plus commode et la plus frappante.

PERSONNAGES.

DONNA ISABELLA, princesse de Messine.
DON MANUEL, } ses fils.
DON CÉSAR,
BÉATRICE.
DIÉGO.
MESSAGERS.
LE CHŒUR, formé de la suite des deux frères
LES ANCIENS DE MESSINE, personnages muets

LA
FIANCÉE DE MESSINE[1].

La scène est une vaste salle avec des colonnes ; des deux côtés, il y a une entrée ; au fond, une grande porte à deux battants conduit à une chapelle.

DONNA ISABELLA, *en grand deuil*; LES ANCIENS DE MESSINE *sont debout autour d'elle.*

ISABELLA.

Obéissant à la nécessité, non à ma propre impulsion, je parais devant vous, chefs vénérables de cette ville ; je viens des retraites silencieuses de mon gynécée, dévoiler mon visage à vos regards virils. C'est qu'il convient à la veuve qui a perdu, dans son époux, la lumière et la gloire de sa vie, de dérober aux yeux du monde, dans une muette enceinte, sa triste présence, la sombre nuit dont son deuil l'enveloppe ; mais, inexo-

---

1. Pour les représentations de la *Fiancée de Messine*, à Weimar et à Lauchstædt, Schiller divisa la pièce en actes et en scènes.
Le premier acte, formé de sept scènes, finissait à ces paroles du chœur (p. 292) : «.... Quand ils approchent et réellement se montrent. »
Le second acte commençait par le monologue de Béatrice dans le jardin (p. 292), et se composait de six scènes.
La première scène du troisième acte, qui en comprenait cinq, était la dispute des deux Chœurs (p. 310).
La scène entre Isabella et Diégo (p. 322) ouvrait le quatrième et dernier acte, divisé en dix scènes.
En arrangeant ainsi la pièce pour le théâtre, Schiller avait fait partout, et principalement au dernier acte, des coupures assez considérables.

rable, toute-puissante, la voix du présent devoir me ramène impérieusement à la lumière d'un monde oublié.

La lune n'a pas encore renouvelé deux fois son disque lumineux, depuis que j'ai conduit à l'asile de son dernier repos mon auguste époux, qui commandait à cette ville en maître souverain, vous protégeant, de sa main puissante, contre un monde ennemi qui de toutes parts vous investit. Lui-même, il n'est plus; mais son esprit continue de vivre dans un couple vaillant de héros, dans deux fils glorieux, l'orgueil de ce pays. Vous les avez vus grandir au milieu de vous, dans leur force et leur ardeur; mais avec eux a grandi de même, née d'un germe fatal et mystérieux, une funeste haine fraternelle, qui, rompant la joyeuse concorde de l'enfance, a mûri, de plus en plus terrible, avec le progrès des ans. Jamais je n'ai joui de leur union. Tous deux également, je les ai nourris sur mon sein; j'ai partagé également entre eux mon amour et mes soins, et je sais que tous deux me chérissent avec une filiale tendresse. Ils sont d'accord par ce seul sentiment; pour tout le reste, une discorde sanglante les divise.

Tant que régna, il est vrai, leur père redouté, il tint en bride leur bouillante ardeur par l'imposante justice d'une égale sévérité, et il courba, les unissant sous un même joug de fer, leur sens opiniâtre. Il ne leur était permis ni d'approcher armés l'un de l'autre, ni de passer la nuit dans les mêmes murs. De la sorte, il contint sans doute, par la puissante rigueur de ses ordres, la farouche explosion de leur instinct fougueux; mais il laissa la haine, non amendée, au fond de leur cœur. L'homme fort dédaigne d'obstruer la source qui murmure, parce qu'il peut avec puissance s'opposer au torrent.

Ce qui devait arriver arriva. Quand la mort lui eut fermé les yeux, et que sa main vigoureuse ne les maîtrisa plus, la vieille haine éclata, comme éclate en libre flamme l'ardeur d'un feu comprimé. Je vous dis là ce dont vous êtes tous les témoins : Messine se divisa, la lutte fraternelle rompit les liens sacrés de la nature et donna le signal à la discorde universelle; le glaive frappa le glaive, la ville devint un champ de bataille ; oui, ces salles mêmes furent arrosées de sang.

Les liens de l'État, vous les avez vus brisés; mais mon cœur aussi s'est brisé au dedans de moi.... Vous n'avez senti que la souffrance publique, et vous vous êtes peu inquiétés de la douleur de la mère. Vous êtes venus à moi et vous avez dit cette dure parole : « Tu vois que la discorde fraternelle de tes fils allume la guerre civile dans cette cité, qui, entourée de toutes parts de voisins malveillants, ne résiste à l'ennemi que par la concorde.... Tu es la mère ! Eh bien, vois comment tu peux apaiser la querelle sanglante de tes fils. Que nous importe, paisibles que nous sommes, la lutte de nos maîtres ? Veux-tu que nous périssions parce que tes fils se combattent avec fureur ? Nous voulons pourvoir nous-mêmes, sans eux, à nos intérêts, et nous donner à un autre maître qui veuille notre bien et le puisse assurer. »

Voilà ce que vous avez dit, hommes durs et sans pitié, ne songeant qu'à vous et à votre ville, et vous avez encore jeté le poids du malheur public sur ce cœur qu'accablaient assez déjà les angoisses et les soucis maternels. J'ai entrepris une œuvre désespérée ; je me suis jetée, avec mon cœur déchiré, mon cœur de mère, entre les deux furieux, implorant la paix.... Sourde aux refus, active, infatigable, je leur ai envoyé, tour à tour à tous deux, message sur message, jusqu'à ce que j'obtins par mes maternelles prières qu'ils consentissent à se voir face à face, sans inimitié, dans cette ville de Messine, dans le palais paternel : ce qui jamais n'eut lieu depuis la mort de leur père.

Voici le jour ! A chaque heure, j'attends le messager qui doit m'apporter la nouvelle de leur approche.... Soyez donc prêts à recevoir vos maîtres, avec respect, comme il convient à des sujets. Ne songez qu'à remplir votre devoir et laissez-nous pourvoir à tout le reste. La querelle de mes fils était funeste au pays et funeste à eux-mêmes. Réconciliés, unis, ils sont assez puissants pour vous protéger contre tout un monde, et pour se faire justice.... contre vous ! (*Les Anciens s'éloignent en silence, la main sur la poitrine. Isabella fait signe à un vieux Serviteur, qui reste sur la scène.*)

ISABELLA, DIÉGO.

ISABELLA.

Diégo !

DIÉGO.

Qu'ordonne ma souveraine ?

ISABELLA.

Serviteur éprouvé ! cœur loyal ! approche. Tu as partagé ma souffrance, ma douleur, partage donc aussi le bonheur de l'heureuse mère. J'ai confié à ton sein fidèle mon secret triste et doux, dépôt sacré. Le moment est venu où il doit paraître à la lumière du jour. Trop longtemps déjà j'ai étouffé la voix puissante de la nature, parce qu'une volonté étrangère régnait encore en souveraine sur moi. Maintenant cette voix peut s'élever librement; je veux qu'aujourd'hui même mon cœur soit satisfait, et que cette maison, qui fut longtemps déserte, rassemble tout ce qui m'est cher.

Dirige donc tes pas appesantis par l'âge vers ce cloître bien connu qui me garde un si cher trésor. C'est toi, âme fidèle, qui me le cachas dans ce lieu pour des jours meilleurs, et rendis à la triste mère ce triste service. Aujourd'hui, que ce soit encore toi qui joyeusement ramènes à la mère ravie ce précieux gage ! (*On entend dans le lointain sonner les trompettes.*) Oh ! hâte-toi, hâte-toi, et que la joie rajeunisse tes pas ! J'entends le son des clairons guerriers qui m'annoncent l'arrivée de mes fils. (*Diégo sort. La musique se fait entendre aussi du côté opposé, et elle se rapproche de plus en plus.*)

Tout Messine est en mouvement.... Écoute ! un torrent de voix confuses roule vers nous à grand bruit.... Ce sont eux ! Mon cœur maternel bat avec force, il sent la puissance et l'attrait de leur approche. Ce sont eux ! O mes enfants, mes enfants ! (*Elle s'élance dehors.*)

LE CHOEUR *entre. Il se compose de deux Demi-Chœurs, qui entrent en même temps, de deux côtés opposés, l'un par le fond, l'autre par l'avant-scène; ils font le tour du théâtre, puis se rangent, chacun du côté où il est entré. L'un est formé de chevaliers plus âgés, l'autre de plus jeunes; ils se distinguent par des couleurs et des insignes différents. Quand les deux Chœurs sont placés, l'un vis-à-vis de l'autre, la musique se tait, et les deux Coryphées parlent tour à tour* [1].

PREMIER CHOEUR (GAÉTAN).

Je te salue avec respect, salle splendide, royal berceau de mes maîtres, voûte majestueuse que soutiennent des colonnes!

Que le glaive repose dans le fourreau profond, que la furie de la guerre, avec sa chevelure de serpents, demeure enchaînée devant les portes, car le seuil inviolable de la maison hospitalière est gardé par le Serment, le fils d'Érinnys, le plus redoutable des dieux de l'enfer.

SECOND CHOEUR (BOHÉMOND).

Mon cœur irrité se révolte dans ma poitrine, mon poing se serre pour le combat, car je vois la tête de Méduse, le visage odieux de mon ennemi. J'ai peine à commander à mon sang qui bouillonne. L'honorerai-je de ma parole? ou obéirai-je à l'ardeur de mon courroux? Mais l'Euménide m'épouvante, gardienne de ce séjour, et le règne de la paix de Dieu.

PREMIER CHOEUR (GAÉTAN).

Une plus sage retenue convient à l'âge; j'ai plus de raison, et je salue d'abord.

(*Au second Chœur.*) Sois le bienvenu, toi qui partages mes sentiments fraternels et qui, comme moi, crains et vénères les dieux protecteurs de ce palais! Puisque nos princes s'entretiennent avec douceur, nous voulons maintenant, de sang-froid,

---

1. L'auteur, en envoyant son manuscrit au théâtre de Vienne, y a joint une proposition touchant la manière dont on pourrait distribuer les parties du chœur entre des personnages divers. Le premier chœur se composerait de Gaétan, Bérenger, Manfred, Tristan et huit chevaliers de Don Manuel; le second, de Bohémond, Roger, Hippolyte et neuf chevaliers de Don César. On a marqué dans cette édition ce que chacun de ces personnages aurait à dire, d'après le plan de l'auteur. (*Note de l'édition allemande des Œuvres complètes.*)

échanger, nous aussi, d'innocentes paroles de paix; car elle est bonne aussi, la parole qui guérit l'âme. Mais si je te rencontre dehors, sous la libre voûte des cieux, que la lutte sanglante, j'y consens, se renouvelle, et que le fer éprouve le courage!

TOUT LE CHŒUR.

Mais si je te rencontre dehors, sous la libre voûte des cieux, que la lutte sanglante, j'y consens, se renouvelle, et que le fer éprouve le courage!

PREMIER CHŒUR (BÉRENGER).

Ce n'est pas toi que je hais! Ce n'est pas toi qui es mon ennemi! car une même ville nous a enfantés, et ils sont, eux, une race étrangère. Mais quand les princes se combattent, il faut que les serviteurs se tuent et s'immolent. Tel est l'ordre, tel est le droit.

SECOND CHŒUR (BOHÉMOND).

A eux de savoir pourquoi ils luttent et se haïssent d'une haine sanglante; il ne m'importe, à moi! Mais nous combattons leurs combats. Celui-là n'est ni vaillant, ni homme d'honneur, qui laisse mépriser son chef!

TOUT LE CHŒUR.

Mais nous combattons leurs combats. Celui-là n'est ni vaillant, ni homme d'honneur, qui laisse mépriser son chef.

UN HOMME DU CHŒUR (BÉRENGER).

Écoutez ce que j'ai pesé en moi-même, comme je suivais, inoccupé et tout entier à mes pensées, les sentiers que bordent les hautes moissons ondoyantes.

Dans la fureur du combat, nous n'avons ni réfléchi, ni délibéré : notre sang bouillant nous aveuglait.

Ne sont-elles pas à nous, ces moissons? Ces ormeaux, où la vigne s'entrelace, ne sont-ils pas les enfants de notre soleil? Ne pourrions-nous, dans une douce jouissance, filer des jours innocents et joyeux, gagner gaiement une vie facile? Pourquoi, d'une ardeur emportée, tirons-nous le glaive pour une race étrangère? Elle n'a aucun droit sur ce sol. Elle est venue, sur un navire apporté par les flots, des bords empourprés du couchant; nous l'avons reçue en hôtes (je veux dire nos pères.... ce temps est loin de nous), et maintenant nous nous voyons soumis comme des esclaves à cette race étrangère.

UN SECOND HOMME DU CHOEUR (MANFRED).

Oui! nous habitons une heureuse contrée que le soleil, dans sa course céleste, éclaire de rayons toujours bienfaisants, et nous pourrions en jouir gaiement; mais elle ne peut se clore ni se murer, et les flots de la mer qui de toutes parts l'entourent, nous livrent au hardi corsaire qui croise audacieusement sur nos côtes. Nous avons à garder des trésors d'abondance qui ne font qu'attirer l'épée de l'étranger. Nous sommes esclaves dans nos propres demeures, le pays ne peut protéger ses enfants. Ce n'est pas aux lieux où rit la blonde Cérès et Pan, le dieu paisible qui garde les guérets, c'est où croît le fer dans les flancs des montagnes, que naissent les dominateurs de la terre.

PREMIER CHOEUR (GAÉTAN).

Les biens de la vie sont inégalement partagés entre la race éphémère des humains; mais la nature est éternellement juste. A nous, elle a donné la sève et l'abondance, qui sans cesse se crée et se renouvelle; à eux est échue la volonté puissante et l'indomptable vigueur. Armés de la force terrible, ils accomplissent ce qui plaît à leur cœur et remplissent la terre d'un bruit formidable; mais derrière les hauts sommets est le précipice, la chute profonde, retentissante.

Aussi je m'applaudis de séjourner en bas, caché dans ma faiblesse. Ces violents torrents d'orage que forment les grains infinis de la grêle et les cataractes des nuées, viennent et bondissent avec un sourd fracas, emportent les ponts dans leur cours, emportent les digues, noyées dans leurs flots tonnants : rien ne peut arrêter leur violence. Mais ils sont la création du moment; la trace redoutable de leur cours va se perdre et disparaître dans le sable : la destruction seule la révèle.... Les conquérants étrangers viennent et s'en vont; nous obéissons, mais nous demeurons.

La porte du fond s'ouvre. DONNA ISABELLA *paraît entre ses deux fils,* DON MANUEL *et* DON CÉSAR.

LES DEUX CHOEURS.

Honneur et gloire à ce brillant soleil qui se lève à nos yeux! Je vénère à genoux ton front auguste.

PREMIER CHŒUR (GAÉTAN).

Belle est la clarté plus douce de la lune, parmi l'éclat scintillant des étoiles! Belle aussi est l'aimable majesté de la mère auprès de l'ardente vigueur de ses fils! La terre ne nous offre ni son image ni rien de comparable.

* Placée au suprême sommet de la vie, en elle se résume et s'achève toute beauté : la mère et ses fils forment la couronne sublime d'un monde accompli.

L'Église même, la divine Église, ne place rien de plus beau sur le trône céleste; l'art lui-même, l'art né de Dieu, ne crée rien de plus grand que la mère avec son fils*[1].

SECOND CHŒUR (BÉRENGER).

Elle voit avec bonheur s'élever de son sein un arbre florissant, qui à jamais se renouvelle par ses rejetons. Car elle a enfanté une race qui accompagnera le soleil dans sa révolution et donnera son nom au cours infini du temps.

(ROGER.)

Le bruit des peuples s'éteint, le murmure des noms; le sombre oubli étend ses ailes plus noires que la nuit sur des générations entières.

Mais les fronts solitaires des princes brillent, éclairés toujours, et l'aurore les touche de ses éternels rayons, comme les sommets qui dominent le monde.

ISABELLA, *s'avançant avec ses fils.*

Abaisse ici tes regards, reine auguste du ciel, et tiens ta main sur ce cœur, pour qu'il ne s'élève pas, enflé d'orgueil. Car, dans sa joie, une mère peut aisément s'oublier, quand elle se mire dans l'éclat de ses enfants. Pour la première fois, depuis que je les ai enfantés, j'embrasse toute la plénitude de mon bonheur; car, jusqu'à ce jour, j'ai dû me contraindre, et faire deux parts des douces effusions de mon cœur; il me fallait oublier entièrement l'un de mes fils, quand je jouissais de la présence de l'autre. Oh! mon amour maternel est unique, et toujours mes fils étaient deux!... Dites, puis-je, sans trembler, puis-je m'abandonner au doux empire de mon cœur enivré? (*A don Ma-*

---

1. D'après l'intention de l'auteur, les mots entre astérisques devaient être omis au théâtre.

nuel.) Quand je presse tendrement la main de ton frère, ne te semble-t-il plus que j'enfonce un trait dans ton sein? (*A don César.*) Quand je repais mon cœur de sa vue, n'est-ce plus un larcin que je te fais?... Oh! je tremble malgré moi que cet amour même que je vous témoigne ne fasse qu'attiser encore les flammes de votre haine. (*Après les avoir regardés l'un et l'autre en les interrogeant des yeux.*) Que puis-je me promettre de vous? Parlez! Dans quels sentiments êtes-vous venus ici? Est-ce encore votre vieille haine irréconciliable que vous apportez dans la maison de votre père, et la guerre attend-elle toujours là dehors, aux portes du palais, la guerre, enchaînée pour un instant à peine, et grinçant les dents sur son frein d'airain, pour se déchaîner bientôt avec une nouvelle fureur, dès que vous m'aurez quittée?

LE CHŒUR (BOHÉMOND).

La guerre ou la paix! Les chances du sort sont encore cachées dans les ténèbres au sein de l'avenir! mais, avant que nous nous séparions, ce sera chose décidée, et nous sommes prêts et disposés pour l'une comme pour l'autre.

ISABELLA, *promenant ses regards sur tout le cercle.*

Et quel aspect terrible et guerrier! Pourquoi ces hommes ici? Est-ce un combat qui s'apprête dans ces salles? A quoi bon cette troupe étrangère, lorsqu'une mère veut ouvrir son cœur devant ses enfants? Jusque dans le sein d'une mère, craignez-vous donc les piéges de la ruse et la trahison perfide, que vous vous entourez si timidement de défenseurs?... Oh! ces bandes farouches qui vous suivent, ces prompts ministres de votre colère.... ils ne sont point vos amis! Ne croyez pas qu'ils aient en vue votre bien et vous donnent de bons conseils! Comment pourraient-ils, de cœur, s'accorder avec vous, avec des étrangers, des envahisseurs, avec la race qui les a chassés de leur propre héritage et s'est arrogé sur eux la domination? Croyez-moi! Chacun aime à vivre libre, à sa guise, selon ses propres lois, et l'on supporte avec une haine envieuse l'empire de l'étranger. Ce n'est qu'à votre puissance et à leur crainte que vous devez leur obéissance, qu'ils vous refuseraient volontiers. Apprenez à connaître cette race fausse et sans cœur! La joie maligne que votre mal leur donne les venge de votre prospérité et de votre grandeur. La chute de leurs maîtres, la ruine des dominateurs, est le sujet de leurs chants et de leurs entretiens; c'est là ce que le fils transmet au petit-fils, ce qui pour eux abrége les longues nuits d'hiver.... O mes fils! Le monde est plein de haine et de fausseté! Chacun n'aime que soi. Ils sont incertains, et lâches, et mobiles, tous les liens formés par le fragile bonheur.... Le caprice dénoue ce que le caprice a noué.... La nature seule est sincère! Seule, elle demeure à l'ancre, seule attachée au sol inébranlable, tandis que tout le reste flotte au hasard sur les vagues orageuses de la vie.... Le penchant vous donne un ami, l'intérêt un compagnon; heureux celui à qui la naissance a donné un frère!... La fortune ne peut le donner.... Il a un ami que la nature même attacha à son être; grâce à elle, ils sont là deux, contre un monde plein de guerres et de perfidies.

LE CHOEUR (GAÉTAN).

Oui, c'est une auguste chose (comment ne pas la vénérer?) que la royale pensée d'une souveraine! Elle considère avec une calme clairvoyance la conduite et les actions des hommes; mais nous, une impulsion confuse nous pousse, étourdis et aveugles, à travers le tumulte de la vie.

ISABELLA, *à don César.*

Toi qui tires le glaive contre ton frère, regarde autour de toi, dans toute cette troupe, où est une plus noble figure que celle de ton frère? (*A don Manuel.*) Qui, entre tous ces hommes que tu appelles tes amis, oserait se placer auprès de ton frère? Chacun des deux est le modèle de son âge; ils ne ressemblent ni ne le cèdent l'un à l'autre. Osez vous regarder en face! O fureur de la jalousie, de l'envie! Tu l'aurais choisi entre mille pour l'aimer, tu l'aurais pressé sur ton cœur comme ton unique ami, et maintenant que la sainte nature te l'a donné, te l'a offert dès le berceau, tu foules aux pieds son présent par un superbe caprice, et attentes à ton propre sang, pour te prodiguer à qui vaut moins, pour t'attacher à l'ennemi, à l'étranger!

DON MANUEL.

Écoute-moi, ma mère!

DON CÉSAR.

Ma mère, écoute-moi!

ISABELLA.

Ce ne sont point des paroles qui peuvent terminer cette triste querelle.... Il n'est plus possible ici de distinguer le mien et le tien, l'offense de la vengeance.... Qui pourrait encore retrouver l'antique et premier lit du torrent de soufre qui s'est débordé en flammes ? Tout ensemble est le terrible produit du feu souterrain ; une couche de lave a couvert d'une épaisse écorce le sain et bon sol, et nulle part le pied ne foule que les ravages.... Je ne veux suggérer à vos cœurs que cette seule pensée : le mal que l'homme, dans la plénitude de sa raison, fait à un autre homme, se pardonne et s'expie à grand'peine, je veux le croire. L'homme s'obstine dans sa haine, et le temps ne peut changer la résolution qu'il arrête après mûr examen. Mais l'origine de votre querelle remonte aux premiers temps de l'enfance sans raison; son âge même devrait vous désarmer. Demandez à vos souvenirs ce qui d'abord vous a divisés: vous ne le savez pas, et, quand vous le découvririez, vous auriez honte de cette puérile discorde. Et pourtant c'est cette première lutte d'enfants qui, propagée par un enchaînement funeste, a tout produit, jusqu'aux plus récentes offenses du jour présent; car tous les actes les plus graves commis jusqu'à ce jour ne sont que les fruits du soupçon et de la vengeance.... Et cette guerre d'enfants, vous en voudriez continuer les combats, maintenant que vous êtes hommes ? (*Leur prenant la main à tous deux.*) O mes fils! venez, décidez-vous à effacer réciproquement le compte du passé; car le tort est égal des deux côtés. Soyez généreux et remettez-vous l'un à l'autre la dette immense que vous ne sauriez acquitter. Le plus divin des triomphes, c'est le pardon. Jetez-la dans le tombeau de votre père, cette vieille haine de la première enfance. Que votre vie nouvelle soit consacrée au noble amour, à la concorde, à la réconciliation. (*Elle recule d'un pas, comme pour leur laisser entre eux la place de s'approcher l'un de l'autre. Ils fixent tous deux les yeux sur le sol sans se regarder.*)

LE CHŒUR (GAÉTAN).

Écoutez le discours d'une mère qui vous exhorte; elle dit, en vérité, de graves paroles. A votre gré, cessez et terminez la querelle, ou, si vous le voulez, continuez-la. Ce que vous préférez est pour moi la justice : vous êtes les maîtres et je suis le serviteur.

ISABELLA, *après avoir gardé quelque temps le silence et attendu vainement une manifestation des deux frères, reprend avec une douleur étouffée.*

Maintenant je ne sais plus rien. J'ai vidé mon carquois, épuisé les conseils, la force des prières. Il dort dans la tombe, celui dont la puissance vous domptait, et votre mère est là, impuissante, entre vous.... Achevez! vous avez plein pouvoir. Obéissez au malfaisant génie qui vous pousse, aveugles et furieux; ne respectez pas le saint autel du dieu domestique; faites de ce palais même qui vous donna le jour le théâtre de vos mutuels attentats. Sous les yeux de votre mère, exterminez-vous de vos propres mains, non par la main d'autrui. Corps à corps, comme le couple thébain, attaquez-vous l'un l'autre, et, luttant avec fureur, enlacez-vous d'une étreinte d'airain. Prenant vie pour vie, que chacun de vous triomphe, enfonçant le poignard dans le sein de l'autre, et, pour que la mort même n'apaise point votre discorde, que la flamme aussi, la rouge colonne de feu qui s'élèvera de votre bûcher, se divise et s'écarte, emblème affreux de votre mort et de votre vie. (*Elle sort. Les Frères demeurent encore, comme avant, éloignés l'un de l'autre.*)

LES DEUX FRÈRES, LES DEUX CHOEURS.

LE CHOEUR (GAÉTAN).

Ce ne sont que des paroles qu'elle a dites, mais elles ont brisé dans mon sein dur comme le roc toute allégresse et toute ardeur. Ce n'est pas moi qui ai versé le sang fraternel, je lève au ciel des mains pures. Vous êtes frères! Considérez la fin!

DON CÉSAR, *sans regarder don Manuel.*

Tu es le frère aîné, parle! Je céderai sans honte au premier-né.

DON MANUEL, *dans la même attitude.*

Dis quelque bonne parole, et je suivrai volontiers le noble exemple que me donnera mon frère plus jeune.

DON CÉSAR.

Ce n'est pas que je me reconnaisse plus coupable ou que je me sente même plus faible....

DON MANUEL.

Qui connaît don César ne l'accusera pas de manquer de courage : s'il se sentait plus faible, son langage serait plus fier.

DON CÉSAR.

L'opinion que tu as de ton frère est-elle aussi haute?

DON MANUEL.

Tu es trop fier pour t'abaisser, moi pour mentir.

DON CÉSAR.

Mon noble cœur ne supporte pas le mépris. Mais, dans le plus vif acharnement du combat, tu parlais dignement, je le sais, de ton frère.

DON MANUEL.

Tu ne veux point ma mort; j'en ai des preuves. Un moine s'offrit à toi pour me tuer traîtreusement : tu punis le traître.

DON CÉSAR *s'approche un peu*.

Si je t'avais plus tôt connu si juste, bien des choses ne seraient point arrivées.

DON MANUEL.

Et si j'avais su que ton cœur était si ouvert à la réconciliation, j'aurais épargné bien des peines à ma mère.

DON CÉSAR.

On t'avait dépeint à moi bien plus orgueilleux.

DON MANUEL.

C'est la malédiction des grands que les inférieurs s'emparent de leur oreille trop ouverte.

DON CÉSAR, *vivement*.

C'est cela. Ce sont nos serviteurs qui ont tous les torts....

DON MANUEL.

Qui ont aliéné nos cœurs par une haine amère....

DON CÉSAR.

Qui portaient et rapportaient de méchants propos....

DON MANUEL.

Envenimaient tous nos actes par de fausses interprétations....

DON CÉSAR.

Entretenaient la plaie qu'ils auraient dû guérir....

DON MANUEL.

Attisaient la flamme qu'ils pouvaient éteindre.

DON CÉSAR.

C'est nous qui étions égarés et trompés!

DON MANUEL.

L'aveugle instrument de la passion d'autrui!

DON CÉSAR.

Est-il vrai que tout le reste est perfide?...

DON MANUEL.

Et faux! Ma mère le dit, tu peux le croire!

DON CÉSAR.

Alors je veux prendre cette main fraternelle.... (*Il lui tend la main.*)

DON MANUEL *la saisit vivement.*

Je n'en ai pas de plus proche dans tout cet univers. (*Ils se tiennent par la main et se regardent quelque temps en silence.*)

DON CÉSAR.

Je te regarde, et, surpris, étonné, je retrouve en toi les traits chéris de ma mère.

DON MANUEL.

Et je découvre en toi une ressemblance qui m'émeut et m'étonne plus encore.

DON CÉSAR.

Est-ce bien toi qui as pour ton jeune frère un si aimable accueil, de si bonnes paroles?

DON MANUEL.

Ce jeune homme au cœur d'ami, aux sentiments tendres, est-ce là ce frère haineux et malveillant? (*Nouveau silence. Ils s'oublient à se contempler l'un l'autre.*)

DON CÉSAR.

Tu prétendais à ces chevaux de race arabe, de l'héritage de notre père. Je les ai refusés aux chevaliers que tu m'as envoyés.

DON MANUEL.

Ils t'agréent, je n'y pense plus.

DON CÉSAR.

Non, prends les chevaux; prends aussi le char de notre père; prends-les, je t'en conjure!

DON MANUEL.

J'y consens, si tu veux prendre possession du château au bord de la mer, que nous nous sommes vivement disputé.

DON CÉSAR.

Je ne le prendrai pas, mais je veux bien que nous l'habitions fraternellement ensemble.

DON MANUEL.

Qu'il en soit ainsi! Pourquoi posséder à part les biens, quand les cœurs sont unis?

DON CÉSAR.

Pourquoi vivre plus longtemps séparés, quand, par notre union, nous serons chacun plus riches?

DON MANUEL.

Nous ne sommes plus divisés; nous sommes réunis. (*Il se jette dans les bras de don César.*)

LE PREMIER CHOEUR (GAÉTAN), *au second*.

Pourquoi nous tenir encore éloignés comme des ennemis, quand nos princes s'embrassent avec amour? Je suis leur exemple et je t'offre la paix. Voulons-nous donc nous haïr éternellement? S'ils sont frères par les liens du sang, nous sommes les citoyens et les enfants d'une même terre. (*Les deux Chœurs s'embrassent.*)

UN MESSAGER *entre*.

LE SECOND CHOEUR (BOHÉMOND), *à don César*.

Je vois, seigneur, revenir l'explorateur que tu avais envoyé. Réjouis-toi, don César! Un heureux message t'attend, car la joie brille dans les regards de celui qui vient.

LE MESSAGER.

O jour heureux pour moi! heureux pour la ville, enfin délivrée de sa malédiction! Mes yeux jouissent du plus beau spectacle. Je vois les fils de mon maître, nos princes, la main dans la main, converser paisiblement, eux que j'avais laissés en proie à la fureur du combat.

DON CÉSAR.

Tu vois l'amour, comme un phénix rajeuni, sortir des flammes de la haine.

LE MESSAGER.

Au premier bonheur, j'en ajoute un second! Mon bâton de messager reverdit, poussant des branches nouvelles.

DON CÉSAR, *le menant à l'écart.*

Dis-moi ce que tu viens m'apprendre.

LE MESSAGER.

Un seul jour rassemble toutes les joies. Celle qui était perdue, celle que nous cherchions, elle est trouvée aussi, Seigneur : elle n'est pas loin!

DON CÉSAR.

Elle est trouvée! Oh! où est-elle? Parle.

LE MESSAGER.

C'est ici, dans Messine, qu'elle se cache.

DON MANUEL, *tourné vers le premier Demi-Chœur.*

Je vois briller d'une ardente rougeur les joues de mon frère, et son œil étincelle. Je ne sais ce que c'est, mais c'est la couleur de la joie, et, heureux avec lui, je la partage.

DON CÉSAR, *au Messager.*

Viens, conduis-moi!... Adieu, don Manuel! nous nous retrouverons dans les bras de notre mère; maintenant une pressante affaire m'appelle hors d'ici. (*Il veut sortir.*)

DON MANUEL.

Ne la diffère pas. Que le bonheur t'accompagne!

DON CÉSAR *se ravise et revient.*

Don Manuel! Plus que je ne puis dire, ton aspect me réjouit.... Oui, déjà je le pressens, nous nous aimerons comme deux amis de cœur. Germe longtemps comprimé, notre amour fleurira plus vif, plus ardent, à la chaleur d'un soleil nouveau. Je réparerai la vie perdue.

DON MANUEL.

La fleur promet de beaux fruits.

DON CÉSAR.

Il n'est pas bien, je le sens et je me le reproche, de m'arracher maintenant de tes bras. Ne pense pas que je sente moins vivement que toi, si j'abrége brusquement cette heure douce et solennelle.

DON MANUEL, *avec une distraction visible.*

Obéis à la loi du moment. Dès ce jour, toute notre vie appartient à l'amour.

DON CÉSAR.

Si je te découvrais ce qui m'appelle hors d'ici....

DON MANUEL.

Laisse-moi ton cœur! Garde ton secret.

DON CÉSAR.

Qu'il n'y ait pas non plus désormais de secret entre nous; je veux que bientôt ce sombre et dernier pli s'efface. (*Se tournant vers le Chœur.*) Je vous le déclare, pour que tous vous le sachiez! La guerre est finie entre mon frère bien-aimé et moi. Je tiendrai pour ennemi, pour auteur d'une mortelle offense, et je haïrai, à l'égal des portes de l'enfer, celui qui rallumera, pour en faire jaillir de nouvelles flammes, l'étincelle éteinte de notre querelle.... Qu'on n'espère pas me plaire ou recueillir ma reconnaissance, en me disant du mal de mon frère, en relevant pour la lancer plus loin, avec l'empressement d'une perfide obligeance, la flèche empoisonnée de la parole rapide.... Elle ne prend point racine sur les lèvres, la parole étourdie qui échappe à la prompte colère; mais, recueillie par l'oreille du soupçon, elle se glisse, comme la plante rampante, poussant ses jets à l'infini, et s'attache au cœur qu'elle entoure de ses mille rameaux. Et ainsi les bons, les meilleurs finissent par s'engager dans des dissensions confuses et sans remède. (*Il embrasse encore une fois son frère et sort, accompagné du second Chœur.*)

DON MANUEL et LE PREMIER CHŒUR.

LE CHŒUR (GAÉTAN).

Seigneur, je te regarde, frappé d'étonnement, et j'ai peine aujourd'hui à te reconnaître. Tu réponds, par d'avares paroles, à grand'peine, au langage ami de ton frère qui vient au-devant de toi, le cœur ouvert et bienveillant. Tu restes là, perdu dans tes pensées, semblable à un homme qui rêve, comme si ton corps seul était ici, et ton âme bien loin. Qui te verrait ainsi, pourrait aisément t'accuser de froideur, d'indifférence orgueilleuse. Mais moi, je ne veux pas pour cela te taxer d'insensibilité, car tu portes autour de toi le regard serein de l'homme heureux, et le sourire se joue sur tes lèvres.

DON MANUEL.

Que puis-je dire? que répondre? Mon frère, je le conçois, trouve des paroles. Un sentiment tout nouveau le saisit, le surprend, il sent la vieille haine s'évanouir de son sein, et jouit avec admiration du changement de son cœur. Moi.... je n'ai pas apporté de haine en ces lieux, à peine sais-je encore pourquoi nous engagions cette lutte sanglante. Car, sur les ailes de la joie, mon âme plane au-dessus de toutes les choses de la terre; et dans l'océan de lumière qui m'environne, tous les nuages de la vie se sont évanouis, tout sombre pli s'est effacé.... Je contemple ces portiques, ces salles, et je me figure le joyeux saisissement de ma fiancée surprise, stupéfaite, quand je la conduirai, comme princesse et souveraine, par les portes de ce palais.... Jusqu'ici, celui qu'elle aime n'est à ses yeux que son amant. C'est à un étranger, à un homme sans nom, qu'elle s'est donnée. Elle ne soupçonne pas que c'est don Manuel, le prince de Messine, qui couronnera son beau front du diadème d'or. Qu'il est doux de rendre heureux ce qu'on aime, par la gloire et l'éclat d'une grandeur inespérée! Depuis longtemps je me ménageais ce ravissement suprême. Sans doute, sa beauté sera toujours sa plus grande parure, mais la majesté ne peut-elle parer encore la beauté? Le cercle d'or rehausse l'éclat du diamant.

LE CHŒUR (GAÉTAN).

Pour la première fois, Seigneur, j'entends ta bouche, jusqu'ici muette, rompre le sceau d'un long silence. Depuis longtemps je te suivais d'un regard curieux, soupçonnant un rare et merveilleux secret; mais je n'ai osé te demander ce que tu me cachais ainsi dans une profonde obscurité. Les joies ardentes de la chasse n'ont plus d'attrait pour toi, ni les coursiers se disputant le prix dans le cirque, ni les victoires du faucon. Tu disparais aux yeux de tes compagnons, toutes les fois que le soleil descend à l'horizon, et, de tout ce chœur, de nous tous qui toujours te suivons dans tous les dangers de la guerre et de la chasse, nul ne peut accompagner tes pas dans le sentier solitaire. Pourquoi, jusqu'à ce jour, enveloppes-tu de ce voile jaloux ton heureux amour? Qui peut contraindre le puissant à dissimuler? car la crainte est loin de ta grande âme.

DON MANUEL.

Le bonheur est ailé et difficile à enchaîner, il ne se garde que sous les verrous. Le silence lui a été donné pour gardien, et il s'envole rapidement, si l'indiscrétion, avant le temps, se hasarde à entr'ouvrir la porte. Mais maintenant que je suis si près du but, je puis bien rompre le long silence et je le veux faire. Car aux prochains rayons du matin elle sera à moi, et la jalousie du destin funeste n'aura plus sur moi nul pouvoir. Je ne me glisserai plus furtivement auprès d'elle, je n'aurai plus à dérober les fruits d'or de l'amour, à saisir la joie au vol. Le lendemain ressemblera au beau jour de la veille; mon bonheur ne sera pas comme ces éclairs qui passent d'un trait rapide et sont soudain dévorés par la nuit : il sera comme le cours du ruisseau, il coulera comme, du verre qui mesure les heures, coule le sable.

LE CHOEUR (GAÉTAN).

Nomme-nous donc, Seigneur, celle à qui tu as dû ce bonheur mystérieux, afin que nous vantions avec envie ton sort, et que nous honorions dignement la fiancée de notre prince. Dis-nous où tu l'as trouvée, où tu la caches, quel lieu lui offre ce secret asile. Car, dans nos courses vagabondes, nous parcourons l'île en tout sens, par les mille sentiers de la chasse, mais nul vestige ne nous a trahi ton bonheur, et je suis tenté, peu s'en faut, de me persuader qu'elle est enveloppée d'un nuage magique.

DON MANUEL.

Je romprai le charme, car je veux qu'aujourd'hui même le soleil contemple ce qui fut caché. Écoutez donc et apprenez ce qui m'est arrivé. Il y a cinq mois, la puissance de mon père dominait encore dans cette contrée et courbait violemment sous le joug la tête opiniâtre de la jeunesse.... je ne connaissais que les joies farouches des armes, et le plaisir guerrier de la chasse.... Déjà nous avions chassé tout le jour au pied des monts boisés.... quand la poursuite d'une biche blanche m'entraîna bien loin de votre troupe. La bête timide fuyait par les détours de la vallée, à travers les buissons, les ravins, les halliers non frayés; toujours je la voyais devant moi à la distance du trait, mais je ne pouvais ni l'atteindre, ni la tirer, jusqu'à ce qu'enfin elle disparut à mes yeux, à la porte d'un jardin. M'élançant soudain de cheval, je la suis avec ardeur; déjà je balance mon épieu, quand je vois l'animal effrayé couché tout tremblant aux pieds d'une religieuse, qui de sa douce main le flatte et le caresse. Immobile, stupéfait, je contemple cette merveille, l'épieu à la main, le bras tendu pour le lancer.... mais elle me regarde de ses grands yeux, l'air suppliant. Nous demeurâmes ainsi muets, l'un en face de l'autre.... Combien de temps ? je ne puis l'apprécier, car j'avais oublié la mesure du temps. Elle m'enfonça son regard profondément dans l'âme, et soudain mon cœur fut transformé.... Ce que je dis alors, ce que me répondit la ravissante apparition, ne me le demandez pas, car ce souvenir est loin de moi, comme un songe des premiers jours de l'enfance, du crépuscule de la vie. Quand je revins à moi, je sentis son cœur battre contre le mien. Alors j'entendis le son argentin d'une cloche, il semblait qu'il appelât à l'heure de la prière, et tout à coup, comme les esprits s'évanouissent dans les airs, elle disparut à mes yeux, et je ne la vis plus.

LE CHŒUR (GAÉTAN).

Ton récit, Seigneur, me remplit de crainte. Tu as fait un larcin à Dieu, touché, avec un désir coupable, la fiancée du ciel; car le devoir du cloître est saint d'une sainteté terrible.

DON MANUEL.

Je n'avais plus désormais qu'un chemin à suivre; mes désirs inquiets, chancelants, étaient enchaînés; l'objet de ma vie était trouvé. Et, comme le pèlerin se tourne vers l'Orient, où brille pour lui le soleil de la sainte promesse, ainsi mon esprit, mon ardeur se dirigeaient vers un seul point lumineux du ciel. Pas un jour ne s'élevait du sein des flots et ne s'y replongeait, qui ne réunît deux amants heureux. L'alliance de nos cœurs s'était formée en silence. Seul, au-dessus de nos têtes, le ciel, qui voit tout, était l'intime confident de mon bonheur ignoré; nous n'avions besoin, du reste, du service de nul homme. C'étaient là des heures d'or, des jours bienheureux.... Mon bonheur n'était pas un larcin fait au ciel, car nul vœu n'enchaînait encore ce cœur qui se donnait à moi, comme mon bien, pour toujours.

LE CHŒUR (GAÉTAN).

Ainsi le cloître n'était que l'asile de sa tendre jeunesse, et non le tombeau de sa vie.

DON MANUEL.

Elle était un dépôt sacré, confié à la maison de Dieu, mais qu'on devait réclamer un jour.

LE CHOEUR (GAÉTAN).

Mais à quel sang se glorifie-t-elle d'appartenir ? car un noble cœur ne peut avoir qu'une noble origine.

DON MANUEL.

Elle a grandi sans se connaître elle-même. Elle ne sait ni sa race, ni sa patrie.

LE CHOEUR (GAÉTAN).

Et nulle trace obscure ne peut-elle ramener aux sources inconnues de son être ?

DON MANUEL.

Elle est d'un noble sang, ainsi le confesse le seul homme qui soit instruit de son origine.

LE CHOEUR (GAÉTAN).

Quel est cet homme ? Ne me cache rien; car, si je ne sais tout, je ne puis te donner d'utiles conseils.

DON MANUEL.

Un vieux serviteur se présente de temps en temps, seul messager entre la fille et la mère.

LE CHOEUR (GAÉTAN).

De ce vieillard tu n'as rien appris ? La vieillesse a le cœur timide et se plaît à parler.

DON MANUEL.

Jamais je n'ai osé céder à une curiosité qui pouvait compromettre mon bonheur mystérieux.

LE CHOEUR (GAÉTAN).

Mais quel était le sens de ses discours, quand il venait visiter la jeune fille ?

DON MANUEL.

Il la consolait, d'année en année, par l'attente d'un jour qui doit tout éclaircir.

LE CHOEUR (GAÉTAN).

Et ce temps qui doit tout éclaircir, ne l'a-t-il pas désigné par quelque indice plus précis ?

DON MANUEL.

Depuis quelques mois, le vieillard la menaçait d'un prochain changement dans sa destinée.

LE CHOEUR (GAÉTAN).

Il menaçait, dis-tu ? Tu crains donc d'être éclairé d'une lumière qui ne te réjouisse point ?

DON MANUEL.

Tout changement effraye celui qui est heureux. Où il n'y a point de gain à espérer, on craint de perdre.

LE CHOEUR (GAÉTAN).

Mais cette découverte que tu redoutes peut aussi apporter à ton amour des signes favorables.

DON MANUEL.

Et de même elle pouvait ruiner mon bonheur. Voilà pourquoi j'ai pris le parti le plus sûr, celui de la prévenir.

LE CHOEUR (GAÉTAN).

Comment, Seigneur ? Tu me remplis de crainte, et malgré moi je tremble que tu n'aies été trop prompt.

DON MANUEL.

Déjà dans ces derniers mois le vieillard laissait entrevoir, par des signes mystérieux, que le jour n'était plus loin qui la rendrait aux siens. Mais depuis hier il s'est exprimé clairement, il a dit qu'aux premiers rayons de la matinée prochaine.... or c'est le jour qui luit maintenant.... son destin se déciderait. Il n'y avait pas un moment à perdre, ma résolution fut bientôt prise et bientôt exécutée. Cette nuit, j'ai enlevé la jeune fille et je l'ai conduite secrètement à Messine.

LE CHOEUR (GAÉTAN).

Quelle audace ! quel téméraire attentat !... Pardonne, Seigneur, la libre sévérité de mon jugement ; mais tel est le droit de la vieillesse plus sage, quand la prompte jeunesse s'oublie témérairement.

DON MANUEL.

Non loin du couvent des sœurs de la Miséricorde, dans la paisible solitude d'un jardin, où la curiosité ne pénètre point, je viens à l'instant de me séparer d'elle, accourant ici pour me réconcilier avec mon frère. Je l'ai laissée seule en ce lieu, inquiète et craintive, et ne s'attendant guère qu'on la vienne chercher avec une pompe royale, et qu'on la place, aux yeux de tout Messine, sur le majestueux piédestal de la gloire. Car elle ne doit me revoir que dans l'éclat et l'appareil de la grandeur, solennellement entouré de votre chœur chevaleresque. Je ne veux pas que la fiancée de don Manuel approche comme une fugitive sans patrie de la mère que je lui donne. Je veux l'introduire royalement, en princesse, dans le château de mes pères.

LE CHOEUR (GAÉTAN).

Ordonne, Seigneur ! Nous attendons ton signal.

DON MANUEL.

Je me suis arraché de ses bras, mais je ne serai occupé que d'elle. Car sur-le-champ vous m'accompagnerez au bazar où les Maures exposent en vente tout ce que l'Orient produit de nobles étoffes et de créations de l'art le plus exquis. Choisissez d'abord les sandales élégantes, parure et protection de ses pieds délicats; puis prenez, pour ses vêtements, ces merveilleux tissus de l'Indien qui brillent d'une blancheur pareille aux neiges de l'Etna, les plus voisines de la lumière du ciel, et qu'ils se répandent, légers comme la vapeur du matin, autour de sa taille de jeune fille, de son corps gracieux. Qu'elle soit de pourpre, brochée délicatement de fils d'or, la ceinture qui nouera sa tunique avec grâce au-dessous de son sein pudique. En outre, choisissez le manteau, tissu d'une soie brillante, qui éclate sous une pâle teinture de pourpre, et qu'une cigale d'or l'attache sur l'épaule.... N'oubliez pas non plus les bracelets, qui entoureront ses beaux bras de leurs cercles charmants; ni la parure des perles et du corail, dons merveilleux de la déesse des mers. Qu'autour des boucles de sa chevelure se torde un diadème, formé des pierres les plus précieuses, où le rubis aux jets de flamme croise avec l'émeraude ses éclairs colorés. Que tout en haut, dans sa coiffure, soit fixé le long voile, qui, pareil à un nuage lumineux, flotte autour de sa taille éblouissante, et que la virginale guirlande de myrte achève et couronne ce bel ensemble.

LE CHOEUR (GAÉTAN).

Il sera fait, Seigneur, comme tu ordonnes, car tout ce que tu désires se trouve exposé au bazar, prêt et achevé.

DON MANUEL.

Et alors amenez la plus belle haquenée de mes écuries; qu'elle soit blanche, d'un blanc lumineux, comme les chevaux du dieu du soleil; que la housse soit de pourpre, le harnais et la bride richement ornés de pierreries, car elle doit porter ma reine. Vous-mêmes, tenez-vous prêts à conduire chez moi votre princesse, dans tout l'éclat de l'appareil chevaleresque, au son joyeux des fanfares. Je vais de ce pas m'occuper de tous ces apprêts ; que deux d'entre vous m'accompagnent et que les autres m'attendent..... Ce que vous venez d'entendre, gardez-le au fond de vos cœurs, jusqu'à ce que je rompe le lien de vos lèvres. (*Il sort, accompagné de deux hommes du Chœur.*)

LE CHOEUR (GAÉTAN).

Dis-moi, qu'allons-nous entreprendre, maintenant que nos princes ont cessé leur querelle, pour remplir le vide des heures et la longueur infinie du temps ? Il faut que l'homme ait pour la matinée prochaine une crainte, un espoir, un souci, pour qu'il puisse supporter le poids de l'existence et l'accablante monotonie des jours ; il faut que par un souffle rafraîchissant il ride et remue la surface stagnante de la vie.

UN HOMME DU CHOEUR (MANFRED).

Belle est la paix ! Elle ressemble à un jeune enfant qui repose au bord d'un paisible ruisseau, et les agneaux bondissent joyeusement autour de lui, paissant le gazon qu'éclaire le soleil. Il tire de sa flûte de doux sons, et l'écho de la montagne s'éveille, ou bien, aux rouges lueurs du couchant, le ruisseau qui murmure le berce et l'endort.... Mais la guerre a aussi son charme et sa gloire, la guerre qui agite la destinée humaine. Moi, j'aime une vie animée ; j'aime cet éternel mouvement qui vous fait balancer et flotter sur la vague de la fortune, haute et basse tour à tour.

Car l'homme languit dans la paix ; un repos oisif est la tombe du courage. La loi est l'amie du faible, elle ne tend qu'à tout niveler et aplanirait volontiers le monde ; mais la guerre fait paraître la force, elle élève tout à une grandeur non commune, même au lâche elle donne du cœur.

UN SECOND (BÉRENGER).

Les temples de l'amour ne sont-ils pas ouverts ? Le monde ne court-il pas adorer la beauté ? Là est la crainte ! là l'espoir ! Là est roi qui plaît aux yeux. L'amour aussi agite la vie, il en rehausse les teintes grisâtres. L'aimable fille de l'écume des mers trompe nos belles années par de charmantes illusions, et sur le triste et vulgaire tissu de la réalité elle brode les images des rêves d'or.

UN TROISIÈME (GAÉTAN).

Laissons la fleur au printemps florissant! Que la beauté brille, et qu'il se tresse des guirlandes, celui que parent encore les blondes boucles de la jeunesse ; mais à l'âge mûr il convient de servir une divinité plus grave.

LE PREMIER (MANFRED).

Suivons l'austère Diane, l'amie de la chasse, dans la forêt sauvage, là où la nuit des bois est le plus épaisse, et précipitons le bouquetin du haut du rocher. Car la chasse est une image des combats, la joyeuse fiancée du sévère dieu de la guerre.... On est debout dès l'aurore, quand le joyeux fracas des trompes vous appelle dans la vallée au sol fumant, vous invite à franchir les monts, les ravins, à baigner vos membres fatigués dans des flots d'air rafraîchissant.

LE SECOND (BÉRENGER).

Ou voulez-vous vous confier à la déesse azurée qui jamais n'a de repos, et qui, nous offrant son riant miroir, nous attire dans son domaine sans bornes ? Nous construirons-nous sur la vague flottante un château qui nage gaiement ? Celui qui, de la proue rapide de son vaisseau, laboure la verte plaine, le cristal de l'onde, celui-là épouse la fortune, le monde lui appartient; pour lui, sans qu'il ait semé, la moisson fleurit. Car la mer est le théâtre de l'espérance, l'empire capricieux des hasards. Là le riche devient subitement pauvre, et le plus pauvre l'égal du prince. Comme le vent, avec la vitesse de la pensée, fait tout le tour du compas, ainsi changent ici les lots du destin, ainsi tourne la roue de la fortune. Sur les flots tout est flot mobile, sur la mer il n'est point de propriété.

LE TROISIÈME (GAÉTAN).

Mais ce n'est pas seulement sur l'empire des vagues, sur le sein flottant des mers, c'est sur la terre aussi, quelque affermie qu'elle soit sur ses antiques et éternelles colonnes, que la fortune chancelle et ne veut point s'arrêter.... Cette nouvelle paix me donne des soucis et je ne puis m'y fier avec joie. Sur la lave que le mont a vomie, jamais je ne voudrais bâtir ma cabane. Car la haine a déjà fait de trop profonds ravages; il s'est commis de trop graves attentats, qui jamais ne se pardonnent ni ne s'oublient. Je n'ai pas encore vu la fin, et les pressentiments de mes rêves m'épouvantent. Je ne veux pas que ma bouche rende des oracles, mais ce mystère me déplaît fort, ce lien d'hymen non consacré, ces tortueux sentiers d'amour qui redoutent la lumière, cette témérité du rapt dans un cloître; car le bien suit la voie droite, et la mauvaise semence produit de mauvais fruits.

(BÉRENGER.)

Ce fut aussi un enlèvement, comme nous le savons tous, qui entraîna dans un lit criminel l'épouse de l'ancien prince, car le père d'abord l'avait choisie, et, dans sa colère, ce chef de la race répandit sur le coupable hymen la terrible semence d'affreuses malédictions. Cette maison cache des horreurs sans nom, de noirs forfaits.

LE CHOEUR (GAÉTAN).

Oui, cela n'a pas bien commencé, et, croyez-moi, cela ne finira pas bien ; car, sous le soleil, tous les méfaits de l'aveugle rage s'expient tôt ou tard. Ce n'est point un hasard ni l'effet d'un sort aveugle, si les deux frères s'acharnent à se détruire : le sein de leur mère a été maudit, elle devait enfanter la haine et la discorde.... Mais je veux le cacher et me taire ; car les dieux vengeurs travaillent en silence : il est temps de déplorer les désastres, quand ils approchent et réellement se montrent. (*Le Choeur sort.*)

La scène se transforme en un jardin, d'où la vue s'étend sur la mer.
D'un pavillon voisin sort Béatrice.

BÉATRICE. *Elle va et vient avec inquiétude, regardant de tous côtés. Tout à coup elle s'arrête et écoute.*

Ce n'est pas lui.... C'était le bruit des vents dont le souffle se joue dans la cime du pin. Déjà le soleil s'abaisse vers l'horizon ; je vois les heures qui se traînent d'un pas languissant, et un sentiment d'effroi me saisit. Ce silence même de la solitude m'épouvante. Rien ne se montre à moi, aussi loin que portent mes yeux. Il me laisse ici désespérer dans mon angoisse.

Et près d'ici j'entends, pareil à la cascade d'une digue, le bruit de la ville, où fourmille le peuple ; au loin, j'entends la vaste mer, qui heurte ses rivages et s'y brise avec un sourd murmure. Toutes les terreurs viennent fondre sur moi; je me sens petite au milieu de cette grandeur effrayante, et, emportée comme la feuille de l'arbre, je me perds dans l'espace sans bornes.

Pourquoi ai-je quitté ma paisible cellule? Là, je vivais sans désirs inquiets, sans regrets! Mon cœur était tranquille comme la source de la prairie, vide de souhaits, mais non pauvre de joies. Maintenant, le flot de la vie m'a entraînée; le monde me saisit dans ses bras de géant; j'ai rompu tous mes premiers liens, me fiant au léger gage d'un serment.

Où était ma raison? Qu'ai-je fait? Est-ce une illusion, un délire qui m'a saisie, égarée?

J'ai déchiré le voile de la pudeur virginale; j'ai forcé les portes de ma sainte cellule. Un charme infernal m'a-t-il donc enlacée pour m'aveugler? J'ai suivi, dans ma fuite coupable, un homme, un ravisseur audacieux.

Oh! viens, mon bien-aimé! Où restes-tu? Pourquoi tarder? Délivre, délivre mon âme de sa lutte! Le repentir me ronge, la douleur s'empare de moi. Par ta présence et ton amour, rassure mon cœur.

Et ne devais-je pas me remettre entre les mains de celui qui, seul au monde, s'est attaché à moi? Car j'ai été jetée dans la vie comme une étrangère, et, de bonne heure, un destin rigoureux (je n'ose soulever ce sombre voile) m'a arrachée du sein maternel. Une seule fois j'ai vu celle qui m'a enfantée, mais son image s'est évanouie à mes yeux comme un songe.

Ainsi je croissais en silence dans un séjour silencieux, et me voyais, dans l'ardeur de la vie, associée à des ombres.... Tout à coup, il paraît à la porte du cloître, beau comme un dieu, viril comme un héros. Oh! il n'y a point de paroles pour dire ce que j'ai senti. Étranger à moi, il me venait d'un monde étranger; et à l'instant, comme s'il en eût été toujours ainsi, il s'est formé entre nous une alliance que jamais les hommes ne rompront.

Pardonne-moi, noble mère qui m'as donné le jour, si, prévenant l'heure marquée, j'ai, de mon plein pouvoir, choisi mon sort. Non, je ne l'ai pas choisi librement; il m'est venu trouver. Le dieu pénètre aussi à travers les portes fermées; il a découvert un chemin pour entrer dans la tour de Persée; jamais le destin ne perd sa victime. Fût-elle attachée à un écueil désert, aux colonnes d'Atlas, qui portent le ciel, un coursier ailé saura bien l'y atteindre.

Je ne veux plus regarder derrière moi, je n'ai point de foyer à regretter; je veux, aimant de toute mon âme, me confier à l'amour. Est-il un bonheur plus charmant que celui de l'amour? Je me contenterai bien volontiers de mon partage, je ne connais pas les autres joies de la vie.

Je ne les connais pas et ne veux jamais les connaître, ceux qui se nomment les auteurs de mes jours, s'ils doivent, mon bien-aimé, me séparer de toi. Je consens à rester pour moi-même une éternelle énigme; j'en sais assez, je vis pour toi! (*Devenant attentive.*) Écoute! le son de sa voix chérie!... Non, c'était l'écho et le bruit sourd de la mer qui se brise sur le rivage; ce n'est pas le bien-aimé! Malheur à moi! malheur à moi! Où reste-t-il? Un frisson glacé me saisit. Le soleil s'abaisse de plus en plus; la solitude devient toujours plus déserte, et mon cœur à chaque instant plus lourd.... Où s'arrête-t-il? (*Elle va çà et là avec inquiétude.*)

Je ne risquerai plus mes pas hors de la sûre enceinte du jardin. Une froide horreur s'est emparée de moi quand j'ai osé franchir le seuil de l'église prochaine. C'est qu'au plus profond de mon âme, lorsqu'on appelait pour l'heure de la prière, une force puissante me poussa à m'agenouiller dans le lieu saint, à invoquer la divine mère. Je n'ai pu résister.... Si un espion me guettait? Le monde est plein d'ennemis. La ruse, pour trahir la pieuse innocence, a tendu sur tous les sentiers ses filets trompeurs. Déjà je l'ai éprouvé en frémissant, lorsque, échappée à la sainte garde du cloître, je me suis hasardée, avec une coupable audace, parmi une foule étrangère. Là (c'était au jour solennel de la sépulture du prince), je payai cher ma témérité, Dieu seul m'a préservée.... quand ce jeune homme, cet étranger aux yeux de flamme s'approcha de moi, et, avec des regards qui m'effrayaient, qui, comme des éclairs, traversaient tout mon être, pénétra jusqu'au fond de mon cœur.... Un frisson d'horreur, quand j'y pense, glace encore ma poitrine! Jamais, jamais, avec le remords de cette faute ignorée, je ne pourrai regarder dans les yeux de mon bien-aimé. (*Elle écoute.*)

Des voix dans le jardin! C'est lui, le bien-aimé! Lui-même! Cette fois, ce n'est pas une illusion qui trompe mon oreille. Le bruit approche, augmente! Dans ses bras! sur son cœur! (*Elle court, les bras ouverts, vers le fond du jardin. Don César vient au-devant d'elle.*)

DON CÉSAR, BÉATRICE, LE CHŒUR.

BÉATRICE, *reculant avec effroi.*

Malheur à moi! Que vois-je? (*Au même instant le Chœur entre aussi.*)

DON CÉSAR.

Charmante beauté, ne crains rien! (*Au Chœur.*) Le dur aspect de vos armes effraye la tendre enfant.... Reculez et demeurez dans un respectueux éloignement! (*A Béatrice.*) Ne crains rien! l'aimable pudeur et la beauté me sont sacrées. (*Le Chœur s'est retiré. Don César s'approche d'elle et prend sa main.*) Où étais-tu? Quel est le dieu dont le pouvoir t'a dérobée et cachée si longtemps? Je t'ai cherchée, j'ai mis tout en œuvre pour te découvrir; dans mes veilles et dans mes rêves, tu étais l'unique sentiment de mon cœur, depuis qu'aux funérailles du prince je t'ai aperçue pour la première fois, pareille à l'apparition d'un ange de lumière.... Ce pouvoir par lequel tu m'as dompté n'a pas été un secret pour toi. Le feu de mes regards, le bégaiement de mes lèvres, ma main qui tremblait dans la tienne, t'ont révélé ton empire.... l'austère majesté du lieu interdisait un aveu plus hardi.... Le moment solennel de la consécration m'appela à la prière, je pliai les genoux, et, quand je me relevai, quand mon premier regard se tourna vers toi, tu avais disparu à mes yeux; mais, par la magie d'un lien tout-puissant, tu avais entraîné à ta suite toutes les forces de mon cœur. Depuis ce jour, je te cherche sans relâche, aux portes de toutes les églises et de tous les palais; dans tous les lieux publics et secrets où peut se montrer l'aimable innocence, j'ai tendu les filets de mes émissaires; mais j'ai vu toutes mes peines demeurer sans fruit, jusqu'à ce qu'enfin aujourd'hui, guidée par un dieu, l'heureuse vigilance de mon explorateur t'a découverte dans l'église voisine. (*A ce moment, Béatrice, qui, pendant tout ce temps, était demeurée tremblante et détournait la tête, fait un signe d'effroi.*) Je t'ai retrouvée, et que mon âme abandonne mon corps, avant que je me sépare de toi. Et pour saisir aussitôt et enchaîner le hasard, pour me préserver de l'envie du destin, je m'adresse à toi, comme à mon épouse, devant tous ces témoins, et je te tends, pour gage, ma main de chevalier. (*Il présente Béatrice au Chœur.*)

Je ne veux pas rechercher qui tu es.... Je ne veux de toi que toi-même, et n'ai nul souci du reste. Que ton âme est pure, comme aussi ton origine, ton premier regard me l'a garanti et attesté; et, quand tu serais, par la naissance, humble entre toutes, il faudrait pourtant que tu fusses mon amour : j'ai perdu la liberté du choix.

Et pour que tu saches si, moi aussi, je suis maître de mes actions et placé assez haut dans ce monde pour élever jusqu'à moi, d'un bras puissant, ce que j'aime, je n'ai besoin que de te dire mon nom.... Je suis don César, et, dans cette ville de Messine, nul n'est au-dessus de moi. (*Béatrice recule en frémissant. Il le remarque et continue après une courte pause.*) Je loue ton étonnement et ton modeste silence : l'humble pudeur est la couronne des attraits, car la beauté s'ignore elle-même, et s'effraye de sa propre puissance.... Je m'éloigne et t'abandonne à toi-même, pour que ton esprit se dégage de sa frayeur; car toute nouveauté soudaine, même le bonheur, épouvante. (*Au Chœur.*) Rendez-lui les honneurs dus à mon épouse et à votre princesse : elle l'est dès ce moment! Instruisez-la de la grandeur de son sort. Bientôt je reviendrai moi-même, pour la conduire dans ma demeure, d'une façon digne de moi et comme il lui convient. (*Il se retire.*)

BÉATRICE et LE CHŒUR.

LE CHŒUR (BOHÉMOND).

Salut à toi, jeune fille, aimable souveraine! A toi est la couronne, à toi la victoire!

Je te salue, comme destinée à perpétuer cette race, comme la mère florissante des héros futurs.

(ROGER.)

Trois fois salut à toi! Sous d'heureux auspices, tu entres,

heureuse toi-même, dans une maison heureuse, que les dieux favorisent, où sont appendues les couronnes de la gloire, où le sceptre d'or, par une constante succession, passe de l'aïeul à ses neveux.

(BOHÉMOND.)

Ton aimable entrée va réjouir les pénates de la maison, ces graves et antiques génies, augustes et vénérés. Sur le seuil, te recevra Hébé, toujours florissante, et la Victoire d'or, la déesse ailée, qui plane sur la main du Dieu suprême, les ailes toujours tendues pour voler au triomphe.

(ROGER.)

Jamais la couronne de la beauté ne sort de cette race. Une princesse, en quittant la terre, transmet à celle qui la suit la ceinture des Grâces et le voile de la modeste pudeur. Mais à mes yeux est réservé le plus beau spectacle : je vois la fille dans sa fleur, avant que la mère ait cessé de fleurir.

BÉATRICE, *s'éveillant de sa terreur.*

Malheur à moi! A quelles mains le malheur m'a livrée! Parmi tout ce qui vit, dans celles-là surtout je ne devais pas tomber!

Maintenant je comprends l'horreur, le frisson mystérieux qui toujours me faisait tressaillir, quand on me nommait le nom de cette race terrible qui se hait elle-même d'une haine meurtrière, et s'acharne avec fureur contre ses propres membres. Souvent, avec épouvante, j'ai entendu parler des deux frères, et de leur haine de serpents, et maintenant mon sort affreux m'entraîne, pauvre victime, sans espoir de salut, dans le tourbillon de cette haine, de ce malheur. (*Elle s'enfuit dans le pavillon du jardin.*)

LE CHŒUR (BOHÉMOND).

Je porte envie au fils privilégié des dieux, au possesseur fortuné du pouvoir. Ce qui a le plus de prix est toujours son partage, et de tout ce que les mortels louent comme magnifique et sublime, il cueille pour lui la fleur.

(ROGER.)

Des perles que le pêcheur recueille en plongeant au fond des mers, il choisit la plus pure. Pour le souverain on réserve ce qu'il y a de mieux dans les fruits du travail commun. Pendant que les serviteurs se font leurs parts au moyen du sort, la plus belle lui est assurée.

(BOHÉMOND.)

Mais il est un bien unique, son plus précieux joyau, laissons-lui de bon cœur ses autres avantages! celui-là, je le lui envie entre tous.... C'est de conduire chez lui comme épouse la fleur des femmes, de posséder en propre celle qui charme les yeux de tous.

(ROGER.)

Le corsaire, le glaive à la main, s'élance sur le rivage; dans sa nocturne et soudaine attaque, il emmène les hommes et les femmes, et contente son farouche désir. La plus belle seule, il n'ose y toucher : elle est le bien du roi.

(BOHÉMOND.)

Mais maintenant suivez-moi, pour garder l'entrée et le seuil de ce saint lieu, afin que nul profane ne pénètre dans ce mystère, et que le maître nous loue, lui qui confie à notre garde ce qu'il possède de plus précieux. (*Le Chœur se retire vers le fond du théâtre.*)

———

La scène change et représente une salle dans l'intérieur du palais.

DONA ISABELLA, *debout entre* DON MANUEL *et* DON CÉSAR.

ISABELLA.

Il luit enfin pour moi ce jour solennel, si ardemment désiré, si longtemps attendu.... Je vois unis les cœurs de mes enfants, comme, sans peine, je joins leurs mains, et pour la première fois, dans ce cercle intime, le cœur de la joyeuse mère peut s'ouvrir. Loin de nous est la troupe farouche des témoins étrangers, qui se plaçait entre nous, armée pour le combat.... Le bruit des armes n'effraye plus mon oreille, et comme la couvée des hiboux, habituée à la nuit, s'envole des ruines de l'incendie, où ils nichèrent de longues années, tranquilles possesseurs.... comme ils s'enfuient, obscurcissant le jour de leur sombre essaim, quand les habitants, longtemps exilés, reviennent enfin et approchent, avec des cris de joie, pour entreprendre avec ardeur la nouvelle construction : ainsi la vieille haine, avec son ténébreux cortége, le soupçon aux yeux creux, la louche jalousie et la pâle envie, s'enfuit, en grondant, de notre seuil dans l'enfer, et avec la paix rentrent, souriantes, l'intime confiance et l'aimable concorde. (*Elle s'arrête.*).... Mais ce n'est pas assez que ce jour vous donne à chacun un frère, il vous a aussi enfanté une sœur.... Vous êtes étonnés? Vous me regardez avec surprise? Oui, mes fils! Il est temps que je rompe le silence et que je brise le sceau d'un secret longtemps caché.... J'ai aussi donné une fille à votre père.... vous avez encore une sœur plus jeune que vous.... Je veux qu'aujourd'hui même vous l'embrassiez.

DON CÉSAR.

Que dis-tu, ma mère? Nous avons une sœur, et jamais nous n'avons entendu parler de cette sœur!

DON MANUEL.

Nous avons appris, il est vrai, dans notre première enfance, qu'il nous était né une sœur; mais la mort, tel était le commun récit, l'avait enlevée, encore au berceau.

ISABELLA.

Le commun récit ment. Elle vit!

DON CÉSAR.

Elle vit, et tu nous l'as caché?

ISABELLA.

Je vous rendrai compte de mon silence. Apprenez quelle semence fut jetée dans les premiers ans, et quelle heureuse récolte doit mûrir maintenant.... Vous étiez encore de tendres enfants, mais déjà vous divisait une lamentable discorde (puisse-t-elle ne revenir jamais!) qui accablait de chagrin le cœur de vos parents. En ce temps-là, votre père eut un songe étrange et surprenant. Il lui sembla qu'il voyait s'élever de sa couche nuptiale deux lauriers qui entrelaçaient étroitement leurs rameaux..... Entre les deux croissait un lis.... Ce lis devint une flamme, qui, éclatant avec bruit, saisit l'épais branchage des arbres et la charpente du palais, et étendant sa fureur en tout sens, dévora rapidement la maison dans un affreux embrasement.

Effrayé de cette vision étrange, votre père en demanda le

sens à un astrologue arabe, qui était son oracle, et à qui son cœur était attaché plus que je n'eusse voulu. L'Arabe déclara que si mon sein donnait le jour à une fille, elle lui tuerait ses deux fils, et que toute sa race périrait par elle.... Et je devins mère d'une fille; mais votre père donna l'ordre cruel de jeter aussitôt à la mer l'enfant nouveau-né. Je déjouai ce dessein sanglant, et je sauvai ma fille par le ministère discret d'un serviteur fidèle.

DON CÉSAR.

Béni soit celui qui te fut secourable! Oh! l'amour maternel n'est jamais pris au dépourvu!

ISABELLA.

La voix puissante de l'amour maternel ne me poussa pas seule à épargner la faible enfant. Moi aussi, un oracle étrange me fut rendu en songe, pendant que mon sein portait cette fille. Je vis un enfant, beau comme les dieux d'amour, jouer dans le gazon, et de la forêt il sortit un lion, qui emportait dans sa gueule sanglante la proie qu'il venait de saisir et la laissa tomber, d'un air caressant, au giron de l'enfant. Et du haut des airs un aigle s'abattit, tenant dans ses serres un chevreuil tremblant, et il le déposa, d'un air caressant, au giron de l'enfant. Et tous deux, le lion et l'aigle, se couchèrent, comme un paisible couple, aux pieds de l'enfant.... Le sens de ce songe me fut dévoilé par un moine, un homme aimé de Dieu, auprès de qui le cœur trouvait conseil et consolation dans toutes les peines d'ici-bas. Il me dit que j'enfanterais une fille qui unirait dans une vive ardeur d'amour les cœurs désunis de mes fils.... Je gardai cette parole dans mon âme. Me fiant plus au Dieu de vérité qu'au dieu de mensonge, je sauvai cette enfant de divine promesse, cette fille de bénédiction, gage de mon espoir, qui devait être pour moi l'instrument de paix, quand votre haine croissait sans cesse et grandissait.

DON MANUEL, *embrassant son frère.*

Il n'est plus besoin d'une sœur pour former entre nous un lien d'amour, mais elle le serrera plus étroitement.

ISABELLA.

Je la fis donc élever, loin de mes yeux, mystérieusement, par des mains étrangères, dans une retraite cachée.... Je m'intcrdis même la vue, ardemment désirée, de ses traits chéris, craignant la sévérité de son père, qui, rongé par les soucis d'une méfiance sans repos et par le soupçon aux sombres recherches, plaçait des espions sur tous mes pas.

DON CÉSAR.

Mais, depuis trois mois déjà, la tombe silencieuse couvre notre père.... Qui t'empêchait, ma mère, de faire paraître au jour la sœur si longtemps cachée, et de réjouir nos cœurs?

ISABELLA.

Quoi, sinon votre malheureuse querelle, qui, dans sa rage inextinguible, éclata sur la tombe de votre père, à peine privé de vie, et n'offrait ni moyen ni espoir de réconciliation? Pouvais-je placer votre sœur entre vos épées nues, furieuses? Pouviez-vous, dans cette tempête, entendre la voix maternelle? Et devais-je risquer avant le temps, exposé à la fureur de votre haine, le précieux gage de la paix, la dernière et sainte ancre de mon espérance?... Il fallait d'abord que vous prissiez sur vous de vous regarder comme frères, avant que je pusse placer entre vous une sœur, comme un ange de paix. Maintenant je le puis, et je vous l'amènerai. J'ai envoyé le vieux serviteur, et à chaque instant j'attends son retour. Il doit, l'enlevant à son paisible asile, la ramener sur mon cœur maternel et dans les bras de ses frères.

DON MANUEL.

Et elle n'est pas la seule que tu presseras aujourd'hui dans tes bras maternels. La joie entre par toutes les portes, le palais désert se remplit et va devenir le séjour de la grâce florissante.... Maintenant, ma mère, apprends aussi mon secret. Tu me donnes une sœur.... Je veux, en retour, te faire don d'une seconde fille chérie. Oui, ma mère, bénis ton fils! Mon cœur a choisi; j'ai trouvé celle qui doit être la compagne de ma vie. Avant que le soleil de ce jour descende sous l'horizon, j'amènerai à tes pieds l'épouse de don Manuel.

ISABELLA.

Je presserai joyeusement sur mon sein celle qui doit rendre heureux mon premier-né! Que la joie germe dans ses sentiers, avec toutes les fleurs qui parent la vie! Et que tout bonheur récompense le fils qui m'offre la plus belle couronne des mères!

####### DON CÉSAR.

Ne prodigue pas, ma mère, tous les trésors de tes bénédictions à ton seul premier-né! Si l'amour bénit la vie, je t'amènerai, moi aussi, une fille, digne d'une telle mère, celle qui m'a appris le sentiment tout nouveau de l'amour. Avant que le soleil de ce jour descende sous l'horizon, don César te présentera aussi son épouse.

####### DON MANUEL.

Amour tout-puissant, divin! C'est à bon droit qu'on te nomme le roi des âmes. A toi se soumettent tous les éléments, tu peux réunir ce que divisait une lutte hostile; rien ne vit qui ne reconnaisse ton empire. Tu as aussi vaincu l'âme farouche de mon frère, qui toujours était demeuré indompté. (*Embrassant don César.*) Maintenant je crois à ton cœur, et je te presse avec espoir sur mon sein fraternel : je ne doute plus de toi, puisque tu peux aimer.

####### ISABELLA.

Qu'il soit trois fois béni ce jour qui, au même instant, délivre de tout souci, de toute angoisse, mon cœur oppressé! Je vois ma race appuyée sur de solides colonnes, et je puis étendre mes regards, l'âme satisfaite, sur l'immensité des temps. Hier encore je me voyais couverte du voile des veuves, pareille à une morte, sans enfants, toute seule dans ces salles désertes, et aujourd'hui, dans tout l'éclat de la jeunesse, trois filles florissantes seront debout à mes côtés. Qu'elle paraisse, la mère heureuse entre toutes les femmes qui ont enfanté, qui puisse comparer sa gloire à la mienne!... Mais quels sont les princes dont les royales filles brillent dans leur fleur aux confins de ce pays, sans que leur nom soit parvenu à moi?... car mes fils n'ont pu faire d'indignes choix.

####### DON MANUEL.

Pour aujourd'hui seulement, ma mère, n'exige pas que je lève le voile qui couvre mon bonheur. Le jour vient qui doit tout révéler. Que ma fiancée (qui le ferait mieux?) se produise elle-même! Sois assurée que tu la trouveras digne de toi.

####### ISABELLA.

Je reconnais dans mon fils premier-né le caractère propre et l'esprit de son père. Il aima toujours, lui aussi, à tramer ses

desseins en secret, au dedans de lui-même, et à garder pour lui
ses résolutions dans une âme fermée, inaccessible! Je t'accorde
volontiers ce court délai ; mais mon fils César, j'en suis certaine, va me nommer dès à présent sa royale fiancée.

DON CÉSAR.

Ce n'est pas ma manière de me cacher mystérieusement, ma
mère. Je montre mon âme, libre et ouverte, comme mon front.
Mais ce que tu désires savoir.... laisse-moi, ma mère, te l'avouer
loyalement, je ne me le suis pas encore demandé à moi-même.
Demande-t-on où le soleil allume son feu céleste ? L'astre qui
éclaire le monde se révèle lui-même : sa lumière témoigne
qu'il procède de la lumière. J'ai lu dans les yeux limpides de ma
fiancée, j'ai pénétré jusqu'au cœur de son cœur ; je reconnais la
perle à son pur éclat, mais je ne puis te dire son nom.

ISABELLA.

Eh quoi, mon fils César ? Explique-moi ce mystère. Toujours
tu t'es fié trop aisément à une première et puissante impulsion,
comme on fait à une voix divine. J'attends de toi l'impétuosité
de la jeunesse, mais non une folie puérile.... Dis-moi ce qui a
guidé ton choix.

DON CÉSAR.

Mon choix, ma mère! Y a-t-il un choix quand, à l'heure fatale,
la puissance de son étoile atteint l'homme dans sa course? Je
n'étais pas sorti pour chercher une épouse, non vraiment! Cette
pensée vaine ne pouvait me venir à l'esprit dans la maison de
la mort ; car c'est là que j'ai trouvé celle que je ne cherchais pas.
La race des femmes à la langue légère m'était indifférente et
sans nul prix à mes yeux ; car je n'en voyais pas une seconde
semblable à toi, à toi que je vénère comme l'image de Dieu.
C'était la triste solennité des funérailles de mon père. Cachés
dans la foule du peuple, nous y assistions, tu le sais, sous un
déguisement : tu l'avais ainsi ordonné avec sagesse, pour que la
violence de notre discorde ne pût troubler, par quelque éclat
fougueux, la dignité de la cérémonie.... Le vaisseau de l'église
était tendu de crêpe noir ; vingt génies, des flambeaux à la main,
entouraient l'autel, devant lequel le cercueil reposait sur une
haute estrade, recouvert du drap sépulcral croisé d'une croix
blanche. Et sur le drap l'on voyait le bâton du commandement,

et la couronne royale, les éperons d'or, insigne du chevalier, le glaive avec sa poignée ornée de diamants.... et tous étaient à genoux, dans un pieux recueillement, quand, du haut du chœur, l'orgue invisible se fit entendre, et que le chant aux cent voix commença.... Pendant que les hymnes résonnaient encore, le cercueil, avec le sol qui le portait, descendit, s'enfonçant peu à peu dans le monde souterrain ; mais le drap sépulcral voilait, largement étendu, l'ouverture cachée, et sur la terre demeura la parure terrestre, ne suivant pas celui qui descendait.... Cependant, sur les ailes séraphiques du chant, l'âme affranchie prenait son essor, cherchant le ciel et se réfugiant au sein de la grâce divine.... Tout ceci, ma mère, je le rappelle en ce moment à ton souvenir par cette exacte description, pour que tu voies si à cette heure un désir mondain avait place dans mon âme, et c'est cet instant grave et solennel que l'arbitre de ma vie a choisi pour me toucher du rayon de l'amour. Comment cela est arrivé, je me le demande en vain à moi-même.

ISABELLA.

Achève cependant, apprends-moi tout.

DON CÉSAR.

D'où elle vint et comment elle se trouva près de moi, ne me le demande pas.... Quand je tournai les yeux, elle était à mon côté, et sa présence m'agita au plus profond de mon âme, avec une puissance mystérieuse, admirable. Ce n'était point l'aimable magie de son sourire, ce n'étaient point les charmes qui brillent sur ses joues, pas même la splendeur de sa forme divine.... c'était sa vie la plus profonde, la plus intime, qui s'emparait de moi avec une force céleste, comme agit, inconcevable, un pouvoir magique.... Il me sembla que nos âmes, sans le secours de la parole, sans intermédiaire, se touchaient d'un contact tout spirituel, alors que mon souffle se mêla avec le sien. Elle m'était étrangère, et pourtant unie intimement; et tout à coup j'entendis distinctement une voix qui me disait au dedans de moi-même : « C'est elle, ou nulle autre sur la terre! »

DON MANUEL, *l'interrompant avec feu*.

C'est l'éclair divin du saint amour, qui frappe au cœur, atteint, enflamme. Quand l'âme rencontre une âme parente, alors il n'y a ni résistance, ni choix : l'homme ne peut délier ce que le ciel lie..... J'applaudis au langage de mon frère et le loue de tout cœur; c'est ma propre destinée qu'il vient de raconter : il a, d'une main heureuse, écarté le voile du sentiment confus qui m'anime.

ISABELLA.

Le destin veut, je le vois bien, suivre avec mes enfants sa voie propre et libre. Le torrent impétueux se précipite de la montagne, se creuse à lui-même son lit et se rompt un passage, sans nul souci de la voie régulière que la sagesse prévoyante lui avait tracée. Je me soumets donc.... que pourrais-je y changer ?... à cette main plus puissante que nul ne gouverne, à cette main divine qui trame mystérieusement le destin de ma maison. Le cœur de mes fils est le gage de mon espoir; leurs pensées sont grandes comme l'est leur naissance.

ISABELLA, DON MANUEL, DON CÉSAR; DIÉGO
se montre à la porte.

ISABELLA.

•Mais, voyez, mon digne serviteur est de retour. Approche, approche, loyal Diégo! Où est mon enfant ?... Ils savent tout, il n'y a plus ici de mystère.... Où est-elle? Parle! Ne la cache pas plus longtemps. Nous sommes préparés à supporter la plus grande joie. Viens! (*Elle veut aller avec lui vers la porte.*) Qu'est-ce donc? Comment? Tu hésites? Tu gardes le silence? Ce n'est pas là un regard qui promette le bonheur! Qu'as-tu? Parle! Un frisson me saisit. Où est-elle? Où est Béatrice? (*Elle veut sortir.*)

DON MANUEL, *à part, avec surprise.*

Béatrice!

DIÉGO *la retient.*

Demeure!

ISABELLA.

Où est-elle? Cette anxiété me tue.

DIÉGO.

Elle ne me suit pas. Je ne t'amène pas ta fille.

ISABELLA.

Qu'est-il arrivé! Par tous les saints, parle!

DON CÉSAR.

Où est ma sœur? Malheureux, parle!

DIÉGO.

Elle est enlevée! ravie par des corsaires! Plût au ciel que je n'eusse jamais vu ce jour!

DON MANUEL.

Possède-toi, ma mère!

DON CÉSAR.

Ma mère, du courage! Contiens-toi, jusqu'à ce qu'il t'ait tout appris.

DIÉGO.

Je partis rapidement, comme tu l'avais ordonné, pour franchir une dernière fois la route, si souvent parcourue, qui conduit au couvent.... La joie me portait sur ses ailes légères.

DON CÉSAR.

Au fait!

DON MANUEL.

Parle!

DIÉGO.

Et comme j'entre dans les cours bien connues du couvent, où j'étais entré tant de fois, que je demande impatiemment ta fille, je vois l'image de l'effroi dans tous les regards, et j'apprends avec horreur l'horrible attentat.... (*Isabella tombe, pâle et tremblante, sur un fauteuil. Don Manuel s'empresse autour d'elle.*)

DON CÉSAR.

Et des Maures, dis-tu, l'ont enlevée? A-t-on vu les Maures? Qui a attesté le fait?

DIÉGO.

On a vu un vaisseau de pirates maures à l'ancre dans une baie, non loin du couvent.

DON CÉSAR.

Plus d'une voile se réfugie dans ces baies, pour échapper à la fureur de l'ouragan.... Où est le vaisseau?

DIÉGO.

Ce matin, on l'a vu en pleine mer, gagnant le large à force de voiles.

DON CÉSAR.

Dit-on que d'autres brigandages aient été commis?... Les Maures ne se contentent pas d'une seule proie.

DIÉGO.

On a emmené avec violence le troupeau de bœufs qui paissait en ce lieu.

DON CÉSAR.

Comment des brigands pouvaient-ils enlever secrètement, du milieu d'un cloître, une jeune fille enfermée dans une sûre enceinte?

DIÉGO.

Les murs du jardin du couvent étaient faciles à escalader, au moyen des degrés d'une haute échelle.

DON CÉSAR.

Comment ont-ils pénétré dans l'intérieur des cellules? car les pieuses nonnes sont soumises à une sévère clôture.

DIÉGO.

Comme elle n'était encore liée par aucun vœu, elle pouvait librement se promener en plein air.

DON CÉSAR.

Et usait-elle souvent de cette liberté? Dis-moi cela.

DIÉGO.

Souvent on la voyait chercher la solitude du jardin. Aujourd'hui seulement elle a oublié le retour.

DON CÉSAR, *après avoir réfléchi un moment.*

Un rapt, dis-tu? S'il était possible à des brigands de l'enlever, elle a pu fuir aussi de son propre gré.

ISABELLA *se lève.*

C'est la violence! c'est un rapt audacieux! Ma fille ne pouvait, oubliant son devoir, suivre un ravisseur par un libre penchant de son cœur.... Don Manuel! don César! je comptais vous présenter une sœur; mais maintenant il faut que moi-même je la doive à votre bras héroïque. Déployez votre courage, mes fils! Ne souffrez pas paisiblement que votre sœur soit la proie d'un brigand audacieux.... Prenez les armes! Équipez des navires! Explorez toute la côte! Poursuivez le ravisseur sur toutes les mers! Il vous faut conquérir votre sœur!

DON CÉSAR.

Adieu! Je vole à la vengeance, à sa découverte! (*Il sort.*)

DON MANUEL, *s'éveillant d'une distraction profonde, se tourne avec inquiétude vers Diégo.*

Quand dis-tu qu'on a cessé de la voir ?

DIÉGO.

C'est ce matin seulement qu'elle a disparu.

DON MANUEL, *à donna Isabella.*

Et ta fille se nomme Béatrice ?

ISABELLA.

Tel est son nom. Hâte-toi ! Plus de questions !

DON MANUEL.

Apprends-moi encore une seule chose, ma mère....

ISABELLA.

Vole à l'action ! Suis l'exemple de ton frère !

DON MANUEL.

Dans quelle contrée, je t'en conjure...?

ISABELLA, *le poussant, le pressant de partir.*

Vois mes larmes, mes mortelles angoisses !

DON MANUEL.

Dans quelle contrée la tenais-tu cachée ?

ISABELLA.

Elle n'eût pas été plus cachée au sein de la terre !

DIÉGO.

Oh ! maintenant une crainte subite me saisit et me trouble.

DON MANUEL.

De la crainte, et pourquoi ? Dis ce que tu sais.

DIÉGO.

Celle d'être la cause innocente de l'enlèvement.

ISABELLA.

Malheureux ! découvre-moi ce qui est arrivé.

DIÉGO.

Je te l'ai caché, ma souveraine, pour épargner les soucis à ton cœur maternel. Le jour où le prince fut enseveli, et où tout le peuple, avide de nouveauté, se pressait à cette fête de deuil, ta fille.... car la nouvelle avait aussi pénétré dans les murs du couvent.... ta fille me conjura avec d'infatigables instances de lui procurer la vue de cette solennité. Moi, malheureux, je me laissai toucher. Je la déguisai sous un sombre vêtement de deuil, et elle fut ainsi témoin de la cérémonie. Là, je le crains, dans la foule du peuple qui était accouru de toutes parts, elle fut épiée par l'œil du ravisseur, car nul déguisement ne cache l'éclat de sa beauté.

DON MANUEL, *à part, soulagé.*

Heureuse parole qui délivre mon cœur! Cela ne lui ressemble pas! Ce signe ne s'accorde pas avec les autres!

ISABELLA.

Vieillard insensé! Ainsi, tu m'as trahie!

DIÉGO.

Ma souveraine, je croyais bien faire. Je croyais reconnaître dans ce désir la voix de la nature, la force du sang; j'y voyais l'œuvre même du ciel, qui, par un attrait caché, un pressentiment puissant, entraînait la fille sur la tombe de son père. J'ai voulu faire droit à ce désir, à ce pieux devoir, et ainsi, à bonne intention, j'ai causé un malheur.

DON MANUEL, *à part.*

Pourquoi rester ici dans les tortures de la crainte et du doute? Je veux chercher sans retard la lumière et la certitude.

(*Il veut sortir.*)

DON CÉSAR, *revenant.*

Attends, don Manuel, je te suis à l'instant.

DON MANUEL.

Ne me suis pas! Reste loin de moi! Que personne ne me suive!

(*Il sort.*)

DON CÉSAR *le suit d'un regard étonné.*

Qu'a donc mon frère? Ma mère, dis-le-moi.

ISABELLA.

Je ne le reconnais plus. Je ne retrouve pas don Manuel.

DON CÉSAR.

Tu me vois revenir, ma mère. Dans l'ardeur empressée de mon zèle, j'ai oublié de te demander un signe auquel on puisse reconnaître ma sœur perdue. Comment retrouverais-je sa trace, si je ne sais de quel lieu les brigands l'ont enlevée? Nomme-moi le cloître où elle était cachée.

ISABELLA.

Il est consacré à sainte Cécile, et caché, comme un asile mystérieux des âmes, derrière la forêt qui monte par une douce pente vers le sommet de l'Etna.

DON CÉSAR.

Prends courage! Fie-toi à tes fils! Je te ramènerai ma sœur, quand je devrais la chercher sur toutes les mers, par toutes les terres. Il est cependant, ma mère, une chose qui m'inquiète : j'ai laissé ma fiancée sous une protection étrangère. Je ne puis confier qu'à toi ce précieux gage. Je te l'enverrai ici, tu la verras. Dans ses bras, sur son tendre cœur, tu oublieras ton inquiétude et ta douleur. (*Il sort.*)

ISABELLA.

Quand sera-t-elle enfin levée, cette antique malédiction qui pèse lourdement sur cette maison? Un génie malveillant se joue de mes espérances, et jamais sa rage envieuse ne s'apaise. Je me croyais si près du port, sûr abri; je me confiais si fermement à ces gages de bonheur; je croyais toutes les tempêtes assoupies; déjà s'offrait à moi une souriante perspective, la contrée s'éclairait aux rayons du soleil couchant : et voilà qu'une tempête éclate, partant d'un ciel serein, et m'entraîne encore au milieu de la lutte des vagues. (*Elle se retire dans l'intérieur du palais. Diégo la suit.*)

La scène change et représente le jardin.

LES DEUX CHŒURS; *vers la fin,* BÉATRICE. *Le Chœur de don Manuel vient, dans un appareil de fête, orné de guirlandes, et accompagnant les dons d'hyménée décrits plus haut; le Chœur de don César veut lui interdire l'entrée.*

LE PREMIER CHŒUR (GAÉTAN).

Tu ferais bien de vider la place.

LE SECOND CHŒUR (BOHÉMOND).

Je le veux faire, si celui qui l'exige vaut mieux que moi.

LE PREMIER CHŒUR (GAÉTAN).

Tu pourrais remarquer que tu es importun.

LE SECOND CHŒUR (BOHÉMOND).

Si je reste, c'est que cela te déplaît.

OÙ LES FRÈRES ENNEMIS.

LE PREMIER CHOEUR (GAÉTAN).
C'est ici ma place. Qui ose m'arrêter ?

LE SECOND CHOEUR (BOHÉMOND).
J'ose le faire; c'est à moi de commander ici.

LE PREMIER CHOEUR (GAÉTAN).
Mon maître, don Manuel, m'envoie.

LE SECOND CHOEUR (BOHÉMOND).
Et moi, je suis ici par l'ordre de mon maître.

LE PREMIER CHOEUR (GAÉTAN).
Le plus jeune frère doit céder à l'aîné.

LE SECOND CHOEUR (BOHÉMOND.)
Au premier occupant appartient le monde.

LE PREMIER CHOEUR (GAÉTAN).
Rival odieux, va, quitte le terrain.

LE SECOND CHOEUR (BOHÉMOND).
Non pas avant que nos épées se mesurent.

LE PREMIER CHOEUR (GAÉTAN).
Te trouverai-je partout sur mon chemin ?

LE SECOND CHOEUR (BOHÉMOND).
Où il me plaira, je m'opposerai à toi.

LE PREMIER CHOEUR (GAÉTAN).
Qu'as-tu donc à épier et à garder ici ?

LE SECOND CHOEUR (BOHÉMOND).
Et toi à demander, à interdire ici ?

LE PREMIER CHOEUR (GAÉTAN).
Je ne suis pas ici pour te rendre compte et te répondre.

LE SECOND CHOEUR (BOHÉMOND).
Et je ne veux pas t'honorer de ma parole.

LE PREMIER CHOEUR (GAÉTAN).
Le respect est dû, jeune homme, à mon âge.

LE SECOND CHOEUR (BOHÉMOND).
Je suis, pour la bravoure, éprouvé comme toi.

BÉATRICE *sort précipitamment du pavillon.*
Malheur à moi ! que veulent ces troupes farouches ?

LE PREMIER CHOEUR (GAÉTAN), *au second.*
Je ne tiens nul compte de toi ni de ta mine orgueilleuse.

LE SECOND CHOEUR (BOHÉMOND).
Le maître que je sers l'emporte sur le tien.

BÉATRICE.

Oh! malheur, malheur à moi, s'il paraissait maintenant!

LE PREMIER CHOEUR (GAÉTAN).

Tu mens! Don Manuel lui est bien supérieur.

LE SECOND CHOEUR (BOHÉMOND).

Mon maître remporte le prix dans tous les combats.

BÉATRICE.

Il va venir, voici son heure.

LE PREMIER CHOEUR (GAÉTAN).

Si nous n'étions en paix, je me ferais justice.

LE SECOND CHOEUR (BOHÉMOND).

N'était la crainte, la paix ne t'arrêterait point.

BÉATRICE.

Oh! que n'est-il à mille lieues d'ici!

LE PREMIER CHOEUR (GAÉTAN).

C'est la loi que je crains, non la menace de tes regards.

LE SECOND CHOEUR (BOHÉMOND).

Tu fais bien, c'est la protection du lâche.

LE PREMIER CHOEUR (GAÉTAN).

Commence, je te suivrai!

LE SECOND CHOEUR (BOHÉMOND).

Mon glaive est tiré!

BÉATRICE, *dans la plus vive anxiété.*

Ils en viennent aux mains, les épées brillent! O vous, puissances du ciel, retenez ses pas! Jetez-vous sur sa route, obstacles, entourez ses pieds de nœuds et d'entraves, pour qu'il ne vienne pas en ce moment! Vous tous, saints anges, que j'ai priés avec instance de l'amener, décevez ma prière. Détournez ses pas, loin d'ici, bien loin! (*Elle rentre en toute hâte. Au moment où les Chœurs s'attaquent, don Manuel paraît.*)

DON MANUEL, LE CHOEUR.

DON MANUEL.

Que vois-je? arrêtez!

LE PREMIER CHOEUR (GAÉTAN, BÉRENGER, MANFRED).
au second.

Avance, avance!

LE SECOND CHOEUR (BOHÉMOND, ROGER, HIPPOLYTE).

Terrassons-les! Terrassons-les!

DON MANUEL *s'avance entre eux, l'épée nue.*

Arrêtez!

LE PREMIER CHOEUR (GAÉTAN).

C'est le prince!

LE SECOND CHOEUR (BOHÉMOND).

C'est son frère! Restez en paix!

DON MANUEL.

J'étends mort à mes pieds sur ce gazon le premier qui, ne fût-ce qu'en fronçant les sourcils, continue la lutte et menace son adversaire! Êtes-vous en démence? Quel démon vous excite à rallumer les flammes de l'ancienne discorde qui entre nous, vos princes, est apaisée et conciliée à jamais?... Qui a commencé? Parlez? Je veux le savoir.

LE PREMIER CHOEUR (GAÉTAN, BÉRENGER).

Ils étaient ici....

LE SECOND CHOEUR (ROGER, BOHÉMOND), *interrompant.*

Ils venaient....

DON MANUEL, *au premier Chœur.*

Parle, toi.

LE PREMIER CHOEUR (GAÉTAN).

Nous venions ici, mon prince, pour offrir, comme tu nous l'avais ordonné, les présents d'hyménée. Parés pour une fête, et nullement, tu le vois, préparés à la guerre, nous suivions en paix notre route, sans aucune pensée hostile, et nous liant à l'accord juré. Mais voilà que nous les trouvons, campés en ennemis dans ce lieu, et nous en fermant l'entrée de vive force.

DON MANUEL.

Insensés! Nul asile n'est-il donc à l'abri de votre folle et aveugle rage? Jusque dans le séjour silencieux et caché de l'innocence, votre discorde pénètre-t-elle pour troubler la paix? (*Au second Chœur.*) Retire-toi! Il y a ici des secrets qui ne souffrent pas ta présence téméraire. (*Comme le Chœur hésite.*) Arrière! Ton maître te l'ordonne par moi, car nous sommes maintenant une seule âme, une seule tête, et mon ordre est aussi le sien. Va! (*Au premier Chœur.*) Toi demeure et garde l'entrée.

LE SECOND CHOEUR (BOHÉMOND).

Que faire? Les princes sont réconciliés, cela est vrai, et se jeter avec ardeur et sans mission dans les débats et les querelles des grands n'attire guère de reconnaissance, mais plutôt des dangers. Car, aussitôt que le puissant est las de combattre, il se hâte de jeter sur l'homme obscur qui l'a servi de bonne foi le manteau sanglant du crime, et le voilà pur lui-même à peu de frais. Que les princes s'arrangent donc entre eux, je tiens qu'il est plus sage d'obéir. (*Le second Chœur s'en va, le premier se retire vers le fond de la scène. Au même instant, Béatrice s'élance du pavillon et se jette dans les bras de don Manuel.*)

BÉATRICE, DON MANUEL.

BÉATRICE.

C'est toi. Tu m'es rendu.... Cruel! Tu m'as laissée languir longtemps, bien longtemps, en proie à la crainte, à toutes les terreurs.... Mais n'en parlons plus. Je te revois.... Dans tes bras chéris, je trouve asile et protection contre tout danger. Viens! Ils sont partis. Nous avons le temps de fuir. Partons, ne perdons pas un moment. (*Elle veut l'entraîner, et, seulement alors, elle le regarde avec plus d'attention.*) Qu'as-tu donc? Tu m'accueilles avec une réserve si solennelle.... tu te dérobes à mes bras, comme si tu préférais me repousser loin de toi? Je ne te reconnais pas.... Est-ce là don Manuel, mon époux, mon bien-aimé?

DON MANUEL.

Béatrice!

BÉATRICE.

Non, ne parle pas! Ce n'est pas le temps des discours! Hâtons-nous, partons au plus vite.... Le moment est précieux.

DON MANUEL.

Demeure! Réponds-moi!

BÉATRICE.

Partons, partons! avant que ces hommes farouches reviennent.

DON MANUEL.

Demeure! Ces hommes ne nous feront aucun mal.

OU LES FRÈRES ENNEMIS.

BÉATRICE.
Si, si, tu ne les connais pas. Oh! viens! fuis!
DON MANUEL.
Défendue par mon bras, que peux-tu craindre?
BÉATRICE.
Oh! crois-moi, il y a ici des hommes puissants.
DON MANUEL.
Aucun, ma bien-aimée, qui le soit plus que moi.
BÉATRICE.
Toi, seul contre un si grand nombre?
DON MANUEL.
Moi seul! Ces hommes que tu crains....
BÉATRICE.
Tu ne les connais pas, tu ne sais pas qui ils servent.
DON MANUEL.
C'est moi qu'ils servent. Je suis leur souverain.
BÉATRICE.
Tu es.... Quel effroi traverse mon âme!
DON MANUEL.
Apprends enfin à me connaître, Béatrice! Je ne suis pas ce que je t'ai paru jusqu'ici, un pauvre chevalier, un inconnu, n'ayant que son amour pour aspirer au tien. Qui je suis en effet, ce que je puis, quelle est mon origine, je te l'ai caché.
BÉATRICE.
Tu n'es pas don Manuel! Malheur à moi! Qui es-tu?
DON MANUEL.
Je me nomme don Manuel.... Mais je suis le plus grand qui porte ce nom dans cette ville, je suis don Manuel, prince de Messine.
BÉATRICE.
Tu serais don Manuel, frère de don César?
DON MANUEL.
Don César est mon frère.
BÉATRICE.
Est ton frère?
DON MANUEL.
Comment? Cela t'effraye? Connais-tu don César? Connais-tu encore quelqu'un de mon sang?

BÉATRICE.

Tu es don Manuel, que la haine et une lutte irréconciliable séparent de son frère?

DON MANUEL.

Nous sommes réconciliés. D'aujourd'hui nous sommes frères, non-seulement par la naissance, mais par le cœur.

BÉATRICE.

Réconciliés, d'aujourd'hui!

DON MANUEL.

Dis-moi, qu'est-ce donc que cela? Qu'est-ce qui te trouble à ce point? Connais-tu de ma famille autre chose que son seul nom? Sais-je tout ton secret? Ne m'as-tu rien caché?...

BÉATRICE.

Quelle est ta pensée? Comment? Que puis-je avoir à t'avouer?

DON MANUEL.

Tu ne m'as rien dit encore de ta mère. Qui est-elle? La reconnaîtrais-tu, si je te la dépeignais.... si je te la montrais?

BÉATRICE.

Tu la connais.... la connais et me l'as caché?

DON MANUEL.

Malheur à toi et malheur à moi, si je la connais!

BÉATRICE.

Oh! son aspect est doux comme la lumière du soleil! Je la vois devant moi, mes souvenirs se raniment, et du fond de mon âme sa céleste figure se dresse à mes yeux. Je vois les noires boucles de sa chevelure d'ébène ombrager les nobles contours d'un cou d'ivoire! Je vois s'arrondir son front d'un dessin si pur, je vois l'éclat sombre et limpide de ses grands yeux. Les sons de sa voix si pleine d'âme s'éveillent aussi en moi....

DON MANUEL.

Malheur à moi! C'est elle que tu dépeins!

BÉATRICE.

Et j'ai pu me dérober à elle! J'ai pu l'abandonner, peut-être au matin même de ce jour qui devait à jamais me réunir à elle? Oh! j'ai sacrifié pour toi jusqu'à ma mère!

DON MANUEL.

La princesse de Messine sera ta mère. Je vais te conduire à l'instant vers elle; elle t'attend.

BÉATRICE.

Que dis-tu? Ta mère, la mère de don César? Me conduire vers elle? Jamais, non jamais!

DON MANUEL.

Tu frémis? Que signifie cette terreur? Ma mère n'est-elle pas une étrangère pour toi?

BÉATRICE.

Oh! triste et fatale découverte! Plût au ciel que je n'eusse jamais vu ce jour!

DON MANUEL.

Qu'est-ce qui peut t'effrayer, maintenant que tu me connais, que tu trouves le prince dans l'inconnu?

BÉATRICE.

Oh! rends-moi cet inconnu! Avec lui, je serais heureuse dans une île déserte.

DON CÉSAR, *derrière la scène.*

Retirez-vous! Qu'est-ce que toute cette foule rassemblée ici?

BÉATRICE.

Dieu! Cette voix! Où me cacher?

DON MANUEL.

Reconnais-tu cette voix? Non, tu ne l'as jamais entendue et ne peux la reconnaître.

BÉATRICE.

Oh! fuyons! Viens et ne tarde pas.

DON MANUEL.

Quoi fuir? C'est la voix de mon frère, qui me cherche; je m'étonne, il est vrai, qu'il ait découvert....

BÉATRICE.

Par tous les saints du ciel, évite-le! Ne le rencontre pas dans son ardeur impétueuse, qu'il ne te trouve pas en ce lieu!

DON MANUEL.

Chère âme, la crainte t'égare! Tu ne m'entends pas, nous sommes deux frères réconciliés.

BÉATRICE.

O ciel, sauve-moi de cette heure fatale!

DON MANUEL.

Quel pressentiment! Quelle pensée me saisit et me glace?... Serait-il possible?... Cette voix ne te serait-elle pas étrangère?...

Béatrice, tu étais.... je tremble d'achever ma question.... tu étais aux funérailles de mon père?

BÉATRICE.

Malheur à moi!

DON MANUEL.

Tu étais présente?

BÉATRICE.

Ne t'irrite pas!

DON MANUEL.

Malheureuse, tu étais là?

BÉATRICE.

J'étais présente.

DON MANUEL.

Horreur!

BÉATRICE.

Mon désir était trop puissant! Pardonne-moi! Je ne t'ai point caché mon vœu; mais toi, grave et sombre, tu laissas tout d'abord tomber ma prière, et alors je me tus aussi. Mais je ne sais quel astre malfaisant me poussait par d'indomptables aspirations. Il me fallut satisfaire à l'ardente impulsion de mon cœur. Le vieux serviteur me prêta son assistance, je te désobéis et j'y allai. (*Elle s'appuie sur lui d'un air caressant. A ce moment, don César entre, accompagné de tout le Chœur.*)

LES DEUX FRÈRES, LES DEUX CHOEURS, BÉATRICE.

LE SECOND CHOEUR (BOHÉMOND), *à don César.*

Tu ne nous crois pas.... crois-en tes propres yeux!

DON CÉSAR *entre impétueusement, et, à la vue de son frère, il recule avec horreur.*

Illusion de l'enfer! Quoi? Dans ses bras! (*A don Manuel, en s'approchant de lui.*) Serpent gonflé de venin! C'est là ton amour! Voilà, pourquoi tu me trompais par une perfide réconciliation! Oh! ma haine était la voix de Dieu! Descends dans l'enfer, âme fausse de serpent! (*Il le perce.*)

DON MANUEL.

Je suis mort.... Béatrice!... Frère! (*Il tombe et meurt. Béatrice tombe près de lui, évanouie.*)

OU LES FRÈRES ENNEMIS.   319

LE PREMIER CHOEUR (GAÉTAN).

Au meurtre! au meurtre! Ici! Saisissez tous vos armes! Que ce crime sanglant soit vengé par le sang! (*Tous tirent leurs épées.*)

LE SECOND CHOEUR (BOHÉMOND).

Félicitons-nous! La longue lutte est finie; Messine désormais appartient à un seul maître.

LE PREMIER CHOEUR (GAÉTAN, BÉRENGER, MANFRED).

Vengeance! vengeance! Que le meurtrier tombe! qu'il tombe, victime expiatoire immolée à sa victime!

LE SECOND CHOEUR (BOHÉMOND, ROGER, HIPPOLYTE).

Seigneur, ne crains rien; nous te restons fidèles.

DON CÉSAR, *s'avançant entre eux avec autorité*.

Arrière!... J'ai tué mon ennemi, celui qui trompait mon cœur loyal et confiant, et me dressait un piége d'amour fraternel. Cette action paraît terrible et affreuse, mais c'est le juste ciel qui a jugé.

LE PREMIER CHOEUR (GAÉTAN).

Malheur à toi, Messine! Malheur! malheur! malheur! Un horrible forfait s'est accompli dans tes murs.... Malheur à tes mères et à tes enfants, à tes jeunes hommes et à tes vieillards! et malheur au fruit que le sein maternel porte encore!

DON CÉSAR.

La plainte vient trop tard.... Apportez ici du secours! (*Montrant Béatrice.*) Rappelez-la à la vie! Éloignez-la promptement de ce lieu d'effroi et de mort.... Je ne puis demeurer plus longtemps. Ma sœur enlevée me réclame.... Conduisez-la dans le palais de ma mère, et dites que c'est son fils don César qui l'envoie. (*Il s'en va. Béatrice évanouie est placée sur un brancard et emportée ainsi par les hommes du second Chœur. Le premier Chœur reste auprès du corps de don Manuel, autour duquel se rangent aussi, en demi-cercle, les jeunes garçons qui portent les parures nuptiales.*)

LE CHOEUR (GAÉTAN).

Dites-moi! Je ne puis m'expliquer ni concevoir comment ce dénoûment fatal s'est si vite accompli. Depuis longtemps, sans doute, je voyais en esprit s'avancer à grands pas le terrible fantôme de ce crime affreux et sanglant. Cependant un frisson saisit tout mon être, quand le crime est là, commis et présent, quand il me faut contempler, accompli, sous mes yeux, ce que je ne voyais encore que dans les pressentiments de ma crainte. Tout mon sang se glace dans mes veines devant cette réalité affreuse et certaine.

UN HOMME DU CHOEUR (MANFRED).

Laissez retentir la voix de la plainte!... Aimable jeune homme! Le voilà étendu sans vie, immolé dans la fleur de ses jours! Enveloppé de la nuit accablante du trépas, sur le seuil de la chambre nuptiale! Mais sur sa muette dépouille s'éveille une lamentation bruyante, immense.

UN SECOND (GAÉTAN).

Nous venons, nous venons, avec une pompe solennelle, pour recevoir l'épouse. Les pages apportent les riches étoffes, les dons d'hyménée. La fête est préparée, les témoins attendent; mais le fiancé n'entend plus, jamais l'air joyeux de la danse ne l'éveillera, car le sommeil des morts est lourd.

TOUT LE CHOEUR.

Le sommeil des morts est lourd et profond; jamais ne l'éveillera la voix de la fiancée, jamais le son joyeux du cor. Il gît roide et insensible sur le sol.

UN TROISIÈME (GAÉTAN).

Que sont les espérances, que sont les projets formés par l'homme périssable? Aujourd'hui vous vous embrassiez en frères, intimement unis de cœur et de bouche; ce même soleil qui se couche en ce moment éclairait votre accord! Et maintenant, te voilà étendu, fiancé à la poussière, privé de vie par la main du fratricide, une affreuse blessure au sein! Que sont les espérances, que sont les projets que construit, sur un sol trompeur, l'homme, fils éphémère de l'heure présente?

LE CHOEUR (BÉRENGER).

Je veux te porter à ta mère, fardeau peu propre à la rendre heureuse! Fendons ce cyprès, avec le tranchant meurtrier de la hache, pour former un brancard de ses rameaux. Il faut que jamais il ne produise rien de vivant, l'arbre qui a porté ces fruits de mort; que jamais il n'élève dans les airs un riant sommet; qu'il ne prête son ombre à nul voyageur! Après s'être nourri dans le sol du meurtre, qu'il soit maudit, et consacré au service des morts!

LE PREMIER (GAÉTAN).

Mais malheur, malheur au meurtrier qui s'avance, ivre d'une folle ardeur! Ton sang coule, coule, coule, et descend dans les fentes de la terre. Mais là-dessous, dans les profondeurs ténébreuses, sont assises, sans parole ni chant, les filles de Thémis qui n'oublient jamais, jamais ne se trompent, et qui mesurent avec justice. Elles recueillent ce sang dans leurs noires urnes et agitent et mêlent la terrible vengeance.

LE SECOND (BÉRENGER).

Sur cette terre éclairée du soleil, la trace des actions s'évanouit aisément, comme s'efface sur le visage une fugitive expression.... mais rien n'est perdu ni évanoui de ce que les Heures, reines mystérieuses, recueillent dans leur sein qui crée en silence.... Le temps est un champ fécond, la nature est un grand tout vivant, et tout est fruit et tout est semence.

LE TROISIÈME (GAÉTAN).

Malheur, malheur au meurtrier, malheur à qui a semé la semence de mort! Autre est l'aspect de l'action, avant qu'elle soit faite; autre, quand elle est accomplie. Elle t'apparaît courageuse et hardie, quand les désirs de vengeance agitent ton sein; mais, une fois faite et commise, elle te regarde avec des joues qui se décolorent. Les Furies elles-mêmes, les Furies terribles agitaient contre Oreste leurs serpents infernaux, elles excitaient le fils au meurtre de sa mère. Sous les traits sacrés de la justice, elles surent tromper perfidement son cœur, jusqu'à ce qu'enfin il eût fait l'action meurtrière.... Mais quand il a frappé le sein qui l'a conçu et porté avec amour, alors, voyez! elles se retournent, affreuses, contre lui-même.... et il reconnaît les vierges redoutables, qui saisissent et étreignent le meurtrier, qui désormais ne le quittent plus, qui le rongent par d'éternelles morsures de serpents, qui d'une mer à l'autre le chassent sans repos, jusque dans le sanctuaire de Delphes. (*Le Chœur sort, portant sur un brancard le corps de don Manuel.*)

La salle avec des colonnes. — Il fait nuit. La scène est éclairée d'en haut par une grande lampe.

DONNA ISABELLA *et* **DIÉGO** *entrent.*

ISABELLA.

Il n'est encore venu aucune nouvelle de mes fils qui nous apprenne s'il s'est trouvé quelque trace de ma fille?

DIÉGO.

Rien encore, ma souveraine.... mais tu peux tout espérer du zèle et de l'empressement de tes fils.

ISABELLA.

Que mon cœur est inquiet, Diégo! Il dépendait de moi de prévenir ce malheur.

DIÉGO.

N'enfonce pas dans ton cœur l'aiguillon du reproche. Quelle précaution as-tu négligée?

ISABELLA.

Que ne l'ai-je plus tôt fait paraître à la lumière, comme m'y poussait la voix puissante de mon cœur!

DIÉGO.

La prudence te le défendait, tu as fait sagement; mais le résultat repose dans la main de Dieu.

ISABELLA.

Ah! nulle joie n'est donc pure! Mon bonheur serait parfait, sans ce triste hasard.

DIÉGO.

Le bonheur n'est que différé, il n'est pas détruit. Jouis maintenant de la paix de tes fils.

ISABELLA.

Je les ai vus se presser cœur contre cœur.... vue dont jamais je n'avais joui.

DIÉGO.

Et ce n'était pas simplement un spectacle, cela venait du cœur, car leur droiture abhorre la contrainte du mensonge.

ISABELLA.

Je vois aussi qu'ils sont capables de sentiments tendres, d'un doux penchant. Je découvre avec bonheur qu'ils honorent ce qu'ils aiment. Ils veulent renoncer à l'indépendante liberté; leur fougueuse et bouillante jeunesse ne se dérobe pas au frein de la loi, et même leur passion est restée vertueuse. Je puis te l'avouer maintenant, Diégo : je voyais avec anxiété venir ce moment où devait s'épanouir dans leurs cœurs la fleur d'amour.... L'amour devient aisément fureur dans les natures emportées. Si sur ces matières inflammables dès longtemps amassées, sur cette vieille haine, venait tomber encore cet éclair, cette funeste flamme de la jalousie.... je frissonne en y songeant.... si leurs sentiments qui jamais ne furent d'accord, se rencontraient ici, par malheur, pour la première fois.... Grâces au ciel! ce nuage, gros de tonnerres, qui flottait au-dessus de moi, sombre et menaçant, un ange l'a fait passer sans bruit par delà ma tête, et maintenant ma poitrine soulagée respire librement.

DIÉGO.

Oui, réjouis-toi de ton propre ouvrage. Tu as accompli, par un sentiment tendre et une calme raison, ce que leur père n'avait pu par toute sa puissance souveraine.... A toi est la gloire, mais il faut bénir aussi ton heureuse étoile!

ISABELLA.

Beaucoup d'efforts m'ont réussi! La fortune aussi a beaucoup fait! Ce n'était pas peu de chose de garder caché pendant tant d'années, un tel mystère, de tromper un époux, le plus circonspect des hommes, et de refouler dans mon cœur la force du sang, qui, comme le dieu du feu si on l'emprisonne, s'efforçait d'échapper à la contrainte.

DIÉGO.

Cette longue faveur de la fortune est pour moi le gage d'un dénoûment heureux de tout point.

ISABELLA.

Je ne veux pas louer mon étoile avant d'avoir vu la fin de ce qui s'est fait. La fuite de ma fille m'avertit que, pour moi, le mauvais génie ne dort pas encore.... Blâme ou loue mon action, Diégo! mais je ne veux rien cacher à ta fidélité. Je n'ai pu supporter d'attendre ici l'événement, dans un oisif repos, pendant que mes fils cherchent activement la trace de leur sœur.... J'ai voulu agir aussi.... Où l'art humain ne suffit pas, souvent le ciel a aidé.

DIÉGO.

Découvre-moi ce qu'il m'appartient de savoir.

ISABELLA.

Dans un ermitage, sur les hauteurs de l'Etna, habite un pieux solitaire, appelé, dès les plus anciens temps, le vieillard de la montagne. Demeurant plus près du ciel que la race des autres hommes, qui errent dans les basses régions, il a épuré ses terrestres pensées dans un air léger, un éther serein, et du sommet de ses ans amoncelés, il voit, démêlé à ses yeux, le jeu inintelligible de la vie tortueuse. Le destin de ma maison ne lui est pas étranger : souvent le saint homme a pour nous interrogé le ciel et détourné par ses prières plus d'une malédiction. J'ai envoyé vers lui, sans retard, aux hauteurs qu'il habite, un jeune et rapide messager, pour qu'il me donne des nouvelles de ma fille, et à toute heure j'attends son retour.

DIÉGO.

Si mes yeux ne me trompent pas, ma souveraine, c'est lui-même qui approche en toute hâte, et sa diligence mérite assurément des éloges.

LE MESSAGER, LES PRÉCÉDENTS.

ISABELLA.

Parle, ne me cache ni mal ni bien ; mais manifeste la pure vérité. Quelle réponse t'a donnée le vieillard de la montagne ?

LE MESSAGER.

« Retourne promptement, m'a-t-il dit ; celle qui était perdue est retrouvée. »

ISABELLA.

Heureuse voix ! joyeuse parole du ciel, toujours tu m'as annoncé ce que je souhaitais ! Et auquel de mes fils a-t-il été donné de trouver la trace de celle qui était perdue ?

LE MESSAGER.

Ton fils aîné l'a découverte dans sa retraite profonde.

ISABELLA.

C'est à don Manuel que je la dois ! Ah ! toujours il fut pour moi un enfant de bénédiction.... As-tu aussi porté au vieillard le cierge bénit que je lui envoyais en présent, pour le brûler devant son saint? Car les dons qui réjouissent le cœur des autres hommes, ce pieux serviteur de Dieu les dédaigne.

LE MESSAGER.

Il a pris, en silence, le cierge, de mes mains, et, allant à l'autel où brûlait la lampe en l'honneur du saint, il l'y a rapidement allumé et a mis soudain le feu à la cabane où il honore Dieu depuis quatre-vingt-dix ans.

ISABELLA.

Que dis-tu là? Quelle horreur m'apprends-tu?

LE MESSAGER.

Et, criant trois fois : malheur! malheur! malheur! il est descendu de la montagne, me faisant signe, sans parole, de ne pas le suivre, de ne pas regarder en arrière, et alors, chassé par l'épouvante, je suis accouru ici.

ISABELLA.

Ce message contradictoire me jette dans la flottante émotion du doute et dans une angoisse incertaine et confuse. Ma fille perdue a été retrouvée, dit-il, par mon fils aîné, don Manuel? Cette bonne parole ne peut me faire de bien, accompagnée qu'elle est de cette action funeste.

LE MESSAGER.

Regarde derrière toi, ma souveraine! Tu vois la réponse du solitaire accomplie sous tes yeux; car tout me trompe, ou c'est la fille perdue que tu cherches et que te ramènent les chevaliers compagnons de tes fils. (*Béatrice est apportée sur un brancard par le second Demi-Chœur et déposée sur le devant de la scène. Elle est encore inanimée et immobile.*)

ISABELLA, DIÉGO, LE MESSAGER, BÉATRICE, LE CHOEUR (BOHÉMOND, ROGER, HIPPOLYTE, *et les neuf autres Chevaliers de* DON CÉSAR).

LE CHOEUR (BOHÉMOND).

Accomplissant l'ordre de notre maître, nous déposons ici la jeune fille à tes pieds, princesse!... C'est ce qu'il nous a commandé de faire, et en même temps de te dire que c'est ton fils don César qui l'envoie.

ISABELLA *s'est élancée vers elle les bras ouverts, et recule avec effroi.*

O ciel! elle est pâle et sans vie!

LE CHŒUR (BOHÉMOND).

Elle vit! elle s'éveillera! Donne-lui le temps de se remettre du spectacle saisissant qui tient encore ses sens enchaînés.

ISABELLA.

Mon enfant! enfant de mes douleurs, de mes soucis! C'est ainsi que nous nous revoyons! C'est ainsi qu'il te faut faire ton entrée dans la maison de ton père. Oh! laisse-moi rallumer ta vie à la mienne! Je veux te presser sur le sein maternel, jusqu'à ce que, délivrées de ce froid de la mort, tes artères se raniment et recommencent à battre. (*Au Chœur.*) Oh! parle, que s'est-il passé de terrible? Où l'as-tu trouvée? Comment cette chère enfant est-elle tombée dans cet état triste et lamentable?

LE CHŒUR (BOHÉMOND).

Ne l'apprends pas de moi, ma bouche est muette. Ton fils don César te révélera tout clairement, car c'est lui qui l'envoie.

ISABELLA.

Mon fils don Manuel, veux-tu dire?

LE CHŒUR (BOHÉMOND).

C'est ton fils don César qui te l'envoie.

ISABELLA, *au Messager.*

N'est-ce pas don Manuel que le voyant t'a nommé?

LE MESSAGER.

Oui, ma maîtresse, c'est le nom qu'il a prononcé.

ISABELLA.

Qui que ce soit, il a réjoui mon cœur, je lui dois ma fille, qu'il soit béni! Oh! faut-il qu'un démon jaloux m'empoisonne ce moment de bonheur si ardemment désiré! Il faut que je réprime mon transport. Je vois ma fille dans la maison de son père; mais elle ne me voit pas, ne m'entend pas; elle ne peut répondre à la joie de sa mère. Oh! ouvrez-vous, chers yeux! Réchauffez-vous, mains de mon enfant! Soulève-toi, sein inanimé, et palpite de joie! Diégo, c'est ma fille.... ma fille longtemps cachée, sauvée enfin; je puis maintenant la reconnaître devant le monde entier.

LE CHŒUR (BOHÉMOND).

Je pressens, je crois voir devant moi un nouveau sujet d'étrange horreur, et je me demande stupéfait comment cette erreur va se dénouer et s'expliquer.

ISABELLA, *au Chœur, qui exprime la consternation et l'embarras.*

Oh! vous êtes des cœurs durs et impénétrables! Pareille aux rocs escarpés de la mer, votre poitrine, avec sa cuirasse d'airain, repousse et me renvoie la joie de mon cœur. En vain, dans tout ce cercle, autour de moi, j'épie et cherche un regard sensible. Où restent mes fils, que je lise la sympathie dans les yeux de quelqu'un? Car je me sens ici comme entourée des bêtes impitoyables du désert ou des monstres de l'Océan!

DIÉGO.

Elle ouvre les yeux! Elle se meut, elle vit!

ISABELLA.

Elle vit! Que son premier regard rencontre sa mère!

DIÉGO.

Elle referme les yeux avec effroi.

ISABELLA, *au Chœur.*

Reculez! votre aspect, qui lui est étranger, l'épouvante.

LE CHŒUR *recule* (BOHÉMOND).

J'éviterai volontiers de rencontrer son regard.

DIÉGO.

Elle te mesure d'un regard étonné.

BÉATRICE.

Où suis-je? Je devrais connaître ces traits.

ISABELLA.

Le sentiment lui revient peu à peu.

DIÉGO.

Que fait-elle? Elle se jette à genoux.

BÉATRICE.

O belle et angélique figure de ma mère!

ISABELLA.

Enfant de mon cœur! viens dans mes bras!

BÉATRICE.

Vois à tes pieds la coupable.

ISABELLA.
Tu m'es rendue! que tout soit oublié!
DIÉGO.
Regarde-moi aussi! Reconnais-tu mes traits?
BÉATRICE.
La tête blanche du loyal Diégo!
ISABELLA.
Le fidèle gardien de ton enfance.
BÉATRICE.
Ainsi je me retrouve au sein des miens?
ISABELLA.
Et rien ne peut plus nous séparer, que la mort.
BÉATRICE.
Tu ne veux plus me bannir dans une demeure étrangère?
ISABELLA.
Rien ne nous séparera désormais, le destin est apaisé.
BÉATRICE *se jette sur son sein*.
Et suis-je en effet sur ton cœur? Et tout ce que j'ai éprouvé n'était qu'un songe, un songe accablant et terrible.... O ma mère! je l'ai vu tomber mort à mes pieds!... Mais comment suis-je venue ici? Je ne me souviens pas.... Ah! que je suis heureuse d'être ainsi sauvée, et dans tes bras! Ils voulaient me conduire à la princesse mère de Messine. Plutôt dans la tombe!

ISABELLA.
Reviens à toi, ma fille! La princesse de Messine....
BÉATRICE.
Ne me la nomme plus! A ce nom funeste, un frisson de mort se répand dans tous mes membres.
ISABELLA.
Ecoute-moi.
BÉATRICE.
Elle a deux fils qui se haïssent mortellement : on les nomme don Manuel et don César.
ISABELLA.
Mais c'est moi-même! Reconnais ta mère.
BÉATRICE.
Que dis-tu? Quelle parole as-tu prononcée?

ISABELLA.
C'est moi, ta mère, qui suis la princesse de Messine.
BÉATRICE.
Tu es la mère de don Manuel et de don César?
ISABELLA.
Et ta mère à toi! Tu nommes tes frères!
BÉATRICE.
Malheur, malheur à moi! O lumière affreuse!
ISABELLA.
Qu'as-tu donc? Qu'est-ce qui te trouble si étrangement?
BÉATRICE, *regardant autour d'elle d'un œil égaré, aperçoit le Chœur.*
Ce sont eux, oui! Maintenant, maintenant, je les reconnais.... Ce n'est pas un songe qui m'a trompée.... Ce sont eux! Ils étaient là.... C'est une horrible vérité! Malheureux, où l'avez-vous caché? (*Elle s'avance impétueusement vers le Chœur, qui se détourne d'elle. Une marche funèbre se fait entendre dans le lointain.*)
LE CHŒUR.
Malheur, malheur!
ISABELLA.
Caché, qui? Qu'est-ce qui est vrai? Vous vous taisez, consternés.... Vous paraissez la comprendre. Je lis dans vos yeux, dans les sons brisés de votre voix, quelque chose de funeste que l'on me cache.... Qu'est-ce? Je veux le savoir. Pourquoi tournez-vous vers la porte des regards si pleins d'effroi? Et qu'est-ce que ces sons qui frappent mon oreille?
LE CHŒUR (BOHÉMOND).
Cela approche! Le mystère va s'éclaircir affreusement. Sois forte, ma souveraine, trempe ton cœur! Supporte avec courage ce qui t'attend, avec une âme virile cette mortelle douleur!
ISABELLA.
Qu'est-ce qui approche? Qu'est-ce qui m'attend?... J'entends le son terrible de la plainte funèbre retentir dans le palais.... Où sont mes fils? (*Le premier Demi-Chœur apporte le corps de don Manuel sur un brancard, qu'il dépose sur le côté de la scène qui est resté vide. Un drap noir est étendu par-dessus.*)

ISABELLA, BÉATRICE, DIÉGO, LES DEUX CHOEURS.

LE PREMIER CHOEUR (GAÉTAN).

A travers les rues des cités, le malheur se promène, suivi de la plainte.... Il rôde, épiant du regard, autour des maisons des hommes. Aujourd'hui, il frappe à cette porte; demain, à celle-là; mais il n'a encore épargné personne. Tôt ou tard il s'acquitte de son triste et redouté message, à chaque seuil où habite un vivant.

(BÉRENGER.)

Quand les feuilles tombent dans le cours de l'année, quand des vieillards épuisés descendent au tombeau, la nature ne fait qu'obéir paisiblement à son antique loi, à son éternel usage : il n'y a rien là qui épouvante l'homme!

Mais apprends aussi à attendre, dans cette vie terrestre, des prodiges de malheur. Le meurtre, de sa main violente, brise jusqu'aux nœuds les plus saints. La mort entraîne aussi dans sa barque du Styx la vie florissante de la jeunesse.

(GAÉTAN.)

Quand les nuages amoncelés noircissent le ciel, quand le tonnerre retentit avec un sourd fracas, alors, alors tous les cœurs se sentent au pouvoir du destin terrible. Mais la foudre qui embrase peut tomber aussi d'un ciel sans nuages. Ainsi, dans tes jours de joie, crains la perfide approche du malheur; n'attache pas ton cœur aux biens qui ornent passagèrement la vie. Qui possède, apprenne à perdre; qui est dans le bonheur, apprenne la souffrance!

ISABELLA.

Que dois-je entendre? Que cache ce drap? (*Elle fait un pas vers le brancard, mais s'arrête, incertaine, hésitante.*) Je me sens attirée par un horrible attrait, et repoussée affreusement par la main froide et sinistre de la terreur. (*A Béatrice, qui s'est jetée entre elle et le brancard.*) Laisse-moi! Quoi que ce soit, je veux lever ce voile! (*Elle lève le drap et découvre le cadavre de don Manuel.*) O puissances du ciel! C'est mon fils. (*Elle demeure immobile, glacée d'effroi. Béatrice tombe près du brancard, en poussant un cri de douleur.*)

LE CHOEUR (GAÉTAN, BÉRENGER, MANFRED).

Malheureuse mère! C'est ton fils! Tu l'as prononcée, la parole lamentable. Ce n'est point à mes lèvres qu'elle a échappé.

ISABELLA.

Mon fils! mon Manuel!... O éternelle miséricorde!... Est-ce ainsi qu'il me faut te retrouver? Était-ce donc avec ta vie que tu devais racheter ta sœur des mains du brigand?... Où était ton frère, que son bras n'a pu te protéger?... Oh! maudite la main qui a creusé cette blessure! Maudite celle qui a enfanté ce mortel funeste qui m'a tué mon fils! Maudite toute sa race!

LE CHOEUR.

Malheur! malheur! malheur! malheur!

ISABELLA.

C'est ainsi que vous me tenez parole, puissances du ciel? Est-ce là, là votre vérité? Malheur à celui qui se fie à vous dans la droiture de son cœur! Qu'ai-je donc espéré, qu'ai-je redouté, si telle est l'issue?... O vous qui m'entourez, pleins d'effroi, repaissant vos yeux de ma douleur, apprenez à connaître les mensonges par lesquels les rêves et les devins nous abusent! Après cela, qu'on croie encore aux oracles des dieux!... Quand je me sentis mère de cette fille, son père rêva un jour qu'il voyait s'élever deux lauriers de sa couche nuptiale.... Entre eux croissait un lis; il devint une flamme qui saisit l'épais branchage des arbres, et, étendant sa fureur autour d'elle, dévora promptement toute la maison dans un horrible embrasement. Effrayé de cette vision étrange, le père en demanda le sens à un augure, à un noir magicien. Le magicien déclara que, si mon sein donnait le jour à une fille, elle lui tuerait ses deux fils et exterminerait sa race.

LE CHOEUR (GAÉTAN ET BOHÉMOND).

Que dis-tu, souveraine? Malheur! malheur!

ISABELLA.

Aussi son père ordonna-t-il de la faire périr; mais je la dérobai à son lamentable destin.... La pauvre malheureuse! Elle fut bannie, enfant, du sein maternel, afin de ne pas tuer, devenue grande, ses deux frères. Et maintenant son frère tombe sous les coups des brigands; ce n'est pas elle, pauvre innocente, qui l'a frappé!

LE CHOEUR

Malheur! malheur! malheur! malheur!

ISABELLA.

La parole d'un idolâtre ne méritait à mes yeux nulle croyance; un meilleur espoir rassura mon âme. Une autre bouche, que je tenais pour véridique, m'avait prédit, au sujet de ma fille, qu'un jour elle réunirait dans un ardent amour les cœurs de mes fils.... Ainsi les oracles se contredisaient, plaçant à la fois sur la tête de ma fille la bénédiction et la malédiction.... Ce n'est pas elle qui a causé la malédiction, l'infortunée! Et le temps ne lui a pas été donné d'accomplir la bénédiction. Une bouche, comme l'autre, a menti. L'art des devins est un vain néant; ils sont ou trompeurs ou trompés. On ne peut savoir rien de vrai de l'avenir, soit qu'on puise en bas aux fleuves des enfers, soit qu'on puise en haut à la source de la lumière.

LE PREMIER CHOEUR (GAÉTAN).

Malheur! malheur! Que dis-tu? Arrête, arrête! Refrène les téméraires emportements de ta langue. Les oracles voient, ils s'accomplissent; l'événement louera leur véridique prévoyance.

ISABELLA.

Non, je ne veux pas refréner ma langue; je veux parler comme mon cœur me l'ordonne. Pourquoi visitons-nous les saints lieux, et levons-nous au ciel des mains pieuses? Fous débonnaires, que gagnons-nous à notre foi? Il est aussi impossible d'atteindre jusqu'aux dieux, sur les hauteurs qu'ils habitent, que de frapper la lune d'une flèche. L'avenir est fermé au mortel et nulle prière ne pénètre ce ciel d'airain. Que l'oiseau vole à droite ou à gauche, que les étoiles se disposent sous tel ou tel aspect, il n'y a nul sens dans le livre de la nature, l'art des songes est un songe et tous les signes trompent.

LE SECOND CHOEUR (BOHÉMOND).

Arrête, infortunée! Malheur! malheur! Tu nies, les yeux aveugles, la lumière du soleil qui éclaire. Les dieux vivent, reconnais-les, eux qui, terribles, t'environnent.

(TOUS LES CHEVALIERS).

Les dieux vivent, reconnais-les, eux qui, terribles, t'environnent.

BÉATRICE.

O ma mère, ma mère! Pourquoi m'as-tu sauvée? Pourquoi ne m'as-tu pas abandonnée à la malédiction qui, avant que je fusse née, déjà me poursuivait? Mère à la vue trop bornée! Pourquoi te croyais-tu plus sage que ceux qui, du regard, embrassent tout, qui rattachent ce qui est proche à ce qui est loin, et voient germer dans l'avenir les tardives semences? Tu as pour ta propre ruine, pour la mienne, pour notre ruine à tous, dérobé aux dieux de la mort, par un larcin coupable, leur proie, qu'ils réclamaient. Maintenant, ils la prennent eux-mêmes, double, triple. Je ne te sais pas gré de ce triste présent. Tu m'as conservée pour la douleur, pour les lamentations.

LE PREMIER CHOEUR (GAÉTAN), *regardant vers la porte, avec une vive émotion.*

Rouvrez-vous, blessures! coulez! coulez! Élancez-vous en noirs torrents, ruisseaux de sang!

(BÉRENGER.)

J'entends le bruit de pieds d'airain, les sons sifflants des vipères infernales; je reconnais le pas des Furies!

(GAÉTAN.)

Murs, écroulez-vous! Seuil, engloutis-toi sous la pression de ces pieds redoutables! Noires vapeurs, montez, montez, fumantes, du fond de l'abîme! Absorbez l'aimable lumière du jour! Dieux protecteurs de la maison, fuyez! Laissez entrer les déesses de la vengeance!

DON CÉSAR, ISABELLA, BÉATRICE, LE CHOEUR.

A l'entrée de don César, le Choeur se divise précipitamment devant lui; don César demeure seul au milieu de la scène.

BÉATRICE.

Malheur à moi! c'est lui!

ISABELLA *va au-devant de lui.*

O mon fils César! Faut-il que je te revoie ainsi!... Oh! regarde et vois le crime d'une main maudite de Dieu! (*Elle le conduit près du cadavre.*)

DON CÉSAR *recule avec horreur et se voile le visage.*

LE PREMIER CHOEUR (GAÉTAN, BÉRENGER).

Rouvrez-vous, blessures! coulez! coulez! Jaillissez en noirs torrents, ruisseaux de sang!

ISABELLA.

Tu frémis, tu es glacé d'horreur!... Oui, voilà tout ce qui reste de ton frère! Là gisent mes espérances.... Elle périt dans son germe, la jeune fleur de votre paix, et je n'en devais voir aucun beau fruit.

DON CÉSAR.

Console-toi, ma mère! Nous voulions sincèrement la paix; mais le ciel a voulu du sang.

ISABELLA.

Oh! je le sais, tu l'aimais, je voyais avec ravissement les beaux liens se former entre vous. Tu voulais le porter dans ton cœur, le dédommager richement des années perdues. Le meurtre sanglant a prévenu ton tendre amour.... Maintenant tu ne peux plus rien, que le venger.

DON CÉSAR.

Viens, ma mère! viens! Ce n'est pas ici ta place. Arrache-toi à ce funeste spectacle! (*Il veut l'entraîner.*)

ISABELLA *se jette à son cou.*

Tu vis encore pour moi! toi, désormais mon fils unique!

BÉATRICE.

Malheur, ô ma mère! que fais-tu?

DON CÉSAR.

Pleure toutes tes larmes sur ce cœur fidèle! Ton fils n'est pas perdu pour toi, car son amour continue de vivre, immortel, dans le sein de ton César.

LE PREMIER CHOEUR (GAÉTAN, BÉRENGER, MANFRED).

Ouvrez-vous, blessures! Parlez, plaies muettes! Élancez-vous en noires ondes, ruisseaux de sang!

ISABELLA, *leur prenant la main à tous deux.*

O mes enfants!

DON CÉSAR.

Combien je suis ravi de la voir dans tes bras, ma mère! Oui, qu'elle soit ta fille. La sœur...

ISABELLA, *l'interrompant.*

Je te dois sa délivrance, mon fils. Tu as tenu parole, tu me l'as envoyée.

DON CÉSAR, *étonné.*

Qui dis-tu, ma mère, que je t'ai envoyé?

ISABELLA.

Je parle de celle que tu vois devant toi, de ta sœur.

DON CÉSAR.

Elle, ma sœur!

ISABELLA.

Et quelle autre?

DON CÉSAR.

Ma sœur?

ISABELLA.

Que tu m'as toi-même envoyée.

DON CÉSAR.

Et sa sœur, à lui?

LE CHOEUR.

Malheur! malheur! malheur!

BÉATRICE.

O ma mère!

ISABELLA.

Je demeure interdite.... Parlez!

DON CÉSAR.

Alors, maudit soit le jour qui m'a vu naître!

ISABELLA.

Qu'as-tu? Dieu!

DON CÉSAR.

Maudit le sein qui m'a porté!... et maudit ton mystérieux silence qui a causé toutes ces horreurs! Qu'il tombe, ce tonnerre qui doit écraser ton cœur! Ma main compatissante ne le retiendra pas plus longtemps.... C'est moi-même, sache-le, qui ai frappé mon frère; je l'ai surpris dans ses bras à elle. C'est elle que j'aime, que je me suis choisie pour épouse.... mais j'ai trouvé mon frère dans ses bras.... Maintenant tu sais tout!... Si elle est vraiment sa sœur, ma sœur, je suis coupable d'un crime horrible, que nul repentir, nulle pénitence ne peut expier.

LE CHOEUR (BOHÉMOND).

Le mot est prononcé, tu l'as entendu, tu sais le plus affreux secret, il ne reste plus rien à dire. Comme les devins l'ont annoncé, ainsi tout est venu; car personne encore n'a échappé au destin qui l'attendait. Et qui se fait fort de le diriger avec habileté, l'éditie fatalement et l'accomplit lui-même.

ISABELLA.

Et que m'importe désormais que les dieux se montrent imposteurs ou que leur parole se vérifie? Ils m'ont fait, à moi, ce qu'il y a de plus affreux.... Je les défie de me frapper plus rudement.... Qui n'a plus à trembler pour rien, ne les craint plus.... Mon fils chéri est là, immolé, devant moi, et je me sépare moi-même de celui qui survit. Il n'est pas mon fils.... J'ai enfanté, j'ai nourri sur mon sein un basilic qui a percé et mis à mort mon fils, le meilleur.... Viens, ma fille! Nous n'avons plus à demeurer ici.... J'abandonne cette maison aux esprits de vengeance.... Un crime m'y avait introduite, un crime m'en chasse.... J'y suis entrée à contre-cœur, je l'ai habitée avec effroi, j'en sors dans le désespoir.... Tout cela, je l'ai souffert, innocente; mais les oracles s'en tirent à leur honneur, et les dieux sont saufs. (*Elle sort, Diégo la suit.*)

BÉATRICE, DON CÉSAR, LE CHOEUR.

DON CÉSAR, *retenant Béatrice.*

Reste, ma sœur! Ne te sépare pas ainsi de moi! Que ma mère me maudisse! que ce sang m'accuse et crie au ciel contre moi! que le monde entier me condamne! mais, toi, ne me maudis pas! De toi je ne puis le supporter!

BÉATRICE *montre le cadavre, en détournant les yeux.*

DON CÉSAR.

Ce n'est pas ton amant que je t'ai tué! C'est un frère que je t'ai enlevé, ainsi qu'à moi.... Le mort maintenant ne t'est pas plus proche que moi qui survis, et je suis plus digne de pitié que lui, car il est mort pur, et je suis coupable.

BÉATRICE *fond en larmes.*

DON CÉSAR.

Pleure sur ton frère, je veux pleurer avec toi, et.... plus encore.... je veux le venger! mais ne pleure pas sur ton amant! Je ne puis supporter cette préférence accordée au mort. Laisse-moi puiser cette unique, cette dernière consolation dans l'abîme sans fond de notre douleur, qu'il ne t'est pas plus proche que moi.... Car l'affreux dénoûment de notre destin rend nos droits égaux, comme nos malheurs. Enlacés dans un même piége, joints par la naissance et par l'amour, nous succombons unis tous trois, et nous partageons ensemble le triste droit aux larmes. Mais quand il me faut croire que ton deuil est plus pour l'amant que pour le frère, alors la rage et l'envie se mêlent à mon affliction, et la dernière consolation de ma douleur m'abandonne. Je ne puis immoler avec joie, comme je le voudrais, la dernière victime à ses mânes; mais je veux envoyer doucement mon âme le rejoindre, pourvu que je sache que tu réuniras ma cendre à la sienne dans une même urne cinéraire. (*Il l'enlace d'un de ses bras avec l'ardeur d'une tendresse passionnée.*) Je t'aimais, comme jusque-là je n'avais rien aimé, quand tu étais encore une étrangère pour moi. C'est parce que je t'aimais au delà de toutes les bornes, que je porte la lourde malédiction du fratricide. Mon amour pour toi a été mon seul crime.... Maintenant, tu es ma sœur, et je réclame de toi ta compassion, comme un tribut sacré. (*Il la regarde d'un œil scrutateur et avec une douloureuse attente, puis il se détourne vivement d'elle.*) Non non, je ne puis voir ces larmes.... En présence de ce mort, le courage m'abandonne et le doute me déchire le sein.... Laisse-moi mon erreur! Pleure en secret! Ne me revois jamais.... plus jamais.... Je ne veux pas te revoir, ni revoir ta mère. Elle ne m'a jamais aimé! A la fin son cœur s'est trahi, la douleur l'a ouvert : elle l'a nommé, lui, son fils le meilleur. Ainsi, toute sa vie, elle a pratiqué la dissimulation!... Et tu es fausse comme elle! Ne te contrains pas! Montre ton horreur! Tu ne reverras plus mon visage odieux! Va-t'en à jamais! (*Il sort. Elle demeure d'abord indécise, combattue par des sentiments contraires, puis elle s'arrache à ce lieu et s'en va.*)

LE CHŒUR (GAÉTAN).

. . . .

Heureux, oui, il faut que je le proclame bienheureux, celui qui, dans le calme d'un rustique séjour, loin du tourbillon confus de la vie, repose, comme un enfant, sur le sein de la nature! Car mon cœur se sent oppressé dans les palais des princes, quand je vois les plus grands, les meilleurs, précipités du faîte de la prospérité, en un rapide instant!

Et celui-là encore s'est fait un doux repos qui, des vagues orageuses de la vie, averti à temps, s'est sauvé dans la pacifique cellule du cloître; qui a rejeté loin de lui la stimulante ambition, et qui a endormi dans son sein paisible la vaine convoitise et les désirs qui toujours exigent. Le fougueux pouvoir de la passion ne vient point le saisir dans le tumulte de la vie; jamais, dans son calme asile, il ne voit la triste figure de l'humanité! Le crime et les maux d'ici-bas n'atteignent qu'à une hauteur limitée; de même que la peste fuit les lieux élevés, ils vont mêler leur infection aux vapeurs des cités.

(BÉRENGER, BOHÉMOND ET MANFRED.)

Sur les montagnes est la liberté! Le souffle des cryptes funèbres ne monte pas dans la région de l'air pur. Le monde est parfait partout où l'homme ne parvient point avec ses peines.

(TOUT LE CHOEUR REPREND.)

Sur les montagnes, etc.

DON CÉSAR, LE CHOEUR.

DON CÉSAR, *plus maître de lui*.

J'exerce une dernière fois le droit de souverain, pour confier au tombeau ces restes précieux, car c'est là pour les morts le dernier hommage. Écoutez donc ma résolution, mes tristes volontés, et ce que je vous ordonne, exécutez-le fidèlement.... Vous avez encore un récent souvenir de ce douloureux devoir, car il ne s'est pas écoulé un long temps depuis que vous avez accompagné au sépulcre le corps de votre prince. A peine le chant de mort a-t-il cessé de retentir dans ces murs, qu'un cadavre pousse l'autre dans la tombe : la torche des funérailles nouvelles peut s'allumer à celle des premières, et les deux cortéges lugubres se rencontrer presque, sur les marches du caveau. Ordonnez donc la solennité de la sépulture dans l'église de ce château, qui renferme la cendre de mon père:

qu'on la célèbre sans bruit, les portes fermées, et que tout s'accomplisse comme alors.

LE CHOEUR (BOHÉMOND).

Les apprêts de la cérémonie se feront d'une main rapide, seigneur...; car le catafalque, monument de cette triste pompe, est encore tout dressé, et nulle main n'a touché à l'édifice de la mort.

DON CÉSAR.

Ce n'était pas un heureux signe que l'entrée du tombeau demeurât ouverte dans la maison des vivants. D'où vient qu'on n'a pas détruit sans retard, le triste office terminé, ce sinistre échafaudage?

LE CHOEUR (BOHÉMOND).

La nécessité des temps et la discorde lamentable qui, aussitôt après, éclata, divisant Messine en deux factions ennemies, a détourné nos yeux des morts, et ce sanctuaire est demeuré désert et fermé.

DON CÉSAR.

A l'œuvre donc, et sans délai! Que cette nuit même cette tâche de minuit s'accomplisse! Que le soleil prochain trouve cette maison purgée de crimes, et qu'il éclaire une race plus heureuse! (*Le second Chœur s'éloigne, emportant le corps de don Manuel.*)

LE PREMIER CHOEUR (GAÉTAN).

Dois-je mander ici la pieuse confrérie des moines, pour qu'elle célèbre l'office des trépassés, selon l'antique usage de l'Église, et que, par ses chants sacrés, elle consacre le mort au repos éternel?

DON CÉSAR.

Que d'âge en âge, j'y consens, leurs pieux cantiques retentissent sur notre tombe, à la lueur des cierges, jusqu'à la fin des siècles; mais, aujourd'hui, il n'est pas besoin de leur ministère pur : le meurtre sanglant repousse les saints rites.

LE CHOEUR (GAÉTAN).

Ne résous pas, seigneur, de sanglante violence, exerçant contre toi-même la rage du désespoir; car personne ne vit ici-bas qui puisse te punir, et une pieuse expiation rachète la colère du ciel.

DON CÉSAR.

Personne ne vit ici-bas qui puisse, me jugeant, me punir. Il faut donc que j'accomplisse moi-même envers moi cette justice. Le ciel agrée, je le sais, l'expiation pénitente; mais le meurtre sanglant ne s'expie que par le sang.

LE CHOEUR (GAÉTAN).

Il te convient de rompre le torrent d'infortune qui s'est déchaîné contre cette maison; et non d'accumuler douleur sur douleur.

DON CÉSAR.

Je détruis en mourant l'antique malédiction de cette maison; la mort libre rompt seule la chaîne du destin.

LE CHOEUR (GAÉTAN).

Tu te dois comme chef à ce peuple orphelin, puisque tu nous as privés de notre autre prince.

DON CÉSAR.

Je paye d'abord ma dette aux dieux de la mort; qu'un autre dieu prenne soin des vivants.

LE CHOEUR (GAÉTAN).

Aussi loin que luit le soleil, s'étend l'espérance. Sur la mort seule rien ne se peut gagner. Songes-y bien!

DON CÉSAR.

Songe toi-même à remplir en silence ton devoir de serviteur! Laisse-moi obéir à l'esprit qui me pousse d'une impulsion terrible, car nul heureux ne peut voir au dedans de moi-même. Et, si tu ne respectes pas en moi, avec crainte, ton maître, crains le coupable, sur qui pèse la plus lourde des malédictions; respecte la tête du malheureux, qui est sacrée même pour les dieux.... Celui qui a éprouvé ce que je souffre et sens dans mon sein ne rend plus de compte à personne sur la terre.

DONNA ISABELLA, DON CÉSAR, LE CHOEUR.

ISABELLA *vient à pas lents et jette sur don César des regards irrésolus. Enfin elle s'approche de lui et parle d'un ton assuré.*

Mes yeux ne devaient plus te voir : je me l'étais promis dans ma douleur; mais le vent emporte les résolutions que, dans une fureur contre nature, une mère a pu prendre contre la voix de son cœur.... Mon fils! un bruit sinistre m'a tirée du séjour solitaire de ma douleur.... Dois-je y croire? Est-il vrai qu'un même jour doive me ravir mes deux fils?

LE CHOEUR (GAÉTAN).

Tu le vois résolu, d'un cœur assuré, à descendre librement aux tristes portes de la mort. Éprouve maintenant la force du sang, la puissance des prières touchantes d'une mère! J'ai perdu sans fruit mes paroles.

ISABELLA.

Je révoque les imprécations dont j'ai accablé, dans l'aveugle délire du désespoir, ta tête chérie. Une mère ne peut maudire l'enfant de son propre sein, qu'elle a enfanté avec douleur. Le ciel n'entend pas ces vœux coupables; appesantis par les larmes, ils retombent de la voûte étoilée.... Vis, mon fils! J'aime mieux voir le meurtrier d'un de mes enfants, que de pleurer sur tous les deux.

DON CÉSAR.

Tu ne réfléchis pas bien, ma mère, à ce que tu désires pour toi-même et pour moi.... Ma place ne peut plus être parmi les vivants.... Oui, quand tu pourrais supporter, ma mère, l'aspect du meurtrier haï de Dieu, moi, je ne supporterais pas le reproche muet de ton éternelle douleur.

ISABELLA.

Nul reproche, crois-moi, ne te blessera; nulle plainte exprimée ni muette ne percera ton cœur. Ma douleur se fondra en paisible tristesse. Par un deuil commun, nous déplorerons le malheur et nous voilerons le crime.

DON CÉSAR *lui prend la main et dit d'une voix douce :*

Tu le feras, ma mère. Il en sera ainsi. Ta douleur se fondra en paisible tristesse.... Quand un même monument enfermera ensemble le meurtrier et la victime, qu'une même voûte s'arrondira sur leur double dépouille, alors la malédiction sera désarmée.... alors tu ne distingueras plus tes deux fils; les larmes que verseront tes beaux yeux couleront pour l'un comme pour l'autre. La mort est une puissante médiatrice. Là s'éteignent toutes les flammes de la colère, la haine s'apaise, et la pitié charmante, semblable à une sœur en larmes, se penche sur l'urne, qu'elle embrasse en s'y appuyant doucement. Ne m'empêche donc pas de descendre dans la tombe, ma mère, et de désarmer la malédiction.

ISABELLA.

La chrétienté est riche en images miraculeuses, au pied desquelles, dans un pieux pèlerinage, un cœur torturé peut trouver le repos. Plus d'un lourd fardeau a été déposé dans la maison de Lorette, et une céleste force, pleine de bénédiction, plane autour du Saint-Sépulcre, qui a délivré le monde entier du péché. La prière des âmes pieuses est aussi très-puissante; elles ont une riche provision de mérites, et à la place où un meurtre fut commis, peut s'élever un temple expiatoire.

DON CÉSAR.

Sans doute on peut retirer du cœur la flèche, mais jamais la blessure ne saurait plus guérir. Vive qui voudra une vie de contrition, pour expier peu à peu, par les sévères mortifications de la pénitence, une faute éternelle.... Moi, je ne puis vivre, ma mère, le cœur brisé. Il faut que je lève les yeux joyeusement vers les heureux, et que, libre de cœur et d'esprit, je puise à mon gré dans le pur éther au-dessus de ma tête.... L'envie a empoisonné ma vie, quand nous partagions encore également ton amour. Penses-tu que je supporterai la préférence que ta douleur lui a donnée sur moi ? La mort a une vertu purifiante, pour transformer, dans son palais impérissable, toute chose mortelle en diamant sans tache, en bien véritable, et consumer les souillures de l'imparfaite humanité. Autant les étoiles sont loin de la terre, autant il sera élevé au-dessus de moi; et si une vieille jalousie nous a divisés dans cette vie, quand nous étions encore deux frères égaux, elle rongera mon cœur sans relâche, maintenant qu'il a sur moi l'avantage de la vie éternelle, et que, transporté par delà toute rivalité, il va vivre, pareil à un dieu, dans la mémoire des hommes.

ISABELLA.

Oh! ne vous ai-je appelés à Messine que pour vous ensevelir tous deux? C'est pour vous réconcilier que je vous ai mandés ici, et un destin funeste tourne en désespoir toutes mes espérances.

DON CÉSAR.

Ne t'emporte pas contre le dénoûment, ma mère. Tout ce qui

fut promis s'accomplit. Nous sommes entrés par ces portes avec les espérances de paix, et nous reposerons paisiblement ensemble, réconciliés à jamais, dans la demeure de la mort.

ISABELLA.

Vis, mon fils! Ne laisse pas ta mère seule et sans amis dans le pays des étrangers, en proie à la raillerie sans pitié, parce qu'elle n'est plus protégée par la force de ses fils.

DON CÉSAR.

Si le monde entier te raille avec une cruelle froideur, réfugie-toi auprès de notre tombe, et invoque la divinité de tes fils; car alors nous serons des dieux, nous t'entendrons, et, comme les célestes gémeaux, astres propices au nautonier, nous serons près de toi pour te consoler et fortifier ton âme.

ISABELLA.

Vis, mon fils! vis pour ta mère! Je ne puis supporter de tout perdre! (*Elle l'enlace dans ses bras avec une ardeur passionnée. Il se dégage doucement d'elle, et lui tend la main en détournant le visage.*)

DON CÉSAR.

Adieu!

ISABELLA.

Oui, maintenant, hélas! j'éprouve et sens avec douleur que ta mère ne peut rien sur toi! N'est-il aucune autre voix qui pénètre dans ton cœur plus puissamment que la mienne? (*Elle va vers l'entrée de la scène.*) Viens, ma fille! Si son frère mort l'entraîne si violemment dans la tombe, peut-être sa sœur, sa sœur bien-aimée, le rappellera-t-elle, par le doux prestige des espérances de la vie, à la clarté du soleil.

BÉATRICE *paraît à l'entrée de la scène;* DONNA ISABELLA, DON CÉSAR *et* LE CHŒUR.

DON CÉSAR, *vivement ému à l'aspect de Béatrice, se voile le visage.*

O ma mère! ma mère! Qu'as-tu imaginé?

ISABELLA, *menant sa fille en avant.*

Sa mère l'a supplié en vain. Implore-le; conjure-le de vivre!

DON CÉSAR.

Mère astucieuse! C'est ainsi que tu m'éprouves! Tu veux m'engager dans un nouveau combat, me rendre chère encore la lumière du soleil, sur le chemin qui mène à l'éternelle nuit?... Le voilà devant moi, dans toute sa puissance, l'ange aimable de la vie, et il répand à profusion, de la plus riche corne d'abondance, mille fleurs, mille fruits dorés, qui exhalent les parfums de la vie. Mon cœur s'épanouit aux chauds rayons du soleil, et dans mon sein déjà mort se réveille l'espérance et l'amour de vivre.

ISABELLA.

Conjure-le.... il t'écoutera, toi, ou personne.... de ne pas m'enlever, non plus qu'à toi, notre appui.

BÉATRICE.

Le mort chéri demande une victime; il doit l'avoir, ma mère!... mais permets que cette victime, ce soit moi! J'étais vouée à la mort, avant de voir la vie. C'est moi que réclame la malédiction qui poursuit cette maison, et la vie qui m'anime est un larcin fait au ciel. C'est moi qui l'ai tué, moi qui ai réveillé les furies assoupies de votre discorde.... C'est à moi qu'il appartient d'apaiser ses mânes!

LE CHŒUR (GAÉTAN).

O mère infortunée! Tous tes enfants courent à l'envi à la mort, et ils t'abandonnent là seule, délaissée, dans la vie solitaire, sans joie et sans amour.

BÉATRICE.

Toi, mon frère, sauve ta tête chérie! vis pour ta mère! Elle a besoin de son fils; ce n'est que d'aujourd'hui qu'elle a trouvé une fille, et elle se passera facilement de ce qu'elle n'a jamais possédé.

DON CÉSAR, *l'âme profondément blessée.*

Que nous vivions, ou mourions, ma mère, peu lui importe pourvu qu'elle soit réunie à celui qu'elle aime.

BÉATRICE.

Envies-tu la cendre inanimée de ton frère?

DON CÉSAR.

Il vit dans ta douleur une vie bien heureuse; moi, je serai mort à tout jamais parmi les morts.

BÉATRICE.

O mon frère!

DON CÉSAR, *avec l'accent de la plus vive passion.*

Ma sœur, est-ce sur moi que tu pleures?

BÉATRICE.

Vis pour notre mère!

DON CÉSAR *laisse sa main et recule.*

Pour ma mère?

BÉATRICE *se penche sur sa poitrine.*

Vis pour elle, et console ta sœur.

LE CHOEUR (BOHÉMOND).

Elle a vaincu! Il n'a pu résister à la touchante supplication de sa sœur. Mère inconsolable! donne place à l'espérance, il choisit de vivre: ton fils te reste! (*A ce moment, un chant d'église se fait entendre. La double porte du fond s'ouvre, on voit dans l'église le catafalque dressé, et le cercueil entouré de candélabres.*)

DON CÉSAR, *tourné vers le cercueil.*

Non, mon frère! je ne veux point te dérober ta victime.... Ta voix, du fond de ce cercueil, crie et me presse avec plus de force que les larmes de ma mère, avec plus de force que les prières de l'amour.... Je tiens dans mes bras ce qui pourrait rendre la vie terrestre pareille au sort des dieux.... Mais que je vive heureux, moi, le meurtrier, tandis que ta sainte innocence reposerait, non vengée, au fond du tombeau!... Nous préserve le Dieu de toute justice, l'arbitre de nos jours, qu'il y ait un tel partage dans ce monde, sa création!... J'ai vu les larmes qui, pour moi aussi, ont coulé; mon cœur est satisfait, je te suis. (*Il se perce d'un poignard et, mourant, glisse à terre, en frôlant sa sœur, qui se jette dans les bras de sa mère.*)

LE CHOEUR (GAÉTAN), *après un profond silence.*

Je demeure consterné, je ne sais si je dois déplorer ou louer son sort. La seule chose que je sente et reconnaisse clairement, c'est que la vie n'est pas le plus grand des biens, mais que la faute est le plus grand des maux.

FIN DE LA FIANCÉE DE MESSINE.

GUILLAUME TELL

DRAME

PERSONNAGES.

HERRMANN GESSLER, bailli de l'empereur à Schwytz et à Uri.
WERNER, BARON D'ATTINGHAUSEN, seigneur banneret.
ULRICH DE RUDENZ, son neveu.
WERNER STAUFFACHER, \
CONRAD HUNN,   \
ITEL REDING,   \
JEAN AUF DER MAUER,   } habitants de Schwytz.
JŒRG IM HOFE,   /
ULRICH LE FORGERON   /
JOST DE WEILER,   /
WALTHER FÜRST,   \
GUILLAUME TELL,   \
RÖSSELMANN, le curé,   \
PETERMANN, le sacristain, } habitants d'Uri.
KUONI, le berger,   /
WERNI, le chasseur,   /
RUODI, le pêcheur,   /
ARNOLD DE MELCHTHAL, \
CONRAD BAUMGARTEN,   \
MEIER DE SARNEN,   \
STRUTH DE WINKELRIED,   } habitants d'Unterwald.
KLAUS DE LA FLÜE,   /
BURKHART AM BÜHEL,   /
ARNOLD DE SEWA,   /
PFEIFFER, de Lucerne.
KUNZ, de Gersau.
JENNI, jeune pêcheur.
SEPPI, jeune berger.
GERTRUDE, femme de Stauffacher.
HEDWIGE, femme de Tell, fille de Fürst.

PERSONNAGES.

BERTHA DE BRUNECK, riche héritière.
ARMGART,
MATHILDE,
ÉLISABETH, } paysannes
HILDEGARDE,
WALTHER, } fils de Tell.
GUILLAUME,
FRIESSHARDT, } soldats.
LEUTHOLD,
RODOLPHE LE HARRAS, écuyer de Gessler.
JEAN LE PARRICIDE, duc de Souabe.
STUSSI, le garde champêtre.
LA TROMPE D'URI.
UN MESSAGER DE L'EMPIRE.
UN INSPECTEUR DE LA CORVÉE.
UN MAITRE TAILLEUR DE PIERRES.
DES COMPAGNONS.
DES MANŒUVRES.
DES CRIEURS PUBLICS.
DES FRÈRES DE LA MISÉRICORDE
DES CAVALIERS de Gessler et de Landenberg.
Beaucoup d'HABITANTS, hommes et femmes, des trois cantons.

GUILLAUME TELL.

ACTE PREMIER.

SCÈNE I.

Le théâtre représente la rive escarpée qui domine le lac des Quatre-Cantons, vis-à-vis de Schwytz. — Le lac ouvre une baie dans les terres; non loin de la rive est une cabane; un jeune pêcheur conduit sa barque sur l'eau. Au delà du lac, on voit les vertes prairies, les villages et les fermes du canton de Schwytz, éclairés d'un brillant soleil. A la gauche du spectateur, se montrent les pointes du Haken, entourées de nuages. A droite, dans un fond lointain, on voit les glaciers. Avant même que le rideau se lève, on entend le *ranz des vaches* et la sonnerie harmonieuse des clochettes des troupeaux, qui, après que la scène est ouverte, se prolonge encore pendant quelque temps.

LE JEUNE PÊCHEUR *chante dans sa barque.*

Air du ranz des vaches.

Le lac est riant, il invite au bain. L'enfant s'est endormi sur la verte rive, et dans son sommeil il entend une mélodie douce comme le son des flûtes, comme les voix des anges dans le paradis.

Et lorsqu'il s'éveille dans un céleste ravissement, il sent les vagues qui ondoient autour de sa poitrine, et du fond une voix lui crie : « Cher enfant, tu es à moi. Je séduis le dormeur et l'attire au sein des ondes. »

LE BERGER *chante sur la montagne.*

Variation du ranz des vaches.

Adieu, prairies et pâturages que dore le soleil! Il faut que le berger parte : l'été a fui. Nous irons à la montagne, nous reviendrons, au temps où le coucou appelle, où les chansons se réveillent, où la terre se revêt de nouvelles fleurs, où les sources coulent, au doux mois de mai.

Adieu, prairies et pâturages que dore le soleil! Il faut que le berger parte : l'été a fui.

LE CHASSEUR DES ALPES *paraît en face, au haut des rochers.*

Seconde variation.

Les hauteurs tonnent, le sentier tremble : l'archer est sans peur sur ce chemin qui donne le vertige : il marche audacieux sur des champs de glace ; là nul printemps ne brille, là ne verdit aucun bourgeon. Une mer de brouillards sous les pieds, il ne reconnaît plus les cités des hommes, et ce n'est que par la fente des nuages qu'il aperçoit le monde, et bien loin au-dessous des eaux la campagne verdoyante.

L'aspect du paysage change, on entend un sourd craquement qui vient des montagnes. Des ombres projetées par les nuages parcourent la contrée.

RUODI, *le pêcheur, sort de la cabane;* WERNI, *le chasseur, descend du rocher;* KUONI, *le berger, vient avec le seau à traire sur l'épaule;* SEPPI, *son jeune aide, le suit.*

RUODI.

Fais vite, Jenni : rentre la barque. Voilà le sombre bailli du val qui nous arrive : le glacier mugit sourdement. Le Mythen met son bonnet, et il vient un vent froid du trou des tempêtes. L'ouragan sera ici, je crois, avant que nous y pensions.

KUONI.

Il vient de la pluie, batelier. Mes brebis broutent l'herbe avidement, et mon chien gratte la terre.

WERNI.

Les poissons sautent et la poule d'eau plonge. Un orage est en route.

ACTE I, SCÈNE I.

KUONI, *à son garçon.*

Vois, Seppi, si le bétail ne s'est pas écarté.

SEPPI.

Je reconnais à sa clochette Lise la brune.

KUONI.

Alors il ne nous en manque aucune. C'est elle qui ferme la marche.

RUODI.

Vous avez là une jolie sonnerie.

WERNI.

Et de belles bêtes.... Sont-elles à vous, pays?

KUONI.

Je ne suis pas si riche. Elles sont à mon gracieux maître, le seigneur d'Attinghausen, et on me les a confiées, bien comptées.

RUODI.

Comme le ruban va bien au cou de cette vache!

KUONI.

Aussi elle sait bien qu'elle conduit le troupeau, et si je le lui prenais, elle cesserait de manger.

RUODI.

Bah! quelle folie! Une bête sans raison....

WERNI.

C'est bientôt dit. Les bêtes ont aussi leur raison. Nous le savons bien, nous qui chassons le chamois. Quand ils vont paître, ils placent prudemment une sentinelle, qui dresse l'oreille et les avertit par un sifflement aigu, dès que le chasseur approche.

RUODI, *au Berger.*

Retournez-vous maintenant chez vous?

KUONI.

Il n'y a plus d'herbe sur la montagne.

WERNI.

Heureux retour, berger!

KUONI.

Je vous le souhaite à vous-même. On ne revient pas toujours de vos courses.

RUODI.

Voilà un homme qui accourt en toute hâte.

WERNI.

Je le connais. C'est Baumgarten d'Alzellen.

CONRAD BAUMGARTEN, *accourant hors d'haleine.*

Pour l'amour de Dieu, batelier, votre barque !

RUODI.

Eh ! eh ! Qu'y a-t-il de si pressé ?

BAUMGARTEN.

Démarrez, vous me sauverez de la mort. Passez-moi sur l'autre rive.

KUONI.

Ami, qu'avez-vous ?

WERNI.

Qui donc vous poursuit ?

BAUMGARTEN, *au Pêcheur.*

Vite, vite, ils sont sur mes talons. Ce sont les cavaliers du bailli qui me suivent. Je suis un homme mort, s'ils m'atteignent.

RUODI.

Pourquoi les cavaliers vous poursuivent-ils ?

BAUMGARTEN.

Sauvez-moi d'abord, ensuite vous saurez tout.

WERNI.

Vous êtes taché de sang, qu'est-il arrivé ?

BAUMGARTEN.

Le châtelain de l'empereur, qui résidait au Rossberg....

KUONI.

Wolfenschiessen ? Est-ce lui qui vous fait poursuivre ?

BAUMGARTEN.

Celui-là ne fera plus de mal ; je l'ai tué !

TOUS *reculent effrayés.*

Que Dieu ait pitié de vous ! Qu'avez-vous fait ?

BAUMGARTEN.

Ce que tout homme libre eût fait à ma place. J'ai usé de mon droit de chef de famille contre celui qui attentait à mon honneur et à ma femme !

KUONI.

Le châtelain a-t-il attenté à votre honneur ?

ACTE I, SCÈNE I.

BAUMGARTEN.

S'il n'a point accompli son mauvais dessein, c'est Dieu et ma bonne hache qui l'en ont empêché.

WERNI.

Vous lui avez fendu la tête avec votre hache?

KUONI.

Oh! dites-nous tout, vous avez le temps, pendant qu'il détache la barque de la rive.

BAUMGARTEN.

Je venais de couper du bois dans la forêt, lorsque ma femme accourut dans une mortelle angoisse. Elle me dit que le châtelain était couché dans ma maison, qu'il lui avait ordonné de lui préparer un bain, puis qu'il lui avait demandé des choses contraires à l'honneur; qu'elle s'était échappée pour me venir chercher. J'ai couru chez moi en toute hâte comme j'étais, et avec ma hache je lui ai béni son bain.

WERNI.

Vous avez bien fait; personne ne peut vous en blâmer.

KUONI.

Le furieux! En voilà un qui a son salaire. Il y a longtemps qu'il l'a gagné par l'oppression du peuple d'Unterwald.

BAUMGARTEN.

La chose s'est ébruitée. On me poursuit.... Pendant que nous parlons.... mon Dieu!... le temps s'écoule.

(*Il commence à tonner.*)

KUONI.

Vivement, batelier!... Passe ce digne homme de l'autre côté.

RUODI.

Impossible. Un orage terrible approche. Il faut que vous attendiez.

BAUMGARTEN.

Je ne puis pas attendre, grand Dieu! Tout délai tue....

KUONI, *au Pêcheur.*

Essaye, avec l'aide de Dieu! Il faut aider le prochain. Pareille chose peut nous arriver à tous. (*Tonnerre et bruit des flots.*)

RUODI.

Le vent d'orage est déchaîné. Vous voyez comme les flots montent. Je ne puis gouverner contre la tempête et les vagues.

BAUMGARTEN *embrasse ses genoux.*

Que Dieu vous soit en aide comme vous aurez pitié de moi !

WERNI.

Il y va de la vie. Sois compatissant, batelier.

KUONI.

C'est un père de famille, il a femme et enfants. (*Coups de tonnerre redoublés.*)

RUODI.

Eh ! moi aussi, j'ai une vie à perdre ; j'ai chez moi femme et enfants comme lui.... Voyez là, comme les flots battent la rive, comme l'eau bouillonne et tourbillonne, comme elle est bouleversée jusqu'au fond du lac.... Je voudrais de tout mon cœur sauver ce brave homme ; mais c'est absolument impossible, vous voyez vous-même.

BAUMGARTEN, *toujours à genoux.*

Ainsi donc il faut que je tombe aux mains de l'ennemi, quand j'ai devant les yeux, tout près de moi, la rive du salut.... La voilà ! je puis l'atteindre du regard ; le son de ma voix y arrive ; voici la barque qui pourrait m'y conduire, et il faut que je demeure ici, enchaîné, sans secours, et que je désespère.

KUONI.

Voyez, qui vient là ?

WERNI.

C'est Tell de Bürglen.

TELL, *avec son arbalète.*

TELL.

Quel est l'homme qui implore ici du secours ?

KUONI.

C'est un homme d'Alzellen : il a défendu son honneur, et tué Wolfenschiessen, le châtelain de l'empereur, qui demeurait au Rossberg.... Les cavaliers du bailli vont l'atteindre. Il demande en grâce qu'on le mène sur l'autre rive ; mais le batelier a peur de la tempête, et ne veut pas partir.

RUODI.

Voici Tell, qui sait aussi manier la rame ; qu'il dise lui-même, je le prends à témoin, si l'on peut risquer la traversée.

(*Violents coups de tonnerre. Bruyante agitation du lac.*) On veut que je me jette dans la gueule de l'enfer ? Il faudrait, pour cela, avoir perdu la raison.

TELL.

L'homme de cœur ne pense à soi qu'en dernier lieu. Aie foi en Dieu, et sauve l'opprimé.

RUODI.

Du port où l'on est en sûreté, il fait bon donner des conseils. Voici la barque et voilà le lac ; essayez-le !

TELL.

Le lac peut le prendre en pitié, mais non le bailli. Essaye, batelier.

BERGERS et CHASSEURS.

Sauve-le ! sauve-le ! sauve-le !

RUODI.

Et quand ce serait mon frère et mon propre enfant, c'est impossible. C'est aujourd'hui Saint-Simon et Saint-Jude ; le lac est furieux et veut avoir sa victime.

TELL.

De vains discours ne mènent à rien. L'heure presse ; il faut que cet homme soit sauvé. Parle, batelier, veux-tu le passer ?

RUODI

Non, pas moi !

TELL.

Eh bien, au nom de Dieu ! donne ta barque ; je ferai de mon mieux.

KUONI.

Ah ! brave Tell !

WERNI.

Voilà qui ressemble au chasseur des Alpes !

BAUMGARTEN.

Tell, vous êtes mon sauveur et mon ange gardien !

TELL.

Je vous sauverai de la puissance du bailli. Pour échapper à l'orage, il faut un autre secours. Mais mieux vaut tomber dans les mains de Dieu que dans celles des hommes. (*Au Berger.*) Pays, vous consolerez ma femme, s'il m'arrive malheur. J'ai fait ce que je ne pouvais me dispenser de faire. (*Il saute dans la barque.*)

KUONI, *au Pêcheur.*

Pilote, vous êtes un maître batelier[1], et ce que Tell a osé vous ne pouviez le risquer !

RUODI.

De plus forts que moi n'imiteraient pas Tell. Il n'y en a pas deux comme lui dans la montagne.

WERNI *est monté sur le rocher.*

Le voilà déjà qui pousse au large. Que Dieu te soit en aide, vaillant rameur ! Voyez comme la barque danse sur les vagues !

KUONI, *sur la rive.*

Le flot passe par-dessus.... Je ne la vois plus. Attendez, la voilà encore. Le brave homme se pousse vigoureusement à travers la lame.

SEPPI.

Les cavaliers du bailli accourent à bride abattue.

KUONI.

Dieu ! ce sont eux. Il était grand temps de le secourir. (*Une troupe de Cavaliers de Landenberg.*)

PREMIER CAVALIER.

Livrez-nous le meurtrier que vous avez caché !

SECOND CAVALIER.

Il a suivi ce chemin : c'est en vain que vous le cachez.

KUONI *et* RUODI.

De qui parlez-vous, cavaliers ?

PREMIER CAVALIER, *découvrant la barque.*

Ah ! que vois-je ? Diable !

WERNI, *sur le rocher.*

Est-ce l'homme de la barque que vous cherchez ? Au galop ! Si vous courez bien vite, vous l'atteindrez encore.

SECOND CAVALIER.

Malédiction ! Il nous échappe.

LE PREMIER CAVALIER, *au Berger et au Pêcheur.*

Vous l'avez aidé à fuir ; vous payerez pour lui.... Tombez sur leur troupeau ! démolissez la cabane ! brûlez ! saccagez ! (*Ils partent rapidement.*)

---

1. J'ai traduit d'après la ponctuation de l'édition en un volume :

« Ihr seid ein Meister, Steuermann. »

ACTE I, SCÈNE I.

SEPPI *se précipite après eux.*

O mes agneaux!

KUONI *le suit.*

Malheur à moi! Mon troupeau!

WERNI.

Les furieux!

RUODI, *se tordant les mains.*

Justice du ciel! quand viendra-t-il un sauveur pour ce pays?
(*Il les suit.*)

SCÈNE II.

A Steinen, dans le canton de Schwytz. Un tilleul devant la maison
de Stauffacher, sur la grande route, près du pont.

WERNER STAUFFACHER *et* PFEIFFER, *de Lucerne, entrent
en causant.*

PFEIFFER.

Oui, oui, maître Stauffacher, comme je vous le disais, ne prêtez pas serment à l'Autriche, si vous pouvez l'éviter. Tenez ferme, et demeurez bravement attaché à l'empire, comme jusqu'ici! Que Dieu vous maintienne dans votre ancienne liberté! (*Il lui serre cordialement la main et veut s'éloigner.*)

STAUFFACHER.

Demeurez donc, jusqu'à ce que ma ménagère vienne. Vous êtes mon hôte dans le pays de Schwytz, moi le vôtre à Lucerne.

PFEIFFER.

Grand merci! Il faut que j'arrive encore aujourd'hui à Gersau.... Quoi que vous ayez à souffrir de l'avarice et de l'insolence de vos baillis, supportez-le patiemment. Cela peut changer rapidement; un autre empereur peut parvenir au trône. Mais si vous êtes une fois à l'Autriche, ce sera pour toujours. (*Il s'éloigne. Stauffacher, soucieux, s'assied sur un banc sous le tilleul. Gertrude, sa femme, le trouve ainsi; elle se tient debout près de lui, et le regarde quelque temps en silence.*)

GERTRUDE.

Si sérieux, mon ami? Je ne te reconnais plus. Depuis plusieurs jours déjà, je vois, sans rien dire, le sombre tourment qui ride ton front. Un muet chagrin pèse sur ton cœur. Confie-le-moi; je suis ta femme fidèle, et je veux ma moitié de ta peine. (*Stauffacher lui tend la main et garde le silence.*) Qu'est-ce qui peut oppresser ton cœur? dis-le-moi. Ton travail est béni; ta fortune prospère. Les granges sont pleines, et tes troupeaux de bœufs et les chevaux que tu élèves sont rentrés des montagnes, bien nourris et brillants d'embonpoint, pour passer l'hiver dans de commodes étables. Vois ta maison : elle a le riche aspect d'un noble manoir; la charpente en est neuve, toute de beau bois de brin, disposé à l'équerre avec symétrie; de nombreuses fenêtres y brillent et en font une claire et commode demeure. Elle est ornée d'écussons de diverses couleurs, et de sages maximes que le voyageur s'arrête à lire et dont il admire le sens.

STAUFFACHER.

Oui, la maison est là, bien construite, bien symétrique; mais hélas!... le sol tremble sur lequel nous avons bâti.

GERTRUDE.

Mon Werner, parle, qu'entends-tu par là?

STAUFFACHER.

J'étais assis dernièrement devant ce tilleul, comme aujourd'hui, repassant avec joie dans mon esprit tout ce qui nous a réussi jusqu'à présent, quand le bailli arriva à cheval, avec ses cavaliers, de son château de Kussnacht, et s'arrêta étonné devant cette maison. Je me levai aussitôt, et m'avançai avec respect, comme il convient, au-devant de celui qui représente ici le pouvoir judiciaire de l'empereur. « A qui cette maison? » demanda-t-il avec une intention méchante, car il le savait bien. Mais, par une bonne pensée qui me vint aussitôt, je lui répondis : « Cette maison, seigneur bailli, est à l'empereur mon maître et à vous. C'est mon fief. — Je suis, répliqua-t-il, gouverneur du pays au nom de l'empereur, et je ne veux pas que le paysan bâtisse ainsi des maisons de son chef, et qu'il vive à sa guise, en liberté, comme s'il était le maître dans le pays. Je saurai bien vous en empêcher. » En disant ces mots, il lança son cheval d'un air hautain; mais moi, je demeurai, l'âme inquiète, réfléchissant aux paroles que le méchant avait dites.

GERTRUDE.

Mon cher époux et maître, veux-tu écouter une honnête parole de ta femme? Je suis fille, et fière de l'être, d'un homme de grande expérience, du noble Iberg. Dans les longues soirées, nous étions assises, mes sœurs et moi, filant la laine, quand les premiers du peuple se réunissaient chez mon père, et lisaient les parchemins des anciens empereurs, et discutaient dans de sages entretiens sur les intérêts du pays. Attentive à leurs discours, j'ai entendu là mainte parole sensée, et, sans mot dire, j'ai gravé dans mon cœur les réflexions de la prudence, les vœux des hommes de bien. Écoute-moi donc et tiens compte de ce que je vais te dire; car ce qui te tourmente, eh bien! vois, je le sais depuis longtemps.... Le bailli t'en veut, et il aurait grande envie de te nuire, parce que tu es un obstacle à ses vues : les gens de Schwytz, par ton impulsion, ne veulent pas se soumettre à la nouvelle maison ducale, mais demeurent attachés à l'empire, loyalement et fermement, selon la maxime et l'exemple de leurs dignes ancêtres.... N'est-ce pas, Werner? Dis si je me trompe.

STAUFFACHER.

Il est vrai. Telle est la cause du ressentiment de Gessler contre moi.

GERTRUDE.

Il te porte envie, parce que tu habites, heureux et libre, ton propre héritage.... car lui, il n'en a point. Tu tiens cette maison en fief de l'empereur et de l'empire; tu peux la montrer hardiment, tout comme un prince d'empire montre ses domaines : car, au-dessus de toi, tu ne reconnais d'autre maître que le premier de la chrétienté. Et lui, il n'est qu'un cadet de sa maison; il n'a rien au monde que son manteau de chevalier. Voilà pourquoi il ne peut voir le bonheur d'un honnête homme sans qu'une haineuse malveillance envenime son regard. Il y a longtemps qu'il a juré ta perte.... Tu es encore sain et sauf.... Veux-tu attendre qu'il exécute sur toi ses mauvais desseins? L'homme sage prend les devants.

STAUFFACHER.

Qu'y a-t-il à faire?

GERTRUDE *se rapproche*.

Écoute mon conseil. Tu sais comme ici, à Schwytz, tous les gens de bien se plaignent de l'avarice et de la cruauté du bailli. Ne doute pas que sur l'autre rive, dans Unterwald et dans le pays d'Uri, on ne soit également las de l'oppression et de la pesanteur du joug. Car, au delà du lac, Landenberg se montre tout aussi insolent que Gessler chez nous. Il ne vient pas ici une barque de pêcheur qui ne nous apprenne quelque nouveau malheur, quelque nouvelle violence des baillis. Voilà pourquoi il serait bien, ce me semble, que quelques-uns d'entre vous, quelques hommes au cœur droit, se réunissent en secret pour délibérer sur les moyens de secouer le joug. Et alors, j'en ai l'espoir, Dieu ne vous abandonnerait pas, et viendrait en aide à la juste cause. N'as-tu pas, dis-moi, quelque hôte à Uri, à qui tu puisses loyalement ouvrir ton cœur ?

STAUFFACHER.

Je connais là beaucoup de braves gens, de riches vassaux très-considérés, qui sont mes amis intimes. (*Il se lève.*) Femme, quel orage de pensées périlleuses tu éveilles dans mon cœur paisible! Tu me montres à la lumière du jour l'intérieur de mon âme, et ce que je m'interdisais de penser tout bas, tu le dis librement, d'une voix intrépide.... Mais as-tu bien réfléchi à ce que tu me conseilles? Tu appelles dans cette vallée habituée à la paix, la discorde sauvage et le bruit des armes.... Nous oserions, faible peuple de bergers, entrer en lutte avec le maître du monde! Ils n'attendent qu'un prétexte pour lâcher sur ce pauvre pays les hordes farouches de leurs soldats, pour y exercer tous les droits de la victoire, et, sous l'apparence d'un juste châtiment, détruire nos anciennes chartes de franchise.

GERTRUDE.

Vous êtes hommes aussi, vous savez manier votre hache, et Dieu aide le brave.

STAUFFACHER.

O femme! la guerre est une affreuse et terrible calamité : elle frappe le troupeau et le berger.

GERTRUDE.

Il faut supporter ce que le ciel envoie; mais l'injustice, un noble cœur ne la supporte pas.

STAUFFACHER.

Tu prends plaisir à cette maison que nous venons de bâtir : la guerre, l'horrible guerre, la réduira en cendres.

GERTRUDE.

Si je savais mon cœur enchaîné à un bien passager, j'y mettrais le feu de ma propre main.

STAUFFACHER.

Tu crois à l'humanité : la guerre n'épargne pas même le tendre enfant au berceau.

GERTRUDE.

L'innocence a un ami dans le ciel.... Regarde devant toi, Werner, et non derrière.

STAUFFACHER.

Nous autres hommes, nous pouvons mourir en combattant vaillamment : mais quel destin sera le vôtre ?

GERTRUDE.

Le plus faible demeure toujours le dernier arbitre de son sort : un saut du haut de ce pont suffit à m'affranchir.

STAUFFACHER *se jette dans ses bras.*

Celui qui presse un tel cœur sur sa poitrine, celui-là peut combattre avec joie pour sa demeure et son foyer, et ne redoute les armées d'aucun roi.... Je vais de ce pas m'embarquer pour Uri : j'ai là un ami, un hôte, Walther Fürst, qui pense comme moi du temps présent. J'y trouverai aussi le noble banneret d'Attinghausen.... Bien qu'il soit d'une haute naissance, il aime le peuple et honore les anciennes mœurs. Je tiendrai conseil avec eux sur les moyens de nous mettre bravement en garde contre les ennemis du pays.... Adieu! Pendant que je serai loin, gouverne sagement la maison.... Donne généreusement au pèlerin qui va visiter la maison de Dieu, au moine pieux qui quête pour son couvent, et ne les congédie qu'après les avoir bien traités. La maison de Stauffacher ne se cache pas. Elle est là bien en vue sur le grand chemin, comme un toit hospitalier pour tous les voyageurs qui passent par ici. (*Pendant qu'ils se retirent vers le fond de la scène, Guillaume Tell s'avance sur le devant avec Baumgarten.*)

TELL, *à Baumgarten.*

Vous n'avez plus besoin de moi maintenant. Entrez dans cette maison : c'est là que demeure Stauffacher, le père des opprimés. Mais, tenez, le voici lui-même.... Suivez-moi, venez.

(*Ils vont vers lui; la scène change.*)

SCÈNE III.

Place publique à Altorf. Sur une hauteur, dans le fond, on voit bâtir une forteresse, qui est déjà assez avancée pour qu'on distingue la forme de l'ensemble. La partie postérieure est achevée; on travaille à celle de devant: les échafaudages sont encore dressés; les ouvriers montent et descendent; au sommet du toit est suspendu un couvreur. Tout est à l'œuvre et en mouvement.

L'INSPECTEUR DE LA CORVÉE, LE MAÎTRE TAILLEUR DE PIERRES, DES COMPAGNONS *et* DES MANŒUVRES.

L'INSPECTEUR, *avec son bâton, presse les Ouvriers.*

Il ne s'agit pas de chômer! Vivement! Qu'on apporte les pierres à bâtir, qu'on amène la chaux, le mortier! Quand monseigneur le bailli viendra, qu'il trouve l'ouvrage avancé!... Ils se traînent comme de vraies limaces. (*A deux Manœuvres chargés :*) Cela s'appelle-t-il une charge? Vite, le double! Comme ces fainéants se rendent la tâche commode!

PREMIER COMPAGNON.

C'est pourtant bien dur d'amener nous-mêmes les pierres pour notre donjon et notre cachot !

L'INSPECTEUR.

Que murmurez-vous là? C'est un mauvais peuple, qui n'est bon à rien qu'à traire les vaches et à rôder, inoccupé, sur les montagnes.

UN VIEILLARD *se repose.*

Je n'en puis plus.

L'INSPECTEUR *le secoue.*

Allons, vieux, à l'ouvrage!

PREMIER COMPAGNON.

Vous n'avez donc pas d'entrailles, de forcer à une rude corvée ce vieillard qui peut à peine se traîner lui-même?

LE MAÎTRE TAILLEUR DE PIERRES *et* LES COMPAGNONS.

Cela crie vengeance.

L'INSPECTEUR.

Occupez-vous de vous-mêmes. Je fais mon devoir.

SECOND COMPAGNON.

Inspecteur, comment doit se nommer la forteresse que nous bâtissons?

ACTE I, SCÈNE III.

L'INSPECTEUR.

Elle s'appellera Force-Uri. Car sous ce joug-là on courbera vos têtes.

LES COMPAGNONS.

Force-Uri?

L'INSPECTEUR.

Eh bien! qu'avez-vous à rire?

SECOND COMPAGNON.

Avec cette maisonnette vous voulez forcer Uri?

PREMIER COMPAGNON.

Voyons donc combien il faudrait de pareilles taupinières, entassées l'une sur l'autre, pour faire une montagne qui égalât seulement la plus petite qu'il y ait dans Uri? (*L'Inspecteur va vers le fond de la scène.*)

LE MAÎTRE TAILLEUR DE PIERRES.

Je jetterai au plus profond du lac le marteau qui m'a servi pour cette construction maudite. (*Tell et Stauffacher viennent.*)

STAUFFACHER.

Oh! n'eussé-je jamais vécu, pour voir un tel spectacle!

TELL.

Il ne fait pas bon ici. Allons plus loin.

STAUFFACHER.

Suis-je dans Uri, dans le pays de la liberté?

LE MAÎTRE TAILLEUR DE PIERRES.

Si vous aviez donc vu les souterrains qui sont sous les tours! Oh! celui qui les habitera n'entendra plus le chant du coq.

STAUFFACHER.

O Dieu!

LE MAÎTRE TAILLEUR DE PIERRES.

Voyez ces flancs, ces contre-forts : on les croirait bâtis pour l'éternité.

TELL.

Ce que les mains ont bâti, les mains peuvent le détruire. (*Il montre les montagnes.*) Le rempart de la liberté, c'est Dieu lui-même qui nous l'a construit. (*On entend un tambour. Il vient des gens qui portent un chapeau sur une perche; un Crieur les suit. Des femmes et des enfants se pressent en tumulte par derrière.*)

PREMIER COMPAGNON.

Que signifie ce tambour? Attention!

LE MAÎTRE TAILLEUR DE PIERRES.

Qu'est-ce que cette mascarade? et que veut dire ce chapeau?

LE CRIEUR.

Au nom de l'empereur! Écoutez.

LES COMPAGNONS.

Silence donc! Écoutez.

LE CRIEUR.

Vous voyez ce chapeau, hommes d'Uri. On va le dresser au haut d'un mât, au milieu d'Altorf, sur le point le plus élevé, et voici quelle est l'intention et la volonté du bailli : on rendra à ce chapeau le même honneur qu'à lui-même : on le saluera avec respect, tête nue et en pliant le genou.... Le roi veut qu'à ce signe on reconnaisse les sujets soumis, et quiconque méprisera cet ordre, appartiendra au roi, corps et biens! (*Le peuple éclate de rire; le tambour bat; la troupe va plus loin.*)

PREMIER COMPAGNON.

Quel est ce caprice inouï, cette nouvelle invention du bailli? Nous! rendre hommage à un chapeau? Dites, a-t-on jamais rien entendu de pareil?

LE MAÎTRE TAILLEUR DE PIERRES.

Nous! plier le genou devant un chapeau? Veut-il se jouer de gens sérieux et dignes?

PREMIER COMPAGNON.

Si c'était encore la couronne impériale! Mais c'est le chapeau d'Autriche : je l'ai vu suspendu au-dessus du trône où l'on donne les investitures.

LE MAÎTRE TAILLEUR DE PIERRES.

Le chapeau d'Autriche! Prenez garde, c'est un piége pour nous livrer à l'Autriche.

LES COMPAGNONS.

Aucun homme d'honneur ne se soumettra à cette honte.

LE MAÎTRE TAILLEUR DE PIERRES.

Venez, concertons-nous avec les autres. (*Ils vont vers le fond du théâtre.*)

TELL, *à Stauffacher.*

Vous voilà au fait. Adieu, maître Werner.

STAUFFACHER.

Où voulez-vous aller? Oh! ne vous hâtez pas ainsi.

ACTE I, SCÈNE III.

TELL.

Ma maison réclame la présence du père de famille. Adieu!

STAUFFACHER.

J'ai le cœur si plein, tant de choses à vous dire.

TELL.

Un cœur oppressé ne se soulage point par des paroles.

STAUFFACHER.

Mais les paroles pourraient nous conduire aux actions.

TELL.

Patienter et se taire, voilà tout ce qu'il y a à faire maintenant.

STAUFFACHER.

Faut-il supporter ce qui est intolérable?

TELL.

Les maîtres emportés sont ceux qui règnent le moins longtemps.... Quand le vent d'orage sort de ses cavernes, on éteint les feux, les barques gagnent bien vite le port, et l'esprit puissant de la tempête passe sur la terre sans dommage et sans trace. Que chacun vive tranquille chez soi : on laisse volontiers la paix à l'homme pacifique.

STAUFFACHER.

Croyez-vous?

TELL.

Le serpent ne pique pas sans être provoqué. Ils finiront bien d'eux-mêmes par se lasser, s'ils voient nos cantons rester paisibles.

STAUFFACHER.

Nous pourrions beaucoup si nous nous unissions.

TELL.

Dans un naufrage, on se sauve plus facilement seul.

STAUFFACHER.

Vous abandonnez si froidement la cause commune?

TELL.

Chacun ne peut compter sûrement que sur soi-même.

STAUFFACHER.

Les plus faibles deviennent forts quand ils sont unis.

TELL.

Le fort est surtout puissant seul.

STAUFFACHER.

Ainsi la patrie ne peut compter sur vous, si le désespoir la pousse à une légitime résistance.

TELL *lui donne la main.*

Tell va chercher dans le précipice un agneau perdu, et vous croyez qu'il se déroberait à ses amis? Mais, quoi que vous fassiez, laissez-moi en dehors de vos délibérations. Je ne sais pas examiner et choisir lentement. Quand vous aurez besoin de moi pour une action déterminée, alors appelez Tell! Je ne vous ferai pas défaut. (*Ils s'en vont de différents côtés. Un tumulte s'élève tout à coup autour de l'échafaudage.*)

LE MAÎTRE TAILLEUR DE PIERRES *y court.*

Qu'y a-t-il?

LE PREMIER COMPAGNON *arrive, en criant.*

Le couvreur est tombé du toit.

BERTHA *entre précipitamment, avec une suite.*

Est-il écrasé? Courez, sauvez-le, vite à son aide!... Si le secours est possible, sauvez-le, voilà de l'or....

(*Elle jette ses bijoux parmi le peuple.*)

LE MAÎTRE TAILLEUR DE PIERRES.

Avec votre or.... Vous croyez que tout se paye avec de l'or. Quand vous avez enlevé un père à ses enfants, un mari à sa femme, quand vous avez porté la désolation dans le monde, vous pensez pouvoir tout réparer avec de l'or.... Allez, nous étions des gens heureux avant votre venue : avec vous, le désespoir est entré chez nous.

BERTHA, *à l'Inspecteur, qui revient.*

Vit-il? (*L'Inspecteur fait un signe négatif.*) Malheureuse forteresse! bâtie avec des malédictions, et faite pour être habitée par les malédictions! (*Elle s'éloigne.*)

SCÈNE IV.

L'habitation de Walther Fürst.

WALTHER FÜRST et **ARNOLD DE MELCHTHAL** *entrent en même temps de deux côtés différents.*

MELCHTHAL.

Maître Walther Fürst!

WALTHER FÜRST.

Si l'on nous surprenait! Restez où vous êtes. Nous sommes entourés d'espions.

MELCHTHAL.

Ne m'apportez-vous rien d'Unterwald, pas de nouvelles de mon père? Je ne puis me résigner plus longtemps à languir oisif ici comme un prisonnier. Qu'ai-je donc fait de si coupable pour me cacher comme un meurtrier? Le valet insolent qui sous mes yeux, par l'ordre du bailli, voulait m'enlever mes bœufs, mon superbe attelage, je lui ai brisé un doigt avec mon bâton.

WALTHER FÜRST.

Vous êtes trop prompt. Cet homme appartenait au bailli; il était envoyé par votre supérieur. Vous aviez encouru une punition; vous deviez, quelque pénible qu'elle fût, vous y soumettre en silence.

MELCHTHAL.

Je devais supporter les insultes que me jetait cet impudent? « Si le paysan veut manger du pain, il n'a qu'à s'atteler lui-même à la charrue! » Cela m'a fendu l'âme de voir ce misérable dételer du joug mes bœufs, mes belles bêtes. Ils mugissaient sourdement, comme s'ils avaient le sentiment de cette iniquité, et frappaient avec les cornes. Alors, une juste colère m'a saisi; je n'ai plus été maître de moi et j'ai frappé l'envoyé.

WALTHER FÜRST.

Oh! nous avons peine nous-mêmes à dompter notre cœur: comment l'ardente jeunesse pourrait-elle se maîtriser?

MELCHTHAL.

C'est mon père seul qui m'afflige.... Il a tellement besoin d'assistance, et son fils est loin. Le bailli le hait parce qu'il a toujours lutté loyalement pour le droit et la liberté. Aussi vont-ils opprimer ce vieillard, et il n'y a là personne pour le préserver de leurs vexations.... Advienne de moi que pourra : il faut que je retourne dans nos montagnes.

WALTHER FÜRST.

Attendez seulement et prenez patience, jusqu'à ce que nous ayons des nouvelles d'Unterwald.... J'entends frapper; éloignez-vous.... C'est peut-être un émissaire du bailli.... Rentrez.... Vous n'êtes pas à l'abri, dans l'ri, du bras de Landenberg ; car les tyrans se donnent la main.

MELCHTHAL.

Ils nous apprennent ce que nous devrions faire.

WALTHER FÜRST.

Allez, je vous rappellerai, s'il n'y a rien à craindre ici. (*Melchthal rentre.*) Le malheureux! Je n'ose lui avouer mes tristes pressentiments.... Qui frappe ? Chaque fois qu'on heurte à la porte, je m'attends à quelque malheur. La trahison et le soupçon veillent dans tous les coins. Les émissaires de la tyrannie pénètrent jusque dans l'intérieur des maisons : il serait bientôt nécessaire d'avoir des serrures et des verrous aux portes. (*Il ouvre et recule étonné en voyant entrer Werner Stauffacher.*) Que vois-je ? Vous, maître Werner ! Eh! par le ciel! un cher et digne hôte.... Jamais homme meilleur n'a franchi ce seuil. Soyez le bienvenu sous mon toit. Qu'est-ce qui vous amène ici ? Que cherchez-vous dans Uri ?

STAUFFACHER, *lui tendant la main.*

Les vieux temps et la vieille Suisse.

WALTHER FÜRST.

Vous les apportez avec vous. Tenez, je suis aise de vous voir et sens mon cœur qui se réchauffe à votre aspect.... Asseyez-vous, maître Werner.... Comment avez-vous laissé dame Gertrude, votre aimable ménagère, la fille intelligente du sage Iberg ? Tous les voyageurs qui, pour aller d'Allemagne en Italie, passent par l'ermitage de Saint-Meinrad, nous vantent votre maison hospitalière.... Mais, dites-moi, venez-vous directement de Flüelen, et n'avez-vous été rien voir ailleurs avant de poser le pied sur mon seuil ?

####### STAUFFACHER.

J'ai vu travailler à une construction nouvelle, étonnante, qui ne m'a pas réjoui.

####### WALTHER FÜRST.

Alors, ô mon ami, d'un seul coup d'œil vous avez tout vu.

####### STAUFFACHER.

Jamais il n'a existé pareille chose à Uri.... De mémoire d'homme, il n'y a eu ici de donjon : pas d'autre demeure forte et close que la tombe.

####### WALTHER FÜRST.

C'est la tombe de la liberté : vous l'appelez par son nom.

####### STAUFFACHER.

Maître Walther Fürst, je ne veux pas vous le cacher : ce n'est point une oisive curiosité qui m'amène ici. De pénibles soucis me tourmentent.... j'ai laissé l'oppression chez moi, je retrouve l'oppression ici. Car ce que nous souffrons est vraiment intolérable, et l'on ne peut prévoir le terme de cette tyrannie. Dès les temps les plus reculés, les Suisses ont été libres ; nous sommes habitués à être traités avec bonté. Jamais on n'a rien vu de semblable dans ce pays, depuis qu'un premier berger a mené son troupeau sur ces montagnes.

####### WALTHER FÜRST.

Oui, leurs façons d'agir sont sans exemple. Notre noble seigneur d'Attinghausen, qui a encore vu les anciens temps, pense lui-même que c'est désormais insupportable.

####### STAUFFACHER.

Par delà ces montagnes, dans Unterwald, il se commet aussi des attentats, et l'expiation est sanglante. Wolfenschiessen, le châtelain de l'empereur, qui demeurait sur le Rossberg, a eu envie du fruit défendu ; il a voulu abuser insolemment de la femme de Baumgarten, maître de maison à Alzellen, et le mari l'a tué avec sa hache.

####### WALTHER FÜRST.

Oh ! les jugements de Dieu sont justes !... Baumgarten, dites-vous ? un homme sage et modéré ? Il est sauvé, j'espère, et en sûreté ?

####### STAUFFACHER.

Votre gendre l'a mené au delà du lac, et je le tiens caché

chez moi à Steinau.... Mais j'ai appris de cet homme quelque chose de plus affreux encore qui est arrivé à Sarnen : c'est à faire saigner le cœur de tout honnête homme

WALTHER FÜRST, *attentif.*

Dites, que s'est-il passé ?

STAUFFACHER.

Dans le Melchthal, du côté où l'on entre par Kerns, habite un homme de bien, que l'on appelle Henri de Halden, et dont la parole a du poids dans le canton.

WALTHER FÜRST.

Qui ne le connaît ? Que lui est-il arrivé ? Achevez !

STAUFFACHER.

Landenberg, voulant punir son fils pour une faute légère, a fait dételer ses bœufs de la charrue, son plus bel attelage : le jeune homme a frappé l'envoyé et a pris la fuite.

WALTHER FÜRST, *dans la plus vive anxiété.*

Mais le père.... Dites, que lui est-il arrivé ?

STAUFFACHER.

Le père, Landenberg le fait comparaître : il faut que sur-le-champ il lui livre son fils. Et, comme le vieillard jure avec vérité qu'il n'a aucune nouvelle du fugitif, le bailli mande aussitôt les valets de torture....

WALTHER FÜRST *s'élance vers lui et veut l'emmener de l'autre côté.*

Oh! silence! rien de plus!

STAUFFACHER, *élevant la voix.*

« Si le fils m'est échappé, toi, je te tiens.... » Par son ordre, on le terrasse, on lui enfonce une pointe d'acier dans les yeux....

WALTHER FÜRST.

Dieu de miséricorde !

MELCHTHAL *se précipite dans la chambre.*

Dans les yeux, dites-vous ?

STAUFFACHER, *étonné, à Walther Fürst.*

Quel est ce jeune homme ?

MELCHTHAL *le saisit avec une vivacité convulsive.*

Dans les yeux? Parlez !

WALTHER FÜRST.

Oh! le malheureux!

STAUFFACHER.

Qui est-ce ? (*Walther Fürst lui fait un signe.*) C'est le fils ? Juste Dieu !

MELCHTHAL.

Et il faut que je sois loin !... Dans ses deux yeux ?

WALTHER FÜRST.

Maîtrisez-vous ! Supportez cela comme un homme.

MELCHTHAL.

Par ma faute ! par suite de ma violence !... Ainsi aveugle ! vraiment aveugle ! entièrement aveugle !

STAUFFACHER.

Je l'ai dit. La source de la vue est tarie pour lui. Jamais plus il ne verra la lumière du soleil.

WALTHER FÜRST.

Ménagez sa douleur !

MELCHTHAL.

Jamais, jamais plus ! (*Il presse sa main sur ses yeux et se tait quelques moments ; puis il se tourne tantôt vers l'un, tantôt vers l'autre, et dit d'une voix douce, étouffée par les larmes :*) Oh ! c'est un noble don du ciel que la lumière des yeux !... Tous les êtres vivent de lumière, toutes les créatures heureuses.... La plante elle-même se tourne avec bonheur vers la lumière, et lui, être sensible, il faut qu'il reste assis dans la nuit, dans l'éternelle obscurité.... La chaude verdure des prairies, l'émail des fleurs ne le récréeront plus ; il ne contemplera plus les cimes empourprées des glaciers.... Mourir n'est rien.... mais vivre et ne pas voir, voilà le malheur.... Pourquoi me regardez-vous avec tant de compassion ? J'ai deux bons yeux, et ne puis en donner à mon père aveugle ; non, pas une seule lueur de cet océan de lumière qui pénètre, éclatant, éblouissant, dans mes yeux.

STAUFFACHER.

Hélas ! il faut que j'augmente encore votre douleur, au lieu de la guérir.... Il a d'autres besoins encore, car le bailli lui a tout enlevé ; il ne lui a rien laissé qu'un bâton pour aller, aveugle et nu, de porte en porte.

MELCHTHAL.

Rien qu'un bâton au vieillard privé de la vue ! Il lui a tout pris, tout, jusqu'à la lumière du soleil, ce bien commun des plus pauvres.... Qu'on ne me parle plus maintenant de rester, de me cacher ! Quel misérable poltron j'ai été de penser à ma sûreté, et non à la tienne.... de laisser ta tête chérie pour gage dans les mains de ce furieux ! Loin de moi, lâche circonspection !... Je ne songerai plus désormais qu'à une vengeance sanglante. Il faut que j'aille sur l'autre rive (que personne ne m'arrête) redemander au bailli les yeux de mon père. Je saurai bien le trouver au milieu de tous ses satellites.... La vie n'est rien pour moi, pourvu que je calme dans son sang l'ardeur brûlante, affreuse, de ma douleur. (*Il veut sortir.*)

WALTHER FÜRST.

Restez ! Que pouvez-vous contre lui ? Il réside à Sarnen, dans son orgueilleux château, et, à l'abri dans sa forteresse, il se rit de votre impuissante colère.

MELCHTHAL.

Et quand il demeurerait là-haut dans le palais de glace du Schreckhorn, ou plus haut encore, là où la *Jungfrau* (la Vierge) est assise, voilée, depuis la création.... je m'ouvrirai un chemin jusqu'à lui ; avec vingt jeunes hommes, résolus comme moi, je forcerai sa citadelle. Et, quand personne ne me suivrait, si vous tous, tremblant pour vos cabanes et vos troupeaux, vous courbez la tête sous le joug des tyrans.... je réunirai les bergers dans les montagnes, et là, sous la libre voûte du ciel, où l'esprit est encore sain et le cœur pur, je raconterai cette affreuse cruauté.

STAUFFACHER, *à Walther Fürst.*

Le mal est à son comble.... Attendrons-nous que les derniers excès...?

MELCHTHAL.

Quels excès sont encore à craindre, quand la prunelle de l'œil n'est plus en sûreté dans son orbite ?... Sommes-nous donc sans défense ? Pourquoi avons-nous appris à tendre l'arbalète et à brandir la lourde hache du combat ? Chaque créature a un moyen extrême de défense dans l'angoisse du désespoir : le cerf épuisé s'arrête et montre à la meute son bois redouté ; le chamois entraîne le chasseur dans l'abîme ; le bœuf lui-même, ce docile compagnon du laboureur, qui courbe patiemment sous le joug la vigueur colossale de son cou, bondit, quand on l'irrite, aiguise sa corne puissante, et lance son ennemi vers les nues.

WALTHER FÜRST.

Si les trois cantons pensaient comme nous trois, peut-être alors pourrions-nous quelque chose.

STAUFFACHER.

Si Uri appelle, si Unterwald accourt à sa voix, l'habitant de Schwytz respectera l'antique alliance.

MELCHTHAL.

J'ai beaucoup d'amis dans Unterwald, et chacun hasarde avec joie sa vie et son sang, s'il trouve un appui, un rempart dans autrui.... O pères pieux de cette contrée, me voici entre vous deux, moi qui ne suis qu'un jeune homme et bien au-dessous de votre longue expérience.... ma voix est obligée à un modeste silence dans l'assemblée du peuple.... mais, si je suis jeune et si les leçons de la vie ne m'ont pas encore instruit bien long-temps, ne méprisez pas pour cela mes conseils et mes discours. Ce n'est point l'effervescence d'une ardente jeunesse qui me pousse, c'est le douloureux pouvoir d'une affliction suprême, qui attendrirait jusqu'aux rochers de nos montagnes. Vous êtes pères aussi, maîtres de maison, et vous vous souhaitez à vous-mêmes un fils vertueux qui honore vos cheveux blancs et veille pieusement sur la prunelle de vos yeux. Oh! si vous n'avez encore rien souffert ni dans vos corps ni dans vos biens, si vos yeux tournent encore, vifs et brillants, dans leur orbite, ne demeurez pas pour cela étrangers à notre douleur. Le glaive du tyran est aussi suspendu sur vos têtes. Vous avez détourné le pays de l'Autriche; mon père n'a pas eu d'autre tort. Vous êtes ses complices, vous serez condamnés comme lui.

STAUFFACHER, à *Walther Fürst.*

A vous de prononcer! Je suis prêt à vous suivre.

WALTHER FÜRST.

Sachons ce que conseillent les nobles seigneurs de Sillinen et d'Attinghausen. Leur nom, je pense, nous enrôlera des amis.

MELCHTHAL.

Où trouver dans nos montagnes boisées un nom plus vénérable que le vôtre, et le vôtre? De tels noms sont la meilleure caution pour le peuple; leur autorité est grande dans le pays. Vos pères vous ont légué un riche patrimoine de vertus, et vous l'avez vous-mêmes richement augmenté. Qu'avons-nous besoin des gentilshommes ? Accomplissons seuls notre dessein. Que ne sommes-nous seuls dans le pays ! Nous saurions bien, je crois, nous protéger nous-mêmes.

STAUFFACHER.

Les nobles ne sont pas réduits à la même extrémité que nous: le torrent qui exerce ses ravages dans les vallons n'a pas encore atteint les hauteurs.... Leur secours d'ailleurs ne nous manquera pas, si une fois ils voient le pays en armes.

WALTHER FÜRST.

S'il y avait un arbitre entre nous et l'Autriche, le droit et la loi prononceraient. Mais celui qui nous opprime est notre empereur, notre juge suprême.... Il faut donc que ce soit Dieu qui nous aide par nos propres mains.... Sondez les gens du Schwytz ; je chercherai des amis dans Uri. Mais qui enverrons-nous à Unterwald ?

MELCHTHAL.

Moi, envoyez-moi ! Qui peut avoir plus d'intérêt....?

WALTHER FÜRST.

Non, je n'y puis consentir : vous êtes mon hôte, je réponds de votre sûreté.

MELCHTHAL.

Laissez-moi aller. Je connais tous les détours, tous les sentiers des rochers, et je trouverai assez d'amis qui me cacheront à l'ennemi et me donneront volontiers un asile.

STAUFFACHER.

Laissez-le partir à la garde de Dieu. Là-haut, il n'y a point de traitres.... La tyrannie est si détestée, qu'elle ne trouve aucun instrument. L'homme d'Alzellen nous recrutera aussi des auxiliaires dans le bas Unterwald et soulèvera le pays.

MELCHTHAL.

Comment nous donnerons-nous des nouvelles certaines, de manière à tromper la défiance des tyrans ?

STAUFFACHER.

Nous pourrions nous réunir à Brunnen ou à Treib, où abordent les barques des marchands.

WALTHER FÜRST.

Non, nous ne pouvons pas conduire notre entreprise aussi ouvertement.... Écoutez mon avis. A gauche du lac, quand on va par eau à Brunnen, juste en face du Mythenstein, il y a une prairie cachée dans les bois : le peuple des bergers la nomme le *Rütli*[1], parce qu'on y a extirpé les arbres. (*A Melchthal.*) C'est la limite de votre canton et du nôtre. Et vous (*à Stauffacher*), une barque légère vous y conduit en peu d'instants de Schwytz. Nous pouvons venir là, de nuit, par des sentiers déserts, et délibérer en secret. Que chacun y amène dix hommes sûrs qui soient de cœur avec nous. Nous pourrons traiter en commun de nos communs intérêts et prendre, avec l'aide de Dieu, une prompte résolution.

STAUFFACHER.

Qu'il en soit ainsi. Maintenant tendez-moi votre loyale main, et vous la vôtre; et, de même qu'en ce moment nous sommes ici trois hommes qui entrelaçons nos mains, loyalement et sans fraude, de même il faudra que nos trois cantons soient unis pour l'attaque et la défense, à la vie et à la mort.

WALTHER FÜRST *et* MELCHTHAL.

A la vie et à la mort. (*Ils demeurent quelques instants les mains entrelacées et en silence.*)

MELCHTHAL.

Mon vieux père aveugle, tu ne pourras plus contempler le jour de la liberté, mais il faut que tu l'entendes.... Quand d'une Alpe à l'autre les signaux de feu élèveront leurs flammes, quand les châteaux forts des tyrans crouleront, alors les Suisses accourront dans ta cabane, pour porter à ton oreille la joyeuse nouvelle, et un jour brillant éclairera ta nuit. (*Ils se séparent.*)

---

1. En allemand « aus-ge-reutet. »

ACTE DEUXIÈME.

SCÈNE I.

Le noble manoir du baron d'Attinghausen. — Une salle gothique, ornée d'écussons et de casques.

Le BARON D'ATTINGHAUSEN, *vieillard de quatre-vingt-cinq ans, de noble et haute stature, appuyé sur un bâton surmonté d'une corne de chamois, et vêtu d'un pourpoint de fourrure;* KUONI *et six autres serviteurs se tiennent debout autour de lui, avec des râteaux et des faux;* ULRICH DE RUDENZ *entre, en costume de chevalier.*

RUDENZ.

Me voici, mon oncle.... Que voulez-vous de moi ?

ATTINGHAUSEN.

Permettez que, d'après l'ancienne coutume de la maison, je boive avec mes serviteurs le coup du matin. (*Il boit dans une coupe qui passe ensuite à la ronde.*) Jadis j'allais moi-même avec eux dans les champs et la forêt, dirigeant de mes yeux leurs travaux, de même que ma bannière les conduisait dans le combat; maintenant je ne peux plus faire que l'office d'intendant, et si la chaleur du soleil ne vient pas à moi, je ne puis plus l'aller chercher sur les montagnes. Ainsi renfermé dans un cercle chaque jour plus étroit, je m'approche lentement du plus étroit de tous, de ce dernier point où la vie s'arrête. Je ne suis déjà plus que l'ombre de moi-même, et bientôt il ne restera de moi que mon nom.

KUONI, *la coupe à la main, à Rudenz.*

Je bois à vous, jeune maître. (*Rudenz hésite à prendre la coupe.*) Buvez hardiment. Ça sort d'une coupe et d'un cœur.

ATTINGHAUSEN.

Allez, enfants, et quand viendra le temps du repos, nous parlerons aussi des affaires du pays. (*Les Serviteurs sortent.*)

ATTINGHAUSEN et RUDENZ.

ATTINGHAUSEN.

Je te vois ceint et armé. Tu veux aller à Altorf, au château?

RUDENZ.

Oui, mon oncle, et je ne puis tarder plus longtemps....

ATTINGHAUSEN *s'assoit.*

Es-tu si pressé? Comment? Le temps est-il mesuré si chichement à ta jeunesse qu'il te faille le ménager ainsi à ton vieil oncle?

RUDENZ.

Je vois que vous n'avez pas besoin de moi : je ne suis qu'un étranger dans cette maison.

ATTINGHAUSEN, *après l'avoir longtemps regardé.*

Oui, cela est malheureusement vrai. Malheureusement la patrie est devenue pour toi une terre étrangère. Ulrich! Ulrich! je ne te reconnais plus. Tu brilles dans la soie; tu portes avec une fière ostentation la plume de paon, et jettes un manteau de pourpre sur tes épaules. Le paysan, tu le regardes avec mépris, et tu as honte de son salut amical.

RUDENZ.

Je lui accorde volontiers les égards qui lui sont dus; mais le droit qu'il usurpe, je le lui refuse.

ATTINGHAUSEN.

Tout le pays gémit sous le pesant courroux du roi.... tout cœur honnête est en proie au chagrin par l'effet de la tyrannie qui nous accable.... Toi seul n'es pas ému de la commune affliction.... On te voit, te détachant des tiens, te mettre du parti de l'ennemi du pays; te riant de nos maux, courir après des joies frivoles et briguer la faveur des princes, tandis que ta patrie saigne sous le fouet de l'oppression.

RUDENZ.

Le pays est sous un joug pesant.... pourquoi, mon oncle?

Qui l'a jeté dans cet état de souffrance? Il n'en coûtait qu'un mot, un simple mot, pour être à l'instant délivré de cette contrainte et gagner les bonnes grâces de l'empereur. Malheur à ceux qui tiennent fermés les yeux du peuple, pour qu'il résiste à son vrai bien! C'est dans leur propre intérêt qu'ils empêchent les cantons forestiers de prêter serment à l'Autriche, comme l'ont fait autour de nous les contrées voisines. Ils sont bien aises d'être assis sur le banc des seigneurs avec les gentilshommes.... On veut l'empereur pour maître, afin de n'avoir point de maître.

ATTINGHAUSEN.

Faut-il que j'entende cela, et de ta bouche?

RUDENZ.

Vous m'avez provoqué, laissez-moi achever.... Quel personnage, mon oncle, jouez-vous ici vous-même? N'avez-vous pas une plus haute ambition que d'être ici landammann ou banneret, et de gouverner en société de ces bergers? Comment? n'est-ce pas un parti plus glorieux de rendre hommage à son royal seigneur, de s'attacher à sa suite brillante, que d'être le pair de ses valets et de siéger comme juge avec des paysans?

ATTINGHAUSEN.

Ah! Ulrich, Ulrich! je la reconnais, la voix de la séduction. Elle s'est emparée de ton oreille, ouverte sans défense, elle a empoisonné ton cœur.

RUDENZ.

Oui, je ne le cache pas.... je suis blessé jusqu'au fond de l'âme de la raillerie de ces étrangers, qui nous insultent du nom de noblesse paysanne.... Je ne supporte pas, tandis que les jeunes gentilshommes, tout autour de nous, recueillent de la gloire sous les drapeaux de Habsbourg, de languir oisif ici sur mon patrimoine, et de perdre dans les occupations vulgaires de chaque jour le printemps de la vie.... Ailleurs, il se fait de grandes actions, tout un monde de gloire s'agite brillant au delà de ces montagnes; et moi, mon casque et mon bouclier se rouillent dans la grande salle; le son entraînant de la trompette guerrière, le cri du héraut qui invite au tournoi, ne pénètrent point dans ces vallées. Je n'entends ici que le ranz des vaches et la sonnerie monotone des clochettes des troupeaux.

ATTINGHAUSEN.

Enfant aveuglé, séduit par un vain éclat, méprise ton pays natal; rougis des mœurs antiques et pieuses de tes pères. Un jour, avec des larmes brûlantes, tu soupireras après le foyer et les montagnes paternels, et cette mélodie, chère à nos bergers, que tu dédaignes dans ta superbe satiété, elle te saisira, te pénétrera de regrets douloureux, si elle vient à frapper tes oreilles sur la terre étrangère. Oh! puissant est l'attrait de la patrie. Ce monde étranger et faux n'est pas fait pour toi. Loin de nous, à la cour orgueilleuse de l'empereur, tu demeurerais éternellement, avec ton cœur loyal, étranger à toi-même. Le monde veut d'autres vertus que celles que tu as acquises dans ces vallées.... Va, vends ton âme libre, reçois des terres en fief, deviens un valet de prince, tandis qu'ici tu peux être ton propre maître, prince toi-même sur ton vrai patrimoine, sur un sol libre. Ah! Ulrich! Ulrich! demeure auprès des tiens! Ne va pas à Altorf.... Oh! ne l'abandonne pas, la cause sacrée de ta patrie.... Je suis le dernier de ma race; mon nom finit avec moi. Tu vois là suspendus mon bouclier et mon casque : on les enfermera avec moi dans la tombe. Faut-il que je pense, à mon dernier soupir, que tu n'attends que de voir mes yeux s'éteindre pour t'en aller rendre hommage à ces nouveaux suzerains, et tenir en fief de l'Autriche mes nobles biens, mes biens libres, que je ne tenais que de Dieu?

RUDENZ.

C'est en vain que nous résistons au roi. Le monde lui appartient. Voulons-nous seuls nous roidir obstinément, nous opiniâtrer à rompre cette chaîne de possessions que sa main puissante a formée tout autour de nous? A lui sont les marchés, les tribunaux; à lui les routes du commerce, et la bête de somme qui monte sur le Saint-Gothard est elle-même forcée de lui payer un droit. Ses domaines nous enferment de toutes parts et nous enveloppent comme un filet.... L'empire nous protégera-t-il? Peut-il seulement se protéger lui-même contre la puissance croissante de l'Autriche? Si Dieu ne nous vient en aide, aucun empereur ne pourra nous aider. Quel fond peut-on faire sur la parole des empereurs, quand on les voit, dans le besoin d'argent, dans les nécessités de la guerre, engager et distraire de l'empire les villes qui ont cherché un refuge sous les ailes de l'aigle.... Non, mon oncle. C'est une salutaire et sage prévoyance, dans ces temps de cruelle discorde, de s'attacher à un chef puissant. La couronne impériale passe d'une famille à une autre, elle n'a pas de mémoire pour les fidèles services. Mais bien mériter d'un puissant maître héréditaire, cela s'appelle semer pour l'avenir.

ATTINGHAUSEN.

Es-tu donc si sage? Te crois-tu plus clairvoyant que tes nobles aïeux qui, pour défendre le précieux joyau de la liberté, risquèrent en héros leurs biens et leur vie?... Descends par le lac à Lucerne, et là demande de quel poids pèse sur les pays soumis la domination de l'Autriche. Ils viendront compter nos brebis et nos bœufs, arpenter nos Alpes, interdire le haut vol, la haute chasse dans nos libres forêts, mettre leurs barrières à nos ponts, aux portes de nos villes, payer avec notre pauvreté leurs achats de domaines, avec notre sang leurs guerres. Non, s'il faut que notre sang coule, que du moins ce soit pour nous.... Nous achèterons à meilleur marché la liberté que l'esclavage.

RUDENZ.

Que pouvons-nous, peuple de bergers, contre les armées d'Albert?

ATTINGHAUSEN.

Apprends, enfant, à connaître ce peuple de bergers. Je le connais, moi : je l'ai conduit dans les batailles et je l'ai vu combattre à Favenz. Qu'ils viennent pour nous imposer ce joug que nous sommes résolus à ne pas supporter!... Oh! apprends à sentir à quelle race tu appartiens. Ne sacrifie pas un vrai trésor, ce que tu es, ce que tu vaux, pour un vain éclat et de fausses apparences.... Être appelé le chef d'un peuple libre, qui se dévoue à toi de cœur et seulement par amour, qui te demeure fidèle dans le combat et dans la mort.... que ce soit là ton orgueil, la noblesse dont tu te vantes.... Serre étroitement les liens qu'a formés ta naissance; attache-toi à la patrie, à ta chère patrie; tiens à elle de toute ta puissance et de tout ton cœur. C'est ici que sont les solides racines de ta force. Là-bas, dans un monde étranger, tu seras seul, et pareil au frêle roseau que la première tempête brise. Oh! viens, il y a longtemps que tu ne nous vois plus ; essaye de vivre avec nous un seul jour.... Aujourd'hui seulement ne va pas à Altorf.... Entends-tu? pas aujourd'hui; accorde aux tiens cette seule journée. (*Il lui prend la main.*)

RUDENZ.

J'ai donné ma parole.... Laissez-moi.... Je suis engagé.

ATTINGHAUSEN, *laissant sa main et d'un ton grave.*

Tu es engagé.... Oui, malheureux! tu l'es, mais non par parole et par serment; tu es lié par les liens de l'amour. (*Rudenz se détourne.*) Cache-toi comme tu voudras. C'est la jeune héritière, Bertha de Bruneck, qui t'attire au château, qui t'enchaîne au service de l'empereur. C'est sa noble main que tu veux conquérir en devenant infidèle à ton pays.... Ne t'y trompe pas! Pour te séduire, on te montre la fiancée; mais ce n'est pas à ton innocence qu'elle est réservée.

RUDENZ.

J'en ai assez entendu. Adieu. (*Il s'éloigne.*)

ATTINGHAUSEN.

Jeune insensé, demeure!... Il s'en va. Je ne puis le retenir, le sauver.... C'est ainsi que Wolfenschiessen a trahi la cause de son pays.... D'autres suivront de même. La séduction étrangère entraîne la jeunesse, avide de s'élancer par delà nos montagnes.... O heure fatale, où l'influence étrangère est venue dans ces vallées paisiblement heureuses, pour y corrompre la pieuse innocence des mœurs! La nouveauté pénètre ici toute-puissante; l'antique esprit, les vénérables coutumes lui cèdent la place; d'autres temps viennent; la génération présente vit dans d'autres idées. Qu'ai-je à faire ici? Ils sont ensevelis, tous ceux avec qui j'ai agi et vécu. Mon temps, à moi, repose déjà sous la terre. Heureux celui qui n'a point à vivre avec le temps nouveau!

(*Il sort.*)

SCÈNE II.

Une prairie entourée de forêts et de hauts rochers. — Sur les rochers sont des sentiers escarpés, avec des rampes, et des échelles, par où l'on voit ensuite descendre les montagnards. Dans le fond, se montre le lac, au-dessus duquel on aperçait d'abord un arc-en-ciel lunaire. La perspective est terminée par de hautes montagnes, derrière lesquelles se dressent des pics de glace, plus hauts encore. Il fait complétement nuit sur la scène : seulement le lac et les blancs glaciers réfléchissent la clarté de la lune.

MELCHTHAL, BAUMGARTEN, WINKELRIED, MEIER DE SARNEN, BURKHART AM BÜHEL, ARNOLD DE SEWA, NICOLAS DE FLÜE, *et quatre autres Montagnards, tous armés.*

MELCHTHAL, *encore derrière la scène.*

Le chemin de la montagne s'ouvre, suivez-moi seulement d'un bon pas. Je reconnais le rocher et la petite croix qui est dessus; nous sommes au but, voilà le Rütli. (*Ils viennent sur la scène avec des torches.*)

WINKELRIED.

Ecoute!

SEWA.

Tout est désert.

MEIER.

Il n'y a encore ici aucun homme des cantons. Nous sommes les premiers au rendez-vous, nous gens d'Unterwald.

MELCHTHAL.

Quelle heure de la nuit peut-il être?

BAUMGARTEN.

Le veilleur du Sélisberg vient de crier deux heures. (*On entend sonner dans le lointain.*)

MEIER.

Silence! écoutez!

BURKHART AM BÜHEL.

C'est le son argentin de la clochette des matines, qui nous arrive, par-dessus le lac, de la chapelle des bois, dans le pays de Schwytz.

NICOLAS DE FLÜE.

L'air est pur et nous apporte le son à cette distance.

MELCHTHAL.

Que quelques-uns de vous aillent allumer des branchages qui

jettent une flamme brillante, quand nos voisins viendront. (*Deux hommes s'éloignent.*)

SEWA.

C'est un beau clair de lune. Le lac s'étend là paisible et uni comme un miroir.

BURKHART AM BÜHEL.

Ils auront une facile traversée.

WINKELRIED, *montrant le lac.*

Hé, voyez, voyez, là-bas! Ne remarquez-vous rien?

MEIER.

Quoi donc?... Oui, vraiment! un arc-en-ciel, au milieu de la nuit!

MELCHTHAL.

C'est la lumière de la lune qui le forme.

NICOLAS DE FLÜE.

C'est un signe rare et merveilleux. Il y a bien des gens sur la terre qui n'ont jamais vu cela.

SEWA.

Il est double; voyez, il y en a un plus pâle au-dessus.

BAUMGARTEN.

Voici justement une barque qui passe dessous.

MELCHTHAL.

C'est Stauffacher avec son canot. Le brave homme ne se fait pas longtemps attendre. (*Il va avec Baumgarten vers le rivage.*)

MEIER.

Ce sont les gens d'Uri qui tardent le plus.

BURKHART AM BÜHEL.

Il faut qu'ils fassent un long détour par la montagne, pour échapper aux espions du bailli. (*Pendant ce temps, les deux hommes ont allumé un feu au milieu de la scène.*)

MELCHTHAL, *sur le rivage.*

Qui est là? Le mot d'ordre!

STAUFFACHER, *d'en bas.*

Amis du pays.

Tous vont vers le fond, au-devant des arrivants. De la barque sort STAUFFACHER *avec* ITEL REDING, JEAN AUF DER MAUER, JÖRG IM HOFE, CONRAD HUNN, ULRICH *le forgeron*, JOST DE WEILER, *et trois autres Montagnards, tous également armés.*

TOUS *s'écrient.*

Soyez les bienvenus! *(Pendant que les autres s'arrêtent au fond et se saluent, Melchthal vient sur le devant avec Stauffacher.)*

MELCHTHAL.

O Stauffacher! Je l'ai vu, lui qui n'a pas pu me voir à son tour. J'ai posé la main sur ses yeux, et j'ai puisé dans l'astre éteint de son regard un sentiment brûlant de vengeance.

STAUFFACHER.

Ne parlez pas de vengeance. Nous ne voulons pas venger le passé, mais prévenir le mal qui menace.... Dites-moi maintenant ce que vous avez fait dans le pays d'Unterwald, qui vous avez enrôlé pour la cause commune, ce que pensent les montagnards, comment vous avez échappé vous-même aux piéges de la trahison.

MELCHTHAL.

A travers les affreuses montagnes des Surennes, par ces vastes solitudes de glace, où l'on n'entend que le cri rauque du vautour, je suis arrivé à ce pâturage des Alpes où les bergers d'Uri et de l'Engelberg se saluent en s'appelant de loin, et font paître leurs troupeaux en commun. Dans ma course, j'apaisais ma soif avec le lait des glaciers qu'on voit sourdre dans les crevasses et descendre en écumant, et je m'arrêtais dans les cabanes abandonnées des pasteurs, me faisant à moi-même les honneurs du logis, jusqu'à ce qu'enfin j'arrivai aux demeures habitées par des hommes qui vivent en société.... Le bruit de la nouvelle atrocité commise avait déjà retenti dans ces vallées, et à chacune des portes où je frappai, mon malheur me fit accueillir avec un pieux respect. Je trouvai ces âmes droites révoltées du nouveau régime tyrannique; car de même que leurs Alpes nourrissent toujours les mêmes plantes, que leurs sources coulent uniformément, que les nuages même et les vents suivent invariablement la même direction, de même les anciennes mœurs se sont ici transmises, immuables, des ancêtres aux petits-fils; dans le cours égal de leur vie, de leurs antiques habitudes, ils ne peuvent supporter les innovations téméraires.... Ils me tendaient leurs mains rudes, ils détachaient des murailles leurs glaives rouillés, et dans leurs yeux brillaient l'ardeur et le courage, quand je leur nommais ces noms qui sont sacrés pour les habitants de nos montagnes : le vôtre et celui de Walther Fürst.... Ce qui vous paraîtrait juste, ils ont juré de le faire; ils ont juré de vous suivre jusque dans la mort.... J'ai voyagé rapidement ainsi, de chalet en chalet, sous la sainte protection de l'hospitalité.... et quand je suis arrivé dans ma vallée natale, où habitent, répandus au loin, mes nombreux parents, quand j'ai trouvé mon père, aveugle et dépouillé, couché sur la paille étrangère, vivant de la pitié d'hommes bienfaisants....

STAUFFACHER.

Dieu du ciel!

MELCHTHAL.

Je n'ai pas pleuré, je n'ai pas répandu dans d'impuissantes larmes l'ardeur brûlante de mon affliction : je l'ai renfermée, comme un précieux trésor, au fond de ma poitrine, et n'ai pensé qu'à agir. J'ai rampé par tous les détours de la montagne; pas de vallée si cachée que je n'aie découverte. Jusqu'au pied des glaciers, dans les glaces même, j'ai cherché et trouvé des cabanes habitées, et partout où j'ai porté mes pas, j'ai rencontré la même haine de la tyrannie; car jusqu'à cette dernière limite de la création vivante, où le sol glacé cesse de produire, l'avarice des baillis trouve matière à rapines.... Dans ce peuple honnête, l'aiguillon de ma parole a excité toutes les âmes; ils sont tous à nous de cœur et de bouche.

STAUFFACHER.

Vous avez fait de grandes choses en peu de temps.

MELCHTHAL.

J'ai fait plus encore. Ce que le paysan redoute le plus, ce sont les deux châteaux forts, Rossberg et Sarnen; car l'ennemi trouve aisément un abri derrière ces murs de rochers, et de là tyrannise le pays. J'ai voulu les connaître par mes propres yeux; je suis allé à Sarnen, et j'ai examiné la forteresse.

STAUFFACHER.

Vous vous êtes hasardé jusque dans la caverne du tigre?

MELCHTHAL.

Je m'étais déguisé en pèlerin. J'ai vu le bailli à table, se livrant à la débauche.... Jugez si je puis contraindre mon cœur : j'ai vu l'ennemi et je ne l'ai point tué.

STAUFFACHER.

En vérité, la fortune a été propice à votre audace. (*Les autres Montagnards cependant sont venus sur le devant de la scène, et ils s'approchent de Melchthal et de Stauffacher.*) Mais maintenant dites-moi qui sont ces amis et ces hommes de bien qui vous ont suivi. Mettez-moi en rapport avec eux pour que nous puissions nous aborder avec confiance et nous ouvrir nos cœurs.

MEIER.

Qui ne vous connaît pas, maître Stauffacher, dans les trois cantons? Je suis Meier de Sarnen ; voici le fils de ma sœur, Struth de Winkelried.

STAUFFACHER.

Vous me dites là un nom qui ne m'est pas inconnu. C'est un Winkelried qui tua le dragon dans le marais près de Weiler, et qui laissa la vie dans ce combat.

WINKELRIED.

C'était un de mes ancêtres, maître Stauffacher.

MELCHTHAL, *montrant deux des Montagnards.*

Ceux-ci habitent par delà la forêt; ce sont des vassaux du couvent de l'Engelberg.... Vous ne les mépriserez pas parce qu'ils appartiennent à autrui et n'habitent point, libres comme nous, leur propre héritage.... Ils aiment le pays et ont du reste une bonne renommée.

STAUFFACHER, *à ces deux hommes.*

Donnez-moi la main. Heureux celui dont le corps ne dépend de personne ; mais la probité n'est exclue d'aucune condition.

CONRAD HUNN.

Voici maître Reding, notre ancien landammann.

MEIER.

Je le connais bien. C'est mon adversaire ; nous plaidons l'un contre l'autre pour un ancien héritage.... Maître Reding, nous sommes ennemis en justice, ici nous sommes d'accord. (*Il lui secoue la main.*)

STAUFFACHER.

C'est bravement parler.

WINKELRIED.

Entendez-vous? ils viennent. Entendez la corne d'Uri! (*A droite et à gauche on voit descendre des rochers des hommes armés, avec des torches.*)

JEAN AUF DER MAUER.

Voyez! le pieux serviteur de Dieu, le vénérable curé lui-même, ne descend-il pas là avec les autres? Il ne redoute ni les fatigues du chemin, ni l'horreur de la nuit, pour se dévouer en pasteur fidèle à son troupeau.

BAUMGARTEN.

Le sacristain le suit et Walther Fürst; mais quoi? je n'aperçois pas Tell dans le nombre.

WALTHER FÜRST, RÖSSELMANN *le curé*, PETERMANN *le sacristain*, KUONI *le berger*, WERNI *le chasseur*, RUODI *le pêcheur, et cinq autres Montagnards. Tous ensemble, au nombre de trente-trois, viennent sur le devant et se placent autour du feu.*

WALTHER FÜRST.

Il faut donc que pour nous réunir sur notre propre héritage, sur notre sol paternel, nous nous glissions à la dérobée, comme font des meurtriers; que nous nous cachions dans la nuit, qui ne prête son voile sombre qu'au crime et aux complots qui craignent le soleil : et cela, pour réclamer ensemble notre bon droit, qui pourtant est clair et pur comme le brillant éclat d'un jour sans nuages!

MELCHTHAL.

Qu'importe? Ce qu'aura tramé la nuit sombre paraîtra librement et sans remords à la lumière du soleil.

RÖSSELMANN.

Écoutez, confédérés, ce que Dieu m'inspire. Nous tenons ici la place d'une assemblée des cantons, et représentons tout un peuple. Eh bien, siégeons selon les anciens usages du pays, comme nous avons coutume de faire dans les temps paisibles. Ce qu'il y a d'illégal dans notre réunion, le besoin des temps l'excusera. Dieu est partout où l'on exerce la justice, et nous sommes ici debout sous la voûte de son ciel.

STAUFFACHER.

C'est vrai, siégeons selon les antiques coutumes. Il fait nuit, mais la lumière de notre droit nous éclaire.

MELCHTHAL.

Le nombre n'est pas complet, mais les cœurs de tout le peuple sont avec nous, et les *meilleurs*, comme dit la loi, sont présents.

CONRAD HUNN.

Nous n'avons pas sous la main les anciens livres, mais ils sont écrits dans nos cœurs.

RÖSSELMANN.

Eh bien, formons donc le cercle sans retard, et qu'on plante en terre les glaives, symbole du pouvoir!

JEAN AUF DER MAUER.

Que le landammann prenne sa place, et que ses assesseurs se tiennent à ses côtés.

LE SACRISTAIN.

Nous sommes trois cantons. Auquel appartient-il de donner un chef à l'assemblée?

MEIER.

Que Schwytz et Uri se disputent cet honneur. Nous, gens d'Unterwald, nous y renonçons de notre plein gré.

MELCHTHAL.

Nous y renonçons; car nous sommes les suppliants, qui demandons assistance à nos puissants amis.

STAUFFACHER.

Qu'Uri prenne donc le glaive : sa bannière précède la nôtre dans l'armée quand nous accompagnons l'empereur à Rome.

WALTHER FÜRST.

L'honneur du glaive doit revenir à Schwytz : c'est la souche dont nous nous vantons tous d'être issus.

RÖSSELMANN.

Laissez-moi terminer à l'amiable ce généreux débat : Schwytz nous conduira dans le conseil, Uri dans les combats.

WALTHER FÜRST *présente le glaive à Stauffacher.*
Prenez donc.
STAUFFACHER.
Non pas moi. Rendons honneur à l'âge.
JÖRG IM HOFE.
C'est Ulrich le Forgeron qui compte le plus d'années.
JEAN AUF DER MAUER.
C'est un brave homme, mais il n'est pas de condition libre. Celui qui appartient à autrui ne peut pas être juge dans Schwytz.
STAUFFACHER.
N'avons-nous pas ici maître Reding, l'ancien landammann? Où pourrions-nous trouver un plus digne?
WALTHER FÜRST.
Qu'il soit notre président et le chef de l'assemblée! Que tous ceux qui sont de cet avis lèvent la main. (*Tous lèvent la main droite.*)
REDING *s'avance au milieu.*
Je ne puis poser la main sur les livres; mais je jure par les astres éternels qui sont là-haut que je ne m'écarterai en rien de la justice. (*On dresse devant lui les deux glaives; le cercle se forme autour de lui : Schwytz occupe le milieu, Uri se place à droite, Unterwald à gauche. Reding s'appuie sur son épée de bataille.*) Qu'est-ce qui réunit ici les trois peuples des montagnes, à cette heure redoutable, sur la rive inhospitalière du lac? Quel doit être l'objet de la nouvelle alliance que nous concluons sous la voûte étoilée?
STAUFFACHER *entre dans le cercle.*
Nous ne concluons pas une nouvelle alliance; nous ne faisons que renouveler l'union immémoriale qui date de nos ancêtres. Sachez-le, confédérés! bien que le lac et les montagnes nous séparent, et que chacun des trois peuples se gouverne à part, nous sommes d'une même race et d'un même sang; c'est de la même patrie que nous sommes tous sortis.
WINKELRIED.
Ainsi donc il est vrai, comme le disent les vieilles chansons, que nous sommes arrivés de loin dans cette contrée? Oh! racon-

tez-nous ce que vous en savez, pour que la nouvelle alliance puise des forces dans l'ancienne.

STAUFFACHER.

Écoutez ce que les vieux bergers se racontent.... Il y avait par delà les montagnes, vers le nord, un grand peuple, qui eut à souffrir d'une grande disette. Dans cette détresse, l'assemblée du peuple décida qu'un citoyen sur dix, désigné par le sort, quitterait le pays de ses pères.... Cela fut fait ainsi. Une troupe nombreuse d'hommes, de femmes, se mit en marche, déplorant son sort, vers le midi, et s'ouvrit un chemin avec le glaive à travers les régions de l'Allemagne, jusqu'à ce qu'elle parvint à ces hautes terres, à ces montagnes couvertes de forêts : leur course ne s'arrêta que lorsqu'ils arrivèrent dans cette vallée sauvage où maintenant la Muotta coule entre des prairies.... On ne voyait dans ces lieux aucun vestige humain; une seule cabane s'élevait sur la rive solitaire : un homme y demeurait, qui passait les voyageurs dans sa barque. Cependant le lac était violemment agité, la traversée impossible. Alors ils examinèrent de plus près la contrée : ils remarquèrent qu'il y avait du bois en abondance, découvrirent de bonnes sources, et il leur sembla qu'ils se retrouvaient dans leur chère patrie.... Ils résolurent de rester là, bâtirent l'antique bourgade de Schwytz, et passèrent plus d'une rude journée à défricher la forêt avec ses longues racines entrelacées.... Plus tard, le sol ne suffisant plus à la nombreuse population, ils s'étendirent de l'autre côté vers la montagne noire et même jusqu'au Weissland [1], où vit un autre peuple, qui, caché derrière un éternel rempart de glace, parle d'autres langues. Ils bâtirent le bourg de Stanz auprès du Kernwald, le bourg d'Altorf dans la vallée de la Reuss. Cependant ils gardèrent toujours la mémoire de leur origine. Parmi toutes les races étrangères qui depuis sont venues s'établir au milieu de leur pays, les hommes de Schwytz se retrouvent toujours : ils se reconnaissent sans peine par le cœur et par le sang. (*Il tend la main à droite et à gauche.*)

JEAN AUF DER MAUER.

Oui, nous n'avons tous qu'un cœur et qu'un sang.

1. Littéralement « le Pays blanc. »

TOUS, *se tendant la main.*

Nous ne formons qu'un seul peuple, et nous voulons agir d'accord.

STAUFFACHER.

Les autres peuples portent un joug étranger : ils se sont soumis au vainqueur. Dans nos contrées même, il y a bien des manants assujettis à des redevances, et qui lèguent leur servitude à leurs enfants. Mais nous, la vraie race des anciens Suisses, nous avons toujours gardé notre liberté. Nous n'avons pas plié le genou devant des princes, et c'est volontairement que nous avons choisi la protection des empereurs.

RÖSSELMANN.

Oui, c'est librement que nous avons choisi la protection et l'appui de l'empire. Cela est noté expressément dans la lettre de l'empereur Frédéric.

STAUFFACHER.

Car l'homme même le plus libre n'est pas sans maître. Il faut qu'il y ait un chef, un juge suprême à qui l'on ait recours pour trouver le droit dans les contestations. Voilà pourquoi nos pères, de leur propre mouvement, ont rendu hommage à l'empereur pour le sol qu'ils avaient conquis sur la nature sauvage, à l'empereur qui se nomme le maître de la terre d'Allemagne et d'Italie, et, comme les autres hommes libres de son empire, ils se sont engagés envers lui au noble service des armes; car c'est l'unique redevance des hommes libres, de protéger l'empire qui les protège eux-mêmes.

MELCHTHAL.

Tout ce qui va au delà est marque de servitude.

STAUFFACHER.

Lorsqu'on convoquait le ban et l'arrière-ban, ils suivaient la bannière de l'empire et combattaient ses combats. Ils accompagnaient, armés, l'empereur en Italie, pour placer sur son front la couronne romaine. Chez eux, ils se gouvernaient eux-mêmes, à leur gré, selon l'ancienne coutume et leurs propres lois : la plus haute juridiction criminelle était seule réservée à l'empereur, et il désignait pour l'exercer un grand juge, qui ne résidait pas dans le pays. Lorsqu'il y avait lieu à une accusation capitale, on l'invitait à venir, et, sous la voûte du ciel, il rendait la justice, simplement et clairement, et sans crainte des hommes. Où sont dans tout ceci les traces de servitude? Si quelqu'un de vous sait les choses autrement, qu'il parle.

JÖRG IM HOFE.

Non, tout est bien comme vous dites. Jamais on n'a toléré chez nous un pouvoir tyrannique.

STAUFFACHER.

Nous refusâmes l'obéissance à l'empereur lui-même, lorsqu'un jour il viola le bon droit en faveur des prêtres. Car, les gens du monastère d'Einsiedeln nous disputant un pâturage où nous avions fait paître nos troupeaux dès le temps de nos pères, comme l'abbé produisait un vieux titre qui lui faisait don des terrains déserts et sans maître (on avait caché notre existence), nous répondîmes : « Ce titre a été surpris. Aucun empereur ne peut donner ce qui est à nous, et, si l'empire nous refuse justice, nous pouvons dans nos montagnes nous passer de l'empire.... » Ainsi parlèrent nos pères, et nous, souffrirons-nous la honte du nouveau joug? Endurerons-nous d'un valet étranger ce qu'un empereur, dans toute sa puissance, n'eût osé se permettre envers nous?... Nous nous sommes créé ce sol par le travail de nos mains; l'antique forêt qui était autrefois la sauvage demeure des ours, nous l'avons transformée en un séjour approprié aux hommes; nous avons exterminé l'engeance du dragon qui, gonflée de venin, sortait des marais; nous avons déchiré le voile sombre et nébuleux, éternellement suspendu sur cette solitude; nous avons brisé le dur rocher, jeté sur l'abîme un sentier sûr pour le voyageur. Ce sol est à nous par une possession de mille ans.... et le valet d'un maître étranger oserait venir nous forger des chaînes, nous outrager sur notre patrimoine? N'y a-t-il aucun secours contre une telle oppression? (*Grande agitation parmi les Montagnards.*) Non, la puissance des tyrans a des bornes. Quand l'opprimé ne peut trouver justice nulle part, quand le fardeau devient intolérable.... alors sa main s'étend avec assurance vers le ciel, il y va chercher ses droits éternels qui sont suspendus là-haut, inaliénables, indestructibles comme les astres mêmes.... Alors recommence l'ancien état de nature où l'homme tient tête à l'homme.... Pour dernière ressource, quand aucune autre n'est efficace, le glaive lui est donné.... Nous avons le droit de défendre contre la violence le plus grand de tous les biens.... Nous protégeons notre pays, nous protégeons nos femmes, nos enfants!

TOUS, *frappant sur leurs épées.*

Nous protégeons nos femmes, nos enfants!

RÖSSELMANN *s'avance dans le cercle.*

Avant de tirer l'épée, pensez-y bien. Vous pouvez terminer pacifiquement le débat avec l'empereur. Dites un seul mot, et les tyrans, qui aujourd'hui vous oppriment et vous accablent, vous flatteront.... Acceptez ce qu'on vous a souvent offert ; séparez-vous de l'empire, reconnaissez la suzeraineté de l'Autriche....

JEAN AUF DER MAUER.

Que dit le curé? Nous, prêter serment à l'Autriche!

BURKHART AM BÜHEL.

Ne l'écoutez pas.

WINKELRIED.

C'est le conseil d'un traître, d'un ennemi du pays.

REDING.

Paix, confédérés!

SEWA.

Nous, rendre hommage à l'Autriche, après un tel outrage!

NICOLAS DE FLÜE.

Nous laisser arracher par la violence ce que nous avons refusé à la douceur!

MEIER.

Alors nous serions esclaves et mériterions de l'être.

JEAN AUF DER MAUER.

Que celui-là soit mis hors du droit commun des Suisses, qui parlera de se soumettre à l'Autriche!... Landammann, j'insiste là-dessus : que ce soit la première loi nationale ici rendue par nous.

MELCHTHAL.

Qu'il en soit ainsi. Que celui qui parlera de soumission à l'Autriche, soit privé de tout droit, dépouillé de tout honneur. Que personne, dans le pays, ne l'accueille à son foyer.

TOUS *lèvent la main droite.*

Nous le voulons. Que ce soit une loi.

REDING, *après une pause.*

C'est une loi.

RÖSSELMANN.

Maintenant vous êtes libres, vous l'êtes par cette loi. Il ne faut pas que l'Autriche emporte par la violence ce qu'elle n'a pas obtenu par des démarches amicales....

JOST VON WEILER.

A l'ordre du jour! continuons.

REDING.

Confédérés! mais avons-nous aussi essayé de tous les moyens de douceur ? Peut-être le roi l'ignore-t-il ; peut-être est-ce sans qu'il le veuille que nous souffrons ainsi. Faisons encore cette dernière tentative : portons nos plaintes devant lui, avant de tirer l'épée. Même dans une cause juste, la violence est toujours chose terrible. Dieu ne nous assiste que lorsque l'assistance humaine nous manque.

STAUFFACHER *à Conrad Hunn.*

C'est à vous maintenant de donner vos informations. Parlez !

CONRAD HUNN.

J'étais allé à Rheinfeld, au château de l'empereur, pour porter plainte contre la dure oppression des baillis et demander la charte de nos antiques libertés, que chaque nouveau souverain a toujours confirmée jusqu'ici. Je trouvai là les envoyés d'un grand nombre de villes du pays de Souabe et des bords du Rhin, qui tous obtinrent leurs parchemins et s'en retournèrent contents chez eux. Moi, votre messager, on m'adressa aux conseillers, et ils me congédièrent avec cette vaine consolation : « L'empereur n'a pas le temps cette fois ; mais il pensera sans doute à vous quelque jour.... » Et comme je traversais tristement les salles du château, j'aperçus, dans une embrasure en saillie, le duc Jean, et auprès de lui les nobles seigneurs de Wart et de Tegerfeld. Ils m'appelèrent et me dirent : « Aidez-vous vous-mêmes. N'attendez pas de justice du roi. Ne dépouille-t-il pas l'enfant de son propre frère, ne lui retient-il pas son légitime héritage ? Le duc lui a redemandé les biens de sa mère, en lui représentant qu'il était majeur et en âge de gouverner des terres et des hommes. Quelle réponse a-t-il reçue ? L'empereur lui a mis une couronne de fleurs sur la tête, en lui disant que c'était là l'ornement de la jeunesse. »

JEAN AUF DER MAUER.

Vous l'avez entendu. N'espérez de l'empereur ni droit ni justice. Aidez-vous vous-mêmes!

REDING.

Il ne nous reste point d'autre parti. Avisez maintenant aux moyens de mener prudemment l'entreprise à bonne fin.

WALTHER FÜRST s'avance dans le cercle.

Nous voulons secouer un joug odieux, conserver nos anciens droits, comme nous les avons hérités de nos pères, et non prétendre, sans frein, à des droits nouveaux. Laissons à l'empereur ce qui est à l'empereur. Que celui qui a un maître le serve selon ses obligations.

MEIER.

Je tiens une terre en fief de l'Autriche.

WALTHER FÜRST.

Vous continuerez à vous acquitter de vos devoirs envers l'Autriche.

JOST DE WEILER.

Je paye une redevance aux seigneurs de Rappersweil.

WALTHER FÜRST.

Vous continuerez à payer redevance et tribut.

RÖSSELMANN.

Je suis engagé par serment envers la grande abbesse de Zürich.

WALTHER FÜRST.

Vous donnerez au couvent ce qui est au couvent.

STAUFFACHER.

Je n'ai de fief que de l'empire.

WALTHER FÜRST.

Que ce qui doit se faire se fasse, mais rien au delà. Chassons les baillis et leurs gens, forçons leurs citadelles; mais, si faire se peut, sans verser de sang. Montrons à l'empereur que la nécessité seule a pu nous contraindre à violer le pieux devoir du respect, et, s'il nous voit rester dans la limite de nos droits, peut-être, par une sage politique, triomphera-t-il de sa colère: car un peuple qui, le glaive à la main, se modère, éveille une juste crainte.

REDING.

Mais il faut délibérer sur les moyens d'exécution. Notre ennemi a les armes à la main, et bien certainement il ne cédera pas sans combat.

STAUFFACHER.

Il cédera s'il nous voit en armes. Nous le surprendrons, avant qu'il se mette en défense.

MEIER.

C'est bientôt dit, mais difficile à faire. La contrée est dominée par deux forteresses qui protégent l'ennemi et deviendraient redoutables si le roi faisait irruption dans le pays. Il faut d'abord qu'on force Rossberg et Sarnen, avant de tirer un seul glaive dans les trois cantons.

STAUFFACHER.

Si l'on tarde si longtemps, l'ennemi sera averti ; il y a trop de gens dans le secret.

MEIER.

Dans les cantons de la forêt il n'y a pas de traître.

RÖSSELMANN.

Le zèle, même le plus pur, peut trahir.

WALTHER FÜRST.

Si l'on diffère, le château d'Altorf s'achèvera et le bailli s'y fortifiera.

MEIER.

Vous pensez à vous.

LE SACRISTAIN.

Et vous, vous êtes injustes.

MEIER, *s'emportant.*

Nous, injustes ! Uri ose nous faire ce reproche !

REDING.

Par votre serment, silence !

MEIER.

Oui, si Schwytz s'entend avec Uri, il faut bien que nous nous taisions.

REDING.

Il faut que je vous rappelle à l'ordre devant l'assemblée, pour troubler ainsi la paix par votre violence. Ne sommes-nous pas tous unis pour la même cause ?

WINKELRIED.

Si nous attendons jusqu'à la fête de Noël, c'est la coutume, ce jour-là, que tous les vassaux portent des présents au bailli dans son château. Alors dix ou douze hommes pourraient s'y rassembler sans exciter de soupçons, ayant secrètement sur eux des fers de lance, qu'on pourrait vite adapter au bout des bâtons; car personne n'entre au château avec des armes. Le gros de la troupe se cacherait près de là dans la forêt, et quand les autres se seront rendus maîtres de la porte, une trompe donnera le signal, et tous sortiront de leur embuscade. De cette façon, la forteresse sera à nous sans beaucoup de peine.

MELCHTHAL.

Je me charge d'escalader le Rossberg; car une fille du château me veut du bien, et je la déciderai facilement à me tendre, pour une visite nocturne, une échelle flexible. Lorsqu'une fois je serai en haut, je tirerai les amis après moi.

REDING.

Est-ce la volonté de tous qu'on diffère? (*La majorité lève la main.*)

WALTHER FÜRST.

Quand, au jour marqué, les forts tomberont, des colonnes de fumée donneront le signal d'une montagne à l'autre; la levée en masse sera convoquée sans retard dans le chef-lieu de chaque canton. Si une fois les baillis nous voient en armes et bien décidés, croyez-moi, ils renonceront à combattre, et accepteront volontiers un sauf-conduit pour s'échapper de notre territoire.

STAUFFACHER.

Gessler seul, je le crains, nous donnera fort à faire. Il est entouré d'une troupe redoutable, et ne quittera pas la place sans effusion de sang; même expulsé, il sera encore à craindre pour le pays. Il est difficile et presque dangereux de l'épargner.

BAUMGARTEN.

Placez-moi où il y a danger de mort. Je dois la vie à Tell, qui m'a sauvé : je la risquerai volontiers pour mon pays. J'ai défendu mon honneur et satisfait mon cœur.

REDING.

Le temps porte conseil; attendez avec patience. Il faut aussi laisser quelque chose à l'occasion.... Mais voyez, pendant que nous délibérons encore ici dans la nuit, l'aurore, au sommet des plus hautes montagues, élève déjà ses brillants fanaux....

Venez, séparons-nous avant que la clarté du jour nous surprenne.
WALTHER FÜRST.
Ne craignez rien, la nuit se retire lentement des vallées. (*Tous, par un mouvement involontaire, ont découvert leurs têtes, et contemplent l'aurore dans un recueillement silencieux.*)
RÖSSELMANN.
Par cette lumière qui nous salue d'abord, avant tous ces peuples qui, bien bas au-dessous de nous, respirent péniblement dans les vapeurs des cités, jurons ensemble le serment de la nouvelle alliance.... Nous voulons être un seul peuple de frères, et ne nous séparer dans nul besoin, dans nul danger. (*Tous répètent ces paroles en levant trois doigts.*)....Nous voulons être libres comme l'ont été nos pères : plutôt la mort que de vivre dans l'esclavage! (*Ils font de même.*).... Nous voulons nous confier au Très-Haut, et nous ne redouterons pas la puissance des hommes. (*Ils font de même, puis ils s'embrassent les uns les autres.*)
STAUFFACHER.
Maintenant, que chacun s'en retourne paisiblement auprès de ses amis et de ses compagnons ordinaires. Que ceux qui sont bergers fassent hiverner en paix leurs troupeaux et gagnent sans bruit des amis à l'alliance.... Ce qu'il y aura encore à endurer jusque-là, endurez-le. Laissez monter le compte des tyrans, jusqu'à ce qu'un même jour acquitte à la fois la dette commune et particulière. Que chacun dompte sa juste fureur, et garde sa vengeance pour la communauté. C'est voler le bien commun que de se défendre soi-même dans sa propre cause. (*Pendant qu'ils se retirent dans le plus grand calme de trois côtés différents, l'orchestre fait éclater tout à coup une brillante symphonie; la scène vide reste encore ouverte quelque temps, et offre le spectacle du lever du soleil sur les glaciers.*)

ACTE TROISIÈME.

SCÈNE I.

Une cour devant la maison de Tell.

TELL *travaille avec une hache de charpentier ;* **HEDWIGE** *est occupée d'un ouvrage domestique ;* **WALTHER** *et* **GUILLAUME** *jouent avec une petite arbalète, dans le fond du théâtre.*

WALTHER *chante.*

« Avec son arc et ses flèches, par monts et par vaux, le chasseur s'avance dès les premiers rayons du matin.

« Comme, dans l'empire des airs, l'aigle des Alpes est roi, le chasseur règne librement par les monts et les ravins.

« L'espace est à lui : ce que sa flèche atteint est sa proie, ce qui rampe comme ce qui vole. » (*Il vient en sautant.*) Ma corde est cassée ; raccommode-la-moi, père.

TELL.

Non, pas moi. Un vrai chasseur sait se suffire. (*Les Enfants s'éloignent.*)

HEDWIGE.

Les enfants commencent de bonne heure à tirer.

TELL.

Il faut de bonne heure s'exercer, pour être maître un jour.

HEDWIGE.

Ah! plût à Dieu qu'ils ne le fussent jamais!

TELL.

Il faut qu'ils apprennent tout. Celui qui veut bravement se frayer sa route dans la vie doit être armé pour la défense et pour l'attaque.

HEDWIGE.

Hélas! aucun d'eux ne saura trouver son repos à la maison.

TELL.

Je ne le sais pas non plus, mère. La nature ne m'a pas fait pour être berger : il faut que, sans relâche, je poursuive un but fugitif. Je ne jouis vraiment de la vie qu'en en faisant chaque jour de nouveau la conquête.

HEDWIGE.

Et tu ne penses pas à l'anxiété de la mère de famille, qui cependant se désole, en t'attendant. Car ce que nos gens se racontent de vos courses aventureuses me remplit d'horreur. Tu ne me quittes jamais que mon cœur ne tremble à l'idée de ne plus te voir revenir. Je te vois égaré dans nos montagnes sauvages et glacées, risquer d'un rocher à l'autre le saut périlleux; je vois le chamois, bondissant en arrière, t'entraîner avec lui dans l'abîme; une avalanche qui t'ensevelit; le glacier trompeur qui rompt sous tes pas, et tu tombes, enterré tout vivant, dans l'affreux précipice.... Ah! la mort, sous mille formes diverses, est toujours là pour saisir le téméraire chasseur des Alpes. C'est un malheureux métier que celui qui vous fait sans cesse côtoyer les abîmes, au péril de la vie.

TELL.

Celui qui a des sens vifs et sains, à qui rien n'échappe, qui se fie en Dieu et dans sa souplesse et sa vigueur, celui-là se tire aisément de tout risque, de tout besoin; la montagne ne fait pas peur à qui y est né. (*Il a fini son travail, et dépose son outil.*) Maintenant la porte, je pense, tiendra longtemps. Avec une hache chez soi on se passe du charpentier. (*Il prend son chapeau.*)

HEDWIGE.

Où vas-tu?

TELL.

A Altorf, chez ton père.

HEDWIGE.

Mais n'as-tu aucun projet périlleux? Avoue-le-moi.

TELL.

D'où te vient cette idée, femme?

HEDWIGE.

Il se trame quelque chose contre les baillis.... Il y a eu une assemblée au Rütli, je le sais, et tu es aussi de la ligue.

TELL.

Je n'étais pas présent à la réunion.... mais je ne me déroberai pas au pays s'il m'appelle.

HEDWIGE.

Ils te placeront là où sera le danger. Le plus difficile sera, comme toujours, ton partage.

TELL.

Chacun est taxé selon ses moyens.

HEDWIGE.

Tu as encore, pendant la tempête, fait franchir le lac à l'homme d'Unterwald.... C'est un miracle que vous ayez pu échapper.... Ne pensais-tu donc pas du tout à tes enfants, à ta femme?

TELL.

Chère femme, je pensais à vous : c'est pour cela que j'ai conservé un père à ses enfants.

HEDWIGE.

Naviguer sur le lac en fureur! cela ne s'appelle pas se fier en Dieu, c'est tenter Dieu.

TELL.

Qui réfléchit trop n'agit guère.

HEDWIGE.

Oui, tu es bon et secourable; tu rends service à tous, et, quand tu seras toi-même dans le besoin, personne ne t'aidera.

TELL.

Que Dieu me préserve d'avoir besoin d'assistance! (*Il prend son arbalète et ses flèches.*)

HEDWIGE.

Que veux-tu faire de ton arbalète? Laisse-la ici.

TELL.

Mon bras me fait défaut quand mon arme me manque. (*Les enfants reviennent.*)

WALTHER.

Père, où vas-tu?

TELL.

A Altorf, mon enfant, chez grand-papa.... Veux-tu venir avec moi?

WALTHER.

Oui, certainement, je le veux.

HEDWIGE.

Le bailli y est en ce moment. Ne va pas à Altorf.

TELL.

Il en doit partir aujourd'hui même.

HEDWIGE.

Eh bien! laisse-le d'abord partir. Ne le fais pas penser à toi : tu sais, il nous en veut.

TELL.

Son mauvais vouloir ne me fera pas grand mal, je l'espère. J'agis en honnête homme et ne crains aucun ennemi.

HEDWIGE.

Ce sont précisément les honnêtes gens qu'il hait le plus.

TELL.

Parce qu'il ne peut pas les atteindre.... Pour moi, le chevalier me laissera, je pense, en paix.

HEDWIGE.

Vraiment, tu sais cela?

TELL.

J'étais allé chasser, il n'y a pas longtemps, dans les fonds sauvages du Schæchenthal, loin de toute trace humaine, et je suivais, seul, un sentier taillé dans le roc, où il n'y avait pas moyen de s'éviter en cas de rencontre; car d'en haut descendait à pic une muraille de rocher, et au-dessous le Schæchen mugissait avec un bruit terrible. (*Les Enfants se pressent contre leur père à droite et à gauche, et lèvent les yeux vers lui avec une vive curiosité.*) Tout à coup je vis le bailli venir en sens contraire par le même sentier; il était là seul avec moi, qui étais seul aussi : homme à homme, et près de nous l'abîme. Quand Sa Seigneurie m'aperçut et me reconnut, moi qu'il avait puni sévèrement pour une cause légère, peu de temps auparavant, quand il me vit marcher à sa rencontre avec ma bonne arme, il pâlit, les genoux lui manquèrent, et je vis le moment où il allait s'affaisser contre le rocher.... Alors j'eus pitié de lui, je m'avançai modestement, et lui dis :

« C'est moi, seigneur bailli; » mais sa bouche ne put proférer une seule parole.... il se contenta de me faire signe en silence de passer mon chemin. Je m'en allai et lui envoyai sa suite.

HEDWIGE.

Il a tremblé à tes yeux.... malheur à toi! Il ne te pardonnera jamais de l'avoir vu faible.

TELL.

Aussi je l'évite, et lui ne me cherchera pas.

HEDWIGE.

Pour aujourd'hui seulement, tiens-toi à l'écart. Va plutôt chasser.

TELL.

Quelle idée as-tu là?

HEDWIGE.

Je suis inquiète. N'y va pas.

TELL.

Comment peux-tu te tourmenter ainsi sans motif?

HEDWIGE.

Pour cela même, parce que je tremble sans motif.... Tell, demeure ici.

TELL.

Chère femme, j'ai promis de venir.

HEDWIGE.

S'il le faut, va.... mais laisse-moi l'enfant.

WALTHER.

Non, chère maman, je vais avec mon père.

HEDWIGE.

Walther, tu veux quitter ta mère?

WALTHER.

Je te rapporterai quelque jolie chose de chez grand-papa. (*Il sort avec son père.*)

GUILLAUME.

Mère, je reste avec toi.

HEDWIGE *l'embrasse.*

Oui, tu es mon enfant chéri; tu me restes seul. (*Elle va à la porte de la cour, et les suit longtemps des yeux pendant qu'ils s'éloignent.*)

SCÈNE II.

Un site sauvage, clos et boisé. — Des cascades se précipitent des rochers.

BERTHA, *en habit de chasse; presque aussitôt après*, RUDENZ.

BERTHA.

Il me suit. Enfin je pourrai m'expliquer.

RUDENZ *entre précipitamment.*

Enfin, madame, je vous trouve seule. Des rochers à pic nous enferment de toutes parts; dans cette solitude, je ne crains aucun témoin; je pourrai soulager mon cœur de ce long silence....

BERTHA.

Êtes-vous sûr que la chasse ne nous suit pas?

RUDENZ.

La chasse s'est éloignée dans cette direction.... Maintenant ou jamais! Il faut que je saisisse ce moment précieux.... il faut que je voie mon sort décidé, quand cela devrait à jamais me séparer de vous.... Oh! n'armez pas vos regards bienveillants de cette sombre rigueur.... Qui suis-je, pour élever jusqu'à vous mes vœux téméraires? La gloire n'a pas encore publié mon nom; je ne puis me mettre sur le même rang que ces chevaliers brillants et illustrés par la victoire, qui vous courtisent. Je n'ai rien, que mon cœur plein d'amour et de foi....

BERTHA, *sérieuse et sévère.*

Osez-vous parler d'amour et de foi, vous qui êtes infidèle à vos premiers devoirs? (*Rudenz recule.*) Un esclave de l'Autriche, qui se vend à l'étranger, à l'oppresseur de son peuple!

RUDENZ.

Est-ce bien de vous, madame, que j'entends ce reproche? Qui donc cherché-je dans ce parti, si ce n'est vous?

BERTHA.

Moi, vous croyez me trouver dans le parti de la trahison? J'aimerais mieux donner ma main à Gessler lui-même, à l'oppresseur, qu'au fils dénaturé de la Suisse qui peut se décider à être son instrument.

RUDENZ.

O Dieu! que me faut-il entendre?

BERTHA.

Eh quoi? L'honnête homme a-t-il rien de plus cher que les siens? Est-il de plus beaux devoirs pour un noble cœur que d'être le défenseur de l'innocence, de protéger les droits des opprimés?... Le cœur me saigne pour votre peuple, je souffre avec lui, car je suis forcée de l'aimer : il est si modeste et pourtant plein de force; tout mon cœur m'attire vers lui; j'apprends chaque jour à l'estimer davantage. Mais vous, que la naissance et votre devoir de chevalier faisaient son protecteur naturel, et qui l'abandonnez, qui passez sans foi à l'ennemi et forgez des chaînes pour votre pays : c'est vous qui m'offensez et m'affligez; je suis obligée de contraindre mon cœur, pour ne pas vous haïr.

RUDENZ.

Mais que veux-je autre chose que le bien de mon peuple? que lui assurer sous le sceptre puissant de l'Autriche une paix....

BERTHA.

C'est l'esclavage que vous voulez lui assurer. Vous voulez chasser la liberté du dernier rempart qui lui reste encore sur la terre. Le peuple entend mieux son bonheur; aucune apparence n'égare son instinct infaillible; mais vous, ils vous ont pris dans leurs filets....

RUDENZ.

Bertha, vous me haïssez, vous me méprisez!

BERTHA.

Mieux vaudrait pour moi que je le fisse.... Mais voir méprisé et digne de l'être celui qu'on voudrait pouvoir aimer....

RUDENZ.

Bertha! Bertha! vous me montrez le bonheur suprême du ciel et me précipitez, dans le même instant, au fond de l'abîme.

BERTHA.

Non, non! les sentiments généreux ne sont pas entièrement étouffés en vous; ils ne sont qu'assoupis, je veux les réveiller. Vous êtes obligé de vous faire violence pour détruire la vertu que vous avez reçue avec le sang; mais, grâce à Dieu, elle est plus forte que vous, et, malgré vous-même, vous êtes bon et noble.

RUDENZ.

Vous croyez en moi? Oh! Bertha, par votre amour, il n'est rien que je ne puisse être et devenir.

BERTHA.

Soyez ce à quoi vous destine votre généreuse nature. Restez au poste où elle vous a placé. Soyez du parti de votre peuple et de votre pays, et combattez pour vos droits sacrés.

RUDENZ.

Malheur à moi! Comment puis-je vous conquérir, vous posséder, si je résiste au pouvoir de l'empereur? La puissante volonté de vos parents ne dispose-t-elle pas tyranniquement de votre main?

BERTHA.

Mes biens sont situés dans les cantons de la forêt, et si le Suisse est libre, je le suis aussi.

RUDENZ.

Bertha, quelle perspective vous m'ouvrez!

BERTHA.

N'espérez pas me conquérir par la faveur de l'Autriche. Ils étendent la main vers mon héritage; ils veulent le joindre à leur grand patrimoine. Cette soif d'agrandissement qui veut dévorer votre liberté menace aussi la mienne.... O mon ami, je suis destinée à être une victime, peut-être à récompenser quelque favori.... On veut m'entraîner loin d'ici à cette cour impériale où séjournent la fausseté et les intrigues. Là m'attendent les chaînes d'un hymen odieux. L'amour seul.... le vôtre, peut me sauver.

RUDENZ.

Vous pourriez vous décider à vivre ici, à être à moi dans ma patrie? O Bertha, quand j'aspirais à un plus grand théâtre, que faisais-je autre chose que tendre à vous? C'était vous seule que je cherchais sur le chemin de la gloire, et toute mon ambition n'était que mon amour. Pouvez-vous vous enfermer avec moi dans cette vallée paisible et renoncer aux splendeurs de la terre, oh! alors le but de mes efforts est atteint. Que le torrent fougueux de ce monde agité vienne battre ces montagnes, notre sûr rempart! Je n'aurai plus de désirs à égarer dans les lointains espaces de la vie !... Oui, que ces rochers alors étendent autour de nous leur barrière impénétrable, et que cette bienheureuse vallée close ne s'ouvre et ne s'éclaire que pour nous laisser voir le ciel !

BERTHA.

Maintenant te voilà tout à fait tel que te rêvaient les pressentiments de mon cœur ! Ma croyance ne m'a pas trompée.

RUDENZ.

Loin de moi, vaine illusion qui m'avais séduit ! Je trouverai le bonheur dans ma patrie. Ici, où mon enfance s'est gaiement épanouie, où mille traces de joie m'entourent, où toutes les sources, tous les arbres vivent pour moi, c'est ici, dans ma patrie, que tu veux m'appartenir ! Oh ! oui, je l'ai toujours aimée ; elle m'eût manqué dans tous les bonheurs de ce monde.

BERTHA.

Où trouver l'île fortunée, si elle n'est pas ici, dans le pays de l'innocence, ici où demeure, comme chez elle, l'antique bonne foi, où la fausseté n'a pas encore pénétré ? Ici nulle envie ne troublera la source de notre bonheur, et nos heures s'écouleront éternellement sereines.... Ici je te vois déjà, ayant toute ta valeur, la vraie valeur de l'homme, le premier entre des hommes libres, des égaux, honoré par de purs et libres hommages, grand comme un roi l'est par son influence dans ses États.

RUDENZ.

Ici je te vois, couronne de toutes les femmes, dans la charmante activité de ton sexe, me créer un paradis dans ma maison, et, comme le printemps répand ses fleurs, parer ma vie de ta grâce aimable, et tout animer, tout enchanter autour de toi.

BERTHA.

Vois, mon ami, pourquoi je m'attristais quand je te voyais détruire toi-même ce souverain bonheur de la vie.... Malheur à moi ! Que deviendrais-je s'il me fallait suivre l'orgueilleux chevalier, l'oppresseur du pays, dans son château sombre ? Ici il n'y a point de château, pas de murs qui me séparent d'un peuple que je puis rendre heureux.

RUDENZ.

Mais comment me sauver?... comment dénouer ces liens où je me suis follement engagé moi-même?

BERTHA.

Romps-les avec une mâle résolution. Quoi qu'il en puisse advenir.... range-toi du parti de ton peuple. C'est la place où tu es né. (*On entend des cors de chasse dans le lointain.*) La chasse approche.... pars, il faut nous séparer.... Combats pour la patrie, c'est combattre pour ton amour. Il n'y a qu'un ennemi, devant qui nous tremblons tous; qu'une liberté, qui nous rendra tous libres. (*Ils sortent.*)

SCÈNE III.

Une prairie près d'Altorf. — Sur le devant, des arbres; au fond, le chapeau sur une perche. La vue est bornée par le Bannberg, que domine une chaîne couverte de neige.

FRIESSHARDT *et* **LEUTHOLD** *montent la garde.*

FRIESSHARDT.

C'est en vain que nous veillons. Personne ne veut approcher ni faire sa révérence au chapeau. Pourtant c'était ici d'ordinaire comme une foire; à présent toute la prairie est comme déserte, depuis que cet épouvantail est suspendu au bout de la perche.

LEUTHOLD.

Il n'y a que de la canaille qui se laisse voir et vienne agiter ici, pour nous narguer, des bonnets déguenillés; mais tous les honnêtes gens aiment mieux allonger leur chemin, en faisant le tour de la moitié du bourg, que de courber le dos devant le chapeau.

FRIESSHARDT.

Il faut qu'ils passent sur cette place quand ils sortent de la maison commune, à midi. Je croyais déjà faire une bonne capture, car aucun ne songeait à saluer le chapeau; mais voilà le curé Rösselmann qui s'en aperçoit.... il venait précisément de chez un malade.... et qui se place, avec le saint sacrement, juste au pied de la perche.... Le sacristain nécessairement agite sa sonnette; tous tombent à genoux, moi avec eux, et saluent l'ostensoir, mais non le chapeau.

LEUTHOLD.

Écoute, camarade, je commence à trouver que nous sommes comme au pilori devant ce chapeau. C'est pourtant une honte pour un reître de faire faction devant un chapeau vide, et tout honnête gaillard doit nous mépriser.... Faire la révérence à un chapeau, c'est, convenons-en, une folle ordonnance.

FRIESSHARDT.

Pourquoi? Parce que le chapeau est vide et creux? Tu te courbes bien devant maint crâne non moins vide.

HILDEGARDE, MATHILDE, ÉLISABETH *viennent avec leurs enfants et se placent autour de la perche.*

LEUTHOLD.

Et tu es un coquin si empressé! Tu mettrais volontiers de braves gens dans la peine! Passe devant le chapeau qui voudra; je ferme les yeux et ne regarde pas.

MATHILDE.

Le bailli est pendu là-haut.... Montrez du respect, petits drôles.

ÉLISABETH.

Plût à Dieu qu'il s'en allât et nous laissât son chapeau! Les choses n'en iraient pas plus mal dans le pays.

FRIESSHARDT *les disperse.*

Vidons la place, maudit troupeau de femmes. Qu'a-t-on affaire de vous? Envoyez vos maris, si l'envie les prend de braver la consigne. (*Les Femmes s'en vont.*)

TELL *s'avance avec son arbalète, menant son enfant par la main; ils passent devant le chapeau sans y faire attention, pour venir sur le devant.*

WALTHER *montre le Bannberg.*

Père, est-il vrai que sur cette montagne les arbres saignent, quand on les frappe avec la hache?

TELL.

Qui dit cela, mon garçon?

WALTHER.

C'est le maître berger qui le raconte.... Ces arbres, dit-il, sont là par un charme, et la main de qui les blesse sort de la fosse après la mort.

TELL.

Ces arbres sont là par un charme, c'est la vérité.... Vois-tu là-haut les sommets des montagnes, ces pointes blanches qui se perdent dans le ciel?

WALTHER.

Ce sont les glaciers qui grondent, la nuit, comme le tonnerre, et d'où se précipitent les avalanches croulantes.

TELL.

C'est cela, et les avalanches auraient depuis longtemps englouti sous leur masse le bourg d'Altorf, si la forêt de là-haut n'était comme une garde avancée qui les arrête.

WALTHER, *après un instant de réflexion.*

Père, y a-t-il des pays sans montagnes?

TELL.

Quand on descend de nos hauteurs et qu'on va toujours plus bas en suivant les fleuves, on arrive dans une grande contrée, unie, où les eaux des montagnes n'écument plus avec fracas, où les rivières ont un cours lent et paisible. Là, vers tous les points du ciel, rien n'arrête la vue; là le blé pousse dans de longues et belles plaines, et le pays a l'aspect d'un jardin.

WALTHER.

Eh! pourquoi, père, ne descendons-nous pas bien vite dans ce beau pays, au lieu de nous tourmenter ici et de nous donner tant de mal?

TELL.

Ce pays est beau et bon comme le ciel, mais ceux qui le cultivent ne jouissent pas des moissons qu'ils sèment.

WALTHER.

Ne demeurent-ils pas, libres comme toi, sur leur propre héritage?

TELL.

La terre appartient à l'évêque et au roi.

ACTE III, SCÈNE III.

WALTHER.
Mais ils peuvent chasser librement dans les forêts?

TELL.
Le gibier et les oiseaux appartiennent au seigneur.

WALTHER.
Mais ils peuvent pêcher librement dans le fleuve?

TELL.
Le fleuve, la mer, le sel appartiennent au roi.

WALTHER.
Qui est donc ce roi que tous craignent?

TELL.
C'est l'homme qui seul les protége et les nourrit.

WALTHER.
Ne peuvent-ils pas se protéger bravement eux-mêmes?

TELL.
Là le voisin n'ose se fier à son voisin.

WALTHER.
Père, je me sens à l'étroit dans ce vaste pays; j'aime mieux demeurer ici sous les avalanches.

TELL.
Oui, il vaut mieux, enfant, avoir derrière soi les glaciers que les hommes méchants. (*Ils veulent passer.*)

WALTHER.
Eh! père, vois donc le chapeau sur la perche.

TELL.
Que nous importe le chapeau? Viens, marchons. (*Comme il veut s'éloigner, Friesshardt marche sur lui, la pique en avant.*)

FRIESSHARDT.
Au nom de l'empereur, halte, arrêtez!

TELL *saisit la pique.*
Que voulez-vous? Pourquoi m'arrêtez-vous?

FRIESSHARDT.
Vous avez violé l'ordonnance, il faut nous suivre.

LEUTHOLD.
Vous n'avez pas fait la révérence au chapeau.

TELL.
Ami, laisse-moi aller.

FRIESSHARDT.

Marche, marche, en prison !

WALTHER.

Mon père en prison ! Au secours ! au secours ! (*Il appelle, tourné vers la scène.*) Ici, hommes d'Altorf ! à l'aide, braves gens ! Violence ! violence ! ils l'emmènent prisonnier.

RÖSSELMANN, *le curé, et* PETERMANN, *le sacristain, arrivent avec trois autres hommes.*

LE SACRISTAIN.

Qu'y a-t-il ?

RÖSSELMANN.

Pourquoi mets-tu la main sur cet homme ?

FRIESSHARDT.

C'est un ennemi de l'empereur, un traître.

TELL *le saisit violemment.*

Un traître, moi !

RÖSSELMANN.

Ami, tu te trompes. C'est Tell, un homme d'honneur, un bon citoyen.

WALTHER *aperçoit* WALTHER FÜRST *et court au-devant de lui.*

A l'aide, grand-père ! On fait violence à mon père.

FRIESSHARDT.

En prison, marche !

WALTHER FÜRST, *accourant.*

Je suis sa caution, arrêtez.... Au nom de Dieu, Tell, qu'est-il arrivé ?

MELCHTHAL *et* STAUFFACHER *viennent.*

FRIESSHARDT.

Il méprise la souveraine puissance du bailli, et ne veut pas la reconnaître.

STAUFFACHER.

Tell aurait fait cela ?

MELCHTHAL.

Tu mens, drôle.

LEUTHOLD.
Il n'a pas salué le chapeau.
WALTHER FÜRST.
Et pour cela il faut qu'il aille en prison? Ami, accepte ma caution et laisse-le libre.
FRIESSHARDT.
Garde ta caution pour toi et pour ta personne. Nous remplissons notre devoir. Allons, en avant....
MELCHTHAL, *aux Suisses.*
C'est une violence criante. Souffrirons-nous qu'on l'emmène ainsi impudemment à nos yeux?
LE SACRISTAIN.
Nous sommes les plus forts. Amis, ne le souffrez pas. Les autres nous soutiendront.
FRIESSHARDT.
Qui ose s'opposer à l'ordre du bailli?
TROIS AUTRES MONTAGNARDS, *accourant.*
Nous vous aiderons. Qu'y a-t-il? Terrassez-les.

HILDEGARDE, ÉLISABETH *et* MATHILDE *reviennent.*
TELL.
Je m'aiderai bien moi-même. Allez, braves gens! Croyez-vous que, si je voulais employer la force, j'aurais peur de leurs hallebardes?
MELCHTHAL, *à Friesshardt.*
Ose l'emmener du milieu de nous!
WALTHER FÜRST *et* STAUFFACHER.
Du calme! De la patience!
FRIESSHARDT *crie.*
Révolte et sédition! (*On entend des cors de chasse.*)
LES FEMMES.
Voici le bailli.
FRIESSHARDT *élève la voix.*
Émeute! Révolte!
STAUFFACHER.
Crie à en crever, coquin!
RÖSSELMANN *et* MELCHTHAL.
Veux-tu te taire?

FRIESSHARDT *crie encore plus haut.*
Au secours! Aide aux agents de la loi!

WALTHER FÜRST.

Voilà le bailli! Malheur à nous! Qu'est-ce que cela va devenir?

GESSLER, *à cheval, le faucon sur le poing;* RODOLPHE LE HARRAS, BERTHA *et* RUDENZ; *nombreuse escorte de Valets d'armes, qui forment un cercle de piques tout autour de la scène.*

RODOLPHE LE HARRAS.

Place, place au bailli!

GESSLER.

Dispersez-les! Pourquoi ce concours de peuple? Qui appelle au secours? (*Silence général.*) Qui était-ce? Je veux le savoir. (*A Friesshardt.*) Toi, avance! Qui es-tu? et pourquoi tiens-tu cet homme? (*Il donne le faucon à un Serviteur.*)

FRIESSHARDT.

Redouté seigneur, je suis ton homme d'armes, et j'ai été dûment placé en sentinelle auprès du chapeau. J'ai saisi cet homme en flagrant délit, comme il lui refusait son hommage. Je voulais l'arrêter, selon tes ordres, et le peuple veut me l'arracher de force.

GESSLER, *après une pause.*

Méprises-tu ton empereur, Tell, et moi, qui commande ici à sa place, au point de refuser le salut à ce chapeau que j'ai fait suspendre ici pour éprouver l'obéissance? Tu as trahi tes mauvais sentiments.

TELL.

Pardonnez-moi, mon bon seigneur. C'est arrivé par inadvertance et non par mépris de vos ordres. Si j'étais circonspect, je ne m'appellerais pas Tell. Je vous demande grâce, cela n'arrivera plus.

GESSLER, *après un moment de silence.*

Tu es passé maître au tir de l'arbalète, Tell: on dit que tu défies tous les archers.

WALTHER.

Et cela doit être vrai, seigneur. Mon père vous atteint une pomme sur l'orbre à cent pas.

GESSLER.

Est-ce là ton fils, Tell?

TELL.

Oui, mon bon seigneur.

GESSLER.

As-tu d'autres enfants?

TELL.

J'ai deux garçons, seigneur.

GESSLER.

Et quel est celui que tu aimes le mieux?

TELL.

Monseigneur, tous les deux sont également mes enfants chéris.

GESSLER.

Eh bien, Tell! puisque tu atteins une pomme à cent pas, il faudra que tu me donnes la preuve de ton adresse.... Prends ton arbalète.... justement tu l'as à la main.... et apprête-toi à tirer une pomme sur la tête de ton fils.... Mais, je te le conseille, vise bien, afin d'atteindre la pomme du premier coup; car, si tu la manques, c'est fait de ta vie. (*Tous donnent des signes d'effroi.*)

TELL.

Seigneur.... quelle chose horrible prétendez-vous de moi?... Vous voulez que, sur la tête de mon enfant.... Mais non, non, mon bon seigneur, cela ne peut pas vous venir à l'esprit.... Que le bon Dieu nous en préserve!... Vous ne pouvez demander cela sérieusement d'un père.

GESSLER.

Tu tireras la pomme sur la tête de l'enfant... Je le demande, je le veux.

TELL.

Que je vise avec mon arbalète la tête chérie de mon propre enfant.... Je mourrai plutôt.

GESSLER.

Tu tireras ou tu mourras avec ton fils.

TELL.

Que je devienne le meurtrier de mon enfant! Seigneur, vous n'avez pas d'enfants.... vous ne savez pas ce qui se passe dans le cœur d'un père.

GESSLER.

Eh! Tell, te voilà tout à coup bien prudent. On me disait que tu étais un rêveur, et que tu t'écartais de la manière d'agir des autres hommes. Tu aimes l'extraordinaire.... voilà pourquoi j'ai imaginé tout exprès pour toi ce coup hasardeux. Un autre sans doute hésiterait.... mais toi, tu vas fermer les yeux et tenter vaillamment l'aventure.

BERTHA.

Ne plaisantez pas, seigneur, avec ces pauvres gens. Vous les voyez pâles et tremblants devant vous.... Ils sont si peu habitués à vous entendre badiner.

GESSLER.

Qui vous dit que je plaisante? (*Il porte la main à une branche d'arbre qui pend au-dessus de sa tête.*) Voici la pomme. Faites place.... Qu'il prenne sa distance, selon l'usage.... Je lui donne quatre-vingts pas.... ni plus, ni moins.... Il s'est vanté d'atteindre son homme à cent pas.... Maintenant, archer, touche et ne manque pas le but!

RODOLPHE LE HARRAS.

Dieu! cela devient sérieux. Enfant, tombe à genoux, il y va de la vie, et demande grâce au bailli.

WALTHER FÜRST, *à part, à Melchthal, qui a peine à contenir son impatience.*

Contenez-vous, je vous en supplie; demeurez calme.

BERTHA, *au Bailli.*

N'allez pas au delà, seigneur! Il est inhumain de jouer ainsi avec les angoisses d'un père. Quand ce pauvre homme, par sa légère faute, aurait mérité de perdre la vie, n'a-t-il pas déjà, grand Dieu! souffert dix fois la mort? Renvoyez-le, sans lui faire de mal, dans sa cabane. Il a appris à vous connaître; c'est une heure qu'il n'oubliera jamais, ni lui, ni les enfants de ses enfants.

GESSLER.

Formez la haie.... Allons! que tardes-tu? Tu as encouru la mort; je puis te faire périr, et, vois, j'ai la clémence de remettre ton sort entre tes mains habiles et exercées. Celui qu'on fait maître de son destin ne peut se plaindre de la rigueur de la sentence. Tu te vantes de la sûreté de ton coup d'œil : eh bien!

tireur, il s'agit ici de nous montrer ton art. Le but est digne de toi, et le prix est grand. Toucher le noir dans la cible, un autre le peut aussi; mais, pour moi, le vrai maître, c'est celui qui partout est sûr de son art, et dont le cœur n'a point d'action ni sur l'œil ni sur la main.

WALTHER FÜRST *se jette à ses pieds.*

Seigneur bailli, nous reconnaissons votre puissance; mais faites grâce au lieu de justice; prenez la moitié de mon avoir, prenez-le tout; seulement épargnez une telle horreur à un père.

WALTHER TELL.

Grand-père, ne te mets pas à genoux devant ce méchant homme. Dites où je dois me placer. Je n'ai pas peur. Mon père atteint l'oiseau dans son vol; il ne frappera pas, au lieu du but, le cœur de son enfant.

STAUFFACHER.

Seigneur bailli, l'innocence de cet enfant ne vous touche-t-elle pas?

RÖSSELMANN.

Oh! songez qu'il y a un Dieu dans le ciel à qui vous rendrez compte de vos actions.

GESSLER, *montrant l'Enfant.*

Qu'on le lie à ce tilleul!

WALTHER TELL.

Me lier! non, je ne veux pas être lié. Je me tiendrai tranquille comme un agneau, je ne soufflerai même pas. Si vous me liez, je ne le pourrai pas; je me débattrai contre mes liens.

RODOLPHE LE HARRAS.

Laisse-toi seulement bander les yeux, mon enfant.

WALTHER.

Pourquoi les yeux? Pensez-vous que j'aie peur d'une flèche qui part de la main de mon père? Je l'attendrai bravement et sans sourciller.... Courage, mon père, montre-lui que tu es un archer. Il ne le croit pas et pense nous perdre.... Au grand dépit de ce méchant, tire et atteins. (*Il va au tilleul, on lui place la pomme sur la tête.*)

MELCHTHAL, *aux Montagnards.*

Quoi? Ce crime doit-il s'accomplir sous nos yeux? Pourquoi donc avons-nous juré?

STAUFFACHER.

Nous ne pouvons rien. Nous n'avons pas d'armes, et vous voyez la forêt de lances qui nous entoure.

MELCHTHAL.

Oh! si nous avions sur-le-champ accompli notre dessein! Que Dieu pardonne à ceux qui ont conseillé le retard!

GESSLER, *à Tell.*

A l'œuvre! Ce n'est pas en vain que l'on porte des armes. Il est dangereux de manier un instrument de mort, et la flèche revient frapper celui qui la tire. Ce droit orgueilleux que le paysan s'arroge offense le souverain seigneur du pays. Personne ne doit être armé que celui qui commande. S'il vous plaît de manier la flèche et l'arc, eh bien! c'est moi qui vous marquerai le but.

TELL *tend son arbalète et y place la flèche.*

Ouvrez la haie! place!

STAUFFACHER.

Quoi, Tell? vous voudriez.... Non, jamais.... Vous frissonnez.... Votre main tremble, vos genoux chancellent.

TELL *laisse tomber l'arbalète.*

J'ai un nuage devant les yeux.

LES FEMMES.

Dieu du ciel!

TELL, *au Bailli.*

Faites-moi grâce de ce coup. Voici mon cœur! (*Il découvre vivement sa poitrine.*) Appelez vos soldats, et tuez-moi sur la place.

GESSLER.

Je ne veux pas de ta vie, je veux que tu tires.... Eh! tu peux tout, Tell; rien n'est au-dessus de tes forces. Tu manies la rame aussi bien que l'arc; nulle tempête ne t'effraye, quand il y a une vie à sauver. Maintenant, libérateur, sauve-toi toi-même, puisque tu sauves tous les autres. (*Tell est en proie à une lutte terrible. Ses mains s'agitent convulsivement; ses yeux roulent dans leur orbite et se dirigent tantôt sur le Bailli, tantôt vers le ciel.... Tout à coup, il porte la main à son carquois, en tire une seconde flèche, et la cache dans son pourpoint. Le Bailli remarque tous ces mouvements.*)

ACTE III, SCÈNE III.

WALTHER TELL, *sous le tilleul.*

Père, tire! Je n'ai pas peur.

TELL.

Il le faut. (*Il se domine par un puissant effort et couche en joue.*)

RUDENZ *s'avance. Il a été, pendant tout ce temps, dans un état de violente excitation, ne se contenant qu'à grand'peine.*

Seigneur bailli, vous ne pousserez pas la chose plus loin. Non, vous ne le ferez pas.... Ce n'était qu'une épreuve.... Vous êtes arrivé à vos fins.... La rigueur, poussée au delà des bornes, manque le but que la sagesse lui fixe, et l'arc, par trop tendu, éclate et se brise.

GESSLER.

Vous attendrez pour parler qu'on vous interpelle.

RUDENZ.

Je veux parler. J'en ai le droit. L'honneur du roi m'est sacré; mais l'autorité exercée de la sorte ne peut enfanter que la haine. Ce n'est pas là la volonté du roi.... je puis bien l'affirmer.... Mon peuple ne mérite pas une telle cruauté; vous n'avez pas de pouvoirs pour cela....

GESSLER.

Ah! vous vous enhardissez!

RUDENZ.

Je me suis tu sur tous les actes excessifs dont j'ai été témoin; je me suis fait volontairement aveugle. Mon cœur qui se soulevait et débordait, je l'ai refoulé dans mon sein. Mais me taire plus longtemps, ce serait trahir à la fois ma patrie et l'empereur.

BERTHA *se jette entre lui et le Bailli.*

O Dieu! vous irritez encore plus ce furieux.

RUDENZ.

J'ai abandonné mon peuple, j'ai renoncé à ma famille, j'ai rompu tous les liens de la nature, pour m'attacher à vous.... Je croyais assurer le bien de tous en affermissant la puissance de l'empereur.... Le bandeau tombe de mes yeux. Je me vois, en frissonnant, conduit au bord d'un abîme.... Vous avez égaré mon libre jugement, séduit mon cœur loyal.... Avec la meilleure intention, je travaillais à la ruine de mon peuple.

GESSLER.

Téméraire, un tel langage à ton seigneur ?

RUDENZ.

L'empereur est mon seigneur, et non pas vous.... Je suis né libre comme vous ; je puis me mesurer avec vous pour tout ce qui fait le chevalier ; et si vous n'étiez pas ici au nom de l'empereur, que je révère, là même où on l'outrage, je vous jetterais ici le gant, et vous auriez à me rendre raison selon les lois de la chevalerie.... Oui, vous n'avez qu'à faire signe à vos hommes d'armes.... Je ne suis pas ici sans défense, comme ceux-ci.... (*Il montre le peuple.*) J'ai une épée, et, si quelqu'un m'approche....

STAUFFACHER *crie.*

La pomme est tombée. (*Pendant que tout le monde s'était tourné du côté de Rudenz et du Bailli, et que Bertha s'était jetée entre eux, Tell a fait partir la flèche.*)

RÖSSELMANN.

L'enfant vit.

UN GRAND NOMBRE DE VOIX.

La flèche a frappé la pomme. (*Walther Fürst chancelle et menace de tomber; Bertha le soutient.*)

GESSLER, *étonné.*

Il a tiré ? Comment ? L'enragé !

BERTHA.

L'enfant vit. Revenez à vous, bon père.

WALTHER TELL *accourt avec la pomme.*

Père, voici la pomme.... Je savais bien que tu ne ferais pas de mal à ton enfant.

TELL *était resté le corps penché en avant, comme s'il voulait suivre la flèche.... L'arbalète échappe de sa main.... Quand il voit venir son fils, il s'élance au-devant de lui les bras étendus, le soulève et le presse ardemment sur son cœur. Dans cette posture, ses forces l'abandonnent et il s'affaisse sur lui-même. Tous se montrent émus.*

BERTHA.

Oh! bonté du ciel!

WALTER FÜRST, *au père et au fils,*

Enfants! mes enfants!

STAUFFACHER.

Dieu soit loué!

LEUTHOLD.

C'est là un coup! On en parlera encore dans les temps les plus reculés.

RODOLPHE LE HARRAS.

On dira l'histoire de l'archer Tell aussi longtemps que les montagnes reposeront sur leur base. (*Il présente la pomme au Bailli.*)

GESSLER.

Par le ciel! la pomme est traversée par le milieu. C'est un coup de maître, il faut lui rendre justice.

RÖSSELMANN.

Oui, le coup est beau; mais malheur à celui qui l'a poussé à tenter Dieu!

STAUFFACHER.

Revenez à vous, Tell; levez-vous : vous vous êtes racheté vaillamment, et vous pouvez retourner chez vous en liberté.

RÖSSELMANN.

Venez, venez et ramenez l'enfant à sa mère. (*Ils veulent l'emmener.*)

GESSLER.

Tell, écoute.

TELL *revient*.

Qu'ordonnez-vous, Seigneur?

GESSLER.

Tu as caché sur toi une seconde flèche.... Oui, oui, je l'ai bien vu.... Quelle était ton intention?

TELL, *embarrassé*.

Seigneur, tel est l'usage des archers.

GESSLER.

Non, Tell, je ne me paye pas de cette réponse. Tu avais sans doute quelque autre idée. Dis-moi la vérité franchement, Tell, et rondement. Quoi que ce soit, ta vie est assurée, je te le promets. Pourquoi cette seconde flèche?

TELL.

Eh bien, Seigneur, puisque vous m'avez promis la vie sauve, je vous dirai la vérité tout entière. (*Il tire la flèche de son pourpoint et fixe sur le Bailli un regard terrible.*) Le but de cette seconde flèche, c'eût été.... vous-même, si j'avais frappé mon cher enfant; et vous.... croyez-moi, je ne vous aurais pas manqué.

GESSLER.

Bien, Tell, je t'ai assuré la vie, j'ai donné ma parole de chevalier, je la tiendrai.... mais, puisque je connais tes mauvais sentiments, je vais, pour me préserver de tes flèches, te faire conduire et garder dans un lieu où ni lune ni soleil ne t'éclaireront jamais. Saisissez-le, gardes! Liez-le. (*Tell est lié.*)

STAUFFACHER.

Comment, Seigneur? Vous pourriez traiter de la sorte un homme sur qui la main de Dieu s'est manifestée si visiblement?

GESSLER.

Voyons si elle le délivrera deux fois.... Qu'on le mette sur ma barque; je le suis à l'instant : je veux le conduire moi-même à Küssnacht.

RÖSSELMANN.

Vous n'en avez pas le droit, l'empereur ne l'a pas. Cela est contraire à nos lettres de franchise.

GESSLER.

Où sont-elles? L'empereur les a-t-il confirmées? Il ne les a pas confirmées.... Il faut d'abord que vous méritiez cette faveur par votre obéissance. Vous êtes tous rebelles contre la juridiction de l'empereur et vous entretenez une révolte téméraire. Je vous connais tous.... je lis au fond de vos cœurs.... En voilà un que je prends aujourd'hui au milieu de vous, mais vous avez tous part à sa faute. Quiconque est sage apprenne à se taire et à obéir. (*Il s'éloigne. Bertha, Rudenz, Harras, et les hommes d'armes le suivent. Friesshardt et Leuthold restent.*)

WALTER FÜRST, *dans une vive douleur.*

C'en est fait! Il a résolu de me perdre avec toute ma famille.

STAUFFACHER, *à Tell.*

Oh! pourquoi a-t-il fallu que vous irritiez ce furieux?

TELL.

Se maîtrise qui aura senti ma douleur!

STAUFFACHER.

Oh! maintenant tout est perdu, tout! Avec vous, nous sommes tous enchaînés et liés.

ACTE III, SCÈNE III.   425

LES PAYSANS *entourent Tell.*

Avec vous s'en va notre dernière espérance.

LEUTHOLD *s'approche.*

Tell, je vous plains, mais il faut que j'obéisse.

TELL.

Adieu!

WALTHER TELL, *se serrant contre lui avec une vive douleur.*

O mon père, mon père, mon cher père!

TELL *lève les mains au ciel.*

Ton père est là-haut. C'est lui qu'il faut implorer.

STAUFFACHER.

Tell, ne dirai-je rien à votre femme de votre part?

TELL *presse son fils avec tendresse sur son cœur.*

L'enfant est sain et sauf; et moi, Dieu m'aidera. (*Tell s'arrache vivement à ces adieux, et suit les hommes d'armes.*)

ACTE QUATRIÈME.

SCÈNE I.

La rive orientale du lac des Quatre-Cantons. — La vue est bornée par les rochers escarpés, de forme étrange, qui sont à l'ouest. Le lac est agité, les vagues mugissent avec fracas, et à leur tumulte se mêlent des coups de tonnerre et des éclairs.

KUNZ DE GERSAU, UN PÊCHEUR *et* **SON FILS.**

KUNZ.

Je l'ai vu de mes yeux, vous pouvez m'en croire. Tout s'est passé comme je vous le disais.

LE PÊCHEUR.

Tell emmené prisonnier à Kussnacht, le plus brave homme du pays, le bras le plus vaillant, si un jour il fallait combattre pour la liberté!

KUNZ.

Le bailli l'emmène lui-même par delà le lac. Ils s'embarquaient juste au moment où je quittais la rive de Flüelen; mais il est possible que l'orage qui éclate en ce moment, et qui m'a forcé moi-même d'aborder ici en toute hâte, ait retardé leur départ.

LE PÊCHEUR.

Tell dans les fers, au pouvoir du bailli! Oh! croyez-moi, il l'enterrera dans un cachot si profond qu'il ne reverra plus la lumière du jour; car il doit redouter la juste vengeance d'un homme libre, cruellement provoqué.

KUNZ.

On dit aussi que l'ancien landammann, le noble seigneur d'Attinghausen, est au lit de la mort.

LE PÊCHEUR.

Dans ce cas, notre dernière ancre de salut est brisée. C'était le seul qui osât encore élever la voix pour soutenir les droits du peuple.

KUNZ.

La tempête augmente. Adieu! Je vais chercher un gîte dans le village, car on ne peut plus penser à partir par le lac aujourd'hui. (*Il s'en va.*)

LE PÊCHEUR.

Tell prisonnier et le baron mort! Lève ton front impudent, tyrannie, dépouille toute honte! La bouche de la vérité est muette, l'œil qui voyait encore est aveuglé, le bras qui devait nous sauver est enchaîné.

LE FILS DU PÊCHEUR.

Il grêle fort : venez dans la cabane, mon père; il ne fait pas bon rester ici en plein air.

LE PÊCHEUR.

Vents, déchaînez-vous! Éclairs, lancez tous vos feux! Crevez, nuages! et vous, torrents du ciel, tombez sur nous et noyez le pays! Détruisez dans leur germe les générations qui ne sont pas nées! Régnez en maîtres, éléments furieux! Que les ours reviennent, les loups de l'antique solitude! La contrée leur appartient. Qui voudra vivre ici sans la liberté?

LE FILS DU PÊCHEUR.

Entendez comme l'abîme gronde, comme le vent hurle! Jamais ce gouffre n'a été en proie à une telle rage!

LE PÊCHEUR.

Tirer sur la tête de son propre enfant! Jamais on n'a exigé d'un père rien de pareil. Et l'on s'étonne, après cela, que la nature se soulève et déchaîne sa fureur? Oh! je ne serai pas surpris, moi, si ces rochers se précipitent dans le lac, si ces aiguilles, ces tours de glace, qui jamais n'ont fondu depuis le jour de la création, descendent en eau de leurs hauts sommets, si les montagnes se brisent, si les antiques ravins croulent et se comblent et si un second déluge engloutit les demeures des vivants. (*On entend une cloche.*)

LE FILS DU PÊCHEUR.

Entendez-vous? Ils sonnent là-haut sur la montagne. Sans doute on a vu une barque en danger, et l'on sonne la cloche pour inviter à la prière. (*Il monte sur une hauteur.*)

LE PÊCHEUR.

Malheur au bateau qui est en route en ce moment et bercé dans ce terrible berceau! Ici pilote et gouvernail sont inutiles : l'orage est le maître, et la vie de l'homme est le jouet du vent et des flots.... Il n'y a, ni près, ni loin, aucune crique qui puisse lui offrir un sûr abri. Le roc inhospitalier, montant à pic, et sans prise, lui oppose une barrière infranchissable, et ne lui montre de toutes parts que ses durs flancs de pierre.

LE FILS DU PÊCHEUR, *étendant la main vers la gauche.*

Père, une barque! Elle vient de Flüelen.

LE PÊCHEUR.

Que Dieu soit en aide aux pauvres gens! Quand une fois l'ouragan s'est engouffré dans cette gorge où est le lac, il se démène en tous sens avec la rage de la bête féroce qui va heurter les barreaux de sa cage. C'est en vain qu'il se cherche, en hurlant, une issue, car tout autour il est arrêté par les murs de rochers, hauts comme le ciel, qui ferment cet étroit passage. (*Il monte sur la hauteur.*)

LE FILS DU PÊCHEUR.

Père, c'est la barque seigneuriale d'Uri : je la reconnais à son toit rouge et au drapeau.

LE PÊCHEUR.

Justice de Dieu! Oui, c'est lui-même, c'est le bailli qui navigue là..... Le voilà sur le lac, traînant avec lui son crime sur son bateau. Le bras du vengeur suprême l'a atteint sans délai; il voit maintenant qu'il y a au-dessus de lui un maître plus fort. Ces vagues ne cèdent point à sa voix; ces rochers ne courbent pas leurs cimes devant son chapeau.... Enfant, ne prie pas! n'arrête pas le bras du juge.

LE FILS DU PÊCHEUR.

Je ne prie pas pour le bailli.... Je prie pour Tell qui est avec lui sur la barque.

LE PÊCHEUR.

O déraison de l'élément aveugle! Faut-il que, pour atteindre un coupable, tu engloutisses la barque avec le pilote?

LE FILS DU PÊCHEUR.

Vois, vois, ils avaient heureusement passé le Buggisgrat, mais la violence du vent que le Teufelsmünster renvoie sur eux, les rejette en arrière vers le grand Axenberg.... Je ne les vois plus.

LE PÊCHEUR.

C'est là qu'est le Hackmesser, où déjà plus d'un bateau s'est brisé. S'ils ne l'évitent pas par une habile manœuvre, ce roc qui plonge à pic dans le lac mettra leur barque en pièces.... Ils ont un bon pilote à bord ; si quelqu'un pouvait les sauver, ce serait Tell ; mais il a les bras et les mains liés.

GUILLAUME TELL, *avec son arbalète.* (*Il vient à grands pas, regarde avec surprise autour de lui et montre la plus vive agitation. Quand il est au milieu du théâtre, il se jette à genoux, étend les mains vers la terre, puis les lève au ciel.*)

LE FILS DU PÊCHEUR *le remarque.*

Vois, père, quel est cet homme qui est agenouillé là?

LE PÊCHEUR.

Il touche la terre avec ses mains et paraît comme hors de lui.

LE FILS DU PÊCHEUR *vient en avant.*

Mon père, que vois-je? Venez, père, regardez.

LE PÊCHEUR *s'approche.*

Qui est-ce?... Dieu du ciel! Quoi? Tell! Comment êtes-vous ici? Parlez.

LE FILS DU PÊCHEUR.

N'étiez-vous pas là-bas sur le bateau, prisonnier et lié?

LE PÊCHEUR.

Ne vous emmenait-on pas à Küssnacht?

TELL *se lève.*

Je suis délivré.

LE PÊCHEUR ET SON FILS.

Délivré! O miracle de Dieu!

LE FILS DU PÊCHEUR.

D'où venez-vous?

TELL.

Du bateau.

LE PÊCHEUR.

Quoi?

LE FILS DU PÊCHEUR, *en même temps.*

Où est le bailli?

TELL.

A la merci des flots.

LE PÊCHEUR.

Est-ce possible? Mais vous? Comment êtes-vous ici? Comment avez-vous échappé à vos chaînes et à la tempête?

TELL.

Par la grâce de la divine Providence.... Écoutez.

LE PÊCHEUR *et* SON FILS.

Oh! parlez, parlez!

TELL.

Savez-vous ce qui s'est passé à Altorf?

LE PÊCHEUR.

Je sais tout, parlez.

TELL.

Que le bailli m'avait fait saisir et enchaîner, qu'il voulait me conduire à son château, à Küssnacht?

LE PÊCHEUR.

Et qu'il s'est embarqué avec vous à Flüelen : nous savons tout. Dites comment vous avez échappé.

TELL.

J'étais couché dans la barque, fortement lié avec des cordes, sans défense, comme un homme perdu.... Je ne comptais plus revoir la riante lumière du soleil, ni le visage chéri de ma femme et de mes enfants, et je jetais un regard désespéré sur le désert des eaux....

LE PÊCHEUR.

O pauvre homme!

TELL.

C'est ainsi que nous naviguions, le bailli, Rodolphe le Harras, les gens de service, et moi. Mon carquois, avec mon arbalète, étaient sur l'arrière, à la pointe du bateau, près du gouvernail. Comme nous arrivions à cet angle qui est près du petit Axenberg, soudain, des gorges du Saint-Gothard, une tempête, par un arrêt de Dieu, se déchaîna, si horrible et si furieuse, que tous les rameurs perdirent courage et que chacun s'attendait à périr misérablement dans les flots. Alors j'entendis qu'un des serviteurs s'adressa au bailli et lui dit : « Vous voyez, seigneur, votre détresse et la nôtre. Nous sommes tous à un pas de la mort.... Les bateliers, dans leur effroi, ne savent plus que faire, et d'ailleurs ils n'entendent pas bien la navigation.... Mais voilà Tell qui est un homme vigoureux et qui sait gouverner une barque. Si, dans notre péril, nous nous servions de lui? » Alors le bailli me dit : « Tell, si tu croyais pouvoir nous sauver de cet orage, je te débarrasserais volontiers de tes liens. — Oui, seigneur, lui répondis-je, avec l'aide de Dieu, mon bras, je l'espère, nous tirera de là. » Je fus ainsi délivré de mes chaînes, je me mis au gouvernail et je manœuvrai bravement. Cependant d'un regard oblique je m'assurais où était mon arme, et j'examinais attentivement le rivage pour y chercher quelque endroit propice où je pusse m'élancer. Ayant aperçu une roche aplatie qui s'avançait dans le lac....

LE PÊCHEUR.

Je connais l'endroit, c'est au pied du grand Axenberg, mais je ne crois pas qu'il soit possible.... tant elle est haute et abrupte.... de l'atteindre en sautant d'une barque.

TELL.

Je criai aux rameurs de redoubler d'efforts jusqu'à ce que nous fussions devant cette saillie plate. « Là, leur disais-je, le pire sera passé ».... Bientôt, à force de rames, nous arrivons à ce point; alors, invoquant le secours de Dieu, je pousse, en appuyant de tout mon pouvoir, l'arrière de la barque contre la paroi du rocher; puis, saisissant mon arme à la hâte, je m'élance et arrive d'un bond à la hauteur de la plate-forme, tandis qu'en arrière, d'un coup de pied vigoureux, je repousse le batelet dans le gouffre.... Qu'il y flotte, au gré de Dieu, sur les vagues! Quant à moi, me voici, échappé à la tempête et à la puissance, plus cruelle, des hommes.

LE PÊCHEUR.

Tell, Tell! le Seigneur a fait en vous sauvant un miracle visible; c'est à peine si j'en crois mes sens.... Mais, dites-moi, où comptez-vous aller maintenant? Car il n'y a pas de sûreté pour vous, si le gouverneur échappe vivant à la tempête.

TELL.

Je lui ai entendu dire, pendant que j'étais encore lié et couché dans la barque, qu'il voulait débarquer à Brunnen, et me conduire à son château en passant par Schwytz....

LE PÊCHEUR.

Est-ce qu'il veut y aller par terre?

TELL.

C'est son intention.

LE PÊCHEUR.

Oh! alors, cachez-vous sans retard. Dieu ne vous sauvera pas deux fois de ses mains.

TELL.

Indiquez-moi le chemin le plus court pour aller à Arth et à Küssnacht.

LE PÊCHEUR.

La grande route passe par Steinen. Mais mon garçon pourra vous conduire par Lowerz ; c'est un chemin plus court et moins fréquenté.

TELL *lui donne la main.*

Que Dieu vous récompense de votre bonne action. Adieu. (*Il s'en va, puis revient sur ses pas.*)... N'étiez-vous pas avec ceux qui ont juré au Rütli ? Il me semble qu'on m'a prononcé votre nom....

LE PÊCHEUR.

Oui, j'y étais, et j'ai juré le serment de l'alliance.

TELL.

Eh bien! rendez-moi le service d'aller sans retard à Bürglen. Ma femme se désespère à mon sujet : apprenez-lui que je suis délivré et en sûreté.

LE PÊCHEUR.

Mais où lui dirai-je que vous vous êtes réfugié ?

TELL.

Vous trouverez chez elle mon beau-père et d'autres personnes qui ont aussi juré au Rütli.... Dites-leur qu'ils aient bon courage et bon espoir, que Tell est libre et maître de son bras, et qu'ils auront bientôt d'autres nouvelles de moi.

LE PÊCHEUR.

Quel est votre projet ? Dites-le-moi sans crainte.

TELL.

Quand il sera accompli, on en parlera. (*Il s'en va.*)

LE PÊCHEUR.

Montre-lui le chemin, Jenni.... Que Dieu l'assiste, et quel que soit son dessein, puisse-t-il l'achever! (*Il s'en va.*)

SCÈNE II.

Le noble manoir d'Attinghausen.

LE BARON, *dans un fauteuil, mourant;* WALTHER FÜRST, STAUFFACHER, MELCHTHAL *et* BAUMGARTEN, *empressés autour de lui;* WALTHER TELL, *agenouillé devant le mourant.*

WALTHER FÜRST.

C'en est fait de lui, il a rendu l'âme.

STAUFFACHER.

Non, ce n'est pas là le sommeil de la mort.... Voyez s'agiter la plume approchée de ses lèvres. Il dort paisiblement et un doux sourire anime encore ses traits. *(Baumgarten va à la porte et parle à quelqu'un.)*

WALTHER FÜRST, *à Baumgarten.*

Qui est-ce?

BAUMGARTEN *revient.*

C'est dame Hedwige, votre fille : elle veut vous parler, elle veut voir son enfant. *(Walther Tell se lève.)*

WALTHER FÜRST.

Puis-je la consoler? Ai-je moi-même une consolation? Toutes les souffrances s'amassent-elles donc sur ma tête?

HEDWIGE, *entrant sans plus attendre.*

Où est mon enfant? Laissez-moi, il faut que je le voie....

STAUFFACHER.

Possédez-vous. Songez que vous êtes dans la maison de la mort....

HEDWIGE *se jette sur l'enfant.*

Mon Walther! Oh! il vit, je l'ai encore.

WALTHER TELL *s'attache à elle.*

Ma pauvre mère!

HEDWIGE.

Est-ce bien sûr? Tu n'es pas blessé? *(Elle le regarde avec une attention inquiète.)* Mais quoi? Est-ce possible? A-t-il pu tirer sur toi? Comment l'a-t-il pu? Oh! il n'a point de cœur.... Il a pu lancer la flèche sur son propre enfant.

WALTHER FÜRST.

Il l'a fait avec angoisse, l'âme en proie à la douleur; il l'a fait contraint, car il y allait de la vie.

HEDWIGE.

Oh! s'il avait le cœur d'un père, plutôt que de le faire, il serait mort mille fois.

STAUFFACHER.

Vous devriez bénir la divine bonté de la Providence, qui a tout conduit si heureusement.

HEDWIGE.

Puis-je oublier ce qui aurait pu arriver?... Dieu du ciel! quand je vivrais quatre-vingts ans.... je verrai toujours l'enfant debout, immobile et lié, son père qui tire sur lui, toujours ce trait qui me traverse le cœur.

MELCHTHAL.

Femme, si vous saviez comme le bailli l'a poussé à bout!

HEDWIGE.

O cœur dur des hommes! Quand leur orgueil est blessé, ils ne considèrent plus rien : dans leur aveugle colère, ils mettent en jeu et la tête de l'enfant et le cœur de la mère.

BAUMGARTEN.

Le sort de votre mari n'est-il pas assez cruel, pour que vous l'affligiez encore par vos sévères reproches? Ses souffrances à lui vous laissent-elles insensible?

HEDWIGE *se tourne vers lui et le regarde avec de grands yeux.*

Est-ce que tu n'as que des larmes pour le malheur de ton ami?... Où étiez-vous quand on a chargé de liens le meilleur des hommes? Où était alors votre secours? Vous êtes restés simples spectateurs : vous avez laissé cette horreur s'accomplir; vous avez souffert patiemment qu'on emmenât votre ami du milieu de vous.... Tell a-t-il agi de même à votre égard? Est-il resté là à te plaindre quand les cavaliers du bailli accouraient derrière toi, quand le lac en furie mugissait devant toi? Ce n'est pas par des larmes oisives qu'il t'a montré sa pitié : il s'est élancé dans la nacelle, et, oubliant femme et enfants, il t'a sauvé....

WALTHER FÜRST.

Que pouvions-nous tenter pour le délivrer, une poignée d'hommes sans armes?

HEDWIGE *se jette dans ses bras.*

O mon père! et toi aussi tu l'as perdu! Le pays, nous tous, nous l'avons perdu. Il nous manque à tous, hélas! et nous lui manquons. Que Dieu sauve son âme du désespoir! Aucune des consolations de l'amitié ne pourra descendre jusqu'à lui dans la solitude de son cachot.... S'il tombait malade! Et dans la sombre humidité de sa prison, peut-il, hélas! ne pas tomber malade?... Comme la rose des Alpes pâlit et se fane dans un air marécageux, lui, de même, il ne peut vivre que dans la lumière du soleil et les courants balsamiques des montagnes. Prisonnier! lui! La liberté est son souffle même; il ne peut vivre dans les vapeurs des souterrains.

STAUFFACHER.

Calmez-vous! Nous travaillerons tous à ouvrir sa prison.

HEDWIGE.

Que pouvez-vous faire sans lui?... Aussi longtemps que Tell fut libre, oui, il y avait encore de l'espoir : en lui, l'innocence avait un ami, le persécuté un appui; Tell vous sauvait tous, et vous tous ensemble vous ne pouvez rompre ses chaînes. (*Le Baron se réveille.*)

BAUMGARTEN.

Il remue, silence!

ATTINGHAUSEN, *se redressant.*

Où est-il?

STAUFFACHER.

Qui?

ATTINGHAUSEN.

Il me manque, il m'abandonne au dernier moment.

STAUFFACHER.

Il veut parler de son neveu.... L'a-t-on envoyé chercher?

WALTHER FÜRST.

On l'a fait prévenir.... Consolez-vous! son cœur a parlé, il est à nous.

ATTINGHAUSEN.

A-t-il parlé pour sa patrie?

STAUFFACHER.

Avec un courage de héros.

ATTINGHAUSEN.

Pourquoi ne vient-il pas pour recevoir ma dernière bénédiction? Je sens que ma fin approche rapidement.

STAUFFACHER.

Non, noble seigneur. Ce court sommeil vous a ranimé; votre regard s'est éclairci.

ATTINGHAUSEN.

La souffrance est encore de la vie; elle aussi m'a quitté. J'ai cessé de souffrir ainsi que d'espérer. (*Il aperçoit l'Enfant.*) Quel est cet enfant?

WALTHER FÜRST.

Bénissez-le, seigneur. C'est mon petit-fils, et il n'a plus de père. (*Hedwige se jette à genoux avec l'Enfant devant le mourant.*)

ATTINGHAUSEN.

Et je vous laisse tous ici sans père.... Malheur à moi! Mes derniers regards ont vu la ruine de la patrie. Devais-je donc atteindre aux dernières limites de l'âge, pour mourir ainsi avec toutes mes espérances?

STAUFFACHER, *à Walther Fürst*.

Le laisserons-nous quitter ce monde avec ce sombre chagrin! N'éclairerons-nous pas sa dernière heure d'un doux rayon d'espoir?... Noble baron, relevez votre cœur. Nous ne sommes pas tout à fait abandonnés, nous ne sommes pas perdus sans ressource.

ATTINGHAUSEN.

Qui vous sauvera?

WALTHER FÜRST.

Nous-mêmes. Écoutez! Les trois cantons se sont donné parole de chasser les tyrans. L'alliance est conclue; un serment sacré nous lie. On se mettra à l'œuvre avant que la nouvelle année commence son cours. Votre cendre reposera dans un pays libre.

ATTINGHAUSEN.

Oh! dites-moi, l'alliance est conclue?

MELCHTHAL.

Au même jour, les trois cantons se soulèveront. Tout est prêt, et le secret a été bien gardé jusqu'ici, quoique plusieurs centaines d'hommes y soient initiés. Le sol est miné sous les pas des tyrans; les jours de leur domination sont comptés, et bientôt on ne trouvera plus leur trace.

ATTINGHAUSEN.

Mais les forteresses des cantons?

MELCHTHAL.

Elles tomberont toutes le même jour.

ATTINGHAUSEN.

Et les nobles ont-ils part à cette alliance?

STAUFFACHER.

Nous comptons sur leur assistance au moment de l'action; mais jusqu'ici les paysans seuls ont juré.

ATTINGHAUSEN *se dresse lentement et montre une extrême surprise.*

Le paysan a osé former une telle entreprise, par ses propres moyens, sans le secours des nobles; il s'est fié à ce point à sa propre force?... oui, alors il n'est plus besoin de nous; nous pouvons descendre rassurés dans le tombeau. Elle vivra après nous.... elle veut se maintenir par d'autres forces, la vraie grandeur de l'humanité. (*Il pose la main sur la tête de l'Enfant, qui est agenouillé devant lui.*) De cette tête, où la pomme fut placée, sortira pour vous, pleine de sève, la nouvelle et meilleure liberté. Le monde antique croule, les temps changent, et une vie nouvelle germe et fleurit au milieu des ruines.

STAUFFACHER, *à Walther Fürst.*

Voyez quel éclat illumine ses regards. Ce n'est point là la défaillance de la nature, c'est déjà le rayon d'une vie nouvelle.

ATTINGHAUSEN.

La noblesse descend de ses antiques châteaux et jure aux villes le serment civique. Déjà l'Uchtland, la Turgovie ont donné l'exemple; la noble cité de Berne lève son front dominateur; Fribourg, justifiant son nom[1], est le rempart des hommes libres; Zürich, la ville active, transforme en troupe guerrière ses corporations armées.... La puissance des empereurs vient se briser contre ses murs invincibles.... (*Il prononce ce qui suit d'un ton prophétique; sa parole s'élève à l'accent de l'enthousiasme.*) Je

1. Fribourg (en allemand *Freiburg*) se compose des deux mots *frei*, libre, et *Burg*, château fort.

vois les princes et les nobles seigneurs s'avancer, armés de toutes pièces, pour attaquer un peuple innocent de bergers. On combat à outrance, et maint défilé devient fameux par de sanglantes victoires. Le paysan se précipite, la poitrine nue, comme une victime volontaire, sur la forêt de lances. Il les brise, la fleur de la noblesse succombe, et la liberté lève son étendard triomphant. (*Prenant les mains de Walther Fürst et de Stauffacher.*) Ainsi donc, soyez fermement unis.... fermement et à jamais.... De toutes les communes libres, qu'aucune ne soit étrangère aux autres.... Placez des fanaux sur vos montagnes, pour que les cantons de l'alliance se réunissent sans retard.... Soyez unis... unis.... toujours unis.... (*Il retombe en arrière sur le coussin.... ses mains inanimées tiennent encore les mains qu'il a saisies. Fürst et Stauffacher le contemplent pendant quelque temps en silence, puis ils se retirent et s'abandonnent, chacun de son côté, à leur douleur. Cependant les Serviteurs ont pénétré silencieusement dans la chambre; ils s'approchent en exprimant, les uns avec plus de calme, les autres plus vivement, leur affliction; quelques-uns s'agenouillent auprès de leur maître et baignent sa main de leurs larmes. Pendant cette scène muette, on sonne la cloche du château.*)

RUDENZ *entre précipitamment.*

Vit-il encore? Oh! dites, peut-il m'entendre?

WALTHER FÜRST *montre le lit de mort en détournant le visage.*

C'est vous qui êtes maintenant notre suzerain et notre protecteur, et ce château a changé de nom.

RUDENZ *voit son oncle inanimé et s'arrête, saisi d'une vive douleur.*

Oh! bonté du ciel! Mon repentir vient-il trop tard? Ne pouvait-il donc vivre quelques instants de plus pour voir mon cœur changé! J'ai méprisé sa voix paternelle pendant qu'il marchait encore avec nous à la lumière du jour.... Il n'est plus, il nous a quittés à jamais, et me laisse cette lourde dette inacquittée.... Oh! dites-moi, était-il, en sortant de ce monde, irrité contre moi?

STAUFFACHER.

Il a encore appris, avant de mourir, ce que vous avez fait; il a béni le courage avec lequel vous avez parlé....

RUDENZ *s'agenouille auprès du mort.*

Oui, restes sacrés du meilleur des hommes, corps inanimé,

je te le jure sur cette main froide et morte.... j'ai rompu pour toujours tous les liens étrangers : je suis rendu à mon peuple, je suis désormais un Suisse et je veux l'être de toute mon âme.... (*Se levant.*) Pleurez celui qui fut votre ami, notre commun père, mais ne désespérez pas. Ce n'est pas seulement son héritage qui m'est échu : son cœur, son esprit descendent sur moi, et mon active jeunesse s'acquittera envers vous de ce que vous devaient encore ses cheveux blancs.... Vénérable père, donnez-moi la main! vous la vôtre! et vous aussi, Melchthal! N'hésitez pas, oh! ne vous détournez pas! Recevez mon serment et ma promesse.

WALTHER FÜRST.

Donnez-lui la main. Son cœur, qui revient à nous, mérite confiance.

MELCHTHAL.

Le paysan n'était rien à vos yeux. Dites vous-même, que peut-on attendre de vous?

RUDENZ.

Oh! ne songez pas à l'erreur de ma jeunesse.

STAUFFACHER, *à Melchthal.*

« Soyons unis, » telle a été la dernière parole de notre commun père. Souvenez-vous-en!

MELCHTHAL.

Voici ma main. La poignée de main du paysan, noble seigneur, est aussi un engagement digne de foi. Que serait sans nous le chevalier? Notre ordre est plus ancien que le vôtre.

RUDENZ.

Je l'honore, et mon épée le protégera.

MELCHTHAL.

Le bras, seigneur baron, qui dompte la dure terre et en féconde le sein, peut aussi protéger la poitrine de l'homme.

RUDENZ.

Eh bien! vous protégerez ma poitrine et moi la vôtre, et ainsi nous serons forts l'un par l'autre.... Mais que sert de parler, lorsque la patrie est encore la proie de la tyrannie étrangère? Quand une fois le sol sera délivré des ennemis, alors nous saurons bien nous accorder à l'amiable. (*Après quelques moments de silence.*) Vous vous taisez? Vous n'avez rien à me dire? Comment? Est-ce que je ne mérite pas encore que vous vous fiiez à moi?

Il faut donc alors que je pénètre malgré vous dans le secret de votre alliance.... Vous avez tenu conseil,... vous avez juré sur le Rütli....Je sais.... oui, je sais tout, tout ce qui s'y est fait, et votre secret, bien qu'il ne m'eût pas été confié par vous, je l'ai gardé comme un dépôt sacré. Jamais, croyez-moi, je ne fus l'ennemi de mon pays, et jamais je n'aurais agi contre vous.... Mais vous avez eu tort de différer l'exécution : l'heure presse, et il est besoin d'agir sans retard.... Tell a déjà été la victime de votre délai....

STAUFFACHER.

Nous avons juré d'attendre la fête de Noël.

RUDENZ.

Je n'y étais pas, je n'ai pas juré avec vous. Si vous attendez, moi j'agirai.

MELCHTHAL.

Quoi ? Vous voudriez....

RUDENZ.

Je dois me considérer maintenant comme un des pères de la patrie, et mon premier devoir est de vous protéger.

WALTHER FÜRST.

Le premier, le plus sacré de vos devoirs est de confier à la terre cette cendre précieuse.

RUDENZ.

Quand nous aurons affranchi la contrée, nous placerons, toute fraîche, sur son cercueil, la couronne de la victoire.... O mes amis, ce n'est pas seulement votre querelle, mais la mienne aussi que j'ai à vider avec le tyran.... Ecoutez et apprenez! Ma Bertha a disparu; par un attentat plein d'audace, on l'a furtivement enlevée du milieu de nous.

STAUFFACHER.

Le tyran se serait-il vraiment permis une telle violence contre la noble et libre héritière ?

RUDENZ.

O mes amis! je vous ai promis mon secours, et il faut que je commence par implorer le vôtre. Ma bien-aimée m'a été ravie, arrachée. Qui sait où le furieux la cache? à quelle violence se portera leur scélératesse pour contraindre son cœur à une alliance qu'elle abhorre ? Ne m'abandonnez pas, oh! aidez-moi à la sauver.... Elle vous aime, elle mérite, par ce qu'elle a été pour le pays, que tous les bras s'arment pour elle.

WALTHER FÜRST.

Que voulez-vous entreprendre?

RUDENZ.

Le sais-je? Ah! dans cette nuit qui enveloppe son sort, dans l'affreuse angoisse de ce doute où je ne puis me prendre à rien d'assuré, une seule chose est claire dans mon âme: c'est qu'elle ne pourra être retrouvée que sous les débris mêmes de la tyrannie. Il faut que nous forcions tous les châteaux, pour avoir chance de pénétrer dans sa prison.

MELCHTHAL.

Venez, conduisez-nous! Nous vous suivrons. Pourquoi remettre à demain ce que nous pouvons aujourd'hui? Tell était libre quand nous jurâmes sur le Rütli; cette horrible violence n'avait pas encore eu lieu. Le temps apporte une autre loi: qui serait assez lâche pour hésiter encore maintenant?

RUDENZ, *à Stauffacher et à Walther Fürst.*

Vous cependant, armés et prêts à agir, attendez les signaux de feu des montagnes; car plus rapide que le vol d'une voile messagère, vous parviendra la nouvelle de notre victoire; et, quand vous verrez luire les flammes désirées, alors jetez-vous sur les ennemis comme l'éclair de la tempête, et renversez l'édifice de la tyrannie. (*Il sort.*)

SCÈNE III.

Le chemin creux près de Küssnacht. — On descend, par le fond du théâtre, entre des rochers, et les voyageurs, avant qu'ils paraissent sur la scène, sont déjà vus sur la hauteur. Des rochers enferment toute la scène; sur l'un des plus avancés, est une saillie couverte de broussailles.

TELL *entre avec son arbalète.*

Il faut qu'il vienne par ce chemin creux : aucune autre route ne conduit à Küssnacht.... C'est ici que j'accomplirai mon dessein.... L'occasion est favorable. Ce bouquet de sureau me cachera à ses yeux; de là ma flèche peut l'atteindre. L'étroitesse du chemin empêchera la poursuite. Fais ton compte avec le ciel, bailli! Il faut que tu périsses, ton heure a sonné.

Je vivais paisible et innocent. Mes flèches n'étaient dirigées que contre les bêtes de la forêt ; ma pensée était pure de meurtre.... Tu m'as, par la violence et l'effroi, jeté hors de ma paix : tu as changé le lait en venin de serpent, mes sentiments pieux en fureur ; tu m'as habitué à l'horrible.... Celui qui a pris pour but la tête de son enfant, celui-là peut aussi atteindre le cœur de son ennemi.

Mes pauvres enfants innocents, ma femme fidèle, il faut, bailli, que je les défende de ta rage.... Quand je bandais la corde de mon arc.... que la main me tremblait.... et que toi, par une fantaisie atroce et diabolique, tu me forçais de viser à la tête de mon enfant.... lorsque, dans mon impuissance, je me tordais, suppliant, à tes pieds : alors, je me jurai au dedans de moi-même, par un serment terrible que Dieu seul entendit, que le premier but de ma prochaine flèche, ce serait ton cœur.... Ce que j'ai juré à moi-même dans les tortures infernales de cet instant est une dette sacrée : je veux l'acquitter.

Tu es mon seigneur et le bailli de mon empereur ; mais l'empereur jamais ne se serait permis ce que tu as fait.... Il t'a envoyé dans ces cantons pour rendre la justice.... une justice sévère, car il est irrité.... mais non pour te permettre impunément toute horreur, dans tes caprices homicides. Il vit un Dieu, pour venger et punir.

Viens, sors, toi qui portes d'amères souffrances, mais qui es maintenant mon plus précieux joyau, mon plus grand trésor.... Je veux, ma flèche, te donner un but qui jusqu'ici fut impénétrable à la douce prière.... mais toi, il ne te résistera pas.... Et toi, mon cher arc, qui tant de fois m'as fidèlement servi dans les fêtes, dans les jeux, ne me trahis pas dans cette épreuve sérieuse et terrible. Aujourd'hui seulement, tiens ferme encore, corde sûre et fidèle, qui si souvent donnas des ailes à ma flèche acérée.... Si maintenant elle échappait sans force de mes mains, je n'en ai pas une seconde à lancer.

(Des Voyageurs passent sur la scène.)

Je veux m'asseoir sur ce banc de pierre, qui est là pour que le voyageur y prenne un moment de repos ; car il n'y a pas ici de demeure.... On passe à la hâte et en étranger devant ceux qu'on rencontre, sans s'inquiéter de leurs chagrins....

C'est ici la route du marchand soucieux, du pèlerin leste et agile.... du moine pieux, du brigand farouche et du joyeux ménétrier, du muletier qui, avec sa bête pesamment chargée, vient des contrées lointaines qu'habitent les hommes, car il n'y a pas de route qui ne conduise au bout du monde. Tous passent leur chemin pour aller à leurs affaires,.... et la mienne est le meurtre. (*Il s'assoit.*)

Autrefois, quand le père quittait pour un temps la maison, il y avait, chers enfants, grande joie à son retour ; car jamais il ne revenait sans vous apporter quelque chose, soit une belle fleur des Alpes, soit un oiseau rare ou une corne d'Ammon, comme le voyageur en trouve sur les montagnes.... Aujourd'hui il va à une tout autre chasse : il est assis, avec des pensées de meurtre, au bord de ce chemin sauvage ; ce qu'il guette, c'est la vie de son ennemi.... Et pourtant, en ce moment même, il ne pense encore qu'à vous, chers enfants.... C'est pour vous défendre, pour protéger votre aimable innocence contre la vengeance du tyran, qu'il va tendre son arc homicide. (*Il se lève.*)

J'épie un noble gibier. Le chasseur ne se rebute point d'errer des jours entiers dans toute la rigueur de l'hiver, de risquer d'un rocher à un autre le saut périlleux, d'escalader de glissantes parois de rochers, en s'y collant avec son propre sang.... et cela pour atteindre un misérable chamois. Il s'agit ici d'un prix bien autrement précieux, du cœur de l'ennemi mortel qui veut me perdre.

(*On entend dans le lointain une musique joyeuse qui s'approche.*)

Pendant toute ma vie, j'ai manié l'arc et me suis exercé selon les règles des archers. J'ai souvent frappé le but à la cible et rapporté chez moi du tir, aux jours de fête, maint beau prix.... Mais aujourd'hui je veux faire mon coup de maître et m'assurer un gain que, pour moi, rien n'égale, dans toute l'étendue de la montagne.

Une noce passe sur la scène et monte par le chemin creux. TELL *la regarde, appuyé sur son arc.* STÜSSI, *le garde champêtre, s'approche de lui.*

STÜSSI.

C'est le cortége nuptial du métayer du couvent de Mörlischachen.... C'est un homme riche, il a bien dix troupeaux sur les Alpes. Il va chercher en ce moment sa fiancée à Imisée, et cette nuit il y aura grand régal à Küssnacht. Venez-y, tous les honnêtes gens sont invités.

TELL.

Un convive sérieux n'est point à sa place à un banquet de noce.

STÜSSI.

Si quelque souci vous presse, rejetez-le vivement de votre cœur. Prenez ce qui s'offre; aujourd'hui les temps sont durs, il faut s'empresser de saisir la joie au passage. Ici on fait la noce et ailleurs on enterre.

TELL.

Et même parfois les deux choses coïncident.

STÜSSI.

Ainsi va le monde. Il y a partout quantité de malheurs.... Un éboulement a eu lieu dans le pays de Glaris et tout un côté du Glärnisch s'est écroulé.

TELL.

Les montagnes même se mettent-elles à chanceler? Il n'y a rien de solide sur cette terre.

STÜSSI.

Ailleurs encore on entend raconter des événements prodigieux. Ainsi je viens d'entretenir un homme qui venait de Bade: il m'a dit qu'un chevalier qui se rendait auprès du roi avait été rencontré en route par un essaim de guêpes, qui attaquèrent son cheval et martyrisèrent si bien le pauvre animal qu'il tomba mort, et que son maître arriva à pied chez le roi.

TELL.

Le faible est, lui aussi, armé de son aiguillon.

ARMGART *vient avec plusieurs enfants, et se place
à l'entrée du chemin creux.*

STÜSSI.

Cela présage, dit-on, quelque grande calamité publique, des attentats contre nature.

TELL.

Chaque jour apporte de tels attentats : il n'est pas besoin de prodiges pour les annoncer.

STÜSSI.

Oui, bienheureux celui qui cultive en paix son champ et qui demeure, à l'abri de toute attaque, auprès des siens!

TELL.

L'homme le plus inoffensif ne peut rester en paix, si cela ne plaît pas à son méchant voisin. (*Tell regarde souvent, dans une attente inquiète, vers le haut du chemin.*)

STÜSSI.

Adieu!... Vous attendez ici quelqu'un?

TELL.

Vous ne vous trompez pas.

STÜSSI.

Je vous souhaite un heureux retour dans votre famille.... Vous êtes d'Uri? Notre gracieux seigneur le bailli en revient, et on l'attend aujourd'hui même.

UN VOYAGEUR *arrive.*

N'attendez plus le bailli aujourd'hui. Les eaux ont débordé par suite de la grande pluie, et le torrent a rompu tous les ponts. (*Tell se lève.*)

ARMGART *vient sur le devant de la scène.*

Le bailli ne vient pas?

STÜSSI.

Avez-vous affaire à lui?

ARMGART.

Hélas! oui.

STÜSSI.

Pourquoi donc vous mettez-vous sur sa route dans ce chemin creux?

ARMGART.

Ici il ne pourra m'esquiver, il faudra qu'il m'entende.

FRIESSHARDT *descend à la hâte par le chemin creux et crie sur la scène.*

Qu'on laisse le passage libre.... Mon gracieux seigneur, le bailli, me suit de près à cheval. (*Tell s'en va.*)

ARMGART, *vivement.*

Le bailli vient! (*Elle va avec ses enfants sur le devant de la scène. Gessler et Rodolphe le Harras paraissent à cheval au haut du chemin.*)

STÜSSI, *à Friesshardt.*

Comment avez-vous traversé les cours d'eau, puisque le torrent a emporté les ponts?

FRIESSHARDT.

Nous avons, ami, lutté contre le lac, et ne redoutons aucune eau des Alpes.

STÜSSI.

Vous étiez sur le lac pendant le terrible orage?

FRIESSHARDT.

Eh! sans doute. Je ne l'oublierai de ma vie....

STÜSSI.

Oh! demeurez, racontez-moi la chose.

FRIESSHARDT.

Laisse-moi, il faut que je précède le bailli et que j'annonce son arrivée au château. (*Il s'éloigne.*)

STÜSSI.

S'il y avait eu de braves gens dans la barque, elle aurait sombré corps et biens, mais ni l'eau ni le feu ne peuvent atteindre cette race-là. (*Il regarde autour de lui.*) Qu'est devenu le chasseur avec qui je parlais? (*Il s'en va.*)

GESSLER *et* RODOLPHE LE HARRAS *paraissent sur la scène à cheval.*

GESSLER.

Dites ce que vous voudrez, je suis le serviteur de l'empereur, et dois songer aux moyens de lui plaire. Il ne m'a pas envoyé dans ce pays pour flatter le peuple et le traiter avec douceur. Il veut qu'on se soumette, et l'objet du différend est de savoir si c'est le paysan ou l'empereur qui doit être ici le maître.

ARMGART.

Voici le moment. Je vais faire ma demande. (*Elle s'approche avec crainte.*)

GESSLER.

Si j'ai planté le chapeau sur la perche à Altorf, ce n'est pas comme un jeu, ni pour éprouver les cœurs du peuple : je les connais depuis longtemps. Je l'ai dressé là pour qu'ils apprennent à courber la nuque, qu'ils portent trop roide. Je leur ai planté cet obstacle sur leur route, à l'endroit où il faut qu'ils passent, pour qu'il arrête forcément leurs regards et les fasse souvenir de leur maître, qu'ils oublient.

RODOLPHE.

Le peuple cependant a certains droits....

GESSLER.

Ce n'est pas le moment de les peser.... De vastes projets sont en voie d'accomplissement. Ce que le père a glorieusement commencé, le fils veut l'achever. Ce petit peuple nous est une pierre dans notre chemin.... De façon ou d'autre.... il faut qu'il se soumette. (*Ils veulent passer, la femme se jette à genoux devant le Bailli.*)

ARMGART.

Miséricorde, seigneur bailli ! Grâce, grâce !

GESSLER.

Pourquoi vous jetez-vous sur mon chemin, dans la voie publique ?... Arrière!

ARMGART.

Mon mari est en prison. Ces pauvres orphelins pleurent pour avoir du pain.... Ayez pitié, redoutable seigneur, de notre grande misère.

RODOLPHE LE HARRAS.

Qui êtes-vous ? Qui est votre mari ?

ARMGART.

Un pauvre faneur du mont Rigi, qui fauche l'herbe sauvage au-dessus des abîmes, sur les parois abruptes des rochers, là où les bêtes même n'osent monter....

RODOLPHE, *au Bailli.*

C'est, pardieu ! une vie misérable et digne de pitié. Je vous en prie, relâchez ce pauvre homme. Quelque faute qu'il ait commise, son horrible métier est une peine suffisante. (*A la femme:*) On vous fera justice.... Apportez votre supplique dans le château.... Ce n'est pas ici le lieu.

ARMGART.

Non, non, je ne bougerai pas de cette place, que le bailli ne m'ait rendu mon mari. Voilà déjà le sixième mois qu'il est dans la tour, et qu'il attend en vain son jugement.

GESSLER.

Femme, voulez-vous me faire violence? Éloignez-vous.

ARMGART.

Justice, bailli! Tu es juge dans ce pays, à la place de l'empereur et de Dieu. Fais ton devoir! Rends-nous la justice, comme toi-même tu l'attends du ciel.

GESSLER.

Place! Qu'on m'ôte de devant les yeux ce peuple impudent!

ARMGART *saisit la bride du cheval.*

Non, non, je n'ai plus rien à perdre.... Tu ne quitteras pas la place, bailli, que tu ne m'aies rendu justice.... Fronce les sourcils, roule les yeux, tant que tu voudras.... Notre malheur a tellement passé toutes les bornes, que nous ne nous inquiétons plus de ta colère....

GESSLER.

Femme, fais place, ou mon cheval te passera sur le corps....

ARMGART.

Qu'il me passe sur le corps!... Tiens.... (*Elle renverse ses enfants à terre et se jette avec eux dans le chemin.*) Me voilà couchée devant toi avec mes enfants.... Allons! que le sabot de ton cheval écrase ces pauvres orphelins! Ce ne sera pas ton action la plus cruelle....

RODOLPHE LE HARRAS.

Femme, êtes-vous folle?

ARMGART, *continuant avec plus de violence.*

Aussi bien il y a longtemps que tu foules aux pieds le pays de ton empereur.... Oh! je ne suis qu'une femme! Si j'étais un homme, je trouverais quelque meilleur moyen que de me coucher ici dans la poussière. (*On entend de nouveau la musique de la noce, au haut du chemin, mais affaiblie par la distance.*)

GESSLER.

Où sont mes gardes? Qu'on l'enlève d'ici, ou je m'oublierai et ferai pis que je ne voudrais.

RODOLPHE LE HARRAS.

Les gardes ne peuvent pas passer, seigneur; le chemin creux est fermé par un cortége de noce.

GESSLER.

Je suis encore, pour ce peuple, un maître beaucoup trop doux.... Les langues sont encore libres; il n'est pas entièrement subjugué, comme il devrait l'être.... Mais cela changera, j'en fais le serment. Je la briserai, cette volonté opiniâtre; je dompterai cette audace, cet impudent esprit de liberté. Je veux publier une nouvelle loi dans ces cantons.... Je veux.... (*Une flèche le traverse. Il porte la main à son cœur et chancelle. D'une voix languissante:*) Dieu, aie pitié de moi!

RODOLPHE LE HARRAS.

Seigneur bailli.... Dieu! qu'y a-t-il? D'où cela est-il venu?

ARMGART, *se levant d'un bond.*

Au meurtre! au meurtre! Il chancelle, il tombe! Il est atteint.

RODOLPHE LE HARRAS *saute de cheval.*

Quel horrible événement!... Dieu!... Seigneur chevalier! Invoquez la miséricorde de Dieu!... Vous êtes un homme mort.

GESSLER.

C'est le trait de Tell. (*Il a glissé de son cheval dans les bras de Rodolphe le Harras, qui le dépose sur le banc.*)

TELL *paraît en haut, au sommet du rocher.*

Tu connais l'archer, n'en cherche pas d'autre. Les cabanes sont libres, l'innocence n'a plus rien à craindre de toi, tu ne feras plus de mal à ce pays. (*Il disparaît de la hauteur. Un gros de peuple se précipite sur la scène.*)

STÜSSI, *en tête.*

Que se passe-t-il ici? Qu'est-il arrivé?

ARMGART.

Le bailli vient d'être percé d'une flèche.

LE PEUPLE, *en entrant.*

Qui est frappé d'une flèche? (*Pendant que les premiers de la noce arrivent sur la scène, les derniers sont encore sur la hauteur, et la musique continue.*)

RODOLPHE LE HARRAS.

Il perd tout son sang. Courez, cherchez du secours. Poursuivez le meurtrier.... Pauvre mourant, voilà donc quelle devait être ta fin; mais aussi tu ne voulais pas écouter mes avis.

STÜSSI.

Le voilà, par Dieu! étendu là, pâle et sans vie.

UN GRAND NOMBRE DE VOIX.

Qui a fait la chose?

RODOLPHE LE HARRAS.

Ce peuple est-il en démence de faire ainsi de la musique au meurtre? Qu'on la fasse taire! (*La musique s'arrête tout à coup; il s'assemble encore plus de peuple.*) Seigneur bailli, parlez, si vous pouvez.... N'avez-vous plus rien à me confier? (*Gessler fait des signes avec la main, qu'il répète avec vivacité, parce qu'il n'est pas compris tout d'abord.*) Où faut-il que j'aille?... A Küssnacht? Je ne vous comprends pas.... Oh! ne vous impatientez pas.... Quittez toute pensée terrestre. Pensez maintenant à faire votre paix avec le ciel. (*Tout le cortége de noce entoure le mourant avec une horreur indifférente.*)

STÜSSI.

Voyez comme il devient pâle.... Maintenant la mort gagne le cœur.... Ses yeux sont éteints.

ARMGART *lève un de ses enfants.*

Voyez, enfants, comment meurt un tyran.

RODOLPHE LE HARRAS.

Femmes insensées, n'avez-vous pas de cœur, que vous repaissiez vos yeux de cet affreux spectacle?... Aidez-moi donc.... prêtez-moi le secours de vos mains.... Est-ce que personne ne m'assistera pour lui tirer de la poitrine cette flèche cruelle?

LES FEMMES *reculent.*

Nous, toucher à celui que Dieu a frappé!

RODOLPHE LE HARRAS.

Malédiction sur vous et damnation! (*Il tire son épée.*)

STÜSSI *lui arrête le bras.*

Avisez-vous de cela, seigneur! Votre règne est fini. Le tyran du pays est tombé. Nous ne supporterons plus de violence. Nous sommes des hommes libres.

TOUS, *en tumulte.*

Le pays est libre.

RODOLPHE LE HARRAS.

Les choses en sont-elles venues là? La crainte et l'obéissance ont-elles une si prompte fin? (*Aux Gardes qui pénètrent sur la scène.*) Vous voyez le meurtre affreux qui vient d'être commis.... Tout secours est vain.... Il est inutile de poursuivre le meurtrier.... D'autres soins nous pressent.... Partons pour Küssnacht, pour sauver à l'empereur sa forteresse. Car tous les liens du devoir et de l'ordre sont rompus en ce moment, et l'on ne peut plus se fier à la foi de personne. (*Pendant qu'il s'éloigne avec les Gardes, six Frères de la miséricorde entrent.*)

ARMGART.

Place, place! Voici les frères de la miséricorde!

STÜSSI.

La victime est là.... Les corbeaux descendent....

LES FRÈRES DE LA MISÉRICORDE *forment un demi-cercle autour du mort et chantent sur un ton grave.*

La mort attaque l'homme à l'improviste;
Elle ne lui donne pas de délai.
Elle le renverse au milieu de sa carrière;
Elle l'emporte dans la plénitude de la vie.
Qu'il soit, ou non, prêt à partir,
Il faut qu'il paraisse devant son juge.

(*Pendant qu'on répète les derniers vers, le rideau tombe.*)

ACTE CINQUIÈME.

SCÈNE I.

Place publique à Altorf. — Dans le fond, à droite, la forteresse Force-Uri, avec l'échafaudage encore dressé, comme dans la troisième scène du premier acte; à gauche, la vue s'étend sur beaucoup de montagnes : des signaux de feu brûlent sur tous les sommets. C'est le point du jour, des cloches sonnent à diverses distances.

RUODI, KUONI, WERNI, LE MAÎTRE TAILLEUR DE PIERRES *et beaucoup d'autres* GENS DU PAYS, *parmi lesquels sont aussi* DES FEMMES *et* DES ENFANTS.

RUODI.

Voyez-vous les signaux de feu sur les montagnes?

LE TAILLEUR DE PIERRES.

Entendez-vous les cloches par delà la forêt?

RUODI.

Les ennemis sont chassés.

LE TAILLEUR DE PIERRES.

Les châteaux sont forcés.

RUODI.

Et nous, dans le pays d'Uri, nous souffrons encore sur notre sol la citadelle des tyrans? Serons-nous les derniers à nous déclarer libres?

LE TAILLEUR DE PIERRES.

Nous laisserions debout ce joug destiné à nous dompter? En avant! renversons-le.

TOUS

A bas! à bas! à bas!

RUODI.

Où est la trompe d'Uri?

ACTE V, SCÈNE I.

LA TROMPE D'URI.

Me voici. Que dois-je faire?

RUODI.

Montez au lieu des signaux, soufflez dans votre trompe, pour qu'elle éclate et tonne au loin dans les monts voisins, et qu'éveillant les échos de tous les antres des rochers, elle rassemble ici rapidement les hommes de nos montagnes. (*La trompe d'Uri s'éloigne. Walther Fürst entre.*)

WALTHER FÜRST.

Arrêtez, mes amis! arrêtez! Nous n'avons pas encore de nouvelles de ce qui s'est passé dans Unterwald et dans Schwytz. Attendons d'abord les messagers.

RUODI.

Qu'y a-t-il à attendre? Le tyran est mort; le jour de la liberté a lui.

LE TAILLEUR DE PIERRES.

Ne nous suffit-il pas de ces messages de flammes qui brillent autour de nous sur toutes les montagnes?

RUODI.

Venez tous, venez; mettez la main à l'œuvre, hommes et femmes! Brisez l'échafaudage! faites sauter les arceaux! démolissez les murs! Qu'il ne reste pas pierre sur pierre!

LE TAILLEUR DE PIERRES.

Venez, compagnons! Nous avons construit l'édifice, nous saurons le détruire.

TOUS.

Venez, démolissez. (*Ils se précipitent de tous côtés sur la citadelle.*)

WALTHER FÜRST.

Ils sont déchaînés. Je ne puis plus les retenir.

MELCHTHAL *et* BAUMGARTEN *arrivent*.

Quoi? la forteresse est encore debout? et le château de Sarnen est en cendres, et le Rossberg est forcé.

WALTHER FÜRST.

Est-ce vous, Melchthal? Nous apportez-vous la liberté? Dites, les cantons sont-ils tous délivrés de l'ennemi?

MELCHTHAL *l'embrasse*.

Le sol est pur et libre. Vieux père, réjouissez-vous. Dans le moment où nous parlons, il n'y a plus un seul tyran dans le pays des Suisses.

WALTHER FÜRST.

Oh! parlez, comment vous êtes-vous rendus maîtres des châteaux?

MELCHTHAL.

C'est Rudenz qui s'est emparé du fort de Sarnen par un coup de main vaillant et hardi. La nuit d'avant, j'avais escaladé le Rossberg.... Mais apprenez ce qui s'est passé. Après avoir chassé les ennemis du château, nous y mîmes le feu avec une joyeuse ardeur. Déjà la flamme pétillante montait au ciel, quand Diethelm, le varlet de Gessler, se précipite au milieu de nous et nous crie que nous brûlons Bertha de Bruneck.

WALTHER FÜRST.

Juste ciel! *(On entend crouler les poutres de l'échafaudage.)*

MELCHTHAL.

C'était elle-même : on l'avait enfermée là secrètement, sur l'ordre du bailli. Rudenz s'élance, tout hors de lui.... Déjà nous entendions tomber les poutres, les solides poteaux, et sortir du milieu de la fumée les cris de détresse de la malheureuse victime.

WALTHER FÜRST.

Est-elle sauvée?

MELCHTHAL.

C'est là qu'il fut besoin d'agilité et de résolution.... S'il n'eût été que notre suzerain, nous aurions avant tout songé à notre vie; mais il était notre confédéré, et Bertha honorait le peuple.... Aussi, risquant bravement notre vie, nous sommes-nous jetés dans le feu.

WALTHER FÜRST.

Est-elle sauvée?

MELCHTHAL.

Oui, elle l'est. Rudenz et moi, nous l'avons portée ensemble hors des flammes, et la charpente est tombée en craquant derrière nous.... Puis, quand elle revint à elle et se vit sauvée, quand elle leva les yeux au ciel, le baron se jeta dans mes bras, et en ce moment, muets tous deux, nous jurâmes une alliance qui, plus forte que le fer durci à l'ardeur du feu, résistera à toutes les épreuves du sort....

WALTHER FÜRST.

Où est Landenberg?

MELCHTHAL.

Au delà du Brünig. Il ne tint pas à moi qu'il ne perdît, lui qui m'a aveuglé mon père, la lumière des yeux. Je le poursuivis, l'atteignis dans sa fuite et le jetai aux pieds de mon père. Déjà je brandissais mon glaive sur sa tête, mais ses prières obtinrent de la pitié du vieillard aveugle le don de la vie. Il s'est engagé par un serment à ne pas revenir, et il le tiendra : il a senti notre bras.

WALTHER FÜRST.

Dieu soit loué que vous n'ayez pas souillé de sang votre pure et glorieuse victoire!

DES ENFANTS, *courant sur la scène avec des débris de l'échafaudage.*

Liberté! liberté! (*La trompe d'Uri retentit avec force.*)

WALTHER FÜRST.

Voyez quelle fête! Les enfants se souviendront encore de ce jour dans leur extrême vieillesse. (*De jeunes filles apportent le chapeau sur une perche; toute la scène se couvre de peuple.*)

RUODI.

Voilà le chapeau devant lequel il fallait se courber.

BAUMGARTEN.

Décidez ce qu'il en faut faire.

WALTHER FÜRST.

Dieu! c'est sous ce chapeau que fut placé mon petit-fils.

PLUSIEURS VOIX.

Détruisez ce monument de la tyrannie. Qu'on le jette au feu!

WALTHER FÜRST.

Non, conservons-le. Il a servi d'instrument à la tyrannie; qu'il soit le symbole éternel de la liberté! (*Les Montagnards, hommes, femmes et enfants, debout ou assis sur les poutres de l'échafaudage rompu, sont groupés, d'une façon pittoresque, en un grand demi-cercle.*)

MELCHTHAL.

Nous voilà donc foulant avec joie les ruines de la tyrannie, et ce que nous avions juré sur le Rütli est glorieusement accompli, confédérés!

WALTHER FÜRST.

L'œuvre est commencée, mais non achevée. Il nous faut maintenant du courage et un ferme accord; car, soyez-en sûrs, le roi ne tardera pas à venger la mort de son bailli, et à ramener de force celui qui vient d'être expulsé.

MELCHTHAL.

Qu'il s'avance avec son armée! Maintenant que l'ennemi est chassé de l'intérieur du pays, nous saurons résister à l'ennemi du dehors.

RUODI.

Il n'y a qu'un petit nombre de passages qui ouvrent la contrée; nous saurons les fermer avec nos corps.

BAUMGARTEN.

Nous sommes unis par un lien éternel, et ses armées ne nous effrayeront pas.

RÖSSELMANN *et* STAUFFACHER *arrivent.*

RÖSSELMANN, *en entrant.*

Ce sont là les redoutables décrets du ciel.

LES PAYSANS.

Qu'y a-t-il?

RÖSSELMANN.

Dans quel temps vivons-nous?

WALTHER FÜRST.

Parlez, qu'y a-t-il? Ah! c'est vous, maître Werner? Que nous apportez-vous?

LES PAYSANS.

Qu'y a-t-il?

RÖSSELMANN.

Écoutez, et partagez notre étonnement.

STAUFFACHER.

Nous sommes délivrés d'une grande crainte....

RÖSSELMANN.

L'empereur a été tué.

WALTHER FÜRST.

Dieu de miséricorde! (*Les Montagnards s'élancent en tumulte et entourent Stauffache.*)

ACTE V, SCÈNE I.

TOUS.

Tué! Quoi? L'empereur! Écoutez! L'empereur!

MELCHTHAL.

C'est impossible! D'où vous est venue cette nouvelle?

STAUFFACHER.

C'est certain. Le roi Albert a péri, près de Bruck, de la main d'un meurtrier.... Un homme digne de foi, Jean Müller, a apporté la nouvelle de Schaffhouse.

WALTHER FÜRST.

Qui a commis cet horrible attentat?

STAUFFACHER.

Il est encore plus horrible quand on en sait l'auteur. C'est son neveu, le fils de son frère, le duc Jean de Souabe, qui l'a accompli.

MELCHTHAL.

Qu'est-ce qui l'a poussé au parricide?

STAUFFACHER.

L'empereur retenait l'héritage paternel de son neveu, qui le réclamait avec impatience. On disait qu'il voulait l'en frustrer tout à fait et le désintéresser avec une mitre d'évêque. Quoi qu'il en soit.... le jeune homme ouvrit l'oreille aux mauvais conseils de ses compagnons d'armes, et, avec les nobles seigneurs d'Eschenbach, de Tegerfeld, de la Wart et de Palm, il résolut, ne pouvant obtenir justice, d'exercer de sa propre main sa vengeance.

WALTHER FÜRST.

Oh! parlez; comment fut accomplie cette horrible action?

STAUFFACHER.

Le roi descendait à cheval du rocher de Baden pour se rendre à Rheinfeld, où était la cour. Il avait avec lui les princes Jean et Léopold et une suite de nobles seigneurs. Lorsqu'ils arrivèrent à la Reuss, à l'endroit où on la passe dans un bac, les meurtriers se hâtèrent d'entrer tous dans le bateau avec l'empereur, de manière à le séparer de sa suite. Puis, comme le prince chevauchait dans un champ labouré (on dit qu'il recouvre une grande et antique cité du temps des païens), ayant devant les yeux le château de Habsbourg, d'où est issue son auguste race.... le duc Jean lui enfonça son poignard dans la gorge, Rodolphe de Palm le traversa de sa lance, et Eschenbach lui fendit la tête, de façon qu'il tomba baigné dans son sang, tué par les siens sur le domaine de ses pères. Sur l'autre rive, ils virent le meurtre; mais, séparés par le fleuve, ils ne purent qu'élever une lamentation impuissante. Au bord du chemin était assise une pauvre femme ; c'est dans ses bras que l'empereur a perdu la vie avec son sang.

MELCHTHAL.

Ainsi donc il n'a fait que creuser sa tombe avant le temps, lui dont l'insatiable ambition voulait tout posséder !

STAUFFACHER.

Une affreuse épouvante règne dans toute la contrée. Tous les passages de la montagne sont fermés. Chaque district garde ses frontières. La vieille cité de Zurich a elle-même clos ses portes, qui étaient restées ouvertes pendant trente ans, dans la crainte des meurtriers et plus encore.... des vengeurs; car la reine de Hongrie, la sévère Agnès, qui ne connaît pas la douceur de son sexe, s'avance, armée des rigueurs de la proscription, pour venger le royal sang de son père sur toute la race des meurtriers, sur leurs serviteurs, leurs enfants, les enfants de leurs enfants, et jusque sur les pierres de leurs châteaux. Elle a juré de précipiter dans la tombe paternelle des générations entières, de se baigner dans le sang comme dans la rosée de mai.

MELCHTHAL.

Sait-on où les meurtriers se sont réfugiés ?

STAUFFACHER.

Aussitôt après leur crime, ils se sont enfuis par cinq routes diverses, et se sont séparés pour ne plus se revoir.... Le duc Jean erre, dit-on, dans la montagne.

WALTHER FÜRST.

Ainsi le forfait ne leur porte aucun fruit! La vengeance est stérile. Elle est à elle-même son terrible aliment; sa jouissance est le meurtre et son assouvissement l'horreur.

STAUFFACHER.

Non, le forfait ne produira aucun avantage aux meurtriers; mais nous, d'une main pure, nous cueillerons le fruit salutaire du sanglant attentat ; car nous voilà délivrés d'une grande crainte. Le plus grand ennemi de la liberté est tombé, et le sceptre, si l'on en croit le bruit public, va passer de la maison de Habsbourg à une autre race. L'empire veut maintenir sa liberté d'élection.

WALTHER FÜRST *et* PLUSIEURS AUTRES.

Avez-vous appris quelque chose ?

STAUFFACHER.

Le comte de Luxembourg est déjà désigné par la plupart des voix.

WALTHER FÜRST.

Grâce à Dieu, nous sommes demeurés fidèles à l'empire. Nous pouvons maintenant espérer justice.

STAUFFACHER.

Le nouveau maître aura besoin de vaillants amis. Il nous protégera contre la vengeance de l'Autriche. (*Les Montagnards s'embrassent entre eux.*)

LE SACRISTAIN *avec un* MESSAGER DE L'EMPIRE.

LE SACRISTAIN.

Voici les vénérables chefs du pays.

RÖSSELMANN *et* PLUSIEURS AUTRES.

Sacristain, qu'y a-t-il ?

LE SACRISTAIN.

Un messager de l'empire apporte l'écrit que voici.

TOUS, *à Walther Fürst.*

Ouvrez et lisez.

WALTHER FÜRST *lit.*

« Aux prud'hommes d'Uri, de Schwytz et d'Unterwald, la reine Élisabeth offre sa grâce et tout bien. »

PLUSIEURS VOIX.

Que veut la reine ? Son règne est fini.

WALTHER FÜRST *lit.*

« Dans sa grande douleur, dans le deuil amer où le trépas sanglant de son époux a jeté la reine, elle se souvient encore de l'antique foi et de l'amour des cantons suisses. »

MELCHTHAL.

C'est ce qu'elle n'a jamais fait au temps de son bonheur.

RÖSSELMANN.

Silence ! Écoutons !

WALTHER FÜRST *lit.*

« Et elle ne doute pas que ce peuple fidèle n'éprouve une juste horreur pour les auteurs maudits de l'attentat. Aussi ce qu'elle attend des trois cantons, c'est qu'ils ne donneront nulle assistance aux meurtriers, et qu'au contraire ils aideront à les livrer aux mains de la vengeance, se souvenant de l'amour et de l'antique faveur que leur a témoignés l'auguste maison de Rodolphe. » (*Signes d'impatience parmi les Montagnards.*)

PLUSIEURS VOIX.

De l'amour ! de la faveur !

STAUFFACHER.

Oui, le père nous a témoigné sa faveur, mais quelle raison avons-nous de nous louer du fils ? A-t-il confirmé la charte de nos libertés, comme l'avaient fait avant lui tous les empereurs? A-t-il jugé selon les lois de l'équité et accordé sa protection à l'innocence opprimée? A-t-il seulement voulu entendre les députés que nous lui avions envoyés dans notre anxiété ? Le roi n'a fait pour nous rien de tout cela, et si nous ne nous étions fait justice à nous-mêmes, résolûment, de notre propre main, notre misère ne le touchait pas.... De la reconnaissance, à lui ! Ce n'est point la reconnaissance qu'il a semée dans ces vallées! Il était au faîte de la puissance, il pouvait être un père pour ses peuples ; mais il lui a plu de ne songer qu'aux siens. Que ceux qu'il a agrandis pleurent sur lui !

WALTHER FÜRST.

Nous ne voulons pas nous réjouir de sa chute, ni nous rappeler maintenant le mal qu'il nous a fait. Écartons ce souvenir! Mais venger la mort du roi qui jamais ne nous a fait aucun bien, et poursuivre ceux qui jamais ne nous ont offensés, cela ne nous convient pas, cela n'est point notre affaire. L'amour est un sacrifice volontaire ; la mort délie des devoirs imposés par la contrainte... Nous n'avons plus rien à accomplir envers lui.

MELCHTHAL.

Et si la reine pleure dans sa chambre solitaire, si, dans le délire de sa douleur, elle accuse le ciel, vous voyez ici tout au contraire un peuple délivré de ses angoisses, qui adresse à ce même ciel l'hommage de sa reconnaissance.... Qui veut récolter des larmes de regret, doit semer l'amour. (*Le Messager de l'empire s'en va.*)

STAUFFACHER, *au peuple.*

Où est Tell? Doit-il seul nous manquer, lui, le vrai fondateur de notre liberté? Ce qu'il y a de plus grand dans tout ce qui s'est fait, c'est lui qui l'a accompli; ce qu'il y a de plus dur, c'est lui qui l'a souffert. Venez tous, venez, rendons-nous en corps à sa maison, et saluons avec transport celui qui nous a tous sauvés. (*Ils partent tous ensemble.*)

SCÈNE II.

Le vestibule de la maison de Tell. — Un feu brûle dans le foyer. Par la porte, qui est ouverte, la vue s'étend sur la campagne.

HEDWIGE, WALTHER et GUILLAUME.

HEDWIGE.

C'est aujourd'hui que votre père revient. Mes enfants, mes chers enfants! Il vit, il est libre, et nous sommes libres, et tous avec nous. Et c'est votre père qui a sauvé le pays.

WALTHER.

Et j'y étais aussi, mère. Il faut qu'on me nomme avec lui. Sa flèche a passé bien près de ma tête, et je n'ai pas tremblé.

HEDWIGE *l'embrasse.*

Oui, tu m'es rendu. Je t'ai deux fois mis au monde. Deux fois j'ai souffert pour toi les douleurs de l'enfantement. C'est passé. Je vous ai tous deux, tous deux; et aujourd'hui votre cher père revient. (*Un Moine paraît à la porte de la maison.*)

GUILLAUME.

Vois, mère, vois.... il y a là un pieux frère; sans doute il demande une aumône.

HEDWIGE.

Fais-le entrer, pour qu'il puisse se refaire, et qu'il s'aperçoive qu'il est venu dans la maison de la joie. (*Elle entre et reparaît bientôt avec un gobelet.*)

GUILLAUME, *au Moine.*

Venez, brave homme! Ma mère veut vous restaurer.

WALTHER.

Venez, reposez-vous, et vous vous en irez après avoir repris des forces.

LE MOINE, *regardant timidement autour de lui et les traits bouleversés.*

Où suis-je? Dites, dans quel pays?

WALTHER.

Êtes-vous égaré, que vous ne sachiez pas cela? Vous êtes à Bürglen, mon père, dans le canton d'Uri, au lieu où l'on entre dans le Schæchenthal.

LE MOINE, *à Hedwige qui revient.*

Êtes-vous seule? Votre mari est-il à la maison?

HEDWIGE.

Je l'attends tout juste en ce moment.... Mais, ô homme, qu'avez-vous? Vous avez l'air de ne nous apporter rien de bon.... Qui que vous soyez, vous êtes dans le besoin, prenez. (*Elle lui tend le gobelet.*)

LE MOINE.

Quelque besoin que ma poitrine altérée éprouve de se refaire, je ne toucherai à rien, que vous ne m'ayez promis....

HEDWIGE.

Ne touchez pas ma robe, ne m'approchez pas; demeurez loin de moi, si vous voulez que je vous écoute.

LE MOINE.

Par ce feu qui flamboie dans ce foyer hospitalier, par ces têtes chéries que j'embrasse.... (*Il saisit les Enfants.*)

HEDWIGE.

O homme! quel est votre dessein? Éloignez-vous de mes enfants.... Vous n'êtes pas un moine, non! La paix habite sous ce vêtement, la paix n'habite point dans vos traits.

LE MOINE.

Je suis le plus malheureux des hommes.

HEDWIGE.

Le malheur parle éloquemment à notre âme, mais votre aspect me ferme le cœur.

ACTE V, SCÈNE II.

WALTHER, *s'élançant.*

Mère, notre père! (*Il sort à la hâte.*)

HEDWIGE.

O mon Dieu! (*Elle veut le suivre, mais elle tremble et cherche un appui.*)

GUILLAUME *suit son frère.*

Mon père!

WALTHER, *dehors.*

Te voilà de retour.

GUILLAUME, *dehors.*

Mon père, mon cher père!

TELL, *dehors.*

Oui, me voilà de retour.... Où est votre mère? (*Ils entrent.*)

WALTHER.

La voilà à la porte: elle ne peut pas aller plus loin, tant elle tremble de terreur et de joie!

TELL.

O Hedwige, Hedwige! Mère de mes enfants! Dieu nous est venu en aide.... Le tyran ne nous séparera plus.

HEDWIGE, *à son cou.*

O Tell, Tell! quelle angoisse j'ai éprouvée à ton sujet! (*Le Moine devient attentif.*)

TELL.

Oublie-la maintenant et sois toute à la joie! Me voilà de retour! Voici ma cabane! Je suis de nouveau chez moi.

GUILLAUME.

Mais où est ton arbalète, mon père? Je ne la vois pas.

TELL.

Tu ne la verras plus: elle est déposée dans un lieu saint; elle ne servira plus désormais pour la chasse.

HEDWIGE.

O Tell! Tell! (*Elle recule et lâche sa main.*)

TELL.

Qu'est-ce qui t'effraye, chère femme?

HEDWIGE.

Comment.... comment me reviens-tu?... Cette main.... puis-je la prendre?... Cette main.... ô Dieu!

TELL, *avec une cordiale confiance.*

Cette main vous a défendus et a sauvé le pays. Je puis la lever librement vers le ciel. (*Le Moine fait un brusque mouvement. Tell l'aperçoit.*) Quel est ce frère?

HEDWIGE.

Ah! je l'oubliais. Parle-lui. Je frissonne quand il est près de moi.

LE MOINE *s'approche*.

Êtes-vous Tell, l'homme dont la main a frappé le bailli?

TELL.

Oui, lui-même, je ne le cache à personne.

LE MOINE.

Vous êtes Tell! Ah! c'est la main de Dieu qui m'a conduit sous votre toit.

TELL *le mesure des yeux*.

Vous n'êtes pas un moine! Qui êtes-vous?

LE MOINE.

Vous avez tué le bailli qui vous avait fait du mal.... Moi aussi, j'ai frappé un ennemi qui me refusait justice. C'était votre ennemi, comme le mien.... J'ai délivré de lui le pays.

TELL, *reculant vivement*.

Vous êtes.... Horreur!... Enfants, enfants, rentrez. Va, chère femme, va, va!... Malheureux! vous seriez....

HEDWIGE.

Dieu! Qui est-ce?

TELL.

Ne le demande pas. Sortez, sortez. Je ne veux pas que les enfants l'entendent. Sors de la maison.... bien loin.... Tu ne peux rester sous un même toit avec lui.

HEDWIGE.

Malheur à moi, qu'est-ce que cela? Venez. (*Elle s'éloigne avec les Enfants.*)

TELL, *au Moine*.

Vous êtes le duc d'Autriche.... Vous l'êtes! Vous avez tué l'empereur, votre oncle et votre seigneur.

JEAN LE PARRICIDE.

C'était le ravisseur de mon héritage.

TELL.

Tué votre oncle, votre empereur! Et la terre vous porte encore? et le soleil vous éclaire?

ACTE V, SCÈNE II.

LE PARRICIDE.

Tell, écoutez-moi, avant de....

TELL.

Tout dégouttant du sang du parricide et du régicide, tu oses entrer dans ma maison pure? Tu oses montrer ta face à un homme de bien et demander l'hospitalité?

LE PARRICIDE.

Auprès de vous j'espérais trouver miséricorde. Vous aussi, vous vous êtes vengé de votre ennemi.

TELL.

Malheureux! Oses-tu confondre le crime sanglant de l'ambition avec la légitime défense d'un père? As-tu sauvé la tête sacrée de tes enfants? protégé le sanctuaire du foyer domestique? éloigné des tiens les derniers, les plus affreux malheurs?... Je lève au ciel mes mains pures, et je te maudis, toi et ton action.... J'ai vengé la sainte nature, que toi, tu as outragée.... Je n'ai rien de commun avec toi.... Toi, tu as commis un meurtre, et moi, j'ai défendu ce que j'avais de plus cher.

LE PARRICIDE.

Vous me repoussez loin de vous, sans consolation, en proie au désespoir?

TELL.

Je suis saisi d'horreur quand je te parle. Loin d'ici! Passe ton chemin, ton horrible chemin! Ne souille pas la cabane où habite l'innocence.

LE PARRICIDE *se détourne pour s'éloigner.*

Oh! de la sorte je ne puis, je ne veux plus vivre.

TELL.

Et pourtant j'ai pitié de toi.... Dieu du ciel! Si jeune, d'une si noble race, le petit-fils de Rodolphe, de mon seigneur et mon empereur, proscrit comme meurtrier, ici sur mon seuil, à moi pauvre homme, suppliant et désespéré.... (*Il se cache le visage.*)

LE PARRICIDE.

Oh! si vous pouvez pleurer, soyez touché de mon sort : il est terrible.... Je suis prince.... je l'étais.... je pouvais être heureux, si j'avais dompté l'impatience de mes désirs. L'envie me rongeait le cœur.... Je voyais la jeunesse de mon cousin Léopold couronnée d'honneur, enrichie d'apanages, et moi, qui étais du même âge que lui, on me retenait dans une servile tutelle....

TELL.

Malheureux, ton oncle te connaissait bien, quand il te refusait terres et vassaux. Toi-même, par cet acte de fureur emportée et sauvage, tu justifies d'une manière terrible sa prudente sentence.... Où sont les sanglants auxiliaires de ton meurtre?

LE PARRICIDE.

Où les démons vengeurs les ont conduits : je ne les ai pas revus depuis cet attentat de malheur.

TELL.

Sais-tu que ta tête est proscrite, que tes amis ne peuvent rien pour toi, tes ennemis tout contre toi?

LE PARRICIDE.

Voilà pourquoi j'évite toutes les routes publiques. Je n'ose frapper à aucune cabane.... Je dirige mes pas vers le désert. Redoutable à moi-même, j'erre dans les montagnes, et recule avec horreur à mon propre aspect, lorsqu'un ruisseau me montre ma malheureuse image. Oh! si vous êtes accessible à la pitié, à l'humanité.... (*Il se prosterne devant lui.*)

TELL, *se détournant.*

Levez-vous! levez-vous!

LE PARRICIDE.

Non, pas avant que vous m'ayez tendu une main secourable.

TELL.

Puis-je vous secourir? Un homme pêcheur le peut-il? Mais levez-vous.... Quelque horrible que soit votre action.... vous êtes homme.... je le suis aussi.... Tell ne doit renvoyer personne sans consolation.... Ce que je puis, je le ferai.

LE PARRICIDE, *se levant vivement et saisissant sa main avec violence.*

O Tell! vous sauvez mon âme du désespoir.

TELL.

Lâchez ma main.... Il faut que vous partiez. Vous ne pouvez demeurer ici sans être découvert, et découvert, vous ne pouvez compter sur aucune protection.... Où voulez-vous aller ? Où espérez-vous trouver du repos ?

LE PARRICIDE.

Le sais-je ? hélas !

TELL.

Écoutez ce que Dieu m'inspire.... Il faut que vous partiez pour l'Italie, pour la ville de saint Pierre. Là, vous vous jetterez aux pieds du pape, vous lui confesserez votre faute et délierez votre âme.

LE PARRICIDE.

Ne me livrera-t-il pas au vengeur ?

TELL.

Quoi qu'il fasse, souffrez-le comme venant de la main de Dieu.

LE PARRICIDE.

Comment arriverai-je dans ce pays inconnu ? Je ne sais pas le chemin, je n'ose pas m'associer à des voyageurs.

TELL.

Je vais vous indiquer la route, retenez-la bien : vous monterez d'abord en allant contre le cours de la Reuss, qui se précipite, comme un torrent déchaîné, de la montagne....

LE PARRICIDE, *avec effroi*.

Je verrai la Reuss ? Elle fut témoin de mon crime.

TELL.

Le chemin côtoie l'abîme, il est marqué par un grand nombre de croix, élevées en mémoire des voyageurs que l'avalanche a engloutis.

LE PARRICIDE.

Je ne crains pas les terreurs de la nature, si je puis maîtriser les affreuses tortures de mon cœur.

TELL.

Prosternez-vous devant chaque croix, et expiez votre crime par les larmes brûlantes du repentir.... Si une fois vous sortez heureusement de la voie maudite, si la montagne de son sommet glacé n'envoie pas sur votre tête ses tourbillons redoutables, vous arrivez au pont où l'eau se brise en une pluie. S'il ne croule pas sous le poids de votre faute, si vous le passez sain et sauf, vous verrez s'ouvrir devant vous une sombre voûte de rochers, que le jour n'a jamais éclairée. Vous la traverserez et elle vous conduira dans une vallée riante et sereine.... mais parcourez-la d'un pas rapide, vous n'avez pas le droit de vous arrêter là où séjourne le repos.

LE PARRICIDE.

O Rodolphe! Rodolphe! Auguste aïeul! Est-ce ainsi que ton petit-fils voyage sur le sol de ton empire?

TELL.

Montant toujours ainsi, vous arriverez aux sommets du Saint-Gothard, là où sont les lacs éternels, que remplissent les torrents mêmes du ciel. Là, vous prendrez congé de la terre allemande, et un autre fleuve, au cours rapide, vous conduira de ces hauteurs dans la région d'Italie, qui est votre terre promise.... (*On entend le ranz des vaches joué par un grand nombre de trompes des Alpes.*) J'entends des voix. Partez!

HEDWIGE *entre à la hâte*

Où es-tu, Tell? Voilà mon père qui vient, et tous les confédérés qui approchent en troupe joyeuse....

LE PARRICIDE *se couvre le visage.*

Malheur à moi! Je ne puis demeurer dans le voisinage des heureux.

TELL.

Va, chère femme. Restaure cet homme; charge-le d'abondantes provisions; car sa route est longue, et il ne trouvera pas d'hôtellerie. Hâte-toi, ils approchent.

HEDWIGE.

Qui est-il?

TELL.

Ne le demande pas, et quand il s'en ira, détourne tes yeux, afin qu'ils ne voient pas quel chemin il suit. (*Le Parricide s'avance vers Tell par un rapide élan; mais celui-ci l'arrête d'un geste et s'éloigne.* (*Quand tous deux sont sortis d'un côté différent, le théâtre change, et l'on voit, dans la*

SCÈNE DERNIÈRE,

Tout le fond de la vallée qui s'étend devant la maison de Tell, et les hauteurs qui bordent cette vallée, garnis de Montagnards formant un ensemble bien groupé. D'autres arrivent par un sentier élevé qui mène par-dessus le Schæchen. WALTHER FÜRST, avec les deux fils de Tell, MELCHTHAL et STAUFFACHER viennent sur le devant, d'autres se pressent derrière eux. Au moment où TELL sort, tous l'accueillent par de bruyantes acclamations.

TOUS.

Vive Tell ! le vaillant archer ! le libérateur ! (Pendant que ceux qui sont en avant se pressent autour de Tell et l'embrassent, on voit paraître encore RUDENZ et BERTHA, qui embrassent, l'un les paysans, et l'autre HEDWIGE. La musique, de la hauteur, accompagne cette scène muette. Lorsqu'elle est achevée, Bertha s'avance au milieu du peuple.)

BERTHA.

Suisses ! confédérés ! Accueillez-moi dans votre alliance, moi qui, la première, eus le bonheur de trouver protection dans le pays de la liberté. Je viens remettre mes droits dans vos vaillantes mains. Voulez-vous me protéger comme votre concitoyenne ?

LES SUISSES.

Oui, nous le voulons au prix de nos biens et de notre sang.

BERTHA.

Eh bien ! alors, citoyenne libre de la Suisse, je donne ma main à ce jeune homme, Suisse et libre comme moi.

RUDENZ.

Et j'affranchis tous mes serfs. (Soudain la musique se fait entendre de nouveau, et le rideau tombe.)

FIN DE GUILLAUME TELL.

L'HOMMAGE DES ARTS

SCÈNE LYRIQUE

RESPECTUEUSEMENT DÉDIÉE A SON ALTESSE IMPÉRIALE
MADAME LA PRINCESSE HÉRÉDITAIRE DE WEIMAR
MARIA PAULOWNA
GRANDE-DUCHESSE DE RUSSIE
ET REPRÉSENTÉE SUR LE THÉÂTRE DE LA COUR A WEIMAR
LE 12 NOVEMBRE 1804

PERSONNAGES.

LE PERE.
LA MERE.
LE JEUNE HOMME.
LA JEUNE FILLE.
CHŒUR DE PAYSANS.
LE GÉNIE.
LES SEPT ARTS.

L'HOMMAGE DES ARTS.

Le lieu de la scène est un site champêtre découvert. — Au milieu, un oranger chargé de fruits et orné de rubans.

Des PAYSANS *sont occupés à planter l'oranger en terre, pendant que des* JEUNES FILLES *et des* ENFANTS *le tiennent des deux côtés avec des chaînes de fleurs.*

LE PÈRE.

Crois, arbre florissant, avec ta couronne de fruits d'or, toi que, d'une zone étrangère, nous transplantons dans notre sol natal! Qu'une riche abondance de doux fruits courbe tes rameaux toujours verts!

TOUS LES PAYSANS.

Crois, arbre florissant, élève ta cime vers les cieux.

LE JEUNE HOMME.

Qu'à tes fleurs embaumées se marient, brillants, tes fruits d'or! Résiste à la tempête des années, dure dans la fuite des temps.

TOUS.

Résiste à la tempête des années, dure dans la fuite des temps.

LA MÈRE.

Reçois-le, terre sacrée; reçois dans ton sein le tendre étranger! Conducteur du troupeau tacheté, auguste dieu des champs, soigne-le.

LA JEUNE FILLE.

Soignez-le, douces Dryades! Protége-le, protége-le, Pan, notre

père! Et vous, libres Oréades, pour que nulle tempête ne lui nuise, enchaînez tous les ouragans!
TOUS.

Soignez-le, douces Dryades! Protége-le, protége-le, Pan, notre père!
LE JEUNE HOMME.

Puisse le ciel te sourire, toujours chaud, toujours clair et bleu! Soleil, donne-lui tes rayons! Terre, donne-lui ta rosée!
TOUS.

Soleil, donne-lui tes rayons! Terre, donne-lui la rosée!
LE PÈRE.

Puisses-tu donner à tout voyageur, la joie, la joie et une vie nouvelle; car c'est la joie qui t'a planté. Que le nectar de tes dons rafraîchisse encore nos derniers neveux; et, ranimés par toi, qu'ils te bénissent!
TOUS.

Puisses-tu donner à tout voyageur, la joie, la joie et une vie nouvelle; car c'est la joie qui t'a planté. (*Ils dansent autour de l'arbre, en formant une ronde où les hommes alternent avec les femmes. La musique de l'orchestre les accompagne, et, se modifiant peu à peu, prend un plus noble caractère, tandis que dans le fond on voit descendre le* GÉNIE, *accompagné des* SEPT DÉESSES. *Les Paysans se retirent sur les deux côtés du théâtre, pendant que le Génie s'avance au milieu, et que les trois arts du dessin se placent à sa droite, et les quatre de la parole et de la musique, à sa gauche.*)
LE CHOEUR DES ARTS.

Nous venons de loin, nous voyageons et passons des peuples aux peuples, des siècles aux siècles : nous cherchons sur la terre un séjour durable, pour y résider à jamais, sur des trônes paisibles, dans un repos créateur, dans une active abondance. Nous voyageons, nous cherchons, et ce séjour, nous ne le trouvons pas.
LE JEUNE HOMME.

Voyez! quelle est cette troupe qui approche de ce lieu? on dirait des déesses. Jamais nous n'avons contemplé de figures pareilles. Cette vue me saisit merveilleusement.
LE GÉNIE.

Des lieux où les armes retentissent de leur cliquetis de fer.

où la haine et la démence troublent les cœurs, où les hommes sont le jouet d'un éternel égarement, nous détournons à la hâte nos pas fugitifs.

LE CHŒUR DES ARTS.

Nous détestons les hypocrites et ceux qui méprisent les dieux; nous cherchons de loyales races d'hommes. Là où des mœurs candides nous accueillent amicalement, nous dressons nos tentes et fixons notre séjour.

LA JEUNE FILLE.

Qu'est-ce donc que je ressens tout à coup? Que s'est-il passé en moi? Un pouvoir mystérieux m'attire vers elles; ce sont pour moi des figures connues, aimées, et je sais pourtant que jamais je ne les ai vues.

TOUS LES PAYSANS.

Qu'est-ce donc que je ressens tout à coup? Que s'est-il passé en moi?

LE GÉNIE.

Mais, halte! je vois là des hommes qui me paraissent au comble du bonheur. Cet arbre est richement paré, comme pour une fête, de rubans et de guirlandes.... Ne sont-ce pas là les signes de la joie? Parlez, que se passe-t-il ici?

LE PÈRE.

Nous sommes les bergers de ces campagnes et nous célébrons une fête.

LE GÉNIE.

Quelle fête? Oh! instruisez-nous!

LA MÈRE.

En l'honneur de notre reine, auguste et bienveillante, qui, pour nous rendre heureux, est descendue, du splendide palais des empereurs, dans notre paisible vallée.

LE JEUNE HOMME.

Elle que parent tous les attraits, bienfaisante comme les rayons du soleil.

LE GÉNIE.

Pourquoi plantez-vous cet arbre?

LE JEUNE HOMME.

Ah! elle vient d'une contrée lointaine, et son cœur regarde loin d'ici! Nous voudrions bien l'enchaîner à sa nouvelle patrie.

LE GÉNIE.

Vous plantez cet arbre, avec ses racines, dans le sol, pour que l'auguste princesse se sente chez elle dans sa nouvelle patrie?

LA JEUNE FILLE.

Ah! tant de liens si tendres l'attirent vers le pays de sa jeunesse! Tout ce qu'elle a quitté là, le paradis de son enfance, et le sein sacré de sa mère, et la grande âme de ses frères, et le cœur tendre de ses sœurs.... pouvons-nous, pour elle, nous, remplacer tous ces biens? Est-il rien dans toute la nature dont le prix égale de telles joies, de tels trésors?

LE GÉNIE.

Nulle distance n'est hors de la portée de l'amour, car un lieu l'enchaîna-t-il jamais? Semblable à la flamme qui ne s'appauvrit pas, il croît lorsque à son feu s'allume un autre amour.... Les objets chéris qu'elle posséda loin de vous ne sont point ici perdus pour elle; si aux lieux d'où elle vient elle a quitté l'amour, elle retrouve ici l'amour.

LA MÈRE.

Ah! elle sort des portiques de marbre, de la salle dorée de la magnificence. Se plaira-t-elle ici, la femme auguste, dans ces libres prairies qui ne sont dorées que d'un riant soleil?

LE GÉNIE.

Bergers, il ne vous est point donné de lire dans une belle âme! Sachez-le, un cœur élevé met lui-même dans la vie la grandeur, et ne l'y cherche point.

LE JEUNE HOMME.

O beaux étrangers! apprenez-nous à l'attacher ici, apprenez-nous à lui être agréables! Nous voudrions tresser pour elle des guirlandes odorantes, et la conduire dans nos cabanes.

LE GÉNIE.

Une belle âme ne tarde pas à se trouver chez elle; elle se crée son monde elle-même, par sa paisible action, et comme l'arbre s'insinue dans la terre par ses racines et s'y attache fortement, ainsi le cœur noble, le cœur excellent se prend à la vie et s'y enlace par ses actes. Les tendres liens de l'amour se nouent promptement. Où l'on fait des heureux, l'on est dans sa patrie.

TOUS LES PAYSANS.

O bel étranger, dis-nous comment nous l'enchaînerons, la noble souveraine, dans nos paisibles vallons.

LE GÉNIE.

Il est déjà trouvé, le tendre lien : tout ne lui est pas étranger dans ce pays. Elle me reconnaîtra sans doute, moi et ma suite, quand nous nous révélerons et nous nommerons à elle. (*Ici le Génie s'avance sur le devant de la scène, les sept Déesses font de même, de manière à former, tout en avant, un demi-cercle. Au moment où ils s'avancent ainsi, tous dévoilent leurs attributs, qu'ils avaient jusque-là tenus cachés sous leurs vêtements.*)

LE GÉNIE, *à la Princesse.*

Je suis le Génie créateur du beau, et la troupe qui me suit est la troupe des arts. C'est nous qui couronnons toutes les œuvres humaines, nous ornons le palais et l'autel. Nous habitions depuis longtemps près de ton impériale famille, et l'auguste mère qui t'a donné le jour nourrit elle-même en notre honneur, de ses mains pures, la sainte flamme de l'offrande, sur son autel domestique. Nous t'avons suivie, envoyés par elle, car tout bonheur n'est achevé que par nous.

L'ARCHITECTURE, *avec une couronne de créneaux sur la tête, un vaisseau d'or dans la main droite.*

Tu m'as vue régner sur les bords de la Néwa! Ton grand aïeul m'appela vers le Nord, et là je lui ai bâti une seconde Rome, qui par moi est devenue un séjour impérial. Un paradis de magnificence et de grandeur s'est élevé sous le coup de ma baguette magique. Maintenant le joyeux tumulte de la vie résonne là où naguère ne s'étendait qu'un sombre brouillard. L'orgueilleux appareil de sa flotte de mâts effraye l'antique Dieu de la Baltique, dans son palais marin.

LA SCULPTURE, *portant une Victoire dans sa main.*

Moi aussi, tu m'as vue souvent avec admiration, moi la sévère créatrice de l'ancien monde des dieux. Sur son rocher.... il s'élève inébranlable.... j'ai placé la grande figure du héros. Et cette image de victoire que j'ai formée (*elle montre la Victoire qu'elle a dans la main*), ton auguste frère l'agite dans sa puissante main. Elle vole devant les armes d'Alexandre; pour jamais, comme par un charme, il l'a fixée auprès de son armée. Je ne puis que façonner d'argile des œuvres inanimées; lui, d'une race sauvage, il se crée un peuple civilisé.

LA PEINTURE.

Moi aussi, princesse auguste, tu ne peux me méconnaître, moi, la sereine créatrice des formes décevantes. Sur ma toile la vie étincelle, et les couleurs éclatent avec une ardente puissance. Je sais, par un aimable artifice, tromper les sens; oui, par les yeux, je fais même illusion au cœur. Par les traits imités d'un objet aimé, souvent j'adoucis l'amère douleur des regrets. Tels vivent éloignés, l'un au Nord, l'autre au Midi; ils me possèdent.... et ne sont pas entièrement séparés.

LA POÉSIE.

Nul lien ne m'arrête, nulle barrière ne m'enchaîne : je m'élance librement à travers tous les espaces. La pensée est mon domaine immense, et la parole mon instrument ailé. Ce qui se meut au ciel et sur la terre, ce que la nature crée dans ses profondeurs secrètes, tout doit m'apparaître sans voile ni sceau, car rien ne limite la libre puissance du poëte. Mais, en vain je choisis et choisis encore, je ne trouve rien de plus beau qu'une belle âme dans une belle forme.

LA MUSIQUE, *avec la lyre*.

Le pouvoir des sons, qui coule des cordes de la lyre, tu le connais bien, tu l'exerces toi-même puissamment. Ce qui remplit d'intimes pressentiments les profondeurs de l'âme ne s'exprime que par mes sons. Une aimable magie charme les sens, dès que je verse mon torrent d'harmonie; le cœur se fond en une douce mélancolie, l'âme est prête à s'échapper des lèvres, et quand je dresse mon échelle de mélodie, je t'élève sur ses degrés au beau suprême.

LA DANSE, *avec la cymbale*.

Le sublime, le divin, repose dans un calme auguste et grave, et veut être senti par l'âme paisible et calme; mais la vie aime à s'agiter dans une exubérante plénitude, la jeunesse veut se manifester, se réjouir. Je dirige la joie avec le frein de la beauté, la joie qui aisément franchit les délicates limites ; je donne au corps pesant les ailes du zéphyr, je règle par la mesure les pas de la danse. Je gouverne le mouvement avec mon sceptre; la grâce est mon don charmant.

SCÈNE LYRIQUE.   479

L'ART DRAMATIQUE, *avec un double masque.*

J'offre à tes regards une image de Janus : elle montre ici la joie et là la douleur. L'humanité passe sans cesse du plaisir aux larmes, et la gaieté se marie à la gravité. Je déroule à tes yeux la vie dans toutes ses profondeurs, toutes ses hauteurs. Après avoir vu le grand drame du monde, tu rentres, plus riche, en toi-même; car à qui tient sa vue dirigée sur l'ensemble, les combats intimes de l'âme s'apaisent aisément.

LE GÉNIE.

Et nous tous, qui paraissons ici devant toi, nous, la sainte et divine troupe des arts augustes, nous sommes prêts, ô princesse, à te servir. Ordonne, et aussitôt, à ton commandement, comme les murs de Thèbes aux sons de la lyre, la pierre insensible s'animera, tout un monde de beauté se déploiera.

L'ARCHITECTURE.

Je veux que les colonnes s'alignent à la suite des colonnes.

LA SCULPTURE.

Que le marbre fonde sous les coups du marteau.

LA PEINTURE.

Que la vie s'anime et se meuve sur la toile.

LA MUSIQUE.

Que pour toi résonne le torrent des harmonies.

LA DANSE.

Que la danse légère entrelace la ronde joyeuse.

L'ART DRAMATIQUE.

Que, sur ce théâtre, le monde se reflète à tes yeux.

LA POÉSIE.

Que l'imagination, sur ses ailes puissantes, te ravisse au céleste séjour!

LA PEINTURE.

Et comme le jeu charmant des couleurs d'Iris construit, des rayons du soleil, son arc brillant, ainsi nous voulons, par l'heureuse union de nos efforts, nous, les sept nombres sacrés de la beauté suprême, tisser pour toi, princesse auguste, le tapis de la vie.

TOUS LES ARTS *s'embrassent.*

Car c'est seulement de l'heureuse union de nos forces que naît, noblement active, la vie digne de ce nom.

FIN DE L'HOMMAGE DES ARTS.

FRAGMENTS ET PLANS

TROUVÉS DANS LES PAPIERS DE L'AUTEUR

I
DÉMÉTRIUS

I

DÉMÉTRIUS.

ACTE PREMIER.

La diète de Cracovie. — Au moment où la toile se lève, on voit la diète de Pologne siégeant dans la grande salle du sénat. Sur une estrade, haute de trois degrés, couverte d'un tapis rouge, est le trône royal surmonté d'un dais. Des deux côtés pendent les armes de Pologne et de Lithuanie.

LE ROI *est assis sur le trône; à sa droite et à sa gauche, sur l'estrade, se tiennent, debout, les dix* OFFICIERS DE LA COURONNE; *au bas de l'estrade, des deux côtés de la scène, sont assis* LES ÉVÊQUES, LES PALATINS *et* LES CASTELLANS; *en face d'eux sont, debout, la tête découverte,* LES NONCES, *sur deux rangs, tous armés.* L'ARCHEVÊQUE DE GNESNE, *comme primat du royaume, est assis le plus près de l'avant-scène, derrière lui, son* CHAPELAIN *tient une croix d'or.*

L'ARCHEVÊQUE DE GNESNE.

Ainsi donc, cette orageuse diète se trouve menée, grâce à Dieu, à une heureuse fin. Le roi et les États se séparent en bonne intelligence. La noblesse consent à désarmer; le Rokosz[1] opiniâtre, à se dissoudre; et quant au roi, il donne sa parole sacrée de faire droit aux justes plaintes. . . . .
. . . .

1. Le soulèvement de la noblesse. (*Note de l'édition allemande.*)

Et maintenant que nous avons la paix au dedans, nous pouvons tourner les yeux vers les pays étrangers. . . . .

. . . .

Est-ce la volonté des Sérénissimes États que le prince Démétrius, qui prétend à la couronne de Russie, comme vrai fils d'Iwan, paraisse à la barre pour établir son droit devant ce Seym Walny[1]?

LE CASTELLAN DE CRACOVIE.

L'honneur l'exige et l'équité. Il ne serait pas convenable de lui refuser cette demande.

L'ÉVÊQUE DE WERMELAND.

Les titres à l'appui de sa prétention ont été examinés et trouvés authentiques. On peut l'entendre.

PLUSIEURS NONCES.

On doit l'entendre.

LÉON SAPIEHA.

L'entendre, c'est le reconnaître.

ODOWALSKY.

Ne pas l'entendre, c'est le rejeter sans l'avoir écouté.

L'ARCHEVÊQUE DE GNESNE.

Avez-vous pour agréable qu'il soit entendu ? Je le demande pour la seconde.... et pour la troisième fois.

LE GRAND CHANCELIER DE LA COURONNE.

Qu'il paraisse devant notre trône.

DES SÉNATEURS.

Qu'il parle !

DES NONCES.

Nous voulons l'entendre. (*Le Grand Maréchal de la couronne fait signe avec son bâton à l'huissier; celui-ci sort pour aller ouvrir.*)

LÉON SAPIEHA.

Écrivez, chancelier ! Je proteste contre cette conduite et contre tout ce qui en pourra résulter de contraire à la paix entre la Pologne et la couronne de Moscou.

1. Diète.

DÉMÉTRIUS *entre, fait quelques pas vers le trône, et s'incline trois fois, la tête couverte : d'abord devant le Roi, puis devant les Sénateurs, et enfin devant les Nonces; la portion de la diète à laquelle chaque salutation s'adresse y répond par une inclination de tête. Ensuite il se place de manière à embrasser du regard, mais en se gardant de tourner le dos au trône, une grande partie de l'assemblée et du public, qui est censé assister à la diète.*

L'ARCHEVÊQUE DE GNESNE.

Prince Dmitri, fils d'Iwan, si l'éclat de la royale diète t'intimide, si la majesté de ce spectacle enchaîne ta langue, tu peux, le sénat te l'accorde, te choisir à ton gré un avoué et te servir d'une bouche étrangère.

DÉMÉTRIUS.

Seigneur archevêque, je suis ici pour réclamer un royaume et un sceptre royal. Il me siérait mal de trembler devant un noble peuple et devant son roi et son sénat. Jamais je n'ai vu une si auguste assemblée; mais cet aspect m'élève le cœur et ne m'effraye point. Plus les témoins sont dignes, plus ils m'agréent : je ne puis parler devant une réunion plus brillante.

L'ARCHEVÊQUE DE GNESNE.

.... La Sérénissime République est disposée, il est vrai....

DÉMÉTRIUS.

Roi très-puissant, vénérables et puissants évêques et palatins, gracieux seigneurs, nonces de la Sérénissime République! c'est avec surprise, avec un profond étonnement, que je me vois, moi, le fils du czar Iwan, à cette diète, devant le peuple de Pologne. Une haine sanglante a divisé les deux royaumes, et il n'y a point eu de paix tant que mon père a vécu. Cependant le ciel a maintenant tourné les choses de telle sorte que moi, son sang, moi qui ai sucé, avec le lait de ma nourrice, cette vieille haine héréditaire, je suis contraint de paraître devant vous en suppliant, et de venir au milieu de la Pologne chercher mon droit. Avant donc que je parle, oubliez généreusement ce qui s'est passé; oubliez que le czar, dont je me reconnais le fils, a porté la guerre dans votre pays. Je me présente devant vous comme prince dépouillé; je cherche protection. L'opprimé a des droits sacrés sur tout noble cœur; mais qui sera juste sur la terre, si ce n'est un grand peuple, un peuple vaillant qui, libre et dans toute la plénitude de son pouvoir, n'a de compte à rendre qu'à lui-même, et qui, sans nulle restriction. . . . . peut obéir à la noble impulsion de l'humanité?

L'ARCHEVÊQUE DE GNESNE.

Vous vous donnez pour le fils du czar Iwan. Ni votre attitude vraiment, ni votre langage ne contredisent cette fière prétention. Cependant prouvez-nous que vous l'êtes; puis espérez tout de la générosité de la République.... Jamais, sur le champ de bataille, elle n'a craint le Russe; elle aime également à se montrer soit un noble ennemi, soit un ami secourable.

DÉMÉTRIUS.

Iwan Wasilowitsch, le grand czar de Moscou, a épousé cinq femmes, dans le long cours de son règne. La première, de la race héroïque des Romanow, lui donna Féodor, qui régna après lui. Marfa, de la famille des Nagori, lui enfanta un fils unique, Dmitri, le tardif rejeton de sa vigueur : il était encore un tendre enfant quand son père mourut. Le czar Féodor, jeune homme d'un corps débile et d'un faible esprit, laissa régner son grand écuyer, Boris Godunow, qui le gouverna avec l'art astucieux d'un courtisan. Féodor était sans enfants, et le sein stérile de la czarine ne promettait nul héritier. Quand donc le rusé boyard eut capté la faveur du peuple par ses adulations, il éleva ses vœux jusqu'au trône. Entre lui et son orgueilleuse espérance, il n'y avait plus qu'un obstacle, le jeune Dmitri Iwanowitsch, qui croissait sous les yeux de sa mère, à Uglitsch, sa résidence de veuve.

Quand son noir projet fut mûr pour l'exécution, il envoya à Uglitsch des meurtriers pour tuer le czarowitsch. . . . . Un incendie éclata, au plus profond de la nuit, dans l'aile du château où le jeune prince habitait à part avec son gouverneur. La maison devint la proie d'un violent embrasement; le prince disparut aux yeux des hommes et ne reparut plus : tout le monde le pleura comme mort. Je vous rapporte des faits connus, que tout Moscou sait.

L'ARCHEVÊQUE DE GNESNE.

Ce que vous racontez n'est ignoré d'aucun de nous. Le bruit a retenti dans toutes les contrées que le prince Dmitri, dans l'incendie d'Uglitsch, avait trouvé le trépas. Et, comme sa mort a tourné à l'avantage du czar qui règne aujourd'hui, on ne s'est fait aucun scrupule de l'accuser de ce meurtre cruel. Mais ce n'est pas de sa mort qu'il s'agit maintenant; car il vit, n'est-ce pas, ce prince? Vous soutenez qu'il vit en vous. Donnez-nous-en des preuves. Par quoi certifiez-vous que vous l'êtes? A quels signes doit-on vous reconnaître? Comment êtes-vous demeuré caché à votre persécuteur? Et comment, après un silence de seize ans, quand vous n'êtes plus attendu, paraissez-vous maintenant à la lumière du jour?

DÉMÉTRIUS.

Il n'y a pas encore un an que je me suis moi-même découvert, car jusque-là je vivais caché même à moi, ne soupçonnant pas ma royale naissance. Je me trouvais moine parmi des moines, quand la conscience de ce que j'étais commença à s'éveiller en moi, et la sévère contrainte du cloître m'entourait. Mon âme généreuse résistait à l'étroite règle sacerdotale, et mon sang de chevalier se révoltait, avec une secrète puissance, dans mes veines. Je dépouillai résolûment l'habit de moine, et je m'enfuis en Pologne, où le noble prince de Sendomir, ce bienveillant ami des hommes, me donna l'hospitalité dans son palais, et m'éleva pour le noble service des armes.

L'ARCHEVÊQUE DE GNESNE.

....Comment? vous ne vous connaissiez pas encore, et pourtant le bruit que le prince Démétrius vivait remplissait dès lors le monde? Le czar Boris tremblait sur son trône et il plaçait ses Sastaïs aux frontières pour examiner avec une sévère attention tout voyageur. Comment! ce bruit ne venait pas de vous? Il se pourrait, vous ne vous étiez pas donné pour Démétrius?

DÉMÉTRIUS.

Je raconte ce que je sais. Si la rumeur de mon existence a couru le monde, c'est un dieu qui a pris soin de la répandre. Je ne me connaissais pas. Dans la maison du palatin, et perdu dans la troupe de ses serviteurs, je passai joyeusement le temps obscur de ma jeunesse. . . . .
Par un silencieux hommage, j'adorais sa fille ornée d'attraits; mais alors j'étais bien loin de l'audace d'élever mes vœux jusqu'à un tel bonheur. Le Castellan de Lemberg, son prétendant,

s'offensa de ma passion. Il me demanda orgueilleusement raison, et, dans sa fureur aveugle, il s'oublia jusqu'à me frapper. Si cruellement provoqué, je saisis mon arme ; lui, furieux, hors de lui, se précipita sur mon épée, et périt, sans que je le voulusse, de ma main.

MNISCHEK.

Oui, ainsi s'est passé. . . . .

DÉMÉTRIUS.

Mon malheur fut au comble. Moi, sans nom, un Russe, un étranger, j'avais tué un grand du royaume, j'avais commis un meurtre dans la maison hospitalière de mon protecteur, je lui avais tué son gendre, son ami. Mon innocence ne me servit de rien ; ni la compassion de toute la cour du prince, ni la faveur du noble palatin ne peuvent me sauver ; car la loi, indulgente aux seuls Polonais, mais sévère pour tous les étrangers, me condamne. Mon jugement fut prononcé, je devais mourir. Déjà j'étais à genoux devant le bloc fatal, déjà j'offrais au glaive mon cou nu.... A ce moment, parut aux yeux une croix d'or avec des pierres précieuses, qu'on m'avait, au baptême, suspendue au cou. J'avais, comme c'est chez nous la coutume, toujours porté caché, à mon cou, le saint gage de la rédemption chrétienne, depuis ma première enfance, et en ce moment même où je devais dire adieu à la douce vie, je le saisis comme ma dernière consolation, et le pressai sur mes lèvres, avec une pieuse ferveur. (*Les Polonais, par un jeu muet, manifestent leur intérêt.*) On remarque ce joyau : son éclat et son prix excitent la surprise, éveillent la curiosité. On détache mes liens, on m'interroge ; mais je ne puis me rappeler un temps où je n'aie pas porté ce joyau. Or il advint que trois fils de boyards, qui avaient fui la persécution de leur czar, étaient descendus chez mon maître à Sambor. Ils virent ce bijou et, aux neuf émeraudes, entremêlées d'améthystes, ils le reconnurent pour celui que Knæs Mestislowskoy avait, au baptême, suspendu au cou du plus jeune fils du czar. Ils me regardèrent de plus près et remarquèrent avec étonnement que, par un jeu étrange de la nature, j'avais, de naissance, le bras droit plus court que l'autre. Comme ils me pressaient de questions, je me rappelai un petit psautier que j'avais emporté dans ma fuite. Dans ce psautier se trouvaient des mots grecs que l'Igumène[1] y avait tracés de sa propre main. Je ne les avais jamais lus, parce que je ne connaissais pas cette langue. On alla chercher le psautier, on lut l'écrit. Le contenu était que frère Wasili Philarète (c'était mon nom au cloître), possesseur du livre, était le prince Dmitri, le plus jeune fils d'Iwan, qu'Andréi, un honnête diacre, avait secrètement sauvé dans la nuit du meurtre; que les preuves en étaient conservées dans deux cloîtres, lesquels étaient indiqués. Alors les boyards, vaincus par la puissance de ces témoignages, se précipitèrent à mes pieds, et me saluèrent comme fils de leur czar, et ainsi le destin m'éleva subitement, de l'abîme du malheur, au faîte de la prospérité.

L'ARCHEVÊQUE DE GNESNE.

. . . .

DÉMÉTRIUS.

Et alors aussi il me tomba comme des écailles des yeux : des souvenirs s'animèrent en moi soudain.... dans le fond le plus reculé du temps passé; et, comme les dernières tours brillent à l'horizon lointain, aux rayons du soleil, ainsi deux images, les plus hauts sommets, dorés du soleil, dans ma mémoire, devinrent claires et distinctes dans mon âme. Je me voyais fuyant par une nuit obscure, et, en regardant derrière moi, je voyais monter une flamme ardente, dans la sombre horreur de la nuit. Il fallait que ce fût une impression bien ancienne et reculée, car ce qui avait précédé, ce qui avait suivi, était complètement effacé dans le lointain des longues années; cette image terrible s'élevait isolée et brillait seule dans mon souvenir. Toutefois je me rappelais bien qu'un jour, dans les années qui suivirent, un de mes compagnons, en colère, m'avait nommé le fils du czar. Je tins cette parole pour une raillerie et m'en vengeai en le frappant. Tout cela, en ce moment, saisit mon esprit avec la rapidité de l'éclair, et il m'apparut avec une certitude évidente que j'étais le fils, cru mort, du czar. D'un seul mot se trouvent expliquées toutes les énigmes de mon obscure existence. Ce n'est pas seulement à des signes qui peuvent tromper, c'est, au plus

---

1. L'abbé du couvent.

profond de mon sein, aux battements de mon cœur que je sentis en moi le sang royal ; et je le verserais plutôt goutte à goutte que de renoncer à mon droit et à la couronne.

L'ARCHEVÊQUE DE GNESNE.

Et devons-nous nous fier à un écrit qui a pu se trouver par hasard entre vos mains? nous fier au témoignage de quelques fugitifs? Pardonnez, noble jeune homme! Votre ton et votre contenance ne sont sûrement pas d'un menteur! mais vous pourriez être trompé vous-même; on peut pardonner au cœur humain de se laisser tromper dans un si grand intérêt. Quels garants nous donnez-vous de votre parole?

DÉMÉTRIUS.

Je produis cinquante répondants engagés par serment, tous Piasts, Polonais nés libres, d'une réputation sans tache, qui affirmeront tout ce que j'avance en ce moment. Je vois siéger ici le noble prince de Sendomir; le castellan de Lublin, à son côté : ils témoigneront si j'ai dit la vérité . . . .
. . . .

L'ARCHEVÊQUE DE GNESNE.

Eh bien! qu'en pensent les Sérénissimes États? Le doute doit s'avouer vaincu par la force réunie de tant de témoignages. Un bruit sourd, depuis longtemps, court le monde, annonçant que Dmitri, fils d'Iwan, vit encore; le czar Boris lui-même le confirme par sa crainte.... Un jeune homme se montre ici, entièrement semblable, par l'âge, par la conformation, même par les jeux accidentels de la nature, à celui qui a disparu, à celui qu'on cherche; il justifie par la noblesse de son âme sa haute prétention. Il est sorti miraculeusement, par une fuite mystérieuse, des murs du cloître, et a paru doué des vertus chevaleresques, lui qui n'avait été que l'élève des moines. Il montre un joyau, que le czarowitsch porta sur lui autrefois, qu'il ne quittait jamais. De plus, un témoignage écrit par une main pieuse confirme sa royale naissance, et la vérité nous parle plus fortement encore par la simple franchise de son langage et la candeur de son front. L'imposture n'emprunte pas de tels traits; elle s'enveloppe, décevante, dans de grandes paroles et dans les ornements oratoires du discours. Je ne lui refuse donc pas plus longtemps le nom auquel il prétend avec droit et roison, et, usant de mon antique privilége, je lui donne le premier ma voix, en qualité de primat.

L'ARCHEVÊQUE DE LEMBERG.

Je vote comme le primat.

PLUSIEURS ÉVÊQUES.

Comme le primat.

PLUSIEURS PALATINS.

Moi aussi!

ODOWALSKY.

Et moi!

DES NONCES, *vivement, les uns après les autres.*

Nous tous!

SAPIEHA.

Gracieux seigneurs! pensez-y bien! Qu'on ne précipite rien! Que la noble diète ne se laisse pas entraîner légèrement à. . . .

ODOWALSKY.

Il n'y a point ici lieu à réfléchir : tout est considéré. Les preuves parlent et sont sans réplique. Ce n'est point ici Moscou; la crainte d'un despote n'enchaîne point ici nos cœurs libres. Ici la vérité peut marcher la tête haute. Je me plais à croire, nobles seigneurs, qu'ici, à Cracovie, dans la diète même de Pologne, le czar de Moscou ne compte pas d'esclaves vendus.

DÉMÉTRIUS.

Grâces vous soient rendues, Sérénissimes Sénateurs, pour avoir reconnu les signes de la vérité, et, si à vos yeux je suis réellement celui dont je prends le nom, oh! alors ne souffrez pas qu'un ravisseur insolent s'arroge mon héritage, et qu'il souille plus longtemps le sceptre qui m'appartient, à moi, au légitime czarowitsch. . . . .

. . . .

J'ai le droit, vous avez la puissance. C'est le grand intérêt de tous les États, de tous les trônes, que le fait soit conforme au droit, et que chacun en ce monde possède ce qui est à lui. Car, là où règne la justice, chacun se réjouit, sûr de son héritage, et sur chaque maison, sur chaque trône, plane la foi du pacte, comme un chérubin vigilant. . . . .

. . . .

Elle se nomme justice, l'industrieuse structure de la voûte de ce monde, où tout l'ensemble maintient une seule pierre; une seule pierre, tout l'ensemble; où, avec une seule, tout croule et tombe. . . . .

. . . .

(*Réponses des Sénateurs qui témoignent leur adhésion à Démétrius.*)

DÉMÉTRIUS.

Oh! regarde-moi, glorieux Sigismond! roi puissant! Descends en toi-même et vois ton destin dans le mien! Toi aussi, tu as éprouvé les coups du sort. C'est dans une prison que tu vins au monde, ton premier regard tomba sur les murs d'un cachot. Il te fallut un sauveur, un libérateur, pour t'élever, de la prison, au trône. Tu l'as trouvé. Tu as éprouvé la magnanimité, oh! exerce aussi la magnanimité envers moi. . . . .

. . . .

Et vous, illustres membres du sénat, vénérables évêques, colonnes de l'Église, glorieux palatins et castellans, voici le moment de réconcilier par une noble action deux peuples longtemps divisés. Acquérez la gloire de donner, par la puissance de la Pologne, aux Moscovites leur czar, et du voisin qui vous pressait en ennemi, faites-vous un ami reconnaissant.

Et vous, nonces de la Sérénissime République, bridez vos rapides coursiers! sautez en selle! les portes d'or de la fortune s'ouvrent à vous; je veux partager avec vous la dépouille de l'ennemi. Moscou abonde en richesses; le trésor du czar regorge d'or et de pierreries; je puis récompenser royalement mes amis, et le veux faire. Quand j'entrerai en czar dans le Kremlin, alors, je le jure, le plus pauvre d'entre vous, qui m'aura suivi là, sera vêtu de velours et de zibeline; il couvrira ses harnais de riches perles, et l'argent sera le plus vil métal pour ferrer le sabot de ses chevaux. (*Il s'élève parmi les Nonces une grande agitation.*)

KORELA, *hetman des Cosaques, se déclare prêt à lui amener une armée.*

ODOWALSKY.

Laisserons-nous le Cosaque nous ravir la gloire et le butin?

. . . .

Nous sommes en paix avec le prince des Tartares et avec les Turcs, nous n'avons rien à craindre du Suédois. Depuis longtemps déjà notre vaillante ardeur se consume dans un inerte repos; nos glaives se rouillent. Debout! tombons sur le pays du czar, et gagnons un allié fidèle, en augmentant la puissance et la grandeur de la Pologne!

BEAUCOUP DE NONCES.

Guerre, guerre à Moscou!

D'AUTRES.

Qu'on se décide! Qu'on recueille sur-le-champ les voix!

SAPIEHA *se lève.*

Grand maréchal de la couronne, commandez le silence. Je demande la parole.

UNE FOULE DE VOIX.

Guerre, guerre à Moscou!

SAPIEHA.

Je demande la parole. Maréchal, faites votre devoir. (*Grand tumulte dans la salle et au dehors.*)

LE GRAND MARÉCHAL DE LA COURONNE.

Vous le voyez, c'est en vain.

SAPIEHA.

Quoi? Le maréchal aussi est gagné? N'y a-t-il plus de liberté dans la diète? Jetez votre bâton et commandez le silence! Je le demande, je l'exige et le veux. (*Le Grand Maréchal de la couronne jette son bâton au milieu de la salle; le tumulte s'apaise.*) A quoi pensez-vous? Qu'allez-vous résoudre? Ne sommes-nous pas en profonde paix avec le czar de Moscou? Moi-même, comme votre royal messager, j'ai conclu l'alliance de vingt ans; j'ai levé, dans le Kremlin, ma main droite pour jurer un serment solennel, et le czar nous a tenu fidèlement sa parole. Qu'est-ce que la foi jurée, que sont les traités, si une diète solennelle ose ainsi les rompre?

DÉMÉTRIUS.

Prince Léon Sapieha, vous avez conclu la paix, dites-vous, avec le czar de Moscou? Non, vous ne l'avez point fait; car c'est moi qui suis ce czar. C'est en moi que réside la majesté moscovite; je suis le fils d'Iwan et son légitime héritier. Si la Pologne veut conclure la paix avec la Russie, c'est avec moi qu'elle doit traiter! Votre traité est nul, il a été conclu avec qui n'a nul droit.

ODOWALSKY.

Que nous importe votre traité? Telle était alors notre volonté, elle est autre aujourd'hui.

SAPIEHA.

En sommes-nous venus là? Si personne ne veut se lever pour la justice, eh bien! je le ferai, moi! Je veux déchirer la trame de l'astuce, je veux découvrir tout ce que je sais.... Vénérable primat! comment? Es-tu sérieusement aussi débonnaire, ou peux-tu dissimuler à ce point? Êtes-vous si crédules, sénateurs? Roi, es-tu si faible? Vous ne savez pas, vous ne voulez pas savoir que vous êtes le jouet du rusé woiwode, de Sendomir, qui a suscité ce czar, et dont l'immense ambition engloutit déjà Moscou et ses richesses? Faut-il que je vous dise que l'alliance est déjà conclue et jurée entre eux? qu'il lui a fiancé sa plus jeune fille? Et la noble République doit-elle se précipiter aveuglément dans les périls d'une guerre pour assurer la grandeur du woiwode et faire de sa fille une czarine et une reine? Il a tout séduit et acheté. La diète, je le sais bien, il veut la dominer; je vois sa faction puissante dans cette salle, et, non content de diriger le Seym Walny par la majorité, il est venu à la diète avec trois mille chevaux, et a inondé tout Cracovie de ses vassaux. En ce moment même, ils remplissent les galeries de ce palais. On veut contraindre la liberté de nos suffrages. Nulle crainte cependant n'émeut mon courage. Tant qu'il coulera du sang dans mes veines, je maintiendrai la liberté de ma parole. Les hommes de bonne intention se rangeront de mon côté. Tant que je vivrai, je ne laisserai passer nulle résolution contraire au droit et à la raison. J'ai conclu la paix avec Moscou, et je réponds de son maintien.

ODOWALSKY.

Qu'on ne l'écoute pas! Recueillez les voix! (*Les Évêques de Cracovie et de Wilna se lèvent, et vont, chacun de leur côté, recueillir les voix.*)

BEAUCOUP DE VOIX.

Guerre! guerre à Moscou!

L'ARCHEVÊQUE DE GNESNE, *à Sapieha*.

Rendez-vous, noble seigneur! Vous voyez que la majorité est contre vous. Ne poussez pas les choses jusqu'à une scission funeste!

ACTE I.

LE GRAND CHANCELIER DE LA COURONNE, *descendant des degrés du trône*, *à Sapieha.*

Le roi vous fait prier de céder, seigneur woiwode, et de ne pas diviser la diète.

L'HUISSIER, *bas à Odowalsky.*

Ceux qui sont devant la porte vous font dire de tenir ferme. Tout Cracovie est pour vous.

LE GRAND MARÉCHAL DE LA COURONNE, *à Sapieha.*

De si bonnes résolutions ont passé. Oh! rendez-vous! En faveur des excellentes décisions qu'on a prises du reste, rangez-vous à la majorité.

L'ÉVÊQUE DE CRACOVIE *a recueilli les voix de son côté.*

Sur le banc de droite tous sont d'accord.

SAPIEHA.

Que tous soient d'accord.... moi, je dis non. Je dis *Veto*, je romps la diète. Qu'on n'aille pas plus loin. Tout ce qui a été résolu est aboli et nul. (*Toute l'assemblée est debout. Le Roi descend de son trône, les barrières sont renversées; un bruit tumultueux s'élève. Des Nonces tirent leurs sabres et en menacent, à droite et à gauche, Sapieha. Des Évêques s'interposent, des deux côtés, et le protégent de leurs étoles.*) La majorité? Qu'est-ce que la majorité? La majorité, c'est la déraison; le bon sens ne s'est jamais trouvé que chez un petit nombre. Celui qui n'a rien songe-t-il au bien général? Le mendiant est-il libre, peut-il choisir? Il est contraint de vendre sa voix, pour du pain, pour des bottes, au puissant qui le paye. Il faut peser les suffrages, et non les compter. L'État périra tôt ou tard là où triomphe la majorité, où la déraison décide.

ODOWALSKY.

Entendez le traître!...

DES NONCES.

Qu'on le terrasse. Taillez-le en pièces!

L'ARCHEVÊQUE DE GNESNE *arrache la croix des mains de son Chapelain, et s'avance entre eux.*

La paix! Voulez-vous que le sang des citoyens coule dans la diète? Prince Sapieha! modérez-vous! (*Aux Évêques.*) Éloignez-le d'ici; faites-lui un rempart de vos poitrines! Emmenez-le en silence par cette porte de côté, pour que la foule ne le mette pas en pièces! (*Sapicha, toujours menaçant du regard, est entraîné de force par les Évêques, pendant que les Archevêques de Gnesne et de Lemberg écartent les Nonces qui s'élancent vers lui. Au milieu d'un violent tumulte, auquel se mêle le cliquetis des sabres, la salle se vide, et il ne reste que Démétrius, Mnischek, Odowalsky et l'Hetman des Cosaques.*)

ODOWALSKY.

Nous avons échoué. . . . .
. . . .
Mais ce n'est pas une raison pour que vous manquiez de secours! Si même la République maintient la paix avec Moscou, nous accomplirons l'entreprise avec nos propres forces.

KORELA.

Qui aussi aurait pensé qu'à lui seul il tiendrait tête à toute la diète!

MNISCHEK.

Le roi vient.

LE ROI SIGISMOND, *accompagné du* GRAND CHANCELIER DE LA COURONNE, *du* GRAND MARÉCHAL DE LA COURONNE *et de quelques* ÉVÊQUES.

LE ROI.

Mon prince, souffrez que je vous embrasse! L'illustre République vous rend enfin justice; mon cœur l'a fait depuis longtemps. Je suis profondément touché de votre sort : il doit certes émouvoir le cœur de tous les rois.

DÉMÉTRIUS.

J'ai oublié tout ce que j'ai souffert; sur votre sein je me sens renaître.

LE ROI.

Je n'aime point les longs discours; mais tout ce que peut un roi qui commande à des vassaux plus riches que lui, je vous l'offre. Vous avez vu une triste scène. Ne concevez pas une plus mauvaise idée du royaume de Pologne, parce qu'à vos yeux une tempête furieuse agite le vaisseau de l'État.

MNISCHEK.

Dans le fracas de la tempête, le pilote dirige rapidement le navire et le conduit au sûr asile du port.

LE ROI.

La diète est dissoute. Quand je le voudrais, je ne puis rompre la paix avec le czar. Mais vous avez de puissants amis. Si le Polonais veut à ses périls s'armer pour vous, si le Cosaque veut tenter les hasards de la guerre, ils sont hommes libres, je ne puis m'y opposer.

MNISCHEK.

Tout le Rokosz[1] est encore en armes. Si tu le veux, Seigneur, ce torrent fougueux qui s'est soulevé contre ton autorité, peut, désormais inoffensif pour toi, se répandre sur la Moscovie.

LE ROI.

La Russie te donnera tes meilleures armes; ton meilleur rempart est le cœur de ton peuple. La Russie ne peut être vaincue que par la Russie. Comme tu as parlé aujourd'hui devant la diète, ainsi parle, à Moscou, aux citoyens ; fais la conquête de leurs cœurs et tu régneras. Autrefois, je montai paisiblement, par le droit de ma naissance, sur le trône de Suède, et pourtant j'ai perdu mon royaume paternel, parce que les sentiments de mon peuple m'étaient contraires.

MARINA *entre.*

. . .   .

MNISCHEK.

Sire, Marina, ma plus jeune fille, se jette aux pieds de Ta Majesté ; le prince de Moscou lui offre son cœur.... Tu es l'auguste patron de notre maison : ce n'est que de ta main royale qu'il lui convient de recevoir un époux. (*Marina s'agenouille devant le Roi.*)

LE ROI.

Volontiers, mon cousin ! Si tel est votre désir, je remplacerai le père auprès du czar. (*A Démétrius, en lui donnant la main de Marina.*) Ainsi je vous amène, en vous donnant ce précieux gage, la riante déesse de la fortune.... Et puissé-je vivre assez pour que mes yeux voient ce noble couple assis sur le trône de Moscou !

MARINA.

Seigneur, j'honore humblement tes bontés, et je demeurerai ton esclave partout où je serai.

1. Voyez page 485.

LE ROI.

Levez-vous, czarine! Ce n'est point là votre place, ce n'est point la place de la fiancée du czar, de la fille de mon premier woiwode. Vous êtes la plus jeune parmi vos sœurs, mais votre esprit, dans son vol, devance votre fortune, et votre grand cœur aspire à la plus grande destinée.

DÉMÉTRIUS.

Sois témoin, grand roi, de mon serment. Je le dépose comme prince dans les mains d'un prince! J'accepte la main de cette noble demoiselle, comme un précieux gage de bonheur. Je jure que, dès que je serai monté sur le trône de mes pères, je la conduirai solennellement, comme ma fiancée, dans mon palais, ainsi qu'il convient à une grande reine. Comme présent d'hymen, je donne à mon épouse les principautés de Pleskow et de Gross-Neugard, avec toutes les villes, bourgs et habitants, avec tous les pouvoirs et droits de souveraineté, en libre propriété et à jamais; et cette donation, je la lui veux confirmer, comme czar, dans ma ville capitale de Moscou. Au noble woiwode, je compterai, comme indemnité de son armement, un million de ducats au coin de Pologne. . . . .
. . . .
Que Dieu m'aide et tous ses saints, aussi vrai que mon serment est sincère, et que je le tiendrai fidèlement!

LE ROI.

Vous le tiendrez; vous n'oublierez jamais ce que vous devez au noble woiwode, qui risque, à servir vos vœux, son bonheur assuré, et, sur la foi de vos espérances, son enfant chéri. Un ami si rare doit être gardé précieusement. Quand vous serez heureux, n'oubliez donc jamais par quels degrés vous êtes monté au trône, et ne changez pas de cœur en changeant de vêtement. Songez que c'est en Pologne que vous vous êtes découvert vous-même, que ce pays vous a donné une seconde naissance.

DÉMÉTRIUS.

J'ai grandi dans une humble condition; j'ai appris à respecter les beaux liens qui attachent l'homme à l'homme par un mutuel penchant.

LE ROI.

Mais vous allez entrer dans un royaume où d'autres mœurs

ont cours et d'autres coutumes. Ici, sur la terre de Pologne, règne la liberté; le roi lui-même, bien qu'il soit le premier par l'éclat du rang, n'est souvent que le serviteur de la puissante noblesse. En Russie, c'est la sainte autorité paternelle qui domine; l'esclave sert avec une passive obéissance. . . . . .
. . . .

DÉMÉTRIUS.

La belle liberté que j'ai trouvée ici, je la veux transplanter dans ma patrie. Je veux des esclaves faire des hommes heureux, je ne veux pas régner sur des âmes d'esclaves.

LE ROI.

Ne soyez pas trop prompt et apprenez à obéir au temps. Prince, pour adieu, écoutez encore de moi trois leçons! Suivez-les fidèlement, quand vous arriverez à l'empire. C'est un roi qui vous les donne, un vieillard fort éprouvé, et votre jeunesse peut les mettre à profit.

DÉMÉTRIUS.

Oh! enseignez-moi votre sagesse, grand roi! Vous êtes révéré d'un peuple libre.... que dois-je faire pour parvenir au même but?

LE ROI.

....Vous venez d'une terre étrangère, ce sont les armes de l'étranger, de l'ennemi, qui vous amènent : c'est un premier tort qu'il faut réparer. Montrez-vous donc le vrai fils de la Moscovie, en respectant ses mœurs. Tenez parole aux Polonais et honorez-les, car vous avez besoin d'amis sur votre nouveau trône : le bras qui vous a rétabli peut vous renverser. Tenez-les en grande estime, mais ne les imitez pas. La coutume étrangère ne réussit pas dans un pays. . . . .
. . . . . Mais, quoi que vous entrepreniez.... honorez votre mère.... Vous retrouverez une mère....

DÉMÉTRIUS.

O mon roi!

LE ROI.

Vous avez assurément de grands motifs de l'honorer filialement. Vénérez-la.... Elle forme entre vous et votre peuple un lien cher et sacré.... L'autorité des czars est affranchie des lois

humaines; ils n'ont rien à redouter que la nature : votre peuple ne peut avoir de votre humanité un meilleur gage que votre amour filial. Je ne dis rien de plus. Il reste encore beaucoup à faire, avant que vous ayez conquis la toison d'or. Ne vous attendez pas à une victoire facile. . . . .
Le czar Boris règne avec force et autorité : ce n'est pas avec un efféminé que vous engagez la lutte. Celui qui s'est élevé au trône par son mérite, il n'est pas si facile au vent de l'opinion de l'en précipiter, et ses actions lui tiennent lieu d'ancêtres.... Je vous remets à votre bonne fortune. Elle vous a, deux fois déjà, sauvé par un miracle des mains de la mort; elle achèvera son œuvre et vous couronnera.

MARINA, ODOWALSKY.

ODOWALSKY.

Eh bien, madame, n'ai-je pas bien accompli ma tâche, et louerez-vous mon zèle?

MARINA.

Il est fort à propos que nous soyons seuls, Odowalsky; nous avons à traiter ensemble de choses importantes, dont le prince ne doit rien savoir. Qu'il suive la voix de Dieu qui le pousse! Qu'il croie à lui-même, et le monde y croira aussi. Qu'il garde, lui, cet aveuglement qui est un principe de grandes actions.... Mais nous, il nous faut voir clair, il nous faut agir. Il nous donne son nom, son enthousiasme; il faut que nous ayons pour lui de la raison, du sang-froid. Et quand nous nous serons assurés, par notre prudente habileté, d'un heureux résultat, qu'il continue de croire, s'il le veut, que son bonheur lui est tombé du ciel.

ODOWALSKY.

Ordonnez, madame! Je vis pour vous servir. Que m'importe, à moi, la cause du Moscovite? C'est à vous, à votre grandeur, à votre gloire, que je veux sacrifier mon sang et ma vie. Le bonheur ne fleurit pas pour moi; dépendant, sans biens, je ne puis élever mes vœux jusqu'à vous. Mais je veux mériter

ACTE I.

votre faveur. Que vous faire grande soit mon unique pensée. Qu'un autre après cela vous possède; vous serez toujours mienne, si vous êtes uniquement mon ouvrage.

MARINA.

Aussi mon cœur se repose-t-il entièrement sur toi. Tu es l'homme à qui je confie toute l'action. Le roi n'est pas sincère. Je pénètre sa pensée.... Tout n'a été qu'un jeu concerté avec Sapieha. Sans doute, il lui convient que mon père, dont il craint la puissance, s'affaiblisse dans cette entreprise, que la ligue de la noblesse, qui était redoutable pour lui, se précipite dans cette guerre étrangère, et y décharge ses menaces; mais il veut, lui-même, rester neutre dans la lutte. Quant aux fruits du combat, il compte les partager avec nous, et, si nous sommes vaincus, il espère nous imposer d'autant plus aisément en Pologne le joug de sa puissance. Nous sommes seuls. Le sort est jeté. S'il songe à lui-même, nous songerons, nous, à nos intérêts. . . . .
. . . .
Tu conduiras les troupes à Kiow. Là, elles jureront fidélité au prince, et fidélité à moi : à moi, entends-tu? C'est une précaution nécessaire. . . . .
. . . .

ODOWALSKY.

. . . .

MARINA

Ce n'est pas seulement ton bras que je veux, mais aussi tes yeux.

ODOWALSKY.

Ordonnez, parlez....

MARINA.

Tu conduiras le czarowitsch, veille bien sur lui. Ne quitte jamais son côté, tu me rendras compte de chacun de ses pas.

ODOWALSKY.

Fiez-vous à moi, il ne sera jamais privé de ma présence.

MARINA.

Nul homme n'est reconnaissant. Si une fois il se sent czar, il rejettera bien vite nos chaînes. . . . .
. . . .

Le Russe hait le Polonais, doit le haïr; il n'y a pas là de lien du cœur, de lien durable, à nouer. . . . .

. . . .

MARINA, ODOWALSKY, OPALINSKY, BIELSKY
et plusieurs NOBLES POLONAIS.

OPALINSKY.

Procure-nous de l'argent, dame patronne, et nous marchons aussi. Cette longue diète nous a ruinés; nous te ferons reine de Russie.

MARINA.

L'évêque de Kaminiec et de Kulm avance de l'argent sur les terres et les serfs. Vendez, engagez vos domaines, vos paysans, faites argent de tout, dépensez-le en armes et en chevaux. La guerre est le meilleur marchand, elle convertit le fer en or.... Quoi que vous perdiez maintenant, vous le retrouverez au décuple à Moscou.

BIELSKY.

Ils sont encore attablés là deux cents dans la salle d'auberge. Si tu te montres et vides un gobelet avec eux, ils sont à toi.... Je les connais.

MARINA.

Attends-moi! Tu m'y conduiras toi-même.

OPALINSKY.

. . . .

Assurément, tu es née pour être reine.

MARINA.

C'est vrai. Aussi fallait-il que je le devinsse....

BIELSKY.

Oui, monte toi-même sur la blanche haquenée, arme-toi, et, nouvelle Vanda, conduis à une victoire certaine tes bandes courageuses.

MARINA.

Mon esprit vous conduira. La guerre n'est pas pour les femmes. Le lieu de réunion est à Kiow. Mon père s'y rendra avec trois mille chevaux. Mon beau-frère en donne deux mille. Du Don

ACTE I.

nous attendons une armée auxiliaire de cosaques. Me jurez-vous fidélité?

TOUS.

Oui, nous jurons! (*Ils tirent leurs sabres.*)

LES UNS.   LES AUTRES.
Vivat Marina!   Russiæ Regina!

(*Marina déchire son voile et le partage entre les Gentilshommes.*)
Tous sortent, excepté Marina.)

MNISCHEK, MARINA.

MARINA.

Pourquoi êtes-vous si sérieux, mon père, quand la fortune nous rit, quand chacun de nos pas nous réussit à souhait, quand tous les bras s'arment pour nous?

MNISCHEK.

Pour cela même, ma fille! Tout est en jeu, tout. Dans cet armement s'épuise tout le pouvoir de ton père. Je n'ai que trop sujet d'y réfléchir sérieusement. La fortune est trompeuse, le résultat incertain. . . . .
. . . .

MARINA.

. . . .

MNISCHEK.

Téméraire enfant, où m'as-tu entraîné? Que ton père est faible de n'avoir pu résister à tes instances! Je suis le plus riche woiwode du royaume, le premier après le roi.... Ne pouvions-nous nous en tenir là, et jouir de notre bonheur, l'âme contente? Tes vœux se sont élevés plus haut.... Le sort modeste qui est échu à tes sœurs ne t'a point suffi. Tu as voulu atteindre au faîte de la destinée humaine et porter une couronne. Moi, père trop faible, j'entasserais volontiers sur toi, que j'aime par-dessus tout, toutes les grandeurs; je me laisse égarer par tes prières et je livre au hasard un bonheur assuré!

MARINA.

Comment?... Mon père chéri, te repens-tu de ta bonté? Qui

peut se contenter d'un plus humble destin, quand le plus grand de tous plane sur sa tête?

MNISCHEK.

Pourtant tes sœurs ne portent point de couronnes, et elles sont heureuses. . . . .
. . . .

MARINA.

Quel bonheur est-ce là, de quitter la maison du woiwode, mon père, pour entrer dans la maison du palatin, mon époux? Que gagné-je à ce changement? Et le jour prochain peut-il me réjouir, s'il ne m'apporte rien de plus que le jour présent? O insipide retour du passé! ennuyeuse monotonie de l'existence! Vaut-il la peine d'espérer et d'aspirer? Il faut que ce soit l'amour ou la grandeur : tout le reste, à mes yeux, est également vulgaire.

MNISCHEK.

. . . .

MARINA.

Éclaircis ton front, mon père chéri! Fions-nous au flot qui nous porte! Ne songe pas aux sacrifices que tu fais, songe au prix, au but atteint.... quand tu verras ta fille, dans la pompe d'une czarine, assise sur le trône de Moscou, quand tes petits-fils régneront sur ce monde !

MNISCHEK.

Je ne pense qu'à toi, je ne vois rien que toi, ma fille, toi dans l'éclat du royal diadème. Tu le veux, je ne puis rien te refuser.

MARINA.

O le plus cher, le meilleur des pères, accorde-moi encore une prière.

MNISCHEK.

Que désires-tu, mon enfant?

MARINA.

Faut-il que je demeure enfermée dans Sambor, le cœur en proie à cette ardeur indomptable? C'est par delà le Dniéper que mon sort se décidera.... d'immenses espaces m'en séparent.... Puis-je le supporter? Oh ! mon âme impatiente sera livrée aux tortures de l'attente, et mesurera avec les battements de cœur de l'angoisse la longueur infinie de cette distance.

MNISCHEK.

Que veux-tu ? que demandes-tu ?. . . . .

MARINA.

Laisse-moi attendre l'événement à Kiow; là je puiserai chaque nouvelle à sa source. Là, sur la limite des deux royaumes. . .
. . . .

MNISCHEK.

Les élans de ton âme sont terribles. Modère-toi, mon enfant.

MARINA.

Oui, tu me l'accordes, oui, tu m'y conduiras.

MNISCHEK.

C'est toi qui m'y conduiras. Ta volonté n'est-elle pas ma loi?

MARINA.

Mon père bien-aimé, quand je serai czarine à Moscou, il faut que Kiow alors soit notre frontière. Il faut que Kiow m'appartienne, et tu le gouverneras.

MNISCHEK.

Ma fille, tu rêves! Déjà la grande Moscovie est trop étroite pour ton ambition; déjà tu veux t'agrandir aux dépens de ta patrie....

MARINA.

Kiow n'appartenait pas à notre patrie. Là régnaient les anciens princes des Varègues; j'ai bien retenu les vieilles chroniques.... Kiow a été arraché à l'empire des Russes; je le rattacherai à l'ancienne couronne.

MNISCHEK.

Silence! silence! Le woiwode ne peut entendre un tel langage. (*On entend des trompettes.*) Ils se mettent en marche....

ACTE DEUXIÈME.

SCÈNE I.

Vue d'un couvent grec, dans une contrée déserte et glacée, sur le lac Belosero (Bielosersk).

Une troupe de RELIGIEUSES, *avec des robes noires et des voiles noirs, passe sur la scène, dans le fond;* MARFA, *avec un voile blanc, se tient séparée des autres, appuyée sur la pierre d'un tombeau;* OLGA *sort de la troupe des Religieuses, s'arrête un moment à regarder Marfa, puis vient plus près d'elle.*

OLGA.

Ton cœur ne te pousse-t-il pas à sortir avec nous pour jouir, en plein air, du réveil de la nature? Le soleil revient et la longue nuit lui cède la place; la glace des fleuves se rompt, le traîneau devient barque, et les oiseaux du printemps voyagent. Le monde est ouvert, une nouvelle ardeur de vivre nous attire toutes, de nos étroites cellules, sous un ciel libre et serein, dans la campagne rajeunie. Et toi seule, abîmée dans une éternelle douleur, tu ne veux pas partager l'allégresse commune?

MARFA.

Laisse-moi seule et suis tes sœurs! Se réjouisse et se récrée qui peut encore espérer. L'année, qui rajeunit le monde, ne peut rien m'apporter; pour moi, tout est le passé; tout s'étend derrière moi comme déjà écoulé.

OLGA.

Pleureras-tu éternellement ton fils et seras-tu toujours en deuil de ta grandeur perdue? Le temps, qui répand son baume sur toutes les blessures du cœur, n'est-il sans pouvoir que sur toi? Tu fus la czarine de ce grand empire, tu fus la mère d'un fils florissant; il t'a été enlevé par un affreux destin; toi-même, tu t'es vue confinée dans un cloître solitaire, ici, sur la limite du monde animé. Cependant, seize fois, depuis ce jour d'horreur, la face du monde s'est rajeunie; il n'y a que ton visage que je ne voie jamais changer, image de la tombe, quand tout vit autour de toi. Tu ressembles à la figure immobile que l'artiste a sculptée dans la pierre, pour signifier éternellement la même chose.

MARFA.

Oui, le temps m'a exposée aux regards comme un monument de mon affreuse destinée! Je ne veux pas me consoler, je ne veux pas oublier. Il n'y a qu'une âme lâche qui accepte du temps sa guérison, une réparation de l'irréparable. Ma douleur à moi, non, rien ne la rachètera. Comme la voûte du ciel suit éternellement le voyageur, et toujours, immense, l'enveloppe entièrement, de quelque côté qu'il tourne ses pas pour fuir : ainsi me suit ma douleur partout où je me dirige. J'y suis enfermée comme dans une mer infinie; mes pleurs éternels jamais ne l'épuiseront.

OLGA.

Oh! vois donc ce qu'apporte le jeune pêcheur autour duquel nos sœurs se pressent avidement. Il vient de loin, de contrées habitées; il nous apporte des nouvelles du séjour des hommes. Le lac est ouvert, les routes de nouveau libres; nulle curiosité ne t'excite-t-elle à l'entendre? Car, bien que nous soyons mortes pour ce monde, nous aimons à apprendre ses vicissitudes, et, tranquilles sur le rivage, il nous plaît de contempler avec admiration les flots qui s'y brisent.

Des RELIGIEUSES *reviennent avec un* JEUNE PÊCHEUR.

XÉNIA, HÉLÉNA.

Dis-nous, raconte ce que tu apportes de nouveau.

ALEXIA.

Raconte ce qui vit au dehors, dans le siècle.

LE PÊCHEUR.

Laissez-moi placer un mot, saintes femmes!

XÉNIA.

Est-ce la guerre ?... Est-ce la paix?

ALEXIA.

Qui gouverne le monde?

LE PÊCHEUR

Un vaisseau est arrivé à Archangel, descendant du pôle du Nord, où le monde est glacé.

OLGA.

Comment un navire est-il venu dans cette mer déserte?

LE PÊCHEUR.

C'est un vaisseau marchand anglais. Il a trouvé cette nouvelle route pour venir à nous.

ALEXIA.

Que ne risque pas l'homme pour l'amour du gain?

XÉNIA.

Ainsi le monde ne peut nulle part se fermer?

LE PÊCHEUR.

Mais c'est là ma moindre nouvelle. Un tout autre événement agite la terre.

ALEXIA.

Oh! parle, raconte!

OLGA.

Dis ce qui est arrivé.

LE PÊCHEUR.

Il se passe dans le monde des choses merveilleuses : les morts ressuscitent, les trépassés revivent.

OLGA.

Explique-toi, parle!

LE PÊCHEUR.

Le prince Dmitri, fils d'Iwan, que nous pleurons comme mort depuis seize ans, il vit, il s'est levé en Pologne.

OLGA.

Le prince Dmitri vit?

MARFA, *éclatant.*

Mon fils!

OLGA.

Oh! possède-toi! Oh! retiens, retiens ton cœur, jusqu'à ce que nous l'ayons entièrement entendu.

ALEXIA.

Comment peut-il vivre, lui qui a été tué à Uglitsch et qui a péri dans les flammes?

LE PÊCHEUR.

Il a échappé à la fureur de l'incendie, il a trouvé asile dans un cloître. Là, il a grandi, dans l'obscurité, jusqu'à ce que son temps fût venu, le temps de se révéler.

OLGA, *à Marfa.*

Tu trembles, princesse; tu pâlis.

MARFA.

Je sais que c'est une illusion.... Cependant, je suis encore si peu endurcie contre la crainte et l'espérance, que mon cœur bondit dans mon sein.

OLGA.

Pourquoi serait-ce une illusion? Oh! écoute-le, écoute-le! Comment un tel bruit pourrait-il se répandre sans fondement?

LE PÊCHEUR.

Sans fondement? Tout le peuple de Lithuanie, de Pologne, court aux armes. Le grand prince de Moscou tremble dans sa capitale. (*Marfa, tremblant de tous ses membres, est forcée de s'appuyer sur Olga et Alexia.*)

XÉNIA.

Oh! parle, dis tout; dis ce que tu sais.

ALEXIA.

Dis où tu as ramassé cette nouvelle.

LE PÊCHEUR.

Moi, ramassé? Une lettre a été envoyée par le czar dans tous les pays de sa domination; le posadnik[1] de notre ville nous l'a lue dans une assemblée de la commune. Il y est dit qu'on veut nous tromper et que nous ne devons pas croire à cette fourberie. C'est tout juste pour cela que nous y croyons; car si ce n'était pas vrai, le grand prince de Moscou mépriserait ce mensonge.

MARFA.

Est-ce là l'empire que j'ai conquis sur moi? Mon cœur appartient-il encore au temps à ce point qu'une vaine parole me bou-

---

1. Juge, bailli.

leverse au plus profond de mon être? Depuis seize ans déjà, je pleure mon fils, et maintenant, tout à coup, je crois qu'il vit?

LOGA.

Tu l'as pleuré seize ans comme mort, mais tu n'as jamais vu sa cendre! Rien ne contredit la vérité de ce bruit; car enfin la Providence veille sur le destin des peuples et sur la tête des princes.... Oh! ouvre ton cœur à l'espoir..... L'événement passe ton intelligence.... Qui peut poser des limites à la Toute-Puissance?

MARFA.

Dois-je reporter mes regards en arrière, sur cette vie dont j'étais enfin séparée?. . . . .
. . . .
Mon espérance n'habitait pas chez les morts. Oh! ne me dites rien de plus! Ne laissez pas mon cœur s'attacher à cette trompeuse image! Ne me faites pas perdre une seconde fois mon fils chéri! Oh! c'en est fait de mon repos, c'en est fait de ma paix! Je ne puis croire à cette parole, hélas! et je ne puis plus, à tout jamais, l'effacer de mon âme! Malheur à moi! C'est maintenant que je perds vraiment mon fils; maintenant, je ne sais plus si je dois le chercher chez les morts ou chez les vivants. Je suis livrée à un doute sans issue.

On entend une cloche. La SOEUR PORTIÈRE *vient.*

OLGA.

Qu'annonce cette cloche, sœur portière?

LA PORTIÈRE.

L'archevêque est à nos portes; il vient envoyé par le grand czar, et demande audience.

OLGA.

L'archevêque est à nos portes? Qu'y a-t-il d'extraordinaire qui l'amène ici?...

XÉNIA.

Venez toutes, pour le recevoir dignement.

*Elles vont vers la porte. Cependant l'*ARCHEVÊQUE *entre; elles mettent toutes un genou en terre devant lui; il fait sur elles le signe de la croix grecque.*

JOB.

Je vous apporte le baiser de paix, au nom du Père et du Fils et de l'Esprit qui procède du Père!

OLGA.

Seigneur, nous baisons humblement ta main paternelle!..

. . . .

Commande à tes filles!

JOB.

Ma mission regarde sœur Marfa.

OLGA.

La voici, et elle attend tes ordres. (*Toutes les Religieuses s'éloignent.*)

JOB et MARFA.

JOB.

C'est le grand prince de Russie qui m'envoie vers toi. Loin d'ici, sur son trône, il pense à toi; car de même que le soleil, de son œil enflammé, répand en tout sens dans le monde la lumière et l'abondance, ainsi l'œil du souverain est partout. Jusqu'aux extrémités les plus reculées de son empire, ses soins veillent et rien n'échappe à ses regards.

MARFA.

J'ai certes éprouvé jusqu'où atteint son bras.

JOB.

Il connaît les sentiments élevés qui t'animent; aussi ressent-il avec courroux sa part de l'offense qu'un audacieux ose te faire.

MARFA.

. . . .

JOB.

Écoute-moi : un scélérat, dans le pays de Pologne, un renégat, qui, rompant en impie ses vœux monastiques, a renoncé son Dieu, abuse du noble nom de ton fils, que la mort t'a ravi dans son enfance. Ce jongleur impudent se vante d'être de ton sang et se donne pour le fils du czar Iwan. Un woiwode, violant la paix, amène de Pologne sur nos frontières, avec une armée, ce faux roi, qu'il a lui-même créé. Il égare le cœur fidèle des Russes, et les excite à la défection et à la trahison. . . . .

. . . .

Le czar m'envoie vers toi dans des vues paternelles.... Tu honores les mânes de ton fils; tu ne souffriras pas qu'un insolent aventurier lui vole son nom dans le tombeau et usurpe audacieusement ses droits. Tu déclareras hautement, à la face du monde, que tu ne le reconnais pas pour ton fils. Tu ne réchaufferas pas sur ton cœur, qui bat si noblement, le sang bâtard d'un étranger. Tu démentiras, le czar l'attend de toi cette infâme invention, avec la juste colère qu'elle mérite.

MARFA *a combattu, pendant ce discours, les plus violentes émotions.*

Que m'apprenez-vous, archevêque? Est-ce possible?... Oh! dites-moi! par quels signes, au moyen de quelles preuves cet aventurier téméraire s'accrédite-t-il comme le fils d'Iwan, le fils dont nous pleurons la mort?

JOB.

C'est par une ressemblance fugitive avec Iwan, par des écrits que le hasard lui a procurés, et par un joyau précieux dont il fait parade, qu'il déçoit le vulgaire qui aime à se laisser tromper.

MARFA.

Quel joyau? Oh! dites-le-moi!

JOB.

Une croix, garnie de neuf émeraudes, que le Knœs Iwan Mestislowskoy lui a, dit-il, suspendue au cou, à son baptême.

MARFA.

Que dites-vous?... Il montre ce joyau? (*Se faisant violence pour demeurer calme.*) ....Et comment prétend-il avoir échappé?

JOB.

Un fidèle serviteur, un diacre, l'aurait arraché au meurtre et à l'incendie, puis transporté secrètement à Smolenskow.

MARFA.

Mais où est-il resté?... Où dit-il s'être caché jusqu'à cette heure?

JOB.

Il aurait grandi, inconnu à lui-même, dans le couvent de Tschudow; de là il se serait enfui en Lithuanie et en Pologne, où il a servi le prince de Sendomir, jusqu'à ce qu'un hasard lui découvrit son rang.

MARFA.

Avec une telle fable peut-il trouver des amis qui risquent pour sa cause leurs biens et leur sang?

ACTE II.

JOB.

O czarine! le Polonais a le cœur faux et voit avec envie la prospérité de notre patrie. Tout prétexte lui est bon pour allumer la guerre sur nos frontières.

MARFA.

Et pourtant il y aurait, même à Moscou, des âmes crédules que séduirait si aisément cette œuvre de mensonge?

JOB.

Le cœur des peuples est inconstant, princesse! Ils aiment le changement; ils croient gagner à une nouvelle domination. L'impudente assurance du mensonge entraîne les esprits, le merveilleux trouve faveur et croyance.

C'est pourquoi le czar désire que tu dissipes l'illusion du peuple, comme seule tu le peux. Un mot de toi, et le trompeur qui a eu l'audace de se dire ton fils est anéanti. Je me réjouis de te voir si émue. Cette jonglerie effrontée te révolte, je le vois, et une noble colère enflamme ton visage.

MARFA.

Et où.... dites-le-moi.... où est maintenant celui qui ose se donner pour notre fils?

JOB.

Déjà il marche sur Tschernikow; c'est de Kiow, dit-on, qu'il s'est mis en campagne. La cavalerie légère des Polonais le suit, avec une troupe de Cosaques du Don.

MARFA.

O suprême Toute-Puissance, grâces te soient rendues! Merci! merci! de m'envoyer enfin le salut et la vengeance!

JOB.

Qu'as-tu, Marfa?.... Comment dois-je entendre ces paroles?

MARFA.

O puissances célestes, amenez-le heureusement! Vous tous, saints anges, planez autour de ses drapeaux!

JOB.

Est-il possible?... Comment? L'imposteur pourrait te....

MARFA.

Il est mon fils. A tous ces signes, je le reconnais. A la terreur de ton czar, je le reconnais. C'est lui! Il vit! Il approche! Descends de ton trône, tyran! Tremble! Il vit encore un rejeton de la souche de Rurik : le vrai czar, le légitime héritier vient; il vient, et demande compte de son patrimoine.

JOB.

Insensée, réfléchis-tu à ce que tu dis?

MARFA.

Il a lui enfin, le jour de la vengeance, de la restauration. Le ciel, de la nuit du tombeau, amène l'innocence à la lumière. L'orgueilleux Godunow, mon mortel ennemi, est contraint de demander grâce, en rampant à mes pieds. Oh! mes vœux ardents sont accomplis!

JOB.

La haine peut-elle t'aveugler à ce point?

MARFA.

La crainte peut-elle aveugler à ce point ton czar, qu'il espère de moi son salut.... de moi.... offensée d'une offense infinie?

. . . .

Il veut que je renie le fils que le ciel, par un miracle, me ressuscite du tombeau? que pour le bon plaisir du meurtrier de ma race, qui a entassé sur moi d'ineffables douleurs, je repousse la délivrance que Dieu m'envoie enfin, dans mon profond désespoir?

JOB.

. . . .

MARFA.

Non, tu ne m'échapperas pas. Il faut que tu m'entendes. Je te tiens, je ne te lâcherai pas. Oh! enfin, je puis soulager mon cœur, vomir sur mon ennemi un ressentiment si longtemps contenu au plus profond de mon âme. . . . .

. . . .

Qui est-ce qui m'a jetée dans ce sépulcre des vivants, avec toutes les forces de ma vive jeunesse, et les aspirations ardentes de mon cœur? Qui arracha d'auprès de moi mon fils chéri, et envoya des meurtriers pour le percer? Oh! nulle langue ne peut nommer ce que j'ai souffert quand je veillais, dans d'inextinguibles transports, ces longues nuits toutes brillantes d'étoiles, et que je mesurais à mes larmes le cours des heures! Le jour du salut et de la vengeance vient enfin; je vois le puissant en mon pouvoir.

JOB.

Tu crois que le czar te redoute....

MARFA.

Il est en mon pouvoir.... un mot de ma bouche, un seul, peut décider de son sort!... Voilà pourquoi ton maître a député vers moi! Tout le peuple de Russie et de Pologne a maintenant les yeux sur moi. Si je reconnais le czarowitsch pour mon fils et pour le fils d'Iwan, tout lui rend hommage, l'empire est à lui. Si je le renie, il est perdu sans ressource. Car qui croirait que la vraie mère, la mère si cruellement offensée, pût, d'accord avec le meurtrier de sa maison, renier le fils de son cœur? Il ne m'en coûte qu'un mot, et tout le monde l'abandonne comme un imposteur.... N'est-il pas vrai? C'est ce mot qu'on veut de moi.... C'est ce grand service, avoue-le, que je puis rendre à Godunow.

JOB.

C'est à toute la patrie que tu le rends. Tu sauves l'empire du cruel fléau de la guerre, en rendant hommage à la vérité. Toi-même, tu ne doutes pas de la mort de ton fils, et tu pourrais témoigner contre ta conscience?

MARFA.

J'ai porté seize ans son deuil, mais je n'ai jamais vu sa cendre. C'est sur la foi du bruit public et de ma douleur que j'ai cru à sa mort. Sur la foi du bruit public et de mon espérance, je crois maintenant à sa vie. Il serait impie de vouloir, par un doute téméraire, fixer des bornes à la suprême Toute-Puissance. Mais, ne fût-il pas le fils de mon cœur, je veux qu'il soit le fils de ma vengeance. Je l'accepte, je l'adopte pour enfant, lui que le ciel vengeur a enfanté pour moi.

JOB.

Malheureuse! Tu braves le puissant? Même dans la retraite du cloître, tu n'es pas à l'abri de son bras.

MARFA.

Il peut me tuer; ma voix peut être étouffée dans la tombe ou dans la nuit d'un cachot. L'empêcher de retentir, toute-puissante, par le monde, voilà ce qu'il peut; mais me faire dire ce que je ne veux pas, cela n'est point en son pouvoir.... malgré toute ton habileté.... Il a manqué le but!

JOB.

Est-ce là ton dernier mot? Réfléchis bien! Ne porterai-je pas au czar une meilleure réponse?

MARFA.

Qu'il compte sur le ciel, s'il l'ose; sur l'amour de son peuple, s'il le peut!

JOB.

Assez!... Tu veux résolûment ta perte, tu t'appuies sur un faible roseau qui se brise : tu périras avec lui....

MARFA, *seule.*

C'est mon fils, je n'en puis douter. Jusqu'aux hordes sauvages du libre désert s'arment pour lui; l'orgueilleux Polonais, le palatin, risque sa noble fille sur l'or pur de sa bonne cause, et seule je le rejetterais, moi, sa mère? et seule je ne serais point en proie à cette tempête qui ébranle la terre, à ce vertige de joie qui saisit tous les cœurs? C'est mon fils, je crois en lui, j'y veux croire! Je m'attache avec une vive confiance au salut que le ciel m'envoie!

C'est lui, il s'avance avec une armée, pour me délivrer, pour venger mon opprobre. Entendez ses tambours! ses trompettes guerrières! Vous, peuples, venez de l'aurore et du midi, sortez de vos steppes, de vos forêts éternelles! Venez, peuples de toute langue et de tout costume! Bridez le cheval, le renne, le chameau! Affluez, innombrables, comme les vagues de la mer et pressez-vous autour des bannières de votre roi!... Oh! pourquoi suis-je ici contrainte, enchaînée, retenue, quand mon ardeur est infinie? O soleil éternel, qui tournes autour du globe de la terre, sois le messager de mes désirs! Et toi, air partout épandu, que rien n'arrête, toi qui accomplis rapidement le plus lointain voyage, oh! porte-lui mes plus ardents souhaits! Je n'ai rien que mes prières et mes vœux; je les puise, tout brûlants, au plus profond de mon âme, je les envoie, ailés, au plus haut des cieux, je les envoie au-devant de toi comme une puissante armée.

SCÈNE II.

Une hauteur entourée d'arbres. — Une vaste et riante perspective s'ouvre aux regards; un beau fleuve coule à travers la campagne, dont l'aspect est animé par la verlure encore tendre des blés. On voit, à diverses distances, briller les clochers de quelques villes. Derrière la scène on entend des tambours et une musique guerrière.

ODOWALSKY *et d'autres* **OFFICIERS** *entrent en scène; peu après* **DÉMÉTRIUS.**

ODOWALSKY.

Faites descendre l'armée le long du bois, pendant que nos regards, de cette hauteur, embrasseront la contrée. (*Quelques Officiers s'éloignent. Démétrius entre.*)

DÉMÉTRIUS, *reculant de surprise.*

Ah! quel aspect!

ODOWALSKY.

Seigneur! Tu vois ton empire se déployer devant toi.... C'est la terre de Russie.

RAZIN.

Cette colonne que voici porte déjà l'écusson de Moscou; ici finit le domaine des Polonais.

DÉMÉTRIUS.

Est-ce le Dniéper qui verse à travers ces campagnes ses paisibles ondes?

ODOWALSKY.

C'est la Desna. Là s'élèvent les tours de Tschernikow.

RAZIN.

Ce qui brille au ciel dans le lointain, ce sont les coupoles de Novgorode-Sieverskoï.

DÉMÉTRIUS.

Quel riant aspect! Quelles belles campagnes!

ODOWALSKY.

Le printemps les a couvertes de sa parure; car ce sol fertile produit d'abondantes moissons.

DÉMÉTRIUS.

Le regard se perd dans l'immensité.

RAZIN.

Pourtant ce n'est là, Seigneur, qu'un petit commencement

du grand empire de Russie; car il s'étend, à perte de vue, vers l'Orient, et vers le Nord il n'a d'autres bornes que la force créatrice de la nature vivante. . . . .

. . . .

RAZIN.

Voyez, notre czar est devenu tout pensif.

DÉMÉTRIUS.

La paix habite encore dans ces belles campagnes, et je parais maintenant avec le terrible appareil de la guerre, pour les ravager en ennemi.

ODOWALSKY.

Ce sont choses, seigneur, auxquelles on pense après.

DÉMÉTRIUS.

Tu as les sentiments d'un Polonais; moi, je suis enfant de Moscou. C'est le pays qui m'a donné la vie. Pardonne-moi, sol chéri, terre maternelle; limite, poteau sacré, que j'embrasse, sur lequel mon père a gravé son aigle : pardonne, ô patrie, à ton fils d'envahir, avec les armes ennemies de l'étranger, le paisible sanctuaire de ta paix. Je viens ici pour réclamer mon héritage et le noble nom de mon père qu'on m'a ravi. Ici ont régné dans une longue succession, depuis trente âges d'hommes, les Varègues, mes ancêtres. Je suis le dernier de leur race, arraché au meurtre par la divine Providence. . . . .

. . . .

SCÈNE III.

Un village russe. — Place devant l'église. On entend le tocsin.

GLEB, ILIA et TIMOSKA *accourent sur la scène, armés de haches.*

GLEB, *sortant de sa maison.*

Où court le peuple ?

ILIA, *sortant d'une autre maison.*

Qui a sonné le tocsin ?...

TIMOSKA.

Voisins, sortez! Venez tous, venez qu'on s'entende!

OLEG et IGOR, *avec beaucoup d'autres campagnards, des femmes, des enfants, qui portent des bagages.*

GLEB.

D'où venez-vous avec ces femmes et ces enfants ?

IGOR.

Fuyez, fuyez! Les Polonais ont fait irruption dans le pays, à Moromesk, et ils tuent tout ce qu'ils rencontrent.

OLEG.

Fuyez, fuyez dans l'intérieur du pays, dans des villes fortes! Nous avons mis le feu à nos cabanes, nous sommes partis, tout un village, et nous fuyons, nous avançant dans les terres, vers l'armée du czar.

TIMOSKA.

Voici une nouvelle troupe de fugitifs.

IWANSKA *et* PETRUSCHKA, *avec des paysans armés, arrivent sur la scène du côté opposé.*

IWANSKA.

Vive le czar! le grand prince Dimitri!

GLEB.

Comment? qu'est-ce que cela?

ILIA.

Où voulez-vous aller?

TIMOSKA.

Qui êtes-vous?

PETRUSCHKA.

Quiconque est fidèle à la maison de nos souverains viendra avec nous.

TIMOSKA.

Qu'est-ce donc que cela? Voici tout un village qui fuit dans l'intérieur des terres, pour échapper aux Polonais, et vous voulez aller aux lieux d'où ceux-ci se sont enfuis? Vous voulez passer à l'ennemi du pays?

PETRUSCHKA.

Qu'appelez-vous l'ennemi? Ce n'est pas un ennemi qui vient, c'est un ami du peuple, le légitime héritier du royaume.

Le Posadnik (juge du village) s'avance, pour lire un manifeste de Démétrius. Hésitation des habitants du village entre les deux partis. Les paysannes sont gagnées les premières à Démétrius, et décident les esprits en sa faveur.

Camp de Démétrius. Il a été battu dans la première action, mais l'armée du czar Boris est victorieuse comme à contre-cœur, et ne poursuit pas ses avantages. Démétrius, au désespoir, veut se tuer et en est empêché à grand'peine par Korela et Odowalsky. Insolence des Cosaques envers Démétrius lui-même.

Camp de l'armée du czar Boris. Lui-même est absent, et cela nuit à sa cause, parce qu'il est redouté, mais non aimé. L'armée est forte, mais peu sûre. Les chefs sont désunis, et, pour divers motifs, ils penchent, en partie, vers Démétrius. Un d'entre eux, Soltikow, se déclare pour lui par conviction. Sa défection a les suites les plus graves : une grande partie de l'armée passe à Démétrius.

Boris à Moscou. Il se montre encore comme souverain absolu, et a de fidèles serviteurs autour de lui, mais déjà il est aigri par de mauvaises nouvelles. La crainte d'un soulèvement à Moscou l'empêche d'aller à l'armée. Il a honte aussi de combattre en personne, comme czar, contre l'imposteur. Scène entre lui et l'archevêque.

Des messagers apportent de toutes parts des nouvelles funestes, et le danger devient toujours plus pressant pour Boris. Il apprend la défection du peuple des campagnes et des villes des provinces, l'inactivité et la sédition de l'armée, les mouvements qui éclatent dans Moscou, le progrès de la marche de Démétrius. Romanow, qu'il a gravement offensé, arrive à Moscou. C'est un nouveau sujet d'inquiétudes. Puis vient la nouvelle que les boyards s'enfuient dans le camp de Démétrius, et que toute l'armée passe de son côté.

BORIS ET AXINIA.

Le czar, comme père, se montre touchant, et, dans son entretien avec sa fille, son âme s'ouvre.

Boris s'est fait prince souverain par des crimes, mais il a accepté et rempli tous les devoirs du souverain; vis-à-vis du pays, il est un prince estimable et un vrai père du peuple. C'est seulement en ce qui touche sa personne qu'il se montre, à l'égard de certains individus, soupçonneux, vindicatif et cruel. Son esprit l'élève, aussi bien que son rang, au-dessus de tout ce qui l'entoure. La longue possession du pouvoir suprême, l'habitude de la domination et la forme despotique du gouvernement ont nourri son orgueil à un tel point qu'il lui est impossible de survivre à sa grandeur. Il voit clairement ce qui le menace; mais il est encore czar, et nullement déchu, quand il se résout à mourir.

Il croit aux présages et, dans sa disposition actuelle, beaucoup de choses lui paraissent significatives, qu'il avait autrefois dédaignées. Une circonstance particulière, où il reconnaît la voix du destin, devient décisive pour lui.

Peu avant sa mort, son caractère change : il devient plus doux envers les messagers de malheur, et rougit des transports de colère avec lesquels il a accueilli les premiers. Il se fait raconter les détails les plus funestes et récompense même le narrateur.

Dès qu'il apprend le malheur, à ses yeux décisif, il se retire sans autre explication, avec calme et résignation. Peu après, il reparaît en habit de moine et éloigne sa fille du spectacle de ses derniers moments. Elle doit chercher dans un cloître un asile contre les outrages ; son fils Féodor, encore enfant, aura peut-être moins à craindre. Il prend le poison, et se retire dans une chambre solitaire, pour mourir en repos.

Confusion générale, à la nouvelle de la mort du czar. Les boyards forment un conseil d'empire et gouvernent au Kremlin. Romanow (qui ensuite fut czar et tige de la maison aujourd'hui régnante) s'avance à la tête d'une troupe armée, prête, sur la poitrine du czar, le serment de fidélité à son fils Féodor, et force les boyards de suivre son exemple. La vengeance et l'ambition sont loin de son âme; il ne suit que la justice. Il aime Axinia sans espérance, et il est, sans le savoir, payé de retour.

Romanow court à l'armée, pour la gagner au jeune czar. Soulèvement à Moscou, excité par les partisans de Démétrius. Le peuple arrache les boyards de leurs maisons, s'empare de Féodor et d'Axinia, les retient prisonniers, et envoie des députés à Démétrius.

Démétrius à Tula, au comble de la prospérité. L'armée est à lui; on lui apporte les clefs de beaucoup de villes. Moscou seul paraît encore résister. Il est doux et aimable, montre une noble émotion, à la nouvelle de la mort de Boris, pardonne un complot dirigé contre sa vie, qu'on vient de découvrir, dédaigne les serviles témoignages de respect des Russes et veut en abolir l'usage. Les Polonais, au contraire, dont il est entouré, sont rudes et traitent les Russes avec mépris. Démétrius désire une entrevue avec sa mère et envoie des messagers à Marina.

Parmi la foule des Russes qui, à Tula, se pressent autour de Démétrius, paraît un homme que Démétrius reconnaît sur-le-champ. Il se réjouit hautement de le revoir. Il éloigne tous les autres, et, dès qu'il est seul avec cet homme, il le remercie avec effusion comme son sauveur et son bienfaiteur. Celui-ci laisse entendre que Démétrius en effet lui a une grande obligation, plus grande même qu'il ne croit et ne sait. Démétrius le presse de s'expliquer plus clairement, et le meurtrier du vrai Démétrius lui découvre alors comment les choses se sont passées réellement. Pour ce meurtre, il n'a pas été récompensé; c'était plutôt la mort qu'il avait à attendre, comme unique salaire, de Boris. Altéré de vengeance, il rencontra un enfant dont la ressemblance avec le czar Iwan le frappa. C'était une circonstance qu'il fallait mettre à profit. Il s'attacha à cet enfant, s'enfuit avec lui d'Uglitsch, le porta chez un ecclésiastique qu'il sut gagner à son plan, et lui remit le joyau qu'il avait pris lui-même à Démétrius égorgé. Par cet enfant, que depuis il n'a jamais perdu de vue, et dont il a toujours dirigé secrètement tous les pas, il est désormais vengé. Son instrument, le faux Démétrius, règne sur la Russie, à la place de Boris.

Pendant ce récit, un changement prodigieux s'opère dans Démétrius. Son silence est terrible. Au moment où sa rage et son désespoir sont au comble, le meurtrier le pousse à bout, en exigeant, avec audace et insolence, son salaire. Démétrius le perce de son épée et le tue.

Monologue de Démétrius. Lutte intérieure, mais où domine le sentiment de la nécessité qui lui commande de soutenir son rôle de czar.

Les députés de la ville de Moscou arrivent et se soumettent à Démétrius. Il les reçoit d'un air sombre et avec des dispositions menaçantes. Parmi eux est le patriarche. Démétrius le dépose de sa dignité, et condamne peu après un Russe de haut rang qui avait douté de sa légitimité.

Marfa et Olga attendent Démétrius sous une tente magnifique. Marfa parle de l'entrevue prochaine avec plus de doute et de crainte que d'espérance, et tremble à l'approche de ce moment qui devait être pour elle le comble de la félicité. Olga l'encourage, sans avoir elle-même confiance. Pendant leur long voyage, elles avaient eu toutes deux le temps de se rappeler toutes les circonstances; la première exaltation avait fait place à la réflexion. Le sombre silence et les regards intimidants des gardes qui entourent la tente augmentent encore leurs doutes.

Les trompettes sonnent. Marfa hésite, elle ne sait si elle doit aller au-devant de Démétrius. Le voilà devant elle, seul. Le peu d'espoir qu'elle gardait encore dans son cœur s'évanouit entièrement à son aspect. Je ne sais quel obstacle mystérieux se place entre eux : la nature ne parle pas, ils sont à jamais séparés. Au premier moment, ils avaient fait mine de s'approcher l'un de l'autre; Marfa, la première, fait un mouvement pour reculer. Démétrius le remarque et demeure un instant interdit. Silence expressif....

DÉMÉTRIUS [1].

Ton cœur ne te dit-il rien? Ne reconnais-tu pas ton sang en moi? (*Marfa garde le silence.*) La voix de la nature est sacrée et libre; je ne veux ni la contraindre ni la feindre. Si ton cœur

---

1. Ce fragment de dialogue est en prose dans Schiller, tandis que les premières scènes sont en vers.

eût parlé à ma vue, le mien t'aurait répondu; tu aurais trouvé en moi un fils pieux, un fils aimant. Ce que la nécessité commande se serait fait avec inclination, amour, intimité. Mais si tu n'as pas pour moi les sentiments d'une mère, prends les pensées d'une souveraine, domine-toi en reine. Le destin te donne en moi un fils que tu n'espérais pas, accepte-moi comme un présent du ciel. Quand je ne serais pas, ce que je parais aujourd'hui, ton fils, je n'enlève rien à ce fils. Je n'ai rien enlevé qu'à ton ennemi. Je t'ai vengée, toi et ton sang; je t'ai tirée du sépulcre où tu étais ensevelie vivante, et je t'ai ramenée sur le trône.... Tu comprends que ton sort est lié au mien. Le salut comme la ruine te sont communs avec moi. Tout le monde a les yeux sur nous.

Je hais la jonglerie, et ce que je n'éprouve pas, je ne puis me décider à le montrer; mais j'éprouve réellement pour toi du respect, et ce sentiment qui plie mes genoux devant toi est la sincère disposition de mon âme. (*Jeu muet de Marfa, et indices qui révèlent son agitation intérieure.*)

DÉMÉTRIUS.

Décide-toi! Ce que la nature te refuse, fais que ce soit un acte libre de ta volonté. Je n'exige de toi ni hypocrisie, ni mensonge; je demande des sentiments vrais. Ne parais pas ma mère, sois-la.... Rejette le passé, saisis le présent, de tout ton cœur! Si je ne suis pas ton fils, je suis le czar; j'ai la puissance, j'ai le succès.... Celui qui gît dans la tombe est poussière; il n'a plus de cœur pour t'aimer, plus d'yeux pour te sourire.... Tourne-toi vers le vivant... (*Marfa fond en larmes.*)

DÉMÉTRIUS.

Oh! ces précieuses larmes, elles sont les bienvenues. Laisse-les couler! Montre-toi ainsi au peuple! (*Sur un signe de Démétrius, la tente s'ouvre, et les Russes rassemblés deviennent témoins de cette scène.*)

Entrée de Démétrius à Moscou. Grande pompe, mais appareil guerrier. Ce sont des Polonais et des Cosaques qui ouvrent la marche. Quelque chose de sombre et de terrible se mêle à la joie publique. La méfiance et le malheur planent sur toute cette solennité.

Romanow, qui est arrivé trop tard à l'armée, est revenu à Moscou, pour protéger Féodor et Axinia. Tout est vain, lui-même est mis en prison. Axinia se réfugie auprès de la czarine Marfa, et, se jetant à ses pieds, elle implore sa protection contre les Polonais. Là, Démétrius la voit, et à sa vue il sent s'allumer dans son cœur une violente et irrésistible passion. Axinia a horreur de lui.

Démétrius comme czar. — Un redoutable élément de puissance, mais dont il n'est pas maître, le soutient : il est dirigé par l'influence de passions étrangères. — La conscience qu'il a de la vérité engendre une méfiance générale; il n'a pas un ami, pas une âme fidèle. Les Polonais et les Cosaques lui nuisent dans l'opinion du peuple, par leur insolence. Les dispositions mêmes qui lui font honneur, ses manières populaires, sa simplicité, son dédain du cérémonial guindé, excitent du mécontentement. Parfois il viole par mégarde les coutumes du pays. Il persécute les moines, parce qu'il a beaucoup souffert sous leur joug. Il n'est pas non plus exempt de caprices despotiques, dans les moments où son orgueil est blessé. — Odowalsky sait se rendre toujours nécessaire, écarte les Russes d'auprès de lui et maintient sa propre influence prédominante.

Démétrius songe à manquer de foi à Marina. Il s'entretient à ce sujet avec l'archevêque Job, qui, pour éloigner les Polonais, va au-devant de ses désirs et lui donne une haute idée de la puissance des czars.

Marina paraît dans Moscou, avec une suite nombreuse. Entrevue avec Démétrius. Accueil froid et hypocrite des deux parts ; cependant elle sait mieux dissimuler. Elle presse la célébration du mariage. On fait des apprêts pour une fête brillante.

Sur l'ordre de Marina, une coupe de poison est portée à Axinia. La mort est la bienvenue pour elle. Elle craignait d'être contrainte de suivre le czar à l'autel.

Violente douleur de Démétrius. Le cœur déchiré, il va à l'autel épouser Marina.

Après le mariage, Marina lui révèle qu'elle ne le tient point et ne l'a jamais tenu pour le vrai Démétrius. Elle l'abandonne froidement à lui-même, dans une situation terrible.

Cependant Schuiskoï, un des anciens généraux du czar Boris, met à profit le mécontentement croissant du peuple, et devient le chef d'une conspiration contre Démétrius.

Romanow, dans sa prison, est consolé par une apparition miraculeuse. L'ombre d'Axinia paraît devant lui, lui ouvre la perspective d'un meilleur avenir, et lui commande de laisser paisiblement mûrir la destinée et de ne pas se souiller de sang. Elle laisse entrevoir à Romanow qu'il est lui-même appelé au trône. Peu après, on l'engage à prendre part à la conspiration ; il s'y refuse.

Soltikow se fait d'amers reproches d'avoir trahi sa patrie pour Démétrius mais il ne veut pas devenir traître une seconde fois, et, par loyauté, il demeure fidèle, contre ses sentiments, au parti qu'il a embrassé. Maintenant que le mal est fait, il s'efforce du moins de l'atténuer et d'affaiblir le pouvoir des Polonais. Il paye cette tentative de la vie, mais il accepte la mort comme un châtiment mérité, et en mourant il confesse à Démétrius lui-même que c'est ainsi qu'il l'accepte.

Casimir, frère de Lodoïska, jeune Polonaise qui, dans la maison du woiwode de Sendomir, avait aimé Démétrius en secret et sans espoir, l'a suivi dans son expédition, à la prière de sa sœur, et l'a défendu vaillamment dans tous les combats. Au moment du plus grand danger, quand tous les autres partisans de Démétrius ne pensent qu'à leur salut, Casimir seul lui reste fidèle et se sacrifie pour lui.

La conjuration éclate. Démétrius est auprès de la czarine Marfa, et les révoltés pénètrent dans l'appartement. La dignité et l'audace de Démétrius imposent quelques instants aux rebelles. Il réussit presque à les désarmer, en se montrant disposé à leur livrer les Polonais. Mais tout à coup Schuiskoï se précipite sur la scène avec une autre troupe furieuse. On exige de la czarine une déclaration formelle : il faut qu'elle affirme, en baisant la croix, que Démétrius est son fils. Témoigner contre sa conscience d'une manière si solennelle lui est impossible. Elle se détourne en silence de Démétrius et veut s'éloigner. « Elle se tait! crie la foule tumultueuse, elle le renie! Meurs donc, imposteur! » -- Et il gît, percé de coups, aux pieds de Marfa.

FIN DE DÉMÉTRIUS.

II

WARBECK

PERSONNAGES.

MARGUERITE D'YORK, duchesse de Bourgogne.
ADÉLAÏDE, princesse de Bretagne.
ÉRIC, prince de Gothland.
WARBECK, supposé Richard duc d'York.
SIMNEL, supposé Édouard prince de Clarence.
ÉDOUARD PLANTAGENÊT, vrai prince de Clarence.
LE COMTE HEREFORD, lord anglais émigré.
SES CINQ FILS.
SIR WILLIAM STANLEY, envoyé de Henri VII d'Angleterre.
LE COMTE KILDARE.
BELMONT, évêque d'Ypres.
SIR RICHARD BLUNT, envoyé du faux Édouard.
BOURGEOIS de Bruxelles.
OFFICIERS de la cour de Marguerite.

II

WARBECK.

ACTE PREMIER.

Lord Hereford, partisan de la maison d'York, a quitté l'Angleterre, avec ses cinq fils, sur la nouvelle que Richard d'York, second fils d'Édouard IV, qui passait pour avoir péri, encore enfant, par un meurtre, se trouvait vivant à Bruxelles et réclamait son héritage. La reconnaissance du prétendant par sa tante, la duchesse Marguerite de Bourgogne, par la France et par le Portugal, et la voix publique qui s'élevait en sa faveur, avaient été des motifs suffisants pour déterminer Hereford à se détacher de Henri VII et à risquer ses biens sur la foi de ses espérances. Il entre dans le palais de Marguerite, où il voit exposées les images des princes d'York. Il se réjouit de se trouver enfin sur un sol où il peut confesser librement ses sentiments pour la maison d'York.

Lord Stanley, envoyé de Henri VII à la cour de Marguerite, rencontre là Hereford et cherche en vain à lui ouvrir les yeux sur l'imposture qui se joue. Tous deux s'échauffent, et la querelle des deux roses se renouvelle dans le vestibule du palais de Marguerite.

L'évêque d'Ypres, conseiller intime de la duchesse, survient, et les sépare. Il vante la piété de la duchesse envers son parti opprimé et ses parents sans appui, et il exprime les sentiments que Marguerite voudrait qu'on lui supposât.

Des bourgeois et des bourgeoises de Bruxelles remplissent le vestibule, et attendent la duchesse et le prince d'York. Stanley leur reproche leur aveuglement, mais en entendant les outrages qu'il profère contre leur prince adoré, ils entrent dans une telle fureur, qu'ils menacent de mettre Stanley en pièces. On entend des trompettes, qui annoncent l'arrivée d'York.

Richard s'avance au milieu d'eux, sauve l'ambassadeur, harangue le peuple et le calme. Pendant qu'il parle, Marguerite entre, avec le prince de Gothland, la princesse de Bretagne et d'autres grands. — Hereford, à la vue de Richard, est entraîné, convaincu et subjugué. Il se jette à ses pieds, et lui rend hommage, comme au fils de son roi. Marguerite prend alors la parole et s'exprime au sujet de son neveu avec la tendresse d'une parente au cœur de mère. — Elle engage le prince à bien accueillir lord Hereford.

Richard embrasse ce dernier, et s'exprime avec simplicité et en même temps avec une royale dignité. Hereford est de plus en plus gagné par lui et l'interroge sur son histoire. . . . . . .

Richard veut éluder la question.

La duchesse se charge de la narration et excuse Richard. —

Suit le récit de l'histoire fabuleuse de Richard, qui fait une grande impression et qui est souvent interrompu par l'émotion des auditeurs. . . . .

ACTE I.

Stanley proteste encore une fois, et s'éloigne sans avoir trouvé croyance. La noble déclaration de Richard efface l'impression des paroles de Stanley.

Hereford confirme ses assurances et promet au duc Richard une grande affluence de partisans en Angleterre. Richard se rappelle avec émotion le temps où naguère il s'ignorait lui-même, et compare cet état de paisible sécurité avec sa situation présente. — C'est un pénible devoir, et non un bonheur pour lui, d'être obligé de soutenir ses droits. Il semble réfléchir encore et vouloir que la duchesse réfléchisse, de son côté, s'il doit entreprendre cette lutte sanglante qui troublera la paix des deux pays.

Elle l'encourage, quelque pénibles que lui soient à elle-même la séparation et la pensée de l'exposer aux hasards de la guerre. — Vifs témoignages de sa tendresse. . . . .

Elle parle du double intérêt qui lui tient au cœur : la restauration de son neveu, et le mariage d'Adélaïde avec le prince de Gothland, qui doit être bientôt célébré.

Le prince Éric de Gothland demeure seul avec la princesse de Bretagne, et se raille de la comédie qu'on vient de jouer sous leurs yeux. Adélaïde est encore fort émue, et se montre blessée de l'insensible froideur d'Éric. Il se moque d'elle, et parle avec mépris du prince d'York. Elle prend vivement le parti de Warbeck, dont la véracité ne lui inspire nul doute, et elle établit entre lui et Éric une comparaison défavorable à celui-ci. Sa tendresse pour le prétendu prince d'York se trahit. Éric lui démontre, par la conduite de Warbeck, qu'il ne peut être un prince, et il trahit par ses arguments l'idée vulgaire qu'il se fait lui-même d'un prince. Adélaïde ne lui cache pas le dédain qu'elle éprouve pour lui, et le rabaisse profondément, par comparaison avec le prince d'York.

Éric a bien remarqué qu'Adélaïde a de la tendresse pour ce dernier, mais sa maligne joie l'emporte sur sa jalousie: c'est une satisfaction pour lui de voir que les deux amants s'aiment sans espérance et que ce sera lui qui possédera la princesse. La possession est tout, à ses yeux, et il trouve une douce jouissance à arracher à Warbeck, qu'il déteste, celle que Warbeck aime.

Adélaïde, dans un monologue, exprime son amour, sa compassion pour Warbeck, et la douleur que lui cause sa propre situation à la cour de Marguerite. Elle trouve de la ressemblance entre son sort et celui de Richard; ils vivent l'un et l'autre par la grâce d'une parente altière, impérieuse, et sont les victimes sans défense de la tyrannie.

ACTE DEUXIÈME.

Le premier acte a montré Warbeck dans son rôle apparent et public ; maintenant on l'aperçoit dans son intérieur. La brillante enveloppe tombe ; on le voit négligé et traité indignement par les propres serviteurs que Marguerite lui a donnés. Quelques-uns doutent de lui et le méprisent à cause de cela ; d'autres ont foi en sa personne, mais le traitent avec dédain, parce qu'il est pauvre et qu'il vit des bienfaits de sa parente. La double misère d'un imposteur qui joue le rôle de prince, et d'un vrai prince qui est sans ressources, se réunit sur sa tête. Il manque du nécessaire et se voit privé, dans sa condition de prince, même du bonheur et de l'abondance dont il jouissait auparavant dans la condition privée.

Warbeck joue son rôle avec un sérieux sang-froid, une certaine dignité et une sorte de foi en lui-même. Tant qu'il représente Richard, il est Richard ; il l'est en effet, jusqu'à un certain point, pour lui-même, et même, en partie, pour les complices de la fourberie. Il faut que ce semblant n'ait rien absolument qui sente le comédien ; ce doit être plutôt un office dont il est revêtu et avec lequel il s'est identifié, qu'un masque qu'il a pris. Le premier pas une fois fait, il a entièrement dépouillé sa personne antérieure. En prenant sa première résolution, il a adopté toutes les démarches qui découlent de la démarche première, et il n'hésite plus sur aucun détail de son rôle, après s'en être chargé dans son ensemble. Une certaine obscurité poétique où il se trouve, relativement à lui-même et à son personnage, une superstition, une sorte d'hallucination, l'aident à sauver sa moralité. Ce qui fait de lui un fou aux yeux de la duchesse est précisément ce qui sert à le justifier.

Il ne doit jamais se plaindre, excepté à la fin, quand l'amour a ouvert son cœur. Il souffre les offenses avec une indignation qu'il réprime, et il fait le bien avec une grandeur orgueilleuse et une certaine sécheresse, d'une façon non pas sentimentale, mais effective et pratique, par une sorte de noble fierté, naturellement et sans réflexion.

Il faut qu'on voie d'une manière sensible combien il est naturel qu'un tendre intérêt pour le prétendu Richard prenne naissance dans le cœur de la princesse et y devienne un véritable amour.... effet de l'imposture auquel on n'a pas songé et qu'il était cependant facile de prévoir. C'est un spectacle tragique de voir comment une belle âme est engagée, par le sentiment le plus humain, dans de malheureuses relations; comment, là où l'on n'a semé que la ruine et la mort, une noble vie a germé.

La princesse est une jeune fille simple et naïve qui n'a aucune des prétentions de son rang. — Sa naissance et sa condition ne lui apparaissent que comme des barrières qui l'arrêtent et font obstacle à sa belle nature. La grandeur n'a pour elle aucun charme; elle n'est sensible qu'au bonheur du cœur, et la seule chose qui rappelle sa naissance, c'est qu'elle parle avec une certaine exaltation de la condition privée, qui lui paraît plus poétique, précisément parce qu'elle y est elle-même étrangère et ne la voit que de loin.

Adélaïde est plus occupée de l'amour qu'elle a pour Warbeck, que de celui qu'il a pour elle. Elle est d'une nature résignée; elle a été élevée pour le sacrifice. Elle n'ose pas aspirer à celui qu'elle aime; elle envie seulement la femme heureuse qui doit un jour le posséder. Il faut qu'il épouse une riche ou puissante fille de roi; elle est, elle, une pauvre orpheline, qui ne vit que des bontés de sa parente.

Warbeck, dont le caractère aspire à l'indépendance, est au pouvoir d'une femme fausse, impérieuse, puissante, irréconciliable, qui est comme son mauvais génie. Il s'est vendu à elle; sa position vis-à-vis d'elle est humiliante et accablante pour lui, et en vain il met tout en œuvre pour l'ennoblir. Elle ne voit jamais en lui que son instrument, le faux York, l'imposteur, et, dans ses exigences envers lui, elle n'a nulle délicatesse, nul égard pour ses sentiments personnels d'honneur. En vain veut-il se relever; elle lui rappelle toujours sa position honteuse qu'il oublierait si volontiers, qu'il faut même qu'il ait oublié pour bien jouer son rôle. En public, elle l'honore, le caresse; en secret, elle le tyrannise. Elle lui ordonne et lui défend ce qu'en public il doit vouloir et ne pas vouloir; publiquement elle feint que ses désirs sont des ordres pour elle, et l'engage à faire ce qu'elle lui a sévèrement défendu. Malheur à lui, si, de son chef, il se permettait quoi que ce fût! Cependant il le fait quelquefois : par là il encourt sa disgrâce et se l'aliène.

Adélaïde connaît la position gênée de Warbeck et cherche à l'améliorer. Bien qu'il n'accepte pas le don de sa générosité, cette preuve de son amour le rend heureux.

Éric tente d'exécuter un complot malveillant tramé contre Warbeck, pour le couvrir de honte. Il emploie un misérable dont les déclarations sont extrêmement humiliantes pour Warbeck. Warbeck se conduit avec fermeté et noblesse. La tromperie est découverte, Éric est confondu.

La duchesse a été sur-le-champ informée de cet incident par Belmont, et elle vient elle-même, pour réconcilier les deux princes. Elle veut que Warbeck tende la main à son ennemi, et comme il s'y refuse, elle lui donne à entendre qu'elle le veut ainsi. Elle appuie sur ce qu'Éric est un prince, et fait sentir à Warbeck, bien que d'une façon intelligible pour lui seul, sa dépendance et son néant.

Un aventurier vient comme ambassadeur, au nom d'Édouard de Clarence, demander un sauf-conduit qui permette à celui-ci de venir à Bruxelles, se présenter à la duchesse, sa tante, et mettre sous ses yeux les preuves de sa naissance. Il s'est échappé, dit-il, de la Tour de Londres, et vient faire valoir ses droits au trône d'Angleterre. Marguerite ne doute pas un moment de la tromperie; mais il entre dans ses vues de la favoriser. Elle se montre donc disposée à y prêter la main, mais Warbeck parle contre, avec vivacité. Marguerite, de ce ton impérieux qui lui est propre, le remet à sa place, et lui fait sentir qu'il n'a pas voix au conseil en cette affaire. Warbeck est obligé de se taire, mais il sort en déclarant que l'épée décidera entre le prince de Clarence et lui.

Marguerite est maintenant seule avec Belmont, et remarque, avec un orgueilleux mécontentement, que Warbeck commence à se donner vis-à-vis d'elle certaines libertés. Elle a depuis longtemps de l'éloignement pour lui; maintenant, ses prétentions commencent à exciter sa haine. Non-seulement elle ne le trouve pas assez soumis; la comédie même qu'elle joue par son entremise lui est à charge, et son existence comme prince d'York, comme son neveu, humilie son orgueil de princesse.

C'est dans cette disposition peu favorable que la trouve Adélaïde, qui vient la prier, avec une grande émotion, de la délivrer de la recherche du prince de Gothland. Adélaïde trahit en même temps son tendre intérêt pour Warbeck, et par là elle anime encore plus contre lui la duchesse déjà irritée. Elle est congédiée par elle avec dureté et reçoit l'ordre de ne plus penser à l'un, et de regarder l'autre comme son époux. Le mariage est résolu au plus vite, et Adélaïde se voit dans la plus cruelle contrainte.

ACTE TROISIÈME.

Place publique. — Un trône pour la Duchesse; des barrières sont dressées; apprêts d'un combat judiciaire. Des spectateurs remplissent le fond de la scène.

Édouard Plantagenêt se fait raconter par un des assistants ce que signifient ces apprêts. — Exposition du différend de Simnel et de Warbeck, qui doit être décidé par un duel judiciaire. Édouard entend cette relation avec le plus grand étonnement, et ses questions, qui trahissent une profonde ignorance des événements les plus récents, et le très-vif intérêt qu'il prend à ce débat, excitent la surprise de l'interlocuteur.

L'envoyé anglais est aussi présent, et ce singulier jeune homme a bientôt attiré toute son attention. Il paraît le connaître et s'alarmer.

Simnel entre en scène avec ses partisans et harangue le peuple. Il parle de sa race, de son évasion de la Tour, et la foule se partage, à son sujet, en deux partis. L'envoyé anglais s'attache à Édouard et cherche à le pénétrer; mais il le trouve extrêmement timide et méfiant, ce qui le confirme dans ses soupçons.

La duchesse vient avec sa cour; Eric, Adélaïde et Warbeck l'accompagnent. Les trompettes sonnent, et Marguerite se place sur son trône. . . . .
Cependant Warbeck a un court entretien avec Adélaïde, dans lequel celle-ci laisse voir son mécontentement et son chagrin au sujet de l'indigne scène qui s'apprête, et Warbeck le peu de souci que lui donne l'attente de ce combat. . . . .
Un héraut s'avance, et après avoir proclamé le motif de cette

solennité, il appelle les deux combattants dans la lice : d'abord Simnel, qui se donne publiquement pour Édouard Plantagenêt et expose ses prétentions; puis le duc d'York, qui déclare fausse et criminelle l'allégation de Simnel et est prêt à prouver son dire l'épée à la main. Les deux combattants en appellent au jugement de Dieu. On procède aux formalités ordinaires; après quoi tous deux s'éloignent, pour combattre dans la lice.

Pendant qu'on fait les apprêts accoutumés, le jeune Plantagenêt, par sa grande émotion et sa figure touchante, a attiré l'attention de la duchesse et de la princesse. . . . .
Celle-là demande qu'on le lui amène. Il fait quelques réponses pleines de sens, et il y a je ne sais quoi de passionné dans les dispositions qu'il montre à l'égard de la duchesse. Avant qu'elle ait le temps de satisfaire sa curiosité au sujet de cet intéressant jeune homme, les trompettes retentissent et donnent le signal du combat.

Le combat. — Simnel est vaincu et tombe. — Chacun se lève; les barrières sont forcées, le peuple se précipite, en criant, dans l'enceinte. Simnel avoue, en mourant, son imposture et nomme les instigateurs; il reconnaît Warbeck pour le véritable York, et implore son pardon. Joie du peuple.

Warbeck, vainqueur et reconnu duc d'York, saisit ce moment pour déclarer publiquement son amour à la princesse et demander à la duchesse son consentement.

Les lords anglais interviennent et appuient sa prière. Éric est furieux, la duchesse grince les dents de colère, ordonne à la princesse de la suivre, et s'éloigne en lançant des regards courroucés.

Maintenant les lords se rassemblent autour de leur duc, lui jurent fidélité et assistance, et l'accompagnent en triomphe à sa demeure.

Plantagenêt seul se sent abandonné, dépouillé de sa personnalité, sans appui : il n'a rien pour lui que son droit. Il se résout enfin à se présenter à la duchesse. Stanley vient à lui et cherche à l'en détourner par la crainte.

ACTE QUATRIÈME.

La duchesse rentre, pleine de colère et d'amertume, dans son palais. Le bonheur et l'audace de Warbeck ont accru la haine qu'elle avait contre lui. La nouvelle qu'elle a reçue de l'évasion de la Tour de Londres du vrai Plantagenêt lui permet de se passer de l'imposteur. Elle est résolue à le laisser tomber et commence sur-le-champ par défendre avec dureté à la princesse, qui l'a suivie, de songer à lui; elle élève même un doute sur la personne de son amant. Warbeck se fait annoncer; elle renvoie la princesse, qui demande en vain à rester, et qui se retire tout en larmes.

Warbeck et la duchesse. Warbeck, enhardi par son bonheur et comptant sur ses partisans, exalté en outre par son amour, et résolu de mettre un terme à la situation intolérable où il s'est trouvé jusqu'ici, prend avec la duchesse un ton assuré, et se risque à lui demander compte de la conduite contradictoire qu'elle tient à son égard. Elle s'étonne de sa hardiesse et le traite avec le plus profond mépris. Plus elle cherche à l'humilier, plus il lui montre d'indépendance. — Il s'appuie sur ce que c'est elle qui l'a tiré de sa condition privée, où il était heureux, pour l'élever à cette place; c'est un devoir pour elle de l'y maintenir, elle n'a pas le droit de se jouer de son sort.

Les réponses de la duchesse montrent son insensibilité, son orgueil de princesse, son âme froide et égoïste; elle ne s'est jamais souciée de son bonheur, il n'a été que l'instrument de ses plans, et elle le rejette, dès qu'il lui est inutile. Mais cet instrument a une existence propre, et ce qui l'a rendu apte à jouer le rôle de prince est précisément ce qui lui donne la force de se soustraire à une honteuse dépendance. La duchesse se voit enfin contrainte de cacher sa rage intérieure, et elle le quitte, réconciliée en apparence, mais la colère et la vengeance dans le cœur.

———

La princesse, par crainte d'un hymen odieux, et parce qu'elle renonce à tout espoir de rien obtenir de la bonté de la duchesse, est précipitée violemment dans les bras de l'imposteur. Pleine de confiance en sa personne, elle vient elle-même lui proposer un enlèvement. Elle lui montre toute sa tendresse et s'abandonne, sans nul soupçon, à son honneur et à son amour. Elle lui nomme le comte Kildare, un vieillard respectable, un ancien ami de la maison d'York; c'est près de lui qu'ils se réfugieront ensemble. Elle lui remet tout ce qu'elle possède d'objets précieux. Plus elle lui montre de confiance, plus il est torturé par le sentiment de son imposture. Il n'ose accepter la main qui lui est offerte, il ose encore moins hasarder l'aveu de la vérité; sa lutte est terrible; il l'abandonne, désespéré.

———

Elle demeure seule, étonnée d'une telle conduite, et se fait des reproches d'être allée peut-être trop loin; elle trouve son excuse dans le danger, dans son amour.

———

Plantagenêt entre en scène, jetant autour de lui des regards timides et effrayés, et saluant, avec une émotion douloureuse, ce cher séjour de famille. Il aperçoit les portraits de la maison d'York, s'agenouille devant eux, et pleure sur sa race et sur son propre sort.

———

Warbeck revient, résolu de tout dire à la princesse. Il aperçoit Plantagenêt à genoux, s'étonne, le regarde fixement et entre en conversation avec lui. Ce qu'il entend, ce qu'il voit augmente son effroi et son étonnement.

ACTE IV.

Enfin, il ne doute plus que le véritable York ne soit devant lui. Plantagenêt s'éloigne, après une noble et significative déclaration, et le laisse en proie à la terreur.

A peine a-t-il commencé à exprimer ses soupçons et sa crainte, que l'envoyé anglais entre et lui demande un entretien. L'envoyé confirme sur-le-champ ses soupçons et lui propose un accommodement avec le roi d'Angleterre, s'il veut aider à écarter le véritable York. Ils ont tous deux un intérêt commun à écarter le légitime prétendant. Warbeck sent tout le danger de sa situation; cependant sa haine contre Lancastre et sa bonne nature triomphent, et il renvoie le séducteur.

Mais il faut agir. Le légitime York est là; il peut réclamer ce qui est à lui; la duchesse se hâtera de le reconnaître et d'enlever au faux York son costume de théâtre. Tout est en jeu; la princesse est perdue, si l'on n'écarte pas le véritable York. Le malheureux sent maintenant qu'une imposture ne peut se soutenir que par une série de méfaits. Il maudit son premier pas dans cette voie; il voudrait n'être jamais né.

La duchesse vient avec son conseiller. On apprend que le comte Kildare est en route pour Bruxelles, qu'il espère y trouver le jeune Plantagenêt, qui lui a donné avis qu'il s'y rendait en toute hâte. La duchesse est à la fois réjouie et embarrassée de son arrivée, embarrassée à cause de Warbeck; cependant elle est fermement résolue à sacrifier celui-ci dès qu'on aura trouvé le vrai Plantagenêt. Mais où est-il donc, ce neveu si cher? Kildare écrit qu'il se rend directement à Bruxelles; il pourrait donc déjà y être. — Elle se souvient du jeune homme. — On remarque par terre un mouchoir. — Elle le reconnaît pour celui dont elle a fait don, il y a neuf ans, à Édouard. — Elle demande, tout étonnée, qui est venu dans la chambre. On répond : Personne que Warbeck[1]. C'est comme un éclair qui traverse son âme. Elle envoie chercher le jeune homme inconnu et Warbeck.

1. Pour que ceci soit clair, il faut supposer que le lieu de la dernière scène, la chambre où l'on trouve le mouchoir, n'est pas le lieu des scènes précédentes où nous avons vu se succéder divers personnages. Le soupçon qui traverse l'âme de la duchesse, c'est que Warbeck a tué Édouard Plantagenêt, et qu'il a trouvé sur lui et pris ce mouchoir

ACTE CINQUIÈME.

La duchesse. Son conseiller. La princesse. Les lords. Toutes les recherches pour trouver Édouard sont vaines, on ne le rencontre nulle part. La duchesse conçoit un affreux soupçon. Elle envoie chercher Warbeck.

―――

Éric et l'ambassadeur parlent d'un meurtre qui a dû être commis ; ils ont, disent-ils, entendu crier au secours ; lorsqu'ils sont accourus, ils ont vu du sang sur le sol. La duchesse et la princesse sont en proie à la plus grande émotion.

―――

Warbeck vient. La duchesse le reçoit avec ces mots : « Où est mon neveu ? Qu'en avez-vous fait ? » Comme il hésite, elle le traite sans détour de meurtrier. A cette parole, tous les lords montrent une grande agitation. Elle répète son accusation avec plus de force. Les lords lui reprochent d'imputer une si horrible action au duc son neveu. La colère alors lui arrache son secret. « Duc ! dit-elle. Un York ! Lui, mon neveu ! » — Et elle raconte en peu de mots toute l'imposture. La princesse chancelle, elle va tomber : Warbeck veut aller à elle. La princesse se précipite dans les bras de la duchesse. Warbeck veut se tourner vers les lords ; ils reculent avec horreur. Dans ce moment, l'homme redouté, le comte Kildare est annoncé. La duchesse dit : « Il vient à propos. Je n'avais pas désiré son arrivée, mais maintenant il est le bienvenu. Il connaît mes neveux, il a élevé leur enfance. » —

Elle se tourne vers Warbeck : « Cache-toi, si tu peux ! Vois si tu pourras encore soutenir ton rôle devant ce témoin. »

Kildare entre. Warbeck se tient aussi loin qu'il peut de lui, et il a baissé les yeux vers la terre. — La duchesse va au-devant de Kildare. « Vous venez pour embrasser un prince d'York ; malheureux homme ! Vous ne le trouverez pas, etc. » Avant de répondre, Kildare jette les yeux autour de lui et aperçoit Warbeck. Il s'approche, hésite, s'étonne, et crie : « Que vois-je ? » Warbeck, à ces mots, se redresse, regarde le comte en face, et s'écrie : « Mon père ! » — Kildare s'écrie de même : « Mon fils ! » — « Son fils ? » répètent tous les assistants. Warbeck s'élance dans les bras de son père. Kildare demeure frappé d'étonnement ; il ne sait que dire ni que penser. Il prie les assistants de le laisser un moment seul avec Warbeck. C'est ce qu'on fait par égard pour lui. En même temps, on annonce qu'on vient d'amener deux meurtriers ; la duchesse s'éloigne à la hâte pour les interroger.

Warbeck reste seul avec Kildare, qui est encore tout stupéfait de retrouver son fils en la personne du prétendu prince d'York. Warbeck lui raconte tout en peu de mots. Kildare remercie la Providence et bénit ses voies. Il déclare à Warbeck qu'il n'est pas son fils.... qu'il a dérobé le nom auquel il a droit réellement ; qu'il est un fils naturel d'Édouard IV ; qu'il est né York. L'énigme de ses sentiments obscurs s'explique à ses yeux, le mystère de sa destinée se débrouille tout à coup. Dans l'excès de sa joie, il jette loin de lui tout le fardeau de ses tourments passés ; il prie Kildare de le laisser s'éloigner un moment.

Kildare et les lords. Ceux-ci sont au désespoir de la fourberie qu'on a jouée, et déplorent leur existence perdue, leurs espérances détruites.

Alors paraît Warbeck, amenant Plantagenêt par la main. Tous sont stupéfaits. Kildare reconnaît le jeune prince. Celui-ci ne comprend pas ce qui lui arrive, jusqu'à ce que Warbeck dévoile tout le mystère, et finit en rendant hommage à Plantagenêt comme à son maître, et en l'embrassant comme son cousin. Warbeck a trouvé Plantagenêt dormant devant le monument de la maison d'York, et l'a sauvé de deux meurtriers qui étaient sur le point de le tuer. Joie des lords. Nobles sentiments de Plantagenêt.

La duchesse vient pendant cette scène; elle embrasse son neveu et le presse sur son cœur. Les lords demandent qu'elle fasse de même pour Warbeck. — Noble déclaration de Warbeck, qui se jette à ses pieds comme son neveu. — Elle est émue, elle est bienveillante, et en donne la preuve en allant chercher la princesse.

Incident qui occupe la scène tant que la duchesse est absente. Le complot de meurtre concerté entre Éric et l'ambassadeur est découvert; on leur pardonne, et ils demeurent couverts de honte. Warbeck paraît aux yeux de l'ambassadeur, en posture d'embrasser Plantagenêt, et il envoie Stanley à son roi avec cette déclaration, qu'ils feront valoir en commun, Plantagenêt et lui, leurs droits au trône.

La duchesse revient avec la princesse. Conclusion.

FRAGMENTS

DES PREMIÈRES SCÈNES DU PREMIER ACTE[1].

La cour de la duchesse Marguerite, à Bruxelles.
Une grande salle.

SCÈNE I.

LE COMTE HEREFORD, *avec ses* CINQ FILS, *entre;* SIR WILLIAM STANLEY *se tient à l'écart sur le devant de la scène, et l'observe.*

HEREFORD.

Voici le foyer sacré où nous nous réfugions, mes fils! Voici le palais hospitalier où Marguerite, la souveraine des riches Pays-Bas, une femme auguste, se souvient de ses chers aïeux, protége les amis de l'antique race royale, aujourd'hui opprimée, et offre un asile aux persécutés. Regardez autour de vous! Pareilles à des pénates bienveillants.... les augustes figures des nobles York vous reçoivent.... Les reconnaissez-vous?... La rose blanche brille dans leurs mains. . . . .
. . . .
Avec ce signe, que maintenant nous attachons avec joie sur nos chapeaux. . . . .
. . . .

(*Querelle entre Stanley et Hereford.*)

[1] Ces fragments sont en vers dans l'original.

SCÈNE II.

BELMONT, LES PRÉCÉDENTS.

BELMONT.

Calmez-vous, milords! Cette maison est consacrée à la paix.

HEREFORD.

Loin d'ici cet esclave de Lancastre! Je me suis réfugié ici. . . . .
et il faut que dès le seuil un odieux partisan de Lancastre me montre son front audacieux.

STANLEY.

Je nomme les traîtres de leur nom, partout où je les trouve.

BELMONT.

Arrêtez, nobles lords. . . . . . . La femme auguste qui gouverne ici en souveraine. . . . .
elle a ouvert son royal palais à Bruxelles à tous les partis qui se font la guerre, et le rôle de médiatrice est sa plus belle gloire.

STANLEY.

Oui, quiconque trame de perfides complots contre l'Angleterre est ici un hôte bienvenu.

BELMONT.

Elle est la sœur de deux rois de la maison d'York. . . . . et secourable, comme il convient aux parents de l'être; elle se souvient de sa (royale) famille, qui a succombé au malheur des temps. Où trouverait-elle protection sur la terre ennemie, où, sinon à ce pieux foyer? Cependant, elle se montre juste aussi envers l'ennemi, et, dans la personne de ce noble lord, elle honore l'ambassadeur. . . . .
. . . .

SCÈNE IV.

. . . .
. . . .

HEREFORD.

Venez, mes fils! venez tous! venez! Une voix éclatante me le crie au fond de mon cœur, c'est lui! Ce sont les traits du roi Édouard, c'est le noble visage de mon maître, je reconnais aussi le son de sa voix. (*Se jetant à ses pieds.*) O Richard! Richard, fils de mon roi! . . . .
. . . .

WARBECK.

Levez-vous, milord! Ce n'est pas ici votre place.... Venez sur mon cœur! . . . .
. . . .

HEREFORD.

.... Comment avez-vous échappé aux mains des meurtriers? Parlez! Où vous a caché la main libératrice de la Providence.... pour que maintenant tout à coup, vous nous apparaissiez, à notre grande joie, à l'heure opportune?

WARBECK.

.... Pas en ce moment.... Laissez-moi jeter un voile sur le temps écoulé. Il est passé.... Je suis parmi vous.... Je me vois entouré des miens. Le destin m'a conduit miraculeusement.
. . . .
. . . .

MARGUERITE.

. . . .

Richard de Glocester est monté sur le trône d'Angleterre. Il a enfermé dans la Tour les fils de son frère. Telle est la vérité, et le monde croit savoir que Tirrel s'est souillé de leur sang. Oui, le bruit public désigne même le lieu qui doit renfermer leurs restes.... Cependant la nuit et un mystère impénétrable ont couvert l'horrible événement qui s'est passé dans la Tour.... Ce n'est que le temps présent qui, bien longtemps après, vient de

lew; le voile. Il est vrai, le meurtrier Tirrel fut envoyé pour égorger les princes; il montra l'ordre souverain du roi Richard. Le prince de Galles tomba sous son poignard. Le même sort devait frapper son frère; mais, soit que la conscience du barbare se fût éveillée, soit que la touchante prière de l'enfant ait fait chanceler dans sa poitrine son cœur de fer.... il porta un coup mal assuré, et, saisi d'horreur à cette affreuse action, il s'enfuit. . . . .
. . . .

FIN DE WARBECK.

III

LES
CHEVALIERS DE MALTE

III

LES CHEVALIERS DE MALTE.

Malte est assiégée par toute la puissance de Soliman, qui a juré la ruine de l'ordre. Avec les généraux turcs, Mustapha et Pialy, sont réunis les corsaires Uluzzialy et Dragut, et les Algériens Hascem et Candélissa. La flotte des Turcs est devant les deux ports, et nul secours ne peut, sans lui livrer bataille, être introduit dans l'île. Sur terre, les ennemis ont attaqué le fort Saint-Elme et déjà ils ont obtenu de ce côté de grands avantages. La possession de ce fort les rendrait maîtres des deux ports, et les mettrait en état d'attaquer avec succès Saint-Ange, Saint-Michel et il Borgo, places qui renferment toutes les forces de l'ordre.

La Valette est grand maître à Malte. Il a prévu l'attaque des Turcs et s'y est préparé. Les chevaliers ont été appelés dans l'île et y ont paru en grand nombre. Outre les chevaliers, il s'y trouve encore environ dix mille soldats; on ne manque ni de munitions de guerre ni de provisions de bouche et les fortifications sont en bon état. On compte cependant sur un renfort venant de Sicile, parce que les ennemis, par leur nombre et leur persévérance, ruineraient nécessairement les ouvrages et détruiraient à la longue les défenseurs de l'île.

La Valette a toute raison d'espérer des secours de Sicile, car la ruine de Malte mettrait dans le plus grand danger les États du roi d'Espagne. Aussi Philippe II lui a-t-il promis toute son assistance et a-t-il donné des ordres à cet effet à son vice-roi en Sicile. Une flotte est équipée dans les ports de cette île; beaucoup de chevaliers et d'autres gens de guerre sont accourus afin de s'embarquer pour Malte. Les chargés d'affaires du grand maître sont infatigables auprès du vice-roi, pour hâter le départ de cette flotte.

Mais la politique espagnole est beaucoup trop égoïste pour faire quelque grande tentative en faveur de cette grande cause. La puissance des Turcs effraye les Espagnols, qui cherchent à gagner du temps, jusqu'à ce que l'ennemi soit affaibli. Ils espèrent ce résultat de la résistance de l'ordre, vu la bravoure de ses chevaliers, et ils attendent par conséquent ou que le siège soit levé ou que la victoire devienne plus facile. Que l'ordre y sacrifie ses forces, cela leur est indifférent; tout ce qu'ils veulent, c'est qu'il ne périsse pas entièrement. Le vice-roi de Sicile promet donc de temps en temps du secours, mais l'effet ne suit pas la promesse.

Cependant le fort Saint-Elme est pressé de plus en plus vivement par l'ennemi. Ce fort, vu son étroite surface, où l'on n'a pas pu élever beaucoup d'ouvrages, n'est pas une place capable d'une longue résistance, et contient peu de garnison. Les Turcs sont déjà maîtres de quelques ouvrages extérieurs; leur artillerie domine les remparts, et ils ont fait des brèches considérables. La garnison n'est pas défendue par les fortifications, et, avec toute sa vaillance, elle devient une proie facile de l'artillerie ennemie.

Dans ces circonstances, les chevaliers auxquels ce poste est confié, demandent au grand maître qu'il leur soit permis de se retirer dans un lieu tenable, parce qu'il n'y a aucun espoir de conserver Saint-Elme. Les autres chevaliers représentent aussi au grand maître qu'il sacrifie sans utilité les chevaliers de Saint-Elme; qu'il n'est pas sage d'affaiblir peu à peu, par la défense prolongée d'une place non tenable, les forces de l'ordre; qu'il vaudrait mieux concentrer toutes ces forces au chef-lieu.

Ces motifs sont très-spécieux, mais le grand maître pense tout autrement. Bien qu'il soit lui-même convaincu que Saint-Elme ne peut être défendu, et qu'il plaigne douloureusement les chevaliers qui y sont sacrifiés, deux raisons cependant l'empêchent de livrer la place. D'abord, il importe extrêmement que Saint-Elme se maintienne le plus longtemps possible pour donner à la flotte auxiliaire de Sicile le temps d'arriver. Car si ce fort est aux mains des ennemis, ils peuvent fermer les deux ports, et le secours devient plus difficile. Alors, d'ailleurs, les Espagnols, comme ils en ont menacé, vireraient de bord. En second lieu, la puissance des Turcs sera nécessairement affaiblie, physiquement et moralement, s'ils sont obligés de conquérir Saint-Elme d'assaut. Leur perte dans cette entreprise leur rendra plus difficiles ensuite les attaques du chef-lieu, et un tel exemple de défense désespérée leur donnera une si haute idée de la bravoure chrétienne, qu'ils commenceront à douter de la victoire et seront moins disposés à de nouveaux combats.

Le grand maître a donc des motifs prépondérants de sacrifier au bien commun une partie de ses chevaliers, les défenseurs du fort Saint-Elme. Une telle conduite n'a rien de contraire aux statuts de l'ordre, puisque chaque chevalier, au moment de son admission, s'est engagé à donner sa vie, avec une obéissance aveugle, pour la religion. Mais pour se soumettre à une loi si sévère, il faut le pur esprit de l'ordre, parce qu'une telle action doit être produite par un sentiment intérieur et ne peut être contrainte par une force extérieure.

Mais ce pur esprit de l'ordre, qui est si nécessaire en ce moment, n'existe pas. Les chevaliers sont hardis et vaillants, mais ils veulent l'être à leur façon et ne pas se soumettre à la loi avec une aveugle résignation. La circonstance exige une disposition de cœur toute spirituelle, et leur cœur est mondain. Ils ont dégénéré du primitif esprit de leur institution; ils aiment autre chose encore que leur devoir; ce sont des héros, mais non des héros chrétiens. L'amour, la richesse, l'ambition, l'orgueil national et d'autres ressorts semblables, excitent leurs cœurs.

Les désordres ont atteint, au moment du siége, leur plus haut degré. Beaucoup de chevaliers s'abandonnent ouvertement à leurs excès et se prévalent de ce que la guerre et le danger favorisent la liberté. La Valette a été indulgent jusqu'ici, soit par suite de ses dispositions libérales, soit parce qu'il ne se sentait pas exempt lui-même de certaines faiblesses humaines ; mais maintenant il se voit forcé de rétablir l'ordre dans sa première pureté et de le créer en quelque sorte de nouveau.

FRAGMENT DE LA PREMIÈRE SCÈNE[1].

Une galerie ouverte d'où la vue s'étend sur le port.

ROMÉGAS *et* BIRON *se disputent une captive grecque. Celui-ci l'a saisie, celui-là veut s'emparer d'elle.*

ROMÉGAS.

Téméraire, arrête! Tu m'enlèves une esclave que j'ai conquise et déclarée mienne?

BIRON.

Je lui donne la liberté. Qu'elle choisisse elle-même celui qu'elle préfère suivre.

ROMÉGAS.

Elle est à moi par le droit et l'usage de la guerre ; je l'ai prise sur le vaisseau du corsaire.

BIRON.

Celui-là dédaigne la grossière pratique des corsaires, qui sait plaire à des cœurs libres.

ROMÉGAS.

La beauté des femmes est le prix du courage.

BIRON.

L'épée du chevalier protége l'honneur des femmes.

ROMÉGAS.

Défends Saint-Elme! C'est là ta place.

BIRON.

Là est le combat, et ici le salaire du combat.

1. Ce fragment est en vers dans l'original.

ROMÉGAS.

Certes il est plus sûr de voler ici des femmes que de résister làvirilement aux Turcs.

BIRON.

Il fait bon parler ici, dans le cloître, de la lutte ardente qui s'enflamme sur la brèche.

ROMÉGAS.

Obéis à qui te commande! Arrière!

BIRON.

Règne sur ta flotte, non pas ici!

ROMÉGAS.

Respecte la grand'croix que tu vois sur ma poitrine!

BIRON.

La petite que voici couvre un grand cœur.

ROMÉGAS.

La langue de Provence est glorieuse.

BIRON.

Plus tranchant encore est son glaive.

ROMÉGAS.

. . . .
. . . .
. . . .

DES CHEVALIERS *viennent au bruit.*

L'Espagnol a raison.... Il faut châtier l'arrogance du Provençal.

D'AUTRES CHEVALIERS *viennent de l'autre côté.*

Trois épées contre une! . . . .
Au secours! au secours! Trois épées contre une! Sus au Castillan! Courage, brave frère! Nous sommes avec toi! Toute la langue te vient en aide.

DES CHEVALIERS.

A bas les Provençaux!

D'AUTRES CHEVALIERS.

A bas les Espagnols!

Beaucoup de chevaliers viennent encore des deux côtés. Le CHOEUR s'avance et sépare les combattants. Il se compose de seize chevaliers spirituels, vêtus de leur long habit d'ordre, qui, sur deux rangs, entourent les autres. Le chœur blâme les chevaliers de se faire ainsi la guerre entre eux dans un pareil moment. Peinture des dangers qui menacent, et des inquiétudes qu'inspirent la situation extérieure de l'ordre et son état intérieur. Présomption arrogante des chevaliers, qui comptent sur le secours de Sicile.

La Valette paraît avec Miranda, envoyé de Sicile. Le grand maître exhorte les chevaliers à ne rien attendre d'une assistance terrestre, et à ne se confier qu'au ciel et à leur courage. Miranda déclare que, pour le moment, il n'y a encore rien à espérer de l'Espagne, qu'il faut que Saint-Elme soit conservé, si l'on veut que la flotte sicilienne se montre, et qu'elle virera de bord, si, à son arrivée, ce fort est déjà dans les mains des Turcs. Murmures des chevaliers contre la politique espagnole. Miranda se décide volontairement à demeurer dans l'île et à partager le sort de l'ordre.

Un vieil esclave chrétien est amené au grand maître par le chevalier Montalto. Il est envoyé par le général turc, sous prétexte d'entamer une négociation au sujet du fort Saint-Elme, mais en réalité pour lier un commerce de lettres avec un traître. Le grand maître ne veut entendre à aucun traité entre les chevaliers et les infidèles, et menace de faire mettre à mort tout héraut envoyé désormais. On donne à l'esclave chrétien, qui se plaint de sa dure destinée, la faculté de rester à Malte. Il préfère retourner dans sa captivité, parce qu'il est convaincu que Malte ne peut tenir. Avant de partir, il laisse échapper le mot de trahison.

Il arrive deux députés de la garnison de Saint-Elme. Cette garnison n'a pas été choisie par le grand maître, mais elle a été désignée, sans sa participation, par un mode d'élection conforme aux statuts. Un chevalier de vingt ans, Saint-Priest, qui est aimé de tous et que le grand maître distingue particulièrement, est au nombre des défenseurs de Saint-Elme. Il ressemble, pour l'apparence extérieure et pour la bravoure, à un jeune et brillant Renaud. Il est le fléau des Turcs, et, quoi qu'on fasse pour l'épargner, il est le premier dans tous les combats. Mais, au milieu de la mort et du danger, il demeure invulnérable; on dirait que son seul aspect désarme l'ennemi, ou qu'une garde d'anges l'entoure. Créqui, un autre jeune chevalier, d'un caractère ardent, lui est étroitement uni par un sentiment passionné, mais noble. Les députés peignent la situation de Saint-Elme, les progrès de l'ennemi, l'impossibilité de tenir dans la forteresse, et ils prient qu'on permette à la garnison de se retirer dans un autre poste. Les plus jeunes chevaliers, surtout Créqui, appuient cette demande avec instance; mais le grand maître refuse. Il exprime clairement sa sympathie pour le sort de la garnison, mais il déclare, avec gravité et fermeté, qu'il faut que Saint-Elme soit conservé, et il s'éloigne avec les vieux chevaliers.

Murmures des jeunes chevaliers contre le grand maître. Créqui s'informe avec anxiété de Saint-Priest, et apprend des députés combien il est, lui surtout, exposé au danger. Montalto revient, après avoir reconduit l'esclave chrétien, et entretient l'aigreur contre le grand maître par de malveillantes allusions à sa dureté et à son despotisme.

Les mécontents s'éloignent. Le chœur reste sur la scène. Il se plaint de la décadence de l'ordre, et de l'injustice qu'on montre envers le grand maître, dont il reconnaît les mérites. Souvenirs de l'histoire de l'ordre.

La Valette, le chœur. Le grand maître se montre homme. Il craint de n'avoir pas assez de force pour persister dans ce que commande la nécessité. Le sacrifice des vaillants défenseurs de Saint-Elme l'afflige profondément. Il est aussi inquiet des abus qui ont fait irruption dans l'ordre. Le chœur le rend attentif aux suites de sa tolérance indulgente, et lui rappelle la querelle au sujet de l'esclave grecque. La Valette reconnaît sa faute, et il veut tout tenter pour opérer une réforme complète de l'ordre. Il a déjà fait éloigner cette femme grecque.

Romégas, Biron et les précédents. Les deux chevaliers se plaignent de l'éloignement de la Grecque. La Valette rappelle aux chevaliers leurs vœux. Ils prétendent que la situation actuelle leur donne droit à l'indulgence. On voit se manifester leur nature fougueuse qui, au comble du danger, brise toutes les barrières. Ils veulent jouir du moment présent, parce qu'il se peut que l'heure prochaine ne leur appartienne plus. Le vaillant soldat, dont on a besoin, croit pouvoir braver la loi. Le grand maître leur parle avec autorité comme leur chef, et s'éloigne.

Romégas et Biron, aigris au plus haut point, se liguent contre le grand maître. Romégas le tient d'ailleurs déjà pour son ennemi.

Créqui survient et parle sans ménagement de la dureté du grand maître. L'entretien est interrompu par Montalto, qui annonce de nouveaux députés de Saint-Elme. La situation a fort empiré de ce côté; les Turcs sont maîtres d'un ouvrage extérieur important. La garnison insiste encore une fois pour avoir la permission de se retirer; sinon elle veut, dans une sortie, aller au-devant d'une mort assurée. Parmi les députés est Saint-Priest, par qui l'on espère gagner le grand maître. La Valette refuse de les entretenir. Cette dureté apparente révolte encore plus les chevaliers, bien qu'elle soit un effet de sa tendresse de cœur : il ne se croit pas assez de fermeté pour voir, dans de telles circonstances, un jeune homme qui lui tient de près. Saint-Priest est son fils naturel, mais personne ne le sait que La Valette lui-même.

Les députés entrent, accompagnés de plusieurs chevaliers, qui laissent éclater leur mécontentement contre le grand maître. Saint-Priest garde le silence, mais Créqui s'abandonne au plus violent transport de la passion. Romégas et Biron se rangent à son avis. Montalto profite de ce moment pour soulever les chevaliers contre le grand maître. En vain le chœur les rappelle avec force à leur devoir. Il se forme une ligue redoutable contre le grand maître.

La Valette charge l'ingénieur Castriotto d'examiner l'état de Saint-Elme.

Le grand maître a des soupçons sur Montalto et le fait observer de près. Il lui parle en particulier, pour l'avertir avec douceur, mais l'entretien est sans résultat. Montalto nie avec opiniâtreté et audace, et se prévaut de sa dignité de commandeur.

Après que Montalto s'est retiré, Saint-Priest paraît devant La Valette. Le jeune chevalier pense tout autrement que le reste des députés de Saint-Elme. Il ne désire pas être retiré du fort, et il vient, en ce moment, dévoiler au grand maître, avec une franche et filiale confiance, la révolte des chevaliers. La Valette a de la peine à cacher ses sentiments. Il parle encore à Saint-Priest comme grand maître, et le congédie avec des ordres. Enthousiasme du jeune homme pour son devoir et pour la personne du grand maître.

Romégas, Biron, Créqui et plusieurs de leurs partisans entrent en scène. Ils commencent par d'énergiques représentations, relatives à la garnison de Saint-Elme, et, sur le refus du grand maître, ils parlent le langage de la révolte. Créqui surtout s'oublie et s'emporte. Au reproche qu'on fait à La Valette de conduire, par son obstination, l'ordre à sa ruine, celui-ci répond que l'ordre est déjà ruiné, qu'en ce moment il n'existe plus, et que ce n'est point par la puissance de l'ennemi, mais par sa décadence intérieure qu'il a péri. Il s'éloigne avec dignité, et commande aux chevaliers d'attendre ses ordres.

Les chevaliers sont ébranlés par les dernières paroles du grand maître, et quelques-uns d'entre eux commencent à sentir leur tort. Un chevalier apporte la nouvelle qu'un renégat vient de se montrer avec un message du général turc, nonobstant la menace de La Valette de mettre à mort tout négociateur envoyé par l'ennemi. On a trouvé sur le renégat des lettres contenant de grandes promesses pour Montalto. Montalto a passé à l'ennemi. Les chevaliers se rappellent que c'était lui qui entretenait le plus leur amertume contre le grand maître.

Miranda, l'envoyé espagnol; après lui, les plus jeunes chevaliers; puis quelques-uns des plus âgés, et enfin le chœur, entrent armés. Le grand maître les suit avec Castriotto. L'ingénieur reçoit l'ordre de faire son rapport, devant toute l'assemblée, sur l'état de Saint-Elme. Il soutient qu'il est encore possible de défendre quelque temps les ouvrages de ce fort. Alors le grand maître demande aux plus jeunes et aux plus vieux chevaliers, puis au chœur et à Miranda, s'ils veulent, sous son commandement, entreprendre cette défense. Tous y sont prêts, et maintenant le grand maître accorde à la garnison de Saint-Elme la permission de quitter le fort; il congédie les chevaliers séditieux, et ordonne à Romégas seul de demeurer.

La Valette lui parle comme un mourant qui exprime sa dernière volonté. Romégas, qui a précipité l'ordre à sa ruine, est seul, dit le grand maître, en état de le sauver. Il l'a choisi pour son successeur, et lui a gagné les voix les plus considérables. Romégas se trouve maintenant placé à un autre point de vue, au rang de prince, qu'il est capable d'occuper, et il reconnaît ce qu'il y avait de condamnable dans sa conduite passée. Couvert de honte par la magnanimité d'un homme qu'il avait à ce point méconnu, il s'éloigne, bien résolu à montrer par les faits qu'il n'est point indigne d'une telle confiance.

Saint-Priest paraît pour prendre congé du grand maître. La Valette est extrêmement ému. Il lui découvre qu'il est son père, bénit son fils, et lui dit qu'il ira avec lui au-devant de la mort à Saint-Elme. Le chœur est présent à cette scène.

Romégas entre avec les chevaliers séditieux et les députés de Saint-Elme. Tous se repentent de leur erreur, et chacun est prêt à se sacrifier dans Saint-Elme pour le salut de l'ordre. Le chœur ajoute encore à la confusion des chevaliers, en leur révélant que Saint-Priest est le fils du grand maître et qu'il vient à l'instant de le dévouer à la mort. La Valette refuse de renoncer à sa première résolution, jusqu'au moment où il est convaincu du complet changement des dispositions des chevaliers. Alors enfin il consent à ce que les défenseurs de Saint-Elme continuent de défendre encore ce poste, et obéit, par devoir, à la nécessité qui lui prescrit de se conserver à l'ordre, comme grand maître, dans la situation présente. Tous le pressent de ne pas se séparer de son fils. Chacun est prêt à prendre la place de cet admirable jeune homme. Saint-Priest résiste et demeure inflexible. Le plus sublime enthousiasme éclate dans ses paroles. La Valette aussi ne veut entendre parler d'aucune exception, d'aucun égard personnel. Saint-Priest prend congé du grand maître et de Créqui.

———

Le chœur reste seul. Il s'exprime avec la plus haute dignité. Il est exalté par tout ce qui élève l'homme, le sentiment du devoir, l'esprit de chevalerie, la religion.

———

Nouvelles de Saint-Elme. — On donne l'assaut au fort. Créqui s'est enfui à Saint-Elme pour mourir avec son ami. — La Valette entre, extrêmement inquiet, mais avec une mâle gravité. Il sent profondément ce qu'il sacrifie.

———

Saint-Elme est pris. Un Grec, Lascaris, issu d'une famille qui a occupé le trône impérial grec, s'enfuit, au péril de sa vie, de l'armée turque, où il exerçait une haute fonction, pour joindre les chevaliers, dont il admire l'héroïsme, et à la religion desquels l'attachent les premières impressions de sa jeunesse. Il fait un rapport détaillé des exploits incroyables des défenseurs de Saint-Elme, des pertes immenses des Turcs, de leur stupéfaction à la vue de l'état de la forteresse et du petit nombre de ses défenseurs, du dommage surtout très-grave que l'ennemi a éprouvé par la mort d'un des premiers et des plus expérimentés de ses généraux, du souverain de Tripoli, Dragut, qui a succombé dans ce siége. — Il n'y a plus rien à craindre de la trahison de Montalto. Il a rencontré Saint-Priest dans l'assaut et a trouvé sa récompense.

———

On a recueilli dans les flots le corps de Saint-Priest. On l'apporte sur la scène, et les chevaliers l'accompagnent dans un deuil muet. La Valette s'élève au-dessus de lui-même. Il célèbre la haute destinée de son fils glorieux, voit dans tous les chevaliers ses enfants, et se confie fermement à la force de l'ordre, qui désormais lui paraît assurée sans réserve ni limite. Par ce grand sacrifice, la victoire est décidée, comme, dans la guerre des Perses, par la mort de Léonidas. — L'événement a justifié cette croyance.

FIN DES CHEVALIERS DE MALTE

IV

LES
ENFANTS DE LA MAISON

IV

LES

ENFANTS DE LA MAISON.

AVANT-PROPOS [1].

L'idée d'une peinture dramatique de la police de Paris sous Louis XIV a occupé Schiller pendant quelque temps. Dans cette peinture, il voulait, au-dessus du mouvement confus où s'agitent les figures si diverses du monde parisien, faire planer la police, comme un être de nature supérieure, dont le regard embrasse un champ immense, et pénètre dans les profondeurs les plus secrètes, de même qu'il n'est rien où son bras ne puisse atteindre. L'esquisse suivante, qu'on a trouvée dans les papiers de notre auteur, montre de quelle manière il avait conçu et dessiné ce vaste sujet.

« Paris apparaît dans son ensemble. Les situations extrêmes, les dispositions morales les plus opposées sont représentées à leur degré le plus haut, dans leurs points les plus caractéristiques : la plus simple innocence, comme la corruption la plus horrible, le calme de l'idylle, comme le sombre désespoir.

« L'objet principal est un crime extrêmement embrouillé, où sont engagées un grand nombre de familles et qui, à mesure que

---

1. Cet avant-propos est traduit de l'édition allemande des Œuvres complètes. J'ai rendu littéralement le cadre dramatique, rédigé par Schiller, qui y est contenu. Je me suis permis seulement, dans les phrases d'introduction et de clôture écrites par l'éditeur, quelques additions qui m'ont paru nécessaires pour la clarté.

les recherches se poursuivent, se complique de plus en plus et amène toujours d'autres découvertes. Il ressemble à un arbre immense qui a entrelacé ses branches, au loin, avec d'autres arbres, tout autour de lui, et qu'on ne peut déraciner sans fouiller profondément toute la contrée. L'on fouille ainsi tout Paris, et les existences de tout genre sont peu à peu, à cette occasion, exposées au jour.

« Le cas est en apparence inextricable, mais Argenson (qui est à la tête de la police), après s'être fait donner certaines indications, promet, plein de confiance en son pouvoir, un heureux résultat, et distribue aussitôt ses ordres.

« Après de longues recherches, il perd la trace et se voit en danger de ne pouvoir tenir l'engagement qu'il a pris avec tant d'assurance. Mais alors la fatalité même entre en jeu pour ainsi dire, et pousse le meurtrier dans les mains de la police.

« Argenson a trop souvent vu les hommes par leur mauvais côté, pour avoir encore une noble idée de la nature humaine. Il est devenu plus incrédule pour le bien, plus tolérant pour le mal; mais il n'a pas perdu le sentiment du beau, et quand il rencontre le beau et le bien quelque part avec une évidence incontestable, il en est touché d'autant plus vivement. Ce cas se présente ici, et il rend hommage à la vertu éprouvée.

« Il paraît dans le cours de la pièce comme homme privé, et, sous cet aspect, il montre un caractère tout différent, aimable et gai, et mérite, comme homme du monde accompli, comme homme de cœur et d'esprit, l'affection et l'estime. Il trouve en effet un cœur qui l'aime, et sa belle conduite lui gagne une charmante épouse.

« Le ministre de la police connaît, comme le confesseur, le faible et les défauts de beaucoup de familles, et il est tenu, tout autant que celui-ci, à la plus grande discrétion. Une occasion se présente où l'un des personnages qui entrent en scène est frappé d'étonnement et d'effroi par la toute-science du magistrat, mais trouve en lui un ami indulgent.

« Scène entre Argenson et un écrivain philosophe. Elle contient un rapprochement de la théorie et de la pratique, et montre la supériorité de l'homme pratique sur le théoricien.

« Argenson avertit aussi parfois l'innocence, de même que le coupable. Il fait observer par ses espions non-seulement les criminels, mais encore des malheureux qui pourraient le devenir par désespoir. Il se présente dans la pièce un homme ainsi désespéré, envers qui la police se montre telle qu'une providence libératrice.

« Les vices de l'organisation de la police doivent aussi être exposés. La méchanceté peut en abuser pour arriver à ses fins, l'innocent peut souffrir par elle ; elle est souvent obligée de se servir d'instruments pervers, d'employer de mauvais moyens. Les fautes mêmes de ses propres agents ont une certaine impunité. »

Il ne s'est rien rencontré de plus dans les papiers de Schiller qui soit relatif à la mise en œuvre de ces idées, dans toute leur étendue ; mais on y a trouvé le plan d'un drame qui devait être intitulé les *Enfants de la Maison* et que nous donnons à la suite de cet avant-propos. Ce plan ne roule que sur une très-petite partie du sujet exposé dans l'esquisse qui précède. Or il était dans le caractère de Schiller de ne pas restreindre la première pensée, mais plutôt de l'étendre, quand il en venait à l'exécution. On serait tenté de croire, d'après cela, que le plan qui suit avait été conçu antérieurement, peut-être, à la lecture des *Causes célèbres* de Pitaval[1], et que l'auteur l'avait abandonné, précisément parce que ce plan l'amena aux idées qui précèdent, et qui lui offrirent, comme nous venons de le voir, une si grande richesse de caractères et de situations.

1. Schiller avait rédigé pour une édition allemande de ce recueil, une préface que l'on trouvera reproduite en français dans notre traduction.

PLAN

DES ENFANTS DE LA MAISON.

Louis Narbonne est un particulier riche et considéré, habitant une ville de France, une ville de province (Bordeaux, Lyon ou Nantes); un homme dans la force de l'âge, entre quarante et cinquante ans. Il est généralement estimé : l'affection que l'on avait pour le frère qu'il a perdu, Pierre Narbonne, s'est transmise, comme un héritage, à celui qui portait le même nom. Il est le seul survivant de cette famille : son frère n'a pas laissé d'héritiers directs ; car ses deux enfants ont péri dans un incendie par la négligence des domestiques.

A la mort de Pierre Narbonne, Louis fut son seul héritier. Il était absent au moment de cette mort, et revint fixer sa demeure dans la ville qu'habitait le défunt.

Depuis ce temps, dix ans se sont écoulés, et maintenant Narbonne est sur le point de contracter un mariage pour propager sa race. Il a du penchant pour une belle, noble et riche demoiselle, Victoire de Pontis, dont les parents se trouvent honorés de sa recherche et lui accordent avec joie leur fille.

Or, environ six ans avant cette époque, un jeune homme nommé Saint-Foix avait été accueilli dans la maison de Narbonne, comme un orphelin sans ressource, et avait reçu de lui beaucoup de bienfaits, surtout celui d'une bonne éducation. Il vivait chez lui, sur le pied, non d'un domestique, mais d'un parent pauvre, et toute la ville admirait la générosité de Narbonne envers ce jeune homme, que l'on commençait déjà à envier.

Saint-Foix profita bien de l'éducation que Narbonne lui fit donner et se distingua par de rapides progrès. Il montrait d'excellentes dispositions d'esprit et de cœur, mais en même temps une certaine noblesse et une fierté qui ne paraissait pas très-bien convenir au pauvre orphelin recueilli par pitié. Il était plein de reconnaissance et de respect pour son bienfaiteur; mais du reste il ne faisait rien paraître qui sentît la contrainte ou l'humiliation; il semblait qu'en recevant les bienfaits de Saint-Foix, il ne fît qu'user de son droit. Souvent son assurance paraissait voisine de l'arrogance; son humeur joyeuse, jointe à une certaine naïveté, pouvait ressembler à de l'étourderie. Il était prodigue, franc et jaloux de son honneur.

Victoire avait eu souvent l'occasion de voir Saint-Foix, et sentit bientôt pour lui un penchant décidé, mais qui paraissait sans espoir. La recherche de Narbonne, laquelle lui inspirait une étrange répulsion, fortifia d'autant plus ses sentiments pour Saint-Foix, que ce dernier lui était souvent envoyé, à cette occasion, par Narbonne. Saint-Foix avait adoré Victoire dès le premier moment où il apprit à la connaître, mais ses vœux n'osaient s'élever jusqu'à elle.

Il avait fait la connaissance d'une autre jeune fille, qui était, comme lui, sans parents, et à qui il avait rendu un grand service. Il avait pour celle-ci une tendre amitié : son cœur était partagé entre elle et Victoire; mais il distinguait fort bien la nature de ses sentiments.

La nombreuse maison de Narbonne, où il restait encore un seul vieux serviteur de Pierre Narbonne, nommé Thierry, haïssait ou enviait Saint-Foix, à l'exception d'une seule personne, d'une femme, qui avait du penchant pour lui et des vues sur sa main. Elle était beaucoup plus âgée que lui, et elle n'avait rien qui justifiât sa prétention, si ce n'est un petit avoir qu'elle pouvait partager avec lui et qu'elle n'avait point acquis par les moyens les plus honnêtes. Son nom était Madelon.

Telle était la situation des choses, au moment où la pièce commence.

———

Madelon revient d'un petit pèlerinage où elle était allée chercher des consolations pour calmer ses inquiétudes. Une mauvaise action qu'elle a commise la tourmente, elle ne rapporte point le repos.

Elle trouve Narbonne satisfait, confiant, plein de sécurité; tout lui paraît aller à souhait. Seulement il a de l'humeur au sujet d'une parure qu'il avait l'intention d'offrir à sa fiancée et qui a disparu; il veut pour cela faire intervenir la justice.

Madelon est épouvantée. « Laissez la justice en repos! » dit-elle. « Résignez-vous à ce petit malheur! » — « Ce n'est pas un petit malheur. » — « Acceptez-le comme une expiation. Depuis longtemps, la durée non interrompue de votre bonheur m'inquiète. » — « Mais je veux poursuivre mon droit. » — « Votre droit! » dit Madelon en soupirant.

Madelon se montre encore plus inquiète, quand elle apprend qu'il est venu dans la maison une bohémienne, que l'on soupçonne au sujet de la parure. Elle regrette infiniment d'avoir été absente. « Hélas! pendant que j'accomplissais un vain pèlerinage, pour soulager mon cœur, j'ai manqué la seule occasion que je pusse avoir de me délivrer de mon long tourment. »

M. de Pontis, bailli de l'endroit et futur beau-père de Narbonne, vient pour recueillir, au sujet de la parure dérobée, les informations nécessaires. Cette démarche a lieu avec certaines formalités et avec le concours d'un greffier. La parure est décrite, on fait le dénombrement des gens de la maison, et à cette occasion une partie de l'histoire est exposée. Il est surtout question de Saint-Foix. Son histoire est racontée et montre Narbonne comme un généreux bienfaiteur. Il ne paraît concevoir aucun soupçon contre Saint-Foix.

Après cette enquête officielle, il est parlé du mariage. Pontis témoigne combien Narbonne est honoré de lui, ainsi que de toute la ville, et il est heureux à l'idée de contracter alliance avec lui.

Saint-Foix s'entretient avec le vieux Thierry. Le jeune homme montre une agitation inquiète et passionnée; il se sent à l'étroit dans la maison, il aspire à prendre sa course dans le libre espace; en exprimant ses sentiments, il fait voir je ne sais quoi de mystérieux, de peu sûr, de farouche, de violent, qui ressemble à l'anxiété de la conscience. Surtout il paraît s'accuser d'une grande ingratitude envers Narbonne. Quand il est question du mariage de ce dernier, son agitation est au comble.

Sa scène avec Thierry ressemble à un éternel adieu. Il prend aussi congé des objets inanimés qui l'entourent et s'arrache à ces lieux dans la disposition d'âme la plus violente.

Thierry secoue la tête, et paraît se défendre avec effort d'un soupçon qui s'élève en lui. On apprend par son monologue quel était autrefois l'état des choses dans la maison et quel il est maintenant.

Saint-Foix avec Adélaïde. Indices d'une affection innocente et pure, reconnaissance de la jeune fille, compassion du jeune homme. Elle lui raconte sa destinée et lui la sienne. Adélaïde s'est échappée des mains d'une dangereuse bohémienne qui la tyrannisait et voulait la pervertir. Saint-Foix l'a trouvée sans ressources et l'a conduite chez de braves gens, chez qui elle demeure encore secrètement.

Adélaïde, pressée par la pauvreté, a voulu vendre une parure de prix, sa seule richesse. L'orfèvre à qui on la porte la reconnaît pour une œuvre de son art qu'il a lui-même exécutée pour Mme de Narbonne. Il dénonce le fait, ce qui donne lieu à l'arrestation d'Adélaïde.

Les officiers de police paraissent et somment Adélaïde de les suivre chez le bailli. Saint-Foix s'y oppose en vain.

Victoire et sa mère. La jeune fille montre l'éloignement que lui inspire la recherche de Narbonne, pour laquelle tout le monde l'envie. On remarque en elle, outre cette répulsion pour la personne de Narbonne, un penchant secret et sans espoir.

Pontis vient et annonce qu'on est sur la trace de la parure volée.

On amène Adélaïde, et, comme Pontis s'éloigne pour l'interroger, Saint-Foix vient, dans une grande agitation, trouver Victoire, pour lui demander son assistance et son intervention en faveur d'Adélaïde. Il se passe entre eux une scène pleine d'émotion, qui amène la mutuelle découverte de leur amour.

Narbonne vient pendant cette scène et trouve dans Saint-Foix son rival.

Pontis rentre, après que l'interrogatoire est terminé, et déclare Saint-Foix complice. Narbonne apprend qu'une partie de la parure s'est retrouvée; mais, en voyant cette parure, il éprouve un grand saisissement.

Scène entre Pontis et Narbonne. Celui-ci fait le magnanime; il veut laisser tomber l'enquête et envoyer aux îles les deux personnes suspectes. Pontis insiste pour pousser l'enquête en toute rigueur. Pendant qu'ils sont encore ensemble, on annonce au bailli qu'on vient d'arrêter la bohémienne et qu'à sa vue Adélaïde s'est montrée effrayée.

Madelon et Narbonne. Madelon a reconnu la bohémienne, à qui elle avait livré les deux enfants de Pierre Narbonne, en répandant le bruit qu'ils avaient péri dans un incendie. Il se découvre qu'Adélaïde est la fille, mais on ignore encore ce qu'est devenu le fils.

Pontis vient et annonce qu'Adélaïde et Saint-Foix se sont reconnus pour frère et sœur, et que la bohémienne les a sauvés tous deux il y a seize ans. Saint-Foix n'avait passé que cinq ans auprès d'elle, et lui avait échappé dès sa dixième année.

Narbonne veut maintenant intervenir et empêcher la suite de l'information; mais Pontis veut découvrir les parents des deux enfants et se rappelle la parure.

Narbonne propose à Saint-Foix et à Adélaïde de s'enfuir secrètement, mais tous deux s'y refusent.

Narbonne et Madelon. Madelon a reconnu les enfants et presse Narbonne de les adopter comme les siens et de les instituer ses héritiers. Narbonne est dans le plus grand embarras; il ne voit d'autre moyen de se tirer d'affaire que la mort de Madelon, et il la tue.

Les enfants de la maison sont reconnus, et une foule de peuple les amène à Narbonne avec des transports d'allégresse.

Le meurtrier de Pierre Narbonne connaît une porte dérobée qui conduit à la chambre de Louis Narbonne; il y est entré secrètement par cette voie, a vu la parure, et est parti en l'emportant. Il a laissé quelques lignes à Narbonne, où il lui annonçait qu'il s'en allait bien loin, parce qu'il était obligé de fuir à cause d'un meurtre. Dans sa fuite il est arrêté, grâce aux mesures de la police.

Narbonne trouve dans sa chambre les traces du meurtrier.

Pontis vient annoncer, d'un air triomphant, que la parure est retrouvée.

Narbonne essaye en vain d'échapper. Il est confronté avec le meurtrier. Il tente, mais inutilement, de se donner la mort; il est entièrement démasqué et livré à la justice. Saint-Foix obtient la main de Victoire.

FIN DES ENFANTS DE LA MAISON.

TABLE DES MATIÈRES.

	Pages.
MARIE STUART, tragédie	1
LA PUCELLE D'ORLÉANS, tragédie romantique	131
LA FIANCÉE DE MESSINE, ou LES FRÈRES ENNEMIS, tragédie avec des chœurs.	
De l'usage du chœur dans la tragédie	255
La Fiancée de Messine	266
GUILLAUME TELL, drame	347
L'HOMMAGE DES ARTS, scène lyrique	471
FRAGMENTS ET PLANS trouvés dans les papiers de l'auteur.	
I. Démétrius	483
II. Warbeck	531
III. Les Chevaliers de Malte	557
IV. Les Enfants de la Maison	571

IMPRIMERIE GÉNÉRALE DE CH. LAHURE
Rue de Fleurus, 9, à Paris

www.ingramcontent.com/pod-product-compliance
Lightning Source LLC
Chambersburg PA
CBHW070404230426
43665CB00012B/1242